U0650085

"十二五"普通高等教育规划教材

# 商品学概论

王 燕 主编

金 鑫 毕 鹏 李凯旭 副主编

范桂萍 主审

*Essentials of Commodity Science*

中国铁道出版社
CHINA RAILWAY PUBLISHING HOUSE

**图书在版编目（CIP）数据**

商品学概论 / 王燕主编 . —北京：中国铁道出版
社，2014.5（2018.8 重印）
"十二五"普通高等教育规划教材
ISBN 978-7-113-16606-9

Ⅰ. ①商…　Ⅱ. ①王…　Ⅲ. ①商品学—高等学校—教材　Ⅳ. ①F76

中国版本图书馆 CIP 数据核字（2013）第 130235 号

书　　名："十二五"普通高等教育规划教材
　　　　　**商品学概论**
作　　者：王　燕　主编

策　　划：张丽娜　　　　　　读者热线：(010) 63550836
责任编辑：张丽娜
封面设计：刘　颖
封面制作：白　雪
责任校对：龚长江
责任印制：郭向伟

出版发行：中国铁道出版社（100054，北京市西城区右安门西街 8 号）
网　　址：http:// www.tdpress.com/51eds
印　　刷：北京虎彩文化传播有限公司
版　　次：2014 年 5 月第 1 版　　2018 年 8 月第 2 次印刷
开　　本：787 mm×1 092 mm　1/16　印张：18.75　字数：448 千
印　　数：3 001～4 000 册
书　　号：ISBN 978-7-113-16606-9
定　　价：49.80 元

# "十二五"普通高等教育规划教材
## 编审委员会

| | | |
|---|---|---|
| 单昭祥 | 广东海洋大学寸金学院 | 会计系主任 |
| 盛洪昌 | 长春大学 | 经济学院院长 |
| 孙国学 | 赤峰学院 | 经济与管理学院副院长 |
| 王庆生 | 天津商业大学 | 商学院副院长 |
| 王全在 | 内蒙古财经大学 | 会计学院院长 |
| 王信东 | 北京信息科技大学 | 经济管理学院教授 |
| 王　燕 | 佳木斯大学 | 经济管理学院副院长 |
| 肖　强 | 天津工业大学 | 人文与法学院院长 |
| 谢　军 | 大连交通大学 | 教务处副处长 |
| 张国旺 | 天津商业大学 | 商学院教授 |
| 张　璞 | 内蒙古科技大学 | 经济管理学院院长 |
| 张议元 | 廊坊师范学院 | 管理学院副院长 |
| 张英华 | 天津财经大学 | 商学院教授 |
| 赵中利 | 山东交通学院 | 管理学院党委书记 |
| 朱春红 | 天津工业大学 | 经济学院院长 |

随着全球经济竞争环境和消费者消费需求的不断变化，以及实体经济的迅猛发展，对商品学相关知识及人才提出了更加迫切的需求，也对商品学教材及教学提出了更高的标准和要求。

为了顺应这一时代要求，我们组成了本书的编写团队，以商品及商品经济为切入点，从商品使用价值在质的方面的表现（商品质量）和在量的方面的表现（商品品种）这两个角度出发，详细阐述了商品学概述、商品分类、商品品种、商品质量、商品标准及标准化、商品质量管理、商品质量认证与质量监督、商品检验、商品包装、商品储运、商品资源与环境以及新产品开发等内容，针对商品学的整个知识体系进行了系统性的梳理。

本教材在充分了解来自各高校商品学教学人员和社会有关各界的各种意见和建议的基础上，本着精益求精和与时俱进两大原则，尽量做到内容丰富，案例具有针对性，更贴近现实生活和商品经营实践，实用性强。同时在教材的结构设计上，明确了每章应掌握的学习要点，设计了引导案例、知识链接、关键术语、实训项目、思考题、案例分析等众多具有特色的栏目，既体现了高等教育的特色，又有利于高等院校教学工作的开展。在注重教材的系统性、科学性、时代性和适用性的同时，力争符合新时期高等院校人才培养的目标要求。

通过本教材的编写，希望能为我国商品经济以及商品学的教学与研究的发展提供理论基础和依据，同时也希望能够对高等院校经济管理类相关专业如物流管理、市场营销、工商管理、会计学和国际经济与贸易专业的教学提供一定的参考和借鉴。

全书共分 12 章，参加编写的人员均为佳木斯大学经济管理学院教师。本书由王燕担任主编，金鑫、毕鹏、李凯旭担任副主编，范桂萍担任主审，其中具体编写任务如下：王燕（第 8 章、第 9 章）；金鑫（第 2 章、第 4 章、第 5 章、第 6 章、第 7 章）；毕鹏（第 3 章、第 11 章、第 12 章）；李凯旭（第 1 章、第 10 章）。

本书在编写过程中得到了佳木斯大学及经济管理学院各位领导和同事的无私支持和帮助，并提出了许多宝贵意见，谨此表示衷心感谢。

由于编者水平有限以及时间仓促，书中的错误和不妥之处在所难免，恳请读者批评指正。

编　者

# ▪▪▪▪ 教学建议 ▪▪▪▪

## ☐ 课程简介

　　商品学是研究商品的使用价值和商品使用价值实现规律的一门综合性学科。商品学研究商品使用价值是围绕商品质量和商品品种这个中心内容来展开的。本课程阐明了商品学研究对象、内容和任务，论述了商品质量及质量变化规律，研究如何加强商品质量管理和质量鉴定、检验，探讨商品标准、分类、包装和储存养护等内容的实施，探讨商品、人与环境的关系。商品学作为一门正确引导商品发展方向的学科，综合研究与商品生产、流通和消费各阶段的有关质量问题，对商品开发、商品贸易、商品质量管理与质量保证、商品消费与环境保护等应用领域都有重要的指导意义。

## ☐ 选课建议

　　商品学是高校经济管理类专业的一门专业基础课。本课程在普通高校的经管类各个专业诸如市场营销、物流管理、工商管理、国际经济与贸易等专业均可开设，目的是为以后相关专业课程的学习打下坚实的基础。

## ☐ 课程任务和教学目标

　　商品学的课程任务是阐明和解决商品流通领域中的商品质量及其变化规律，维护商品在流通中的使用价值，保证和促进商品使用价值的实现。通过本课程的学习，使学生能够掌握商品的基本知识、基础理论及基本技能，并应用于商业实践，促进商品经营的顺利开展。

## ☐ 知识准备

　　商品学涉及基础科学（物理、生化、微生物等）、应用科学（工艺、生态、环境、食品、包装、服装等）、社会科学（质量工程、质量管理、市场营销、商业企业管埋、广告、心理学等），要求学生有一定的基础科学、应用科学及社会科学等相关课程的理论基础。

## ☐ 课程基本要求

　　通过本课程的学习，要求学生了解商品学这门课程的概况，掌握有关商品学的基本理论知识，使学生系统学习、掌握一些基本概念、基本理论和基本方法。要求学生掌握基础理论并能够在商业实践中进行应用，包括对基本理论的分析，从而掌握其基本方法，进而更深刻地认识学习商品学的重要理论意义和实践意义。

## ☐ 教学内容、学习要点及课时安排

| 教学内容 | 学习要点 | 课时安排 | |
|---|---|---|---|
| | | 市场营销、国际贸易等专业 | 经济管理类其他专业 |
| 第1章<br>商品学概述 | (1)领会商品及商品的整体概念以及商品的特征<br>(2)了解商品学的研究对象、内容及任务<br>(3)了解商品学的发展历程<br>(4)明确本课程的知识体系 | 4 | 3 |
| 第2章<br>商品分类 | (1)商品分类的概念、方法和商品分类标志<br>(2)商品代码的概念和内容<br>(3)各种商品条码的结构与特点及校验码计算<br>(4)商品目录的概念与种类 | 6 | 5 |
| 第3章<br>商品品种 | (1)理解和掌握商品品种及商品品种结构的概念<br>(2)熟悉商品品种的分类和类别<br>(3)正确理解商品品种、质量和效益的关系<br>(4)明确商品品种发展规律与商品品种结构优化的关系 | 2 | 2 |
| 第4章<br>商品质量 | (1)学习商品质量概念的含义及其演变<br>(2)了解现代商品质量观<br>(3)了解商品质量的基本要求<br>(4)明确商品质量的影响因素 | 4 | 4 |
| 第5章<br>商品标准及标准化 | (1)商品标准、商品标准化等概念和含义<br>(2)商品标准化的作用或意义<br>(3)商品标准种类、分级、基本内容和表示方法<br>(4)商品标准化与国际贸易的关系<br>(5)商品标准化的形式及原理 | 4 | 4 |
| 第6章<br>商品质量管理 | (1)理解质量管理的概念及基本内容<br>(2)了解质量管理的发展历程<br>(3)了解全面质量管理的思想及其特点<br>(4)明确 PDCA 循环的四个阶段及八个步骤<br>(5)掌握排列图法及直方图法 | 6 | 6 |
| 第7章<br>商品质量的认证、质量监督与仲裁 | (1)掌握质量认证和监督的概念及其种类与形式<br>(2)熟悉商品质量认证以及各种认证标志<br>(3)掌握质量管理体系认证的概念、内容、依据和一般程序<br>(4)了解 HACCP 认证、环境管理体系认证、职业安全健康管理体系认证和食品安全管理体系认证的基本内容<br>(5)熟悉商品质量监督的主客体、原则、依据和主要内容 | 6 | 5 |

| 教学内容 | 学习要点 | 课时安排 | |
|---|---|---|---|
| | | 市场营销、国际贸易等专业 | 经济管理类其他专业 |
| **第8章<br>商品检验** | (1)商品检验的概念以及内容、功能、过程等<br>(2)商品检验的目的、任务以及各种分类<br>(3)商品抽样的概念、原则、要求和方法<br>(4)商品检验的方法<br>(5)商品品级与分级的概念、商品分级的方法 | 5 | 4 |
| **第9章<br>商品包装** | (1)商品包装的概念、构成要素及作用<br>(2)商品包装的功能、基本要求和分类<br>(3)商品包装标准化的内容和作用<br>(4)主要商品包装材料的特性及应用范围,以及选择包装材料的原则<br>(5)商品包装设计的内容及主要方法<br>(6)商品一般包装的主要技术<br>(7)防震包装等特殊包装技术 | 6 | 4 |
| **第10章<br>商品储运** | (1)理解商品储运的方法<br>(2)了解商品储运期间的各种质量变化<br>(3)掌握各种因素对储运商品质量的影响<br>(4)学会商品储运的质量管理 | 3 | 3 |
| **第11章<br>商品资源与环境** | (1)了解商品与资源、环境保护的关系<br>(2)领会自然资源的特性、面临的问题和保护的重要性<br>(3)理解可持续发展战略的重要性和措施<br>(4)培养保护自然资源与环境的意识 | 3 | 3 |
| **第12章<br>新产品开发** | (1)了解新产品、新服务的概念及类别<br>(2)理解新产品开发、新服务开发的原则<br>(3)理解新产品开发和新服务开发的程序<br>(4)了解新产品开发失败的原因<br>(5)了解新产品开发周期 | 3 | 3 |
| 课时总计 | | 52 | 46 |

# 目 录
商品学概论
Essentials of Commodity Science
Contents

# 第1章 商品学概述

**学习要点**

- 领会商品和商品的整体概念以及商品的特征；
- 了解商品学的研究对象、内容及任务；
- 了解商品学的发展历程；
- 明确本课程的知识体系，解决"学什么"和"怎么学"等问题。

**引导案例**

### 推销指南针：商品的使用价值

被美国商界推崇为"欧洲唯一推销专家"的英国人戈德曼在《推销技巧》一书中说："所谓'推销'，就是要使顾客深深地相信，购买了你的商品，他会得到某些好处。"这就是推销的本质。

戈德曼认为："购买一种商品，目的在于满足某种需要。买卖只不过是达到这一目的的一种手段。"换句话说，人们购买的不仅仅是某种物品(或某种服务)，而是购买了这种物品的使用价值。例如，为了满足照明的需要，在电力覆盖范围内，顾客购买电线、开关、灯头、灯泡及其他所需物品，装上电灯。从表面上看，顾客购买的是上述物品，但实质上，顾客购买的是照明。又如，顾客购买公园门票，从表面上看，顾客购买的是准许进入公园的凭证，但实质上，顾客购买的是在赏心悦目的公园获得的精神愉悦。

人们购买电视机，目的在于丰富业余文化生活；人们购买家具，目的在于方便日常生活，使居室环境幽雅；人们购买药品，目的在于祛除疾病，增进健康。顾客为什么购买？因为他们购买的是商品的使用价值。既然顾客购买的目的不是商品的本身，那么推销员的眼睛就不应该仅仅只盯在"商品"上，而应借助于"商品"，想方设法使顾客产生需要这种商品的欲望。商品特点的介绍，则应放在次要的地位。

戈德曼说："人类有许多愿望和要求，同样，商品也有很多使用价值。"例如，同样是"购买自行车"，甲买自行车的目的是"代步"，乙买自行车的目的是"锻炼身体"，丙买自行车的目的是"满足拥有豪华型自行车的愿望"，丁购买一部旧自行车是因为放在楼下不会被盗。推销员向这四类顾客推销自行车，就要根据各类顾客不同的愿望，分别去满足他们的需要。

推销员要善于发现不同顾客的不同需求。如何发现和掌握不同顾客的不同需求,则要靠推销员自己努力学习和在实践中获得经验。老练的推销员只要顾客一开口,就知道顾客需要什么东西,就知道顾客的某种特殊需求。

戈德曼强调:"商品是一种没有生命的东西,只有当它们被顾客使用并满足了顾客的某种愿望时,才发挥了它们的作用。所以,我们要牢牢记住,在每一次具体的推销活动中,如果推销员不仅仅是向顾客推销'商品',而是向顾客推销'商品的使用价值',效果会更好,工作会顺利得多。"

戈德曼继续说:"一位推销员着眼于推销'商品',另一位推销员着眼于推销'商品的使用价值'。这两位推销员的销售量的差别一定很大。区别一个一流推销员和一个普通推销员的关键,就是要看他们是否懂得推销商品的使用价值。"

推销员与各种各样的人和各种各样的企事业单位打交道。人们有着各种各样的问题:私人问题、工作问题、生活问题及其他种种问题;每一家企事业单位,每一个部门也有许许多多问题:经济问题、经营管理问题、效率问题及其他种种问题。这些问题都需要一个一个地解决,千千万万种商品和无穷无尽的服务,可以帮助人们解决各种各样的问题。推销员在这种商品经济的海洋里,大有用武之地。然而,许多推销员只是津津乐道商品的特点,不懂得推销商品的使用价值。这样,他们就好像迷失了方向,在商品的海洋中找不到出路。曾经有人做过调查,八个推销员中有七个不知道应该推销商品的使用价值。

抓住"推销商品的使用价值"做文章,就是牵住了"推销"的牛鼻子,就是抓住了"推销"的主要矛盾,就是掌握了"推销"的实质。

(案例来源:作者根据相关资料进行改写。)

# 1.1 商品的概念

## 1.1.1 商品的定义及特征

当人们走进商场或超市,一定会被柜台里、货架上色泽鲜艳、款式新颖、加工精致、琳琅满目的货物所吸引。从经济学的角度来看,商场或超市陈列的或等待出售的货物只是产品,而不是商品。商品有其具体的内涵。

### 1. 商品的定义

商品是人类社会生产力发展到一定历史阶段的产物。商品是指用来交换、能满足人们(或社会)某种需要的劳动产品。

### 2. 商品的特征

商品有别于一般物品和产品,主要具有以下特征。

(1)商品是劳动的产物。某些天然物品,如空气,树木等,虽然具有使用价值,但是不能称之为商品,因为它们没有经过人类的劳动加工。如果这些天然物品经过人们劳动加工而用于交换才能成为商品,如制氧车间制造的氧气。所以,商品是由人们的劳动创造出来的,这种产物可以是有形的,也可以是无形的。有形商品通常是需要人们经过设计、加工、制作等一系列劳动而产生出来的有形物品或产品,而无形商品通常指知识、技术等。同时还需注意没有使用价值的劳动产品,如废品、假冒产品,也不能算作商品。

（2）**商品能满足人们和社会的某种需要**。商品是供消费者消费，而不是供生产者自己消费劳动产品。商品能满足人们和社会的某种需要主要是强调商品的有用性，即商品的使用价值。正如马克思所说："一个物可以有用，而且是人类劳动产品，但不是商品。谁用自己的产品来满足自己的需要，他生产的就只是使用价值，而不是商品。要生产商品，他不仅要生产使用价值，而且要为别人生产使用价值，即生产社会的使用价值。"（《马克思恩格斯全集》，第23卷，54页，人民出版社，1972）

（3）**商品必须用于交换**。商品交换是在一定经济条件下产生和存在的历史范畴，是社会分工和产品属于不同所有者的结果。商品是为交换而生产且必须通过交换到达用户手中的劳动产品。对于生产经营者来说，即使是以交换为目的而为他人生产的产品，得不到市场上消费者的认可，卖不出去，也不是商品。商品只有经过交换，到达认可它的消费者手中，才能实现其直接的使用价值，才能成为商品，在交换实现之前只能算作是潜在的商品。所以，马克思明确指出：能同别的产品进行交换的产品就是商品。

### 1.1.2　现代商品概念——商品球模型

在市场经济条件下，商品经济高度发展，人们的需求水平越来越高，对商品质量的要求也越来越高，对商品的内容范围和要求更加广泛。现代商品的全部内容包含商品体和它的附加物两大部分。附加物又分为有形附加物和无形附加物两部分。只有在提供商品体本身的同时还提供附加物的商品才是完整的商品，消费者才乐于接受，产品才能真正地转化为现实的商品。所以人们在选购商品体的同时，还要选购它的附加物。现代商品概念可以通过商品球模型体现，如图1.1所示。

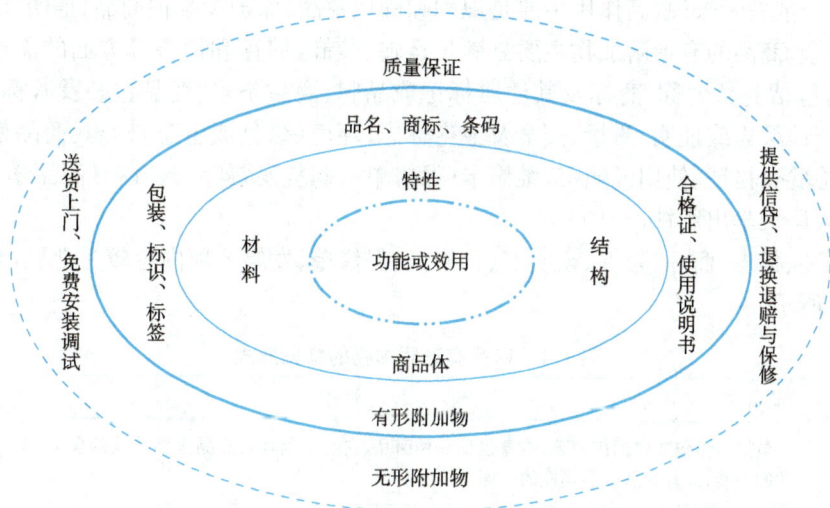

图1.1　现代商品概念——商品球模型

**1. 商品的功能或效用**

商品的功能或效用是指商品为满足消费者的一定需要所能提供的可靠的、必需的职能或效用。商品通过功能和效用来满足消费者的需求。消费者的不同使用需要，要求商品体具有不同的功能，这是消费者追求的核心利益，是满足消费者需求的中心内容。比如电视机具有影视和声音的功能，它满足消费者对影像和声音的需求；如电冰箱的功能或效用是冷藏食物，它满足消费者对食品保鲜的需求。

商品是通过它在使用或消费过程中，所能提供的功能或效用来满足消费者需要的，因此从本质上说，消费者购买的不是商品本身，而是它的功能或效用。

**2. 商品体**

商品体是功能或效用的载体，它是人们利用原材料，通过有目的的、有效的劳动投入而创造出来的具体劳动产物。商品体主要指商品的核心部分，包括与它不可分割的外观式样和款式。它具有特定的功能或效用，不同的商品体其功能、性能和品质指标上存在着明显的差异。

商品体性能主要是指商品的物理性能、化学性能、技术经济性能、生理生化性能等。不同功能和效用的商品体，其性能也不同。不同领域的商品体，其商品性能有其特有的含义和明确的品质等级要求。

商品体品质指标把商品功能（效用）以及商品特性等进一步深入层次化。具有同一功能的商品在性能品质上有高低、好坏、优劣之分，有名牌商品和一般商品、优质商品和合格商品的差异等。

具有相同功能不同性能的商品体，在商品质量上的差异满足着不同消费阶层、不同消费层次需求上的适应性和适用性，是消费者最关心的要素之一。因此，商品体是由多种不同层次要素构成的有机整体，是商品使用价值形成的客观物质基础。

**3. 商品的有形附加物**

商品的有形附加物主要是为了满足商品消费需要、流通需要以及安全和环境保护需要而附着在商品体上或商品体外的必要附加物品，是维护消费者利益和保证商品体安全的重要组成部分。对于消费者来说，其作用主要是识别和确认商品、保护和维护商品、证明和保证商品。对于流通安全，商品的有形附加物主要是满足运输、装卸、储存和销售等方面的需要。商品的有形附加物包括商品名称、商标及其注册标记或品牌、商品条码、商品包装及其标识、专利标记、商品原产地标志或证明、质量、安全及卫生标志、环境（绿色或生态）标志、商品使用说明标签或标识、检验合格证、使用说明书、维修卡（保修单）、购货发票等。（万融. 商品学概论. 4 版. 北京：中国人民大学出版社，2010.）

其中包装、标志、商标、附件、说明书、合格证、保修单、发票 8 项内容较为常见，具体内容解释如表 1.1 所示。

表 1.1　商品有形附加物的常见形式

| 形式 | 解释 |
|---|---|
| 包装 | 包括运输包装和销售包装，本身也是一种商品，它的质量具有商品全面质量的含义，既有商品自然属性的一面，又有商品社会属性的一面 |
| 标志 | 标明在商品体上和包装物上的各种文字和符号，有商品的名称、运输和销售标志、商品注册标志、条形码标志、质量认证标志、安全认证标志、优质产品标志、卫生标志、绿色环保标志、商品使用指标性标志等 |
| 商标 | 商标是一个重要标志，它不同于其他一般标志之处在于它本身也是一种商品，它是企业的一种无形资产。不同厂家的产品由商标加以区别，同一厂家的不同产品也由商标加以区别 |
| 附件 | 商品体之外的附加物品，它是商品使用和维护时的必备品，有的附件还为扩展商品的应用范围，多用途使用提供了方便 |

续表

| 形式 | 解释 |
| --- | --- |
| 说明书 | 商品的使用指南。在说明书中有商品技术性能、质量指标等详细说明,是选购商品时区别商品效用、品质的主要依据。另外在说明书中还有商品的功能和使用方法的详细说明等 |
| 合格证 | 厂家出厂时的一个质量合格的认证。它是一个合格证书或是一个合格证标签,上面印有质检员的标记,说明产品各项质量指标检验合格。它具有法律的效用 |
| 保修单 | 商品售后服务的一种承诺,为消费者提供售后服务保障。在保修单上注明有购买日期,保修范围、保修地点和保修期限 |
| 发票 | 商品交换双方的重要证据。它是商品销售时国家税收制度的一个组成部分,是合法交易的标志。发票本身是有价的 |

**4. 商品的无形附加物**

商品的无形附加物是人们在购买商品时所获得的各种销售服务、售前服务、售中服务、售后服务和附加利益。商品的无形附加物为消费者提供了更多的实际利益,免除了消费者的后顾之忧,保护了消费者的合法权益。例如,许多情况表明企业依靠附加在商品上的包装、服务、广告、顾客咨询、资金融通、运送、仓储及其他具有价值的形式能够在竞争中赢得主动权,所以,在激烈的市场竞争中商品的无形附加物的作用将越来越明显。

## 1.1.3 商品的类型

结合《国际标准化组织质量管理和质量保证技术委员会 ISO/TC176》对产品的定义,在宏观视角下,商品类型的确定主要依据商品的形态和商品的类型特征两个分类标准。

**1. 按照商品的形态不同分类**

将商品按照其形态来划分,可以分为有形商品、无形商品、通用商品三个类型,如图 1.2 所示。

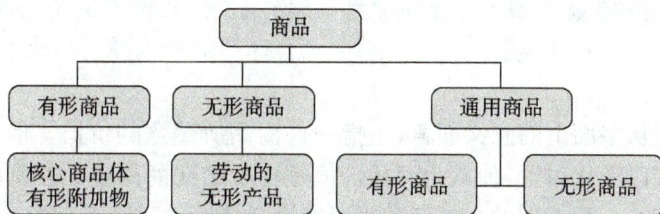

图 1.2 商品的分类

(1)有形商品。有形商品主要是指以物质实体状态存在的核心商品体及它的有形附加物。

(2)无形商品。无形商品是相对于有形商品而言的,它不是以物质状态存在的,是劳动的无形产物。

(3)通用商品。通用商品是广义的商品概念,是现代商品的整体概念,它是有形商品和无形商品的结合,即商品体、有形附加物和无形附加物构成了商品。

**2. 按照商品的类型特征分类**

将商品按照其类型特征可以划分为硬件商品、软件商品、流程性商品及服务活动性商品四个类型。

(1)硬件商品。硬件商品一般是指有形的商品体。

（2）软件商品。软件商品一般是指知识和技术的劳动产物，是无形商品，也会存在有形与无形的结合体。

（3）流程性商品。流程性商品通常是指工艺流程中所需的零部件、组件、配件、元器件等，或工艺流程中间产物，通常属于有形商品。

（4）服务活动性商品。服务活动性商品是指商品在实现交换和消费时的服务活动。服务是一种涉及某些无形性因素的活动，服务属于无形商品。根据国际标准 ISO 9004-2《质量管理和质量体系要素第 2 部分：服务指南》，服务类型有 12 种，每类服务的具体形式如表 1.2 所示。

**表 1.2　服务类型的具体形式**

| 服务类型 | 具体形式 |
| --- | --- |
| 接待服务 | 餐馆、饭店、旅行社、娱乐场所、广播、电视、度假村 |
| 交通与通信 | 机场与空运，公路、铁路和海运，电信、邮政、数据通信 |
| 健康服务 | 药剂师、医生、医院、救护队、医疗实验室、牙医、眼镜商 |
| 维修 | 电器，机械，车辆，热力，空调，建筑，计算机 |
| 公用事业 | 清洁工作，废物处理，供水，场地维护，供电，煤气和能源供应，消防，治安，公共服务 |
| 贸易 | 批发，零售，仓储，配送，营销，包装 |
| 金融 | 银行，保险，津贴，财产，服务，会计 |
| 专业 | 建筑设计(建筑师)，勘探，法律，执法，安全，工程，项目管理，质量管理，咨询，培训和教育 |
| 行政管理 | 人事，计算机处理，办公服务 |
| 技术 | 咨询，摄影，试验室 |
| 采购 | 签订合同，库存管理和分发 |
| 科学 | 探索，开发，研究，决策支援 |

### 1.1.4　商品的二重性

商品的使用价值和价值是其两个基本属性，是使用价值和价值的统一体。商品的二重性是由劳动的二重性决定的，即商品生产者有目的的具体劳动形成商品的使用价值，而抽象劳动则形成商品的价值。

首先，商品价值从字面上的意义而言，是指一件商品所蕴含的价值。但在马克思的《资本论》中将这个概念加以深化讨论，他认为商品价值是指凝结在商品中无差别的人类劳动(包括体力劳动和脑力劳动)。无差别的人类劳动则以社会必要劳动时间来衡量。

其次，商品的使用价值是指某物对人的有用性(例如面包能填饱肚子，衣服能保暖)。过渡商品价值是过渡商品的使用价值。例如，我生产出的衣服，不用来自己穿着保暖，而是卖给别人，获得一定的报酬，在这个交易的过程中，自己就过渡掉了使用价值，而占有价值。

商品的价值和使用价值不能同时占有，对于买家来说是通过买的过程占有了使用价值，而卖家则是占有了价值。商品的价值在现实中，主要通过价格来体现。商品价值总量是单个商品价值量的总和。(计算上可以统一到生产商品所需要的社会必要劳动时间上，举例说明：生产 1 台电脑的社会必要劳动时间是 5 小时，1 台电视机为 3 小时，则这两种商品的价值总量为 5＋3＝8 小时，如果一小时的社会必要劳动价值为 600 元，则价值总量为 4800 元)

有使用价值的物品不一定有价值；但有价值的物品一定是商品。例如，空气有使用价值，是人赖以生存的三要素之一，但是却没有价值，即不能称其为商品，如果一个人进入深山老林，

用瓶瓶罐罐装上新鲜的空气运到受污染的城市里甩卖,则这时的空气就有了使用价值了,可以称为商品了。

# 1.2  商品学的研究对象、内容与任务

## 1.2.1  商品学的研究对象

商品学作为一门独立的科学,有它特定的研究对象和范畴。商品学研究的客体是商品,商品具有价值和使用价值双重属性,商品的价值属于政治经济学研究的对象和范畴,商品学的研究对象和范畴主要是商品的使用价值,商品学是研究商品使用价值及其变化规律的科学。

**1. 商品的使用价值**

商品的使用价值是指商品对其使用者(包括社会)的意义、作用或效用。对于不同的使用者对象,其含义不同,它是一个相对的概念。

在商品经济条件下,商品学所研究的商品客体使用价值是一个广义的、全面的使用价值,它具有商品的形式使用价值和实际使用价值的两重性。而使用价值的使用或消费不是为商品生产者个人,而是供别人使用的,它必须通过商品交换来实现,如果卖不出去,使用价值就不能实现,商品价值也无法实现。归结起来,商品使用价值的特殊性表现为以下三方面。

(1)商品的使用价值要经过形成、转移、实现和消亡的运动过程,它的运动规律正是商品学所要研究的,尤其是商品的使用价值如何实现是关键,关系到能否最大限度地满足人们日益增长的物质和文化生活需要。随着社会科学技术进步和人类文明程度的提高,商品的使用价值也在发生着变化。而人的需要是无止境的,原有的使用价值满足之后又会产生新的需要,人们认识世界、改造世界、创造出更新更好商品的能力也是无止境的。

(2)商品对于消费者(人或社会)的有用性,是用商品的属性来满足自己的使用需要。消费者从商品上获得的是直接的使用价值。马克思把这种使用价值称为实际使用价值。我们也可把它称为消费使用价值。人们所说的商品使用价值,通常是指消费使用价值。

(3)商品的使用价值只有在交换中得到承认和证明才使商品使用价值最终得以实现。企业生产商的产品投入到市场用于交换才能成为商品,通过交换,商品将完成由生产者到中间商,或由生产者直接到消费者手中的交换转移。最终商品的使用价值将先要经历形式使用价值(交换使用价值),再经历实际使用价值(消费使用价值)的动态变化过程。

**2. 商品使用价值的属性**

商品学是研究商品使用价值及其变化规律的科学。商品的使用价值是由商品体本身的属性所形成的。商品的属性分为自然属性和社会属性两个方面。其中,商品的自然属性是使用价值的使用价值,是商品使用价值形成和实现的重要依据和必备条件,是使用价值的物质基础。商品的社会属性是交换价值的物质承担者,是社会需要和市场交换需要必不可少的组成部分,是使用价值的社会基础。

商品的自然属性主要是指商品的功能、性能、性质、成分、结构等。商品的社会属性主要是指商品对社会的适应性、时代性、心理性、文化性、流行性、民族性、区域性、可持续发展性等。根据商品的效用、用途、使用方法和使用条件不同,商品自然属性的各种特征构成了自然属性的商品质量。而商品的市场质量、美学质量、包装质量(社会属性部分)、服务质量等相关质量要素综合构成了社会属性的商品质量。

### 3. 商品使用价值的特征

商品学研究的是商品的全面使用价值,其特征表现为:首先,在历史范畴内,事物的动态发展是绝对的,静止是相对的,而商品的使用价值是处在动态发展之中。其次,商品的价值与使用价值是对立统一的,不能绝对的分割;商品的流转又离不开社会,商品的使用价值是社会的使用价值,商品使用价值具有自然属性和社会属性。

商品学研究商品的全面使用价值,应该注意把握其以下特征。

(1)商品使用价值具有二重性。商品具有两方面的使用价值:一是商品对于它的生产者和经营者虽然没有直接的使用价值,但有一种间接的使用价值,即可以用来交换,称之为交换使用价值;二是商品对于它的消费者有直接的使用价值,即可满足人和社会的某种需要,这种使用价值称为商品的消费使用价值。商品的交换使用价值反映了商品属性与人们的交换需要之间的满足关系;商品的消费使用价值则反映出商品属性与人们的消费需要之间的满足关系。通常人们所说的商品使用价值多指商品的消费使用价值。

(2)商品的使用价值具有动态性和历史性。商品的使用价值要经过形成、转移、实现和消亡的运动过程,它的运动规律正是商品学所要研究的,尤其是商品的使用价值如何实现是关键,关系到能否最大限度地满足人们日益增长的物质文化需要。商品的使用价值随着时代的变迁、科学的进步、商品经济的发展而变化。人的需要是无止境的,原有的使用价值满足之后又会产生新的需要,人们认识世界、改造世界、创造出更新更好商品的能力也是无止境的。

(3)商品的使用价值具有双重功能。商品的使用价值的双重功能是指由商品的自然属性决定的实用功能和由商品的社会属性决定的美化功能。人们日常生活中所需要的衣、食、住、行等各种商品,往往在具有特定的实用功能的同时,又具有美化功能。例如服装商品,它的实用功能是遮体、保温、保护身体,而同时又具有装饰、美化人体的功能;同样食品商品也是如此,不仅要求具有充饥、解渴、维持生命、增进健康等实用功能,而且还要讲究色、香、味、形,给人们带来欢快和享受,能够刺激食欲、促进消化,有益身心健康,即人们讲的"饮食文化"。现代商品观念要求,商品生产经营者不仅要注意满足人们的物质需要,同时还需要注意满足人们的精神需要。

(4)商品使用价值与商品价值既对立又统一,不能人为地将其割裂开来。从人的角度看,商品的使用价值与价值相互对立。作为商品生产者或商品消费者不可能同时占有使用价值和价值。对商品生产者来说,有意义的是商品的价值,因为他生产的目的是为了交换,他所关心的是自己生产的商品是否卖得出去,即价值能否实现。为实现商品的价值,必须让出商品的使用价值。而对消费者来说,有意义的是使用价值,因为购买商品的目的是为了消费,他所关心的是自己购买的商品是否物美价廉。为得到商品的使用价值,必须付出价值。可见,商品生产者和消费者都不可能同时得到或占有商品的使用价值和价值。这一矛盾必须通过交换才能解决。如果交换不成功,商品的使用价值和价值都不能实现。

从物的角度看,使用价值和价值是商品的两个基本属性,它们共同存在于商品统一体中。因此,作为商品,必须既有使用价值,又有价值,二者缺一不可。我们常说的"物美价廉"就体现了二者的统一。商品的价值不能离开使用价值。价值是抽象的东西,不能独立存在,必须依附在具体的物质上面,使用价值是商品的物质承担者。商品是用来交换的,没有任何使用价值的东西是没有人要的,也就不会形成价值。如果一个商品生产者生产的产品没有使用价值,那么他的劳动就是白费了,是无效劳动。商品的使用价值不能离开价值。价值是商品的本质属性,

凡是商品必然有价值,一个物品如果只有使用价值而没有价值,就不可能成为商品。

商品使用价值的上述特征,决定了商品学必然是一门综合型的交叉科学。它从自然科学、技术科学与经济管理科学相交叉,相结合的角度,系统地研究商品使用价值的开发、形成、维护、评价和实现过程规律。它不仅涉及物理学、化学、生物学、医学、电子学、工艺学、农艺学、材料科学、环境科学、计算机科学等自然科学和技术科学,而且与市场营销学、物流管理学、广告学、产业经济学、企业管理、国际贸易、消费经济学、社会学、心理学、法学等社会科学也有着交叉渗透于互补的关系。(万融.商品学概论.4版.北京:中国人民大学出版社,2010.)

### 1.2.2　商品学的研究内容

**1. 商品学研究的基本内容**

商品学是以商品为研究客体,以商品的使用价值及其发展变化规律为研究对象,以商品质量为中心内容,研究商品使用价值的科学。商品学总体上分为两大部分,其一为《商品学概论》,其二为专业商品学,如《食品商品学》、《纺织品商品学》、《家用电器商品学》、《日用工业品商品学》等。商品学概论侧重于研究商品学学科的共性,培养学生掌握、研究商品使用价值的有关基础理论和基本方法。专业商品学则是研究学科中具体商品的个性问题,以具体商品的质量为核心,研究其使用价值。《商品学概论》是我国经济管理专业的重要专业基础课。在市场经济条件下,市场中运行的最基本客体是商品,无论是市场的建立,还是商品的流通,以及贸易的发展都离不开商品,其成败的关键在于商品的质量。因此,不了解商品的属性,不懂商品的质量,很难在市场经济中立足。

在国外已将市场学、广告学、商品学视为销售战略的三大支柱。我国经济的腾飞也离不开商品学,离不开商品质量这个核心问题。

商品学是研究商品使用价值及其实现的科学,是一门综合性的边缘科学。商品学研究的内容是由商品学研究的对象所决定的,商品学研究的对象是商品的使用价值,因此,商品学的研究内容是商品的使用价值及其实现的规律。

商品学的研究内容是以商品体为基础,以商品—人—环境为系统,以商品使用价值在质和量上的表现形式为中心,以商品属性不断满足商品交换和消费需要以及其他社会需要为主线,具体内容包括商品分类、商品品种、商品质量、商品标准、商品检验、商品包装、商品储运、商品资源与环境、新产品开发等。

**2. 商品学研究的中心内容**

如前所述,商品学的研究对象是商品的使用价值,而商品使用价值的具体体现为商品质量和品种。因此商品的质量和品种就成为商品学研究的中心内容。如果把品种问题理解为质量问题的一部分,也可以说,商品学研究的中心内容就是商品质量。

商品质量和商品品种是商品使用价值在质和量上的不同表现形式,包含着商品使用价值内涵纵横两方面的问题,它们之间既有各自不同的内涵,又存在密切的关系。在研究商品使用价值的质的方面,其主要内容包括:对商品质量的要求、商品成分、结构与性质、商品质量检验与评定、商品质量维护与保养以及商品与资源、环境的关系等。在研究商品使用价值的量的方面,其主要内容包括:商品名称、规格、商品分类、商品品种结构与商品开发等。

(1)商品使用价值的研究,在质的方面,其内容主要通过商品质量来体现。商品质量是商品学研究对象的具体体现。商品使用价值是由商品的自然属性和社会属性综合构成的。商品学是从商品客体的这些属性来研究商品使用价值的,这些不同属性的综合构成了评价商品使用价值的尺度,即商品质量。因此商品学所研究的中心内容就是商品质量以及商品质量的变化规律,及其与商品质量变化规律有密切关系的若干问题。商品质量的水平在一定程度上反映了某个国家和地区科学技术和经济发展的水平。商品质量是区别商品优劣的等级标志。商品质量的等级满足不同消费阶层的需要程度。

质量是商品的基本内容。商品使用价值具有社会性因而它必然反映人与时代和环境的关系,进而反映人与人的关系。由此可见,质量应包括性能、寿命、安全性、可靠性、经济性以及社会需要程度等方面。商品质量是评价商品体满足使用和消费需要程度的各种自然、经济、社会属性的综合体。

在现代经济中,全面质量概念包含着对品种的要求,商品品种问题的重要性不可低估。商品品种是从整体上研究商品的使用价值,各大类均拥有大量的商品品种,中类及小类商品也同样拥有一定数量的商品品种。商品品种反映一定商品群体的整体使用价值,中类、小类商品品种反映中类、小类商品群体的使用价值。不同的消费结构要求有不同的使用价值及不同的品种规格。

随着商品信息化和电子化的迅速发展,商品市场的新品种不断涌现,商品品种构成也不断发生变化。在商品市场变化新形势下,商品科学分类必然要相应跟上,以适应营销的需要。商品不仅有质的规定性,而且还有量的规定性。商品所含一定的质和量是客观存在的。商品分类是根据商品的属性或特征,按照一定的原则和方法,将商品总体进行区分和归类,并建立起一定的分类系统和排列顺序,以满足某种需要。

标准是衡量事物的准则,商品质量的标准是衡量商品质量的准则。商品标准是指为保证商品的适用性,对商品必须达到的某些或全部要求所制定的标准。商品标准是商品生产质量评价、监督检验、贸易洽谈、商品使用和维护等的依据和准则,也是对商品质量争议作出仲裁的依据。每种商品标准都积累了人们对该商品的生产、流通和消费方面的经验,对于促进生产、发展流通和指导消费起到了非常重要的作用。

商品检验是商品进入流通领域不可缺少的重要环节和实物内容,特别是商品质量合格率问题,假冒伪劣商品问题等都是消费者最为关心的事。为了保护消费者权益,证明其具有适合交换的质量特征,商品必须进行检验。商品检验是保证和提高商品质量、扩大品种、提高经营管理水平的一个重要手段。

商品包装作为现代商品生产和流通中不可缺少的商品体,本身具有价值和使用价值;同时又是实现内装商品价值和使用价值的重要手段。现代商品包装概念反映了商品包装的商品性、手段性和生产活动性。在商品经济发达国家,商品包装已成为社会生产的一种特殊商品,能为商品增值和进行促销。

商品流通过程是商品实体随时间在空间的转移过程。商品储存和商品运输是商品流通中的两个必不可少的中间环节,是商品收购和商品销售的根本保证。只有运用现代化仓储管理的理论和科学养护方法才能实现商品使用价值,才会使商品在储运过程中保质、保量、安全有效地送达消费者手中,为社会创造经济利益。

(2)商品使用价值的研究,在量的方面,其内容主要是通过商品品种来体现。人们对商品的需求越来越多样化,为了满足日益增长的多样化的需求,需要科学合理的发展商品品种多样化。商品品种正是从广度方面满足人们对商品使用价值在量方面的需求。商品品种是指按某种相同特征划分的商品群体,或者是指具有某种(或某些)共同属性和特征的商品群体。不同

的消费结构要求有不同水平的使用价值及不同的品种规格。商品学主要研究决定商品品种发展和变化的规律,包括一般品种规律和特殊品种规律。

　　企业要在激烈的竞争中立于不败之地,就要在更新观念、严格管理的同时,不断开发新产品,加大产品研发投入,全面推动企业的产品改革与发展。通过新产品开发为商品注入新的生命活力,不断满足市场需求。

### 1.2.3　商品学的研究任务

**1. 商品学的总任务**

　　商品学是为政府和企业在商品设计、开发、生产、流通、消费到废弃的全过程实现科学管理和决策服务的学科。商品学的总任务是:促进生产力的发展,提高社会主义现代化管理水平,满足人民日益增长的物质文化生活需要。

**2. 商品学的具体任务**

　　商品学围绕商品质量这一中心内容来研究商品的使用价值。由此,围绕使用价值要开展以下几方面的具体工作。

　　(1)指导商品使用价值的形成。商品学通过商品资源和商品市场的调查与预测、商品需求研究等手段,为政府提供商品质量监督管理、商品标准、政策法规制定等决策的科学依据;为企业提供有效的信息,提出商品基本质量要求和品种要求,指导商品质量改进和新商品开发,促进高新科技成果的商品化,提高经营管理素质,保证市场商品物美价廉、适销对路。因此,在使用价值处于动态转换过程时,必须遵守客观的规律、法则和法规的约束,才能最终形成使用价值。

　　(2)评价商品使用价值的高低。商品学通过商品检验与鉴定手段,保证商品品种和质量符合规定的标准或合同,维护正常的市场竞争秩序,保护买卖双方的合法权益,创造公正、平等的商品交换环境。

　　(3)保证商品使用价值的质量。商品学通过确定适宜的商品包装、运输、保管的条件和方法,防止商品质量发生不良变化而造成损失;或者通过采用现代化的电子与信息技术,提高商品开发、生产、流通对市场需求的快速反应能力,防止商品因过时而造成的损失,保证商品交换的正常进行。

　　(4)促进商品使用价值的实现。商品学通过合理的储藏与运输,充分发挥生产与消费联系的作用。一方面通过商品信息和广告等促销手段宣传商品、推销商品,另一方面大力普及商品知识,使广大消费者认识商品、了解商品,促进商品市场交换的完成,实现商品使用价值的转移和让渡。所以,商品投入的区域性、阶段性、时间性、服务性必须适应市场需求才能取得好的市场质量,促进商品使用价值的实现。

　　(5)推动商品使用价值的发展。现代社会科学技术飞速发展,新产品日新月异,商品的使用价值处在动态发展之中。商品通过全面阐述商品的有用性,分析商品的特征和特性,开展对商品使用方法和条件的研究推动商品使用价值的发展。

　　(6)培养使用价值研究和管理专业人才。商品学是从事经营管理活动人员的必修课,经济管理人员须具备商品学理论知识,因为商品学向商业经济部门提供的商品学知识,能够便于生产企业共同来保证供给人们高质量的商品,以满足消费者的需求,保护消费者的利益。所以,商品学知识为企业管理的专业人才队伍奠定了基础。

## 1.3 商品学的产生与发展

任何一门学科的诞生都是前人经验的总结，都是在一定的科学文化、社会发展的条件下创造出来的，商品学也不例外。人类社会在原始的刀耕火种、自给自足的自然经济条件下，没有商品生产，也没有商品交换，当然不会产生商品学。随着生产力的发展，劳动产品自给有余，人类社会才进入了商品和货币的时代，才逐渐产生了商品学这门学科。

随着生产力的发展，剩余劳动产品的出现，人类社会进入到了商品和货币交换的时代，商品学具备了产生的条件。商品学作为一门独立科学，已有两百多年的历史，且在国外和中国其发展历史不同。

### 1.3.1 我国商品学的发展概况

#### 1. 商品学的萌芽阶段

中国是四大文明古国之一，历史悠久，古代商品经济的发展成就已闻名于世，这是商品学萌芽阶段的坚实基础。

唐朝是我国封建社会发展的鼎盛时期，在当时的西京（西安）、东京（洛阳）两地之间商业繁荣，农业、冶炼业、陶瓷业、印刷业和其他手工业都有很大的发展，广州、泉州、扬州等地已成为我国对外贸易的重要商埠。盛唐中期我国茶叶的生产技术很发达，从江淮一带传入北方，运到京城的茶叶品种繁多，色、香、味各异，以茶叶为饮品逐渐盛行起来。当时的复州竟陵（今湖北天门）人陆羽收集了大量有关茶叶生产和消费方面的知识，并于公元 780 年写出了《茶经》一书，全书共三卷十篇。书中对各种茶叶的形状、品质、产地、采集、加工炮制、烹饮方法等均有详细论述，书中还对茶叶的审评、用途及储藏方法等内容做了专门介绍。《茶经》的问世与传播也带动了中国茶叶在世界的传播与发展，《茶经》促进了茶叶的生产与消费。《茶经》被我国商品学界认定为世界上最早的一部茶叶商品学专著。

李时珍在公元 1578 年完成了《本草纲目》一书，在公元 1590 年将《本草纲目》一书出版，共五册 52 卷，收集药物 1892 种，系统地总结了药物学方面的知识，是我国药物学、植物学等方面的宝贵遗产。《本草纲目》传入日本时，在日本普及。受《本草纲目》影响日本的商品学学者普遍认为，商品学是由本草学和物产学演变而发展起来的。因此《本草纲目》也是我国历史上较早的一部药物商品学专著。此外，春秋时代师旷著的《禽经》、晋朝戴凯之著的《竹谱》、宋朝蔡襄著的《荔枝谱》、清代王秉之编著的《万宝全书》等。这些书籍虽未达到系统化、理论化，但是从内容看已趋近于商品学体系，是处在萌芽阶段的商品学。（胡东帆.商品学概论.大连：东北财经大学出版社，2005.）

#### 2. 商品学的创立和发展阶段

18 世纪德国的工业发展促使了商品学的产生，19 世纪商品学由德国开始传入我国，1902 年我国商业教育中把商品学列为一门必修课，商品学教育和研究从此开始不断发展起来。

我国近代商品学的早期著作不断出版，1917 年方嘉东编著的《商品研究通论》，1925 年戢在珣编著的《商品学》，1932 年刘冠英编著的《现代商品学》，1934 年潘吟阁编著的《分类商品学》和王博仁编著的《商品学》等。同时北平大学、中国大学、津法大学、沪江大学、暨南大学等高等院校先后开设了商品学课程。

1949 年新中国成立之后，商品学的教学和研究工作受到了党和政府的极大重视和关怀，

许多高等院校相继开设了商品学课程,取得了一系列的进展。1951年中国人民大学开设商品学研究生班,由前苏联专家执教,着重培养我国自己的商品学师资骨干队伍。1958年我国的众多高等商业财经院校创办了商品学系和商品学专业并开设商品学课程,编写了许多商品学专业书籍,如中国人民大学出版的《商品学总论》及分论共计五册,黑龙江商学院出版的《日用工业品商品学》、《食品商品学》、《五金商品学》,由院校与商业部门共同编写的《纺织品商品学》、《针织品商品学》、《百货商品学》、《棉花商品学》、《茶叶商品学》等。1959年开展了商品学的研究对象与任务的学术讨论,并在《商业研究》刊物中公开发表;此后,上海、北京、广州等大型商业企业定期出版商品知识刊物。1961年7月《大公报》开辟专栏进行商品学学术讨论,1963年9月在哈尔滨召开了首届商品学学术讨论会。随着专业书刊的出版和学术讨论的深入极大的推动了我国商品学的研究和发展,我国商品学进入到了发展与创立的新阶段。(胡东帆.商品学概论.大连:东北财经大学出版社,2005.)

**3. 我国商品学的现状——商品学的全面质量观阶段**

党的十一届三中全会以来,我国以社会主义现代化建设为工作中心,大力发展社会主义市场经济,商品学迅速发展,国内商品学界广泛开展了商品学学术讨论和交流活动。1995年10月中国商品学会在北京成立,总部设在北京中国人民大学,同年加入国际商品学会。商品学的教学和科研出现了百花齐放的繁荣景象。

在这期间,商品学的广大学者们在在拓宽商品学研究领域方面取得了共识。普遍认同商品学研究的核心是商品质量,它是商品质量自然属性和社会属性的总和,包含了商品的明确质量与隐含质量,商品的有形质量与无形质量,商品的内在质量与外在质量。此时,商品学的教学和科研进入到了全面质量观阶段,这是商品学一个崭新的发展时期,并将不断深化完善。

### 1.3.2　国外商品学发展概况

**1. 商品学的萌芽阶段**

9—10世纪期间,居住在大马士革的阿拉伯人阿里·阿德·迪米斯基撰写了《商业之美》一书,书的副标题是"关于优质商品和劣质商品的鉴别方法及对商品骗子伪货的识别指南"。这是现存文献记载中世界上最早的商业著作。由此可见,1 000多年前的商业活动中,识别商品的真伪、优劣已是经商的必备知识和技能。此后,当时欧洲的商业中心——意大利各城市,其商人们也著述了大量的内容相近的作品。

16世纪中叶,意大利的普那斐特药剂师著有《生药学》,从内容体系上看类似药物商品学;日本的直漱道三著有《宜禁本草》;法国官员沙瓦利著有《完美商人》,书中有十余章记述了关于纤维制品和染料为主的各商品的产地、销路、包装和储藏方法等,是当时享有盛名的商业业务书;在俄国也出现了首批商品学书籍。这些著作虽未达到系统化、理论化的阐述商品学知识体系,但是从内容看已趋近于现代商品学体系,是商品学的萌芽阶段。(胡东帆.商品学概论.大连:东北财经大学出版社,2005.)

**2. 商品学的创立发展阶段**

在1780年,德国人约翰·贝克曼教授在德国哥丁堡大学首次开设商品学课程,他在教学和科研的基础上,于1793年—1800年编著出版了《商品学导论》。该书分为两册:第一册主要是商品生产技术方法、工艺学等方面的知识;第二册主要叙述商品的产地、性能、用途、质量规格、分类、包装、鉴定、保管和主要市场等;此外该书还指出了商品学作为一门独立学科的任务。从而创立了商品学的学科体系,明确了商品学的研究内容,贝克曼被誉为商品学的创始人,他所创立的商品学体系被誉为"贝克曼商品学"或"叙述论的商品学"。(万融. 商品学概论. 北京：中国人民大学出版社,2002.)

俄国于 1831 年在莫斯科商学院开设了商品学课程。1906 年,俄国的尼基琴斯基著有《商品学基础教程》,他被誉为俄国商品学的奠基人,俄国商品学体系属于技术派。英国在 1910 年—1930 年期间,出版了 70 余种商品知识书籍。日本在 1892 年,明治 24 年首次出版了日本人户田翠香编著的《日本商品学》,并规定为学校的教材,1926 年上坂酉三编著了《商品学概论》。美国在 1936 年出现了商品研究机构,同年出版了哈佛大学戈林女士编著的《购物试验指导》教科书,1946 年加利福尼亚大学出版了《消费品的标准与标志》教课书等书籍。1976 年以德文缩写"IGWT"为会徽标志,总部设在奥地利的维也纳经济大学,会刊为《商品论坛——科学与实践》的国际商品学会成立了。(胡东帆. 商品学概论. 大连：东北财经大学出版社,2005.)

**3. 国际商品学界的主要学派及学术主张**

当今世界商品学界存在着三大学派,即技术学派、经济学派和融合学派。

(1)技术学派。技术学派对商品学的研究主要是以商品检验和鉴定为主体,运用物理学、化学、电子学等学科的理论成果研究商品质量,具体包括商品的有形质量、内在质量、质量标准、检验和鉴定方法。所以,技术学派是从自然科学方面对商品开展的研究。

(2)经济学派。商品学的经济学派与技术学派截然相反,主要是从社会科学方面对商品学开展研究。而这一学派的基本主张早在 1804 年就已出现,德国尼恩贝格大学劳克斯教授首次提出了经济商品学大纲和体系的设想。但直到 1958 年,奥地利维也纳经济大学格伦斯洗特尔才正式创立了商品经济学,1961 年德国科隆经济大学库兹尼格教授最终创立了经济商品学。

经济学派的基本思想是从市场经济出发,研究商品的经营管理、销售、广告、包装,调查消费者和市场信息等,是力求建立以市场价值为中心的商品学。

(3)融合学派。融合学派主张从技术和经济两方面来研究和评价商品的使用价值,正如德国学者费尔所说,现代商品学应把商品作为经济物,从自然科学和技术科学及经济科学方面研究和探讨商品形成全过程中的各种现象及变化规律。商品学既专注于研究物质的自然科学,也不忽视研究经济的社会科学,它是两者融合起来的科学。所以,商品学成为了一门典型的边缘科学,是一门具有较强实践性的应用技术科学。

### 1.3.3 商品学与其他相关学科的关系

《商品学》是经管类专业的主干课程之一,重点介绍了商品学的基础理论、基本知识和基本技能。在高校中开设《商品学》课程,为经管类院校的市场营销、国际经济与贸易、物流管理等专业奠定了基础,这些专业的人才不仅需要掌握相应的理论,还需要掌握相应的实践技能使之成为综合型的应用人才,《商品学》就是一门能够使学生具备实践技能的学科。

在商品学的研究领域中自然属性涉及物理学、力学、电学、电子学、机械学、材料学、化学、物理化学、药物学、生理生化学、医学、生物学、工艺学、环境科学和计算机科学等自然科学和技术科学;社会属性部分将涉及市场学、广告学、商业经济学、企业管理学、物流学、价格学、消费经济学、国际贸易学、标准化与质量管理学、资源与环境经济学、社会学、心理学、法学、政治经济学等社会科学。综上所述,商品学是一门文理兼容,综合性的应用技术科学。

商品学与其他相关学科的关系不是简单的拼凑堆砌,而是采取为我所用的原则,在商品学的体系下形成有机的融合。反过来商品学的研究成果也必然被其他学科吸收利用,达到相助相长、共荣共进的目的。

## 1.4 学习商品学的意义和方法

### 1.4.1 学习商品学的重要意义

商品学是随着商品经济和科学技术的发展而发展起来的。在国外,一名成功的工商企业家必须具有市场学、销售学和商品学的知识;在国内,随着市场经济的进一步发展,也有人称商品学是与经济学、管理学并驾齐驱的企业经营活动的三大科学支柱之一。企业经营管理工作者不懂得商品基础与实务,就好比医生不懂得药品一样。学好商品基础与实务,对提高企业素质,更好地为满足广大人民群众日益增长的物质和文化的需求服务有着极为重要的意义。

**1. 为企业的生产经营服务**

企业生产经营中的进货、加工、销货、调拨、储存等一切业务活动,都是以商品为中心,围绕着商品的运动而进行的。因为不同商品有不同的用途,同一商品也有多种用途,商品种类繁多,所以企业经营管理者只有熟悉商品属性,熟悉所经营商品的原料、工艺流程、品质特征、适销范围、规格、质量标准、包装情况、养护储存技术、使用常识、管理要求等,才能进行科学的预测和决策,组织和生产适销对路的商品,更好地为社会和消费者服务。

**2. 对提高企业管理水平和员工的素质有着重要意义**

工商企业的物资采购、供应、检验、销售、保管等岗位,都需要掌握商品的属性及相关基础知识,并依据商品质量变化规律,进行科学的包装、储存和运输,从而减少或避免不必要的商品的变质损失。企业的经营管理者懂得商品理论知识,则可准确地将消费者的意见反馈给生产部门,从而更好地促进商品生产的发展。

**3. 正确指导个人消费,充分发挥商品的作用**

在市场经济中,每一个人都是社会商品的消费者。各种商品的使用方法与商品体本身的属性密切相关。只有具备一定的商品知识,商品的使用价值才能得到充分的发挥,也才能在优劣兼有的市场中正确辨识商品,选用商品,并维护自身的消费合法权益。

### 1.4.2 商品学的研究方法

目前为了更好地研究商品,商品学学科主要采用科学实验法、现场实验法、技术指标法、社会调查法及对比分析法等研究方法。

**1. 科学实验法**

科学实验法是在实验室内或一定实验场所,运用实验测试仪器和设备,对商品的成分、构造、性能等进行理化分析、鉴定的研究方法。常用于分析商品成分,鉴定商品质量,研制新产品等。

**2. 现场实验法**

现场实验法是通过一些商品专家,或有代表性的消费者群体,凭人体感官的直觉,对商品质量作出评价的研究方法。如:食品、茶叶、酒的品尝,服装的试穿,新产品的试用。

**3. 技术指标法**

技术指标法是一种在科学实验法的基础上,对一系列同类商品,根据国内或国际生产力发展水平,确定质量技术指标,供生产者和消费者共同鉴定商品质量的方法。

**4. 社会调查法**

社会调查法主要有现场调查法、问卷调查法、直接面谈和定点统计调查法等。

**5. 对比分析法**

对比分析法是将不同时期、不同地区、不同国家的商品资料收集积累,加以分析比较,从而找出提高商品质量、增加花色品种、扩展商品功能的新途径。通过利用对比分析法可以正确识别商品、改进产品质量、实现商品的升级换代,满足广大消费者需要。

### 1.4.3 学习商品学的方法

到目前为止,商品的品种数量众多,并且在不断更新,品质也是千差万别,结构繁杂多样,用途广泛各异,如果逐一学习和研究也是不现实的,必须掌握学习它的有效方法。

**1. 集中学习带有共性、规律性的知识**

尽管商品千差万别,但它们在原料的选择、加工工艺、表面处理、包装装潢、质量检验、物理化学性能等方面都有很多共性,学习中可以掌握带有普遍性的、综合性的知识。

**2. 解剖具有代表性的商品,取得典型经验**

尽管商品品种繁多,但按照科学分类是能够集中到少数品种大类上的,如纺织品、食品、日用工业品、家用电器等。这些商品大类从生产到售后服务,只要选择一些具有代表性的商品作深入浅出的学习,就可以达到触类旁通的效果。

**3. 通过参加业务实践,掌握第一手资料**

商品基础与实务可以从书本上学习,但更重要的是在实践中去学习。学习过程中,应该主动地参加工商企业的各种实验,一个环节接一个环节地调查研究,如到工厂、农村,一道工序一道工序地进行观察、了解;到零售商店、批发企业、交易市场、贸易中心、车站码头、仓库等地接触实际问题,了解不断发展变化中的实际情况。要向有经验的人学习,向生产实践学习,向经营实践学习,还要拜消费者为师;要结合学习内容,到实验室进行必要的试验,参加实习操作,以提高动手能力。学习中还要结合实例展开讨论,培养分析问题、处理问题和解决问题的能力。

# 本章小结

商品是指用来交换,并能满足人们和社会某种消费需要的劳动产品,是一种特指范畴的产品。商品分类,在宏观上可按形态和类型特征进行。通用商品是现代商品的整体概念,现代商品的全部内容包含商品体和它的附加物两大部分,附加物又分为有形附加物和无形附加物两部分。

商品学是以商品客体为研究对象,以商品质量为中心内容,研究商品使用价值的科学。商品学总体上分为两大部分,其一为商品学概论,其二为专业商品学。商品学的研究对象和范畴主要是商品的使用价值,及其变化规律的科学。商品的使用价值是由商品体本身的属性所形成的。商品体的属性是由商品自然属性和商品社会属性构成的,商品使用价值处在动态发展之中。商品学是一门文理兼容,综合性的应用技术科学。

商品学产生与发展可分为萌芽、创立和深化发展三个阶段。我国商品学界认为,唐朝陆羽于公元 780 年写出的《茶经》是世界上最早的一部茶叶专业商品学专著。国际商品学界认为,德国人贝克曼为商品学的创始人。商品学界存在着三大学派,即技术学派、经济学派和融合学派。我国商品学属于融合学派,进入全面质量观阶段。

商品学是为商品在设计、开发、生产、流通、消费到废止的全过程实行科学管理和决策服务的。是为促进商品生产、经营和销售,提高社会主义现代化管理水平,满足人民日益增长的物质文化生活需要服务的。

## 关键术语

商品　　劳动产品　　商品的价值　　商品的使用价值　　商品球模型　　功能/效用
有形附加物　　无形附加物　　商品学　　商品质量　　商品品种

## 实训项目

1. 以"商品是现代经济的细胞"为题展开讨论,并列出哪些物品是商品,哪些物品不是商品。

2. 以学生经验为例,说明常用的一些商品在购买和使用中所涉及的相关学科知识。

## 思考题

1. 以具体商品为例,试说明其功能(或效用)、商品体、有形附加物和无形附加物,并阐述它们之间的关系。

2. 如何正确理解商品使用价值的本质? 商品学如何研究商品使用价值?

3. 为什么说"商品使用价值是相对的、动态的、发展的"?

4. 为什么说"商品经济的内容是商品生产与商品交换的总和"?

5. 送给别人的礼品是不是商品? 为什么?

## 案例分析

### 【案例1】　　海尔鲜风空调扯起健康大旗

2006年"十一"黄金周,从全国主流市场及主流渠道到空调销售数据显示,在崇尚理性和追求健康的消费趋势带动下,高端健康空调需求剧增,而在众多空调品牌的角逐中,海尔"07鲜风宝"空调凭借创造A级空气质量的高差异化卖点,满足消费者对健康家居环境的一致需求,销量不断攀升,占据高端市场35%以上的份额。

由于沙尘天气的频繁和"空调病"患者的增多,能否改善室内空气质量成为消费者选购空调最重视的因素,海尔"07鲜风宝"空调就是从消费者的需求出发,从室内空气含氧度、洁净度和清新度三方面对健康空调的效果进行严格定义,以消费者对"不用开窗、保温加氧、四季清新"的需求为基点,从空调换风、净化、负离子三项技术对实现的含氧度、洁净度和清新度进行了A、B、C三个等级的划定。其中A为最高等级,是以双向换风、空气净化和负离子三项技术实现为最高标准。

海尔"07鲜风宝"空调以专利"双新风"、"AIP电离净化"、"负离子"等健康技术,实现21%左右的A级新风含氧度、净化率95%以上的A级空气洁净度和106个负离子/立方厘米的A

级清新度,创造了 A 级空气质量,是目前行业内惟一达到 A 级鲜风等级的健康空调。

其实,不研究消费者需要什么,即使你的产品价格再便宜,产品也永远是产品,而不会成为被消费者买走的商品。海尔空调的高明之处是把更多的精力集中在消费者需求的调研上,除尘、加氧、定温除湿的鲜风宝空调就是未来空调市场消费需求的真实反映。如果解决不了消费者要什么空调的问题,而是想当然地去给消费者送空调,那是没有任何作用的,因为任何空调产品不是被公司卖掉,而是被消费者买走的。

(案例来源:作者根据相关资料进行改写。)

**【案例 2】**　　　　　　　　　　　　**填补空白的学问**

一个新产品投放市场,要有周密的思考,要知道卖点在哪里。在国内进口车市场向着高档化、大排量方向发展的情况下,克莱斯勒(中国)汽车销售有限公司逆市而动,推出了紧凑型进口轿车——新款克莱斯勒 PT 漫步者。那么,他的卖点是什么呢?

由于近年来国产汽车竞争力增强,使得 2.5L 以下排量进口车的数量大幅降低,高档化趋势越来越明显。来自海关总署的统计数字显示,2006 年 1 月至 11 月我国累计进口汽车 202 612 辆,比上年同期增长 41%。其中,1.5L 至 2.5L 的中低档轿车进口量增长不大,而 3L 以上排量轿车增长明显,比上年同期的 15 345 辆增长了 92%。这导致了进口车市场类型单一,跑车、豪华轿车、SUV 占了较大份额,而紧凑型、个性化车型相对较少。

2007 年以前,中国消费者眼中的个性化车型是 Mini、新甲壳虫,人们喜欢它们,却又止步于它们较高的价格与较低的性价比。可以说,在日趋成熟的中国汽车市场中,既时尚又实用的均衡型轿车还未出现。而如今,新款克莱斯勒 PT 漫步者的上市,恰好弥补了这一缺憾。2007 年进口车数量将继续逐年增长,预计将增长 15%。各个汽车厂商如果想占领这个市场,就必须要出奇制胜,推出一些能与国产车互补、有特色的车型。

新款克莱斯勒 PT 漫步者非常具有竞争力。视觉上的独特性使其个性化发挥的淋漓尽致。同时,豪华精致的内部设计,宽敞多变的内部空间,以及如同瑞士军刀般的内部灵活性,使得这款紧凑型轿车在出众的个性风格之外更兼具实用性和多功能性。而澎湃的动力和舒适时尚的内饰,也确保了完美的驾乘体验。

(案例来源:作者根据相关资料进行改写。)

**问题:**

请根据案例 1 和案例 2 的内容并结合本章所学,分析海尔鲜风空调和新款克莱斯勒 PT 漫步者为何能够在市场上取得成功。

# 第 2 章　商 品 分 类

## 学习要点

- 商品分类的概念、方法和商品分类标志；
- 商品代码概念和内容；
- 各种商品条码的结构与特点，以及相应校验码的计算；
- 商品目录的概念与种类。

## 引导案例

### 商店商品的分类编组

　　百货商店经营的商品种类很多，从大类上看一般包括食品、服装鞋帽、化妆品、珠宝首饰、日杂家居用品、音像文具用品、箱包、五金制品、儿童用品及玩具、体育健身器材等。为了适应陈列及顾客购买的需要对这些商品类别还得进行更加细致的分类编组。我们可以采用的商品分类编组有四种：

　　(1)按商品的功能分类编组。商品按照普通的最终用途来分类。例如男士服装可以分为这样几类：衬衫、领带、袖扣、领带扣针组；T恤、短衬衫、短袜组；配套服装组；运动衣与便裤组；西装组；休闲服装组。

　　(2)按购物的动机分类编组。购物动机是指消费者买一件商品的强烈愿望及其在选购中花费的时间量。很多零售商根据顾客倾向的实际情况将其商品进行分类分组。如将顾客即兴购买的商品和一些可以快速购买的商品编为一组并陈列在百货商店的一楼，而陈列在百货商店三楼以上的商品都是一些需要顾客进行思考购买的商品。

　　(3)按市场细分分类编组。这种方法就是将吸引某一特定市场消费群体的全部商品都组合在一起，例如服装类商品可以分为少男服装、少女服装及成年男装、成年女装等。

　　(4)按商品的耐储性分类编组。对于一些需要特殊处理的商品可按其耐储存程度进行分类编组。例如一些大型百货商店常常分设冷藏库、电冰箱、室内温度存放商品的小组。

　　(案例来源：作者根据相关资料进行改写。)

## 2.1 商品分类概述

### 2.1.1 分类与商品分类的概念

**1. 分类的概念**

世界的万事万物都是一个范围非常大的集合总体,很难直接对这样一个大范围的集合总体进行分析和研究,而且总体上的认识往往会掩盖其内部所掩盖的问题和本质现象。而根据一定的标志和特征将大范围的集合总体划分成各个范围较小且特征一致的小范围集合体,这样便于我们对集合总体更加细致、准确和全面的认识。这种将集合总体逐次划分成最小单元的过程称为分类。

**2. 商品分类的概念**

所谓商品分类是指根据一定目的,为满足商品生产、流通、经济管理及人们生活等需要,选择适当的分类标志或特征,将商品集合总体科学地、系统地逐层级划分,直至最小单元的过程。对商品进行分类,既要考虑分类对象的属性、特征,也要考虑对分类对象管理上的需要和要求,有时还要兼顾分类对象在传统上和历史上已经习惯的管理范围和管理方法。

### 2.1.2 商品分类的层级

商品分类将商品集合总体进行了层级划分,从而形成了范围大小依次递减的各个层级。不同的商品集合体所划分的层级并不完全相同,这需要根据具体商品来确定。目前,我国主要将商品划分为大类、中类(品类)、小类(品种)和细目共四个层级。

**1. 大类**

大类主要是体现商品生产和流通领域的行业分工,如文化产品类、五金类、化工类、食品类、建材类等。这些大类要与相应行业的生产和流通实际相一致。

**2. 中类(品类)**

中类是由大类划分而来的,它主要是体现商品所具有的若干共同性质或特征,是这类商品的总称,如食品这一大类商品可划分为蔬菜和水果、饮料类、肉制品、乳制品、禽蛋制品等。

**3. 小类(品种)**

小类是对中类商品的进一步划分,它主要体现具体的商品名称。如饮料类商品分为茶叶、咖啡、果汁、碳酸饮料等。

**4. 细目**

细目是对小类商品的的更加详尽的一种划分,它包括商品的产地、品牌、主要成分、规格、和等级等,更具体地体现商品的特征,如茶叶饮料这一商品品种可分为红茶、绿茶、乌龙茶、花茶、麦茶等。

这种商品分类层级的划分并不是稳定不变的,需要根据生产、经营和管理的需要来确定和划分,如表 2.1 所示。

**表 2.1 商品分类的类目层级及应用实例**

| 商品分类层级 | 应 用 实 例 | |
| --- | --- | --- |
| 大类 | 食品 | 日用化工品 |
| 中类(品类) | 饮料 | 化妆品 |
| 小类(品种) | 茶叶 | 护发用化妆品 |
| 细目 | 红茶、绿茶、乌龙茶 | 洗发水、染发剂、生发剂 |

### 2.1.3　商品科学分类的作用

商品品种繁多、特征各异、价值悬殊,其性能、用途和储运要求也各不相同。为了加强商品的科学管理和研究工作,对商品进行统一的、科学的分类,是一项十分重要的基础工作。据统计,我国农业、牧业、副业、轻工、纺织、石油化工、机电等商品品种达到几十万种,如果不进行分类,经济活动就难以进行。随着科学技术的进步和商品经济的不断发展,商品品种日趋增多,商品分类的作用也越来越大。

**1. 有利于商品标准化的实施和商品质量标准的制定**

通过科学的商品分类,可使商品的名称和类别统一化、标准化,从而可以避免同一商品在不同部门由于名称、计量单位、计算方法、口径范围等不统一而造成困难,有利于发展国内外贸易以及提高经济管理水平和扩大经济效益。制定各种商品标准时,必须明确商品的分类方法、商品的质量指标和对各类商品的具体要求等,所有这些都应建立在商品科学分类的基础上。

**2. 为经济管理现代化奠定了科学基础和前提条件**

商品科学分类为国民经济各部门和各企业实施各项管理活动及实现经济管理现代化奠定了科学基础和前提条件。将商品进行科学的分类,统一商品用语,才能使商品生产、收购、调拨、运输、储存、养护、销售各环节中的计划、统计、核算等工作顺利进行,使各类指标、统计数据和商品信息具有可比性和实际意义。

电子计算机在国民经济管理中的广泛应用,为商品的科学分类、编码以及快速处理和存储商品信息创造了条件,同时对商品分类又提出了新的更高的要求。利用计算机实现商品购、销、调、存、结账的无纸贸易、商品信息流管理现代化,都是依靠科学的商品分类和编码系统来完成的。

在进出口贸易中,采用国际统一商品分类编码体系,即《商品名称及编码协调制度》(简称HS),使分类与国际商品市场结构接轨,加强了国际商品贸易信息交换,方便了国际贸易。

**3. 便于消费者和用户选购商品**

通过科学的商品分类,才能使编制的商品目录有条有理、层次分明、眉目清楚。有秩序地安排市场供给和商场的合理布局,从而便于消费者和用户的选购。

**4. 有利于开展商品研究和教学工作**

通过科学的商品分类,才能将研究的对象从每个商品的个性特征归结为每类商品的特征。掌握这类商品的共性特征,才能深入地分析类别商品的质量特征,为研究商品质量、品种及其变化规律,从而为商品质量的改进和提高,商品预测和新产品开发,商品包装、运输、保管、科学养护、检验、合理使用、质量保证等提供科学的依据。在教学中,按教学需要对商品进行科学分类,可以使讲授的知识系统化、专业化,便于学生理解和掌握,有利于商品学教材、教学大纲的编写和教学的顺利进行。(万融.商品学概论.4 版.北京:中国人民大学出版社.2010.)

### 2.1.4　商品分类的要求与原则

**1. 商品分类的要求**

对事物总体划分,必须遵循下列基本要求。第一,要明确分类总体范围;第二,必须提出分类的明确目的;第三,划分标志要能够满足分类的目的、要求,保证分类结果清楚;第四,分类要具有相对稳定性。

**2. 商品分类的原则**

为了加强对商品的管理并进行有效的分类,在对商品分类时应该注意遵循以下几点原则:

(1)科学性原则。分类目的和要求必须明确,分类对象的范围应该准确界定,分类对象的名称是唯一的,能真正反映该对象有别于其他分类对象的本质特性且防止概念不清或一词多义现象,同时还要选择分类对象最稳定的本质属性或特征作为分类的依据。这样才能明显地区分开分类对象,使得分类清楚合理,经得起时间考验,确保商品分类体系的唯一性和稳定性。

(2)系统性原则。以分类对象的稳定本质属性或特征为基础,将选定的分类对象按照一定的顺序排列,每个分类对象在这个序列中都占有一个位置,并反映出它们彼此之间既有联系又有区别的关系,这就是商品分类的系统性原则。

(3)可扩展性原则。此原则要求在建立分类体系时,应该设置收容类目,留有足够的空间,以便安置新出现的商品而又不会打乱已建立的分类体系或将原分类体系推倒重来。同时,也为低层级的分类子系统在此分类体系基础上进行延展和细化创造条件。

(4)兼容性原则。兼容性是指相关的各个分类体系之间应该具有良好的对应与转换关系。建立新的分类体系时,要尽可能与原有的分类体系保持一定的连续性,使相关的分类体系之间相互衔接和协调,同时考虑与国际通用的分类体系对应和协调,以利于推广应用,便于信息的查询、对比和交流。随着商品编码系统和商品信息技术的不断发展和完善,对于分类原则和类目设置的标准化要求越来越严格,这样有利于满足不同分类和编码体系之间信息交换的要求。

(5)综合实用性原则。分类应该从系统工程角度出发,在满足整个管理系统总任务和总要求的前提下,尽量满足系统内各管理子系统的实际需要。如果商品分类能同时满足整个管理系统和各管理子系统的管理需要,当然非常理想。但实际上,往往从某个管理子系统看来,某种分类是最经济、最实用的,而对于整个管理系统来说却可能是不合理、不经济、不可取的;反之,若某种分类对于某个管理子系统不大合理、不大经济,但对于整个管理系统却是最经济、最合理的,那么这种分类也是可取的。因此,分类时应该首先强调系统的整体经济效益、整体的最优化,要求局部服从整体。其次,在满足管理系统总任务、总要求的前提下,也要兼顾各管理子系统在分类上的要求。

### 2.1.5 商品分类的方法

商品分类的对象不完全一致,分类的目的也各有所需,因此决定了商品分类的方法也是多种多样的。但归纳起来,通常采用的方法有线分类法和面分类法两种。实践中往往将上述两种方法组合使用,通常以线分类法为主,面分类法为辅助。

**1. 线分类法**

线分类法也称层级分类法,是将确定的商品集合总体按照一定的分类标志,逐次地分成相应的若干个层级类目,并排列成一个有层次的、逐级展开的分类体系。它的一般表现形式是大类、中类、小类、细目等。它的特点是将分类对象一层一层地具体进行划分,而且各层级所选用的分类标志可以不同,各个类目之间构成并列或隶属关系。

在这个分类体系中,被划分的类目,称为上位类;划分后的类目,称为下位类。由一个类目直接划分出来的下一级类目,彼此称为同位类。其中,上位类和下位类之间构成隶属关系,同位类之间存在并列关系。同一分支的同级类目之间构成并列关系,不同层级类目之间构成隶属关系。其结构如图 2.1 所示。

线分类法属于传统的分类方法,使用范围最广泛。国际贸易和我国商品流通领域中,许多商品分类均采用线分类法。例如,纺织纤维可以按线分类法进行分类,如表 2.2 所示。

第一层　　　　　第二层　　　　　第三层

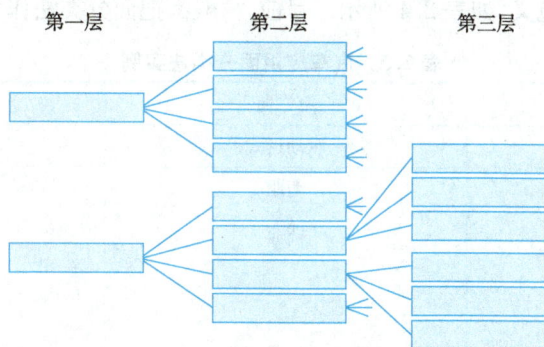

图 2.1　线分类法结构图

**表 2.2　线分类法实例**

| 第一层 | 第二层 | 第三层 | 第四层 |
|---|---|---|---|
| 大类 | 中类 | 小类 | 细目 |
| 纺织纤维 | 天然纤维 | 植物纤维 | 棉花、麻类等 |
| | | 动物纤维 | 羊毛、蚕丝等 |
| | 化学纤维 | 人造纤维 | 富强纤维、醋酸纤维等 |
| | | 合成纤维 | 锦纶、涤纶、丙纶、维纶等 |

　　线分类法的主要优点是：信息容量大、层次性好、逻辑性强、符合传统的应用习惯，既对手工处理有好的适应性，又便于计算机处理；最大的缺点是：结构柔性差，所以采用线分类法编制商品分类目录时，必须预先留有足够的后备容量。

**2. 面分类法**

　　面分类法又称平行分类法，是将分类的商品集合总体按不同的分类标志划分成彼此没有隶属关系的若干类目，每组类目构成一个"面"，再按一定的顺序将各个"面"平行排列。其结构如图 2.2 所示。

　　用面分类法进行分类时，应该根据需要将有关"面"中相应的类目，按"面"指定排列顺序组配在一起，形成一个新的复合类目。例如，汽车的分类，就是按面分类法组配的。把汽车的产地、驱动形式和功能分为三个相互之间没有隶属关系的"面"，每个"面"又分成若干个类目，标出了不同范畴的独立类目。使用时，将有关类目组配起来，便成为一个复合类目，如国产两驱轿车、德国产四驱 SUV 等，如表 2.3 所示。

　　面分类法的优点是：具有较大的弹性，一个面内的类目改变，不会影响其他的面；适应性强，可根据需要组成任何面，同时也便于机器处理，易于添加和修改类目。它的缺点是：不便于手工处理，也不能充分利用其容量，尽管其可组合的复合类目很多，但实际可用的复合类目并不多，例如利用面分类法对服装进行分类的实例中的纯棉男式连衣裙、纯毛女式中山装

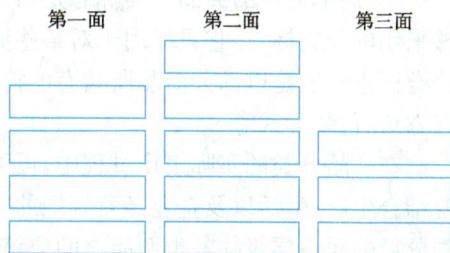

第一面　　　　第二面　　　　第三面

图 2.2　面分类结构图

等复合类目就没有实际意义,如表 2.4 所示。目前,一般都把面分类法作为线分类法的辅助。

**表 2.3　汽车应用面分类法实例**

| 第一面 | 第二面 | 第三面 |
| --- | --- | --- |
| 产地 | 驱动形式 | 功能 |
| 中国 | 两驱 | 轿车 |
| 美国 | 四驱 | SUV |
| 德国 | | 房车 |
| 日本 | | 跑车 |
| 韩国 | | 赛车 |

**表 2.4　服装应用面分类法实例**

| 第一面 | 第二面 | 第三面 |
| --- | --- | --- |
| 服装面料 | 式样 | 款式 |
| 纯棉 | 男式 | 中山装 |
| 纯毛 | 女式 | 西装 |
| 真丝 | 儿童 | 衬衫 |
| 涤棉 | | 夹克 |
| 毛涤 | | 连衣裙 |

## 2.2　商品分类标志

### 2.2.1　商品分类标志的种类及选择原则

分类标志是编制商品分类目录和分类体系的重要依据和基准。进行商品分类,可供选择的分类标志很多。只有采用了恰当的分类标志,分类才有意义,分类效果才更好。

**1. 分类标志的种类**

在进行商品分类时,选取恰当准确的商品分类标志,对于最终的分类结果是至关重要的。从商品分类标志的适用范围这一角度来说,主要有普遍适用的标志和局部适用的标志两大类。

(1)普遍适用的商品分类标志是指对于商品分类层级当中的各个层级进行划分时,均可采用的分类标志。那么这类商品分类标志必须是以所有商品具有的共同特征、性质和功能来对商品进行分类,比如商品的产地、用途以及原材料和生产加工工艺等。

(2)局部适用的商品分类标志是指无法对商品分类层级当中的各个层级进行划分时都能够采用的分类标志,它只能用于对某些商品小类、细目等较低层级类目的划分。那些这类商品分类标志一般是以部分商品所共有的特征、性质和功能来对商品分类,如商品的化学成分、储存方法、包装形式等。

在商品分类的实际工作过程中,可采用的商品分类标志有很多,具体采用哪一类标志,需要结合生产、生活以及企业经营管理的实际。应该选择那些真正能够将某一类商品明确区分,划分后的同一层级的各类商品之间应该具有明显的差异性,而同一层级的同一类商品之间应该具有同质性。这样所选用的商品分类标志才能说是成功的。

**2. 选择分类标志的原则**

分类标志的选择应该遵循以下几个基本原则：

（1）目的性原则。不同的分类标志具有不同的适应性，分类标志的选择必须满足主管部门、行业或企业进行商品分类的管理目的和需要。

（2）稳定性原则。商品具有本质的和非本质的多种基本特征，应该选择商品最稳定的本质特征作为分类标志，这样才能保证区分明确、分类清楚和分类体系的相对稳定。

（3）唯一性原则。商品分类时，在同一层级范围内，只能采用一种分类标志，不同时采用两种或多种分类标志，以确保每种商品只能出现在一个类别里，不能在分类体系或目录中重复出现。

（4）逻辑性原则。分类体系中，上一层级的分类标志与其下一层级分类标志之间存在着有机联系。每下一层级分类标志应该是其上一层级分类标志的合乎逻辑的继续和具体体现。

（5）包容性原则。分类标志的选择要能够包括所需分类的全部商品，并有不断补充新商品的余地。

### 2.2.2 几种常用的分类标志

在商品分类实践中，常用的分类标志有以下几种，下面进行具体的介绍：

**1. 以商品用途作为分类标志**

生产、经营和销售商品的目的是为了向消费者提供其使用价值，满足消费者的使用需要。因此，以商品的用途作为分类标志，不但利于对于商品各类的有效区分，也有利于消费者的选购。所以说以商品用途作为分类标志是最常用的一种。以商品用途作为分类标志实例如图2.3所示。

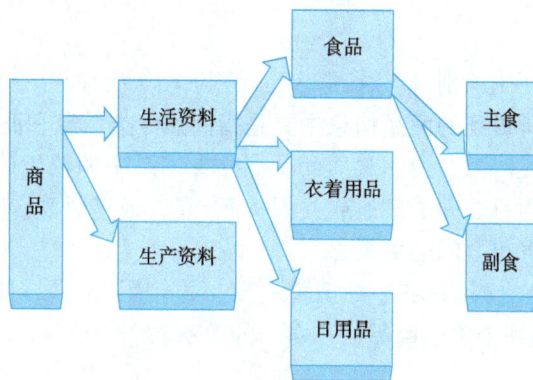

图 2.3　商品用途分类实例

**2. 以商品的原材料作为分类标志**

商品的原材料是构成商品体的物质基础，原材料的不同，所形成的商品在质量、性能和价格等方面有着非常明显的区别。因此，以商品的原材料作为分类标志，不但可以方便消费者根据自身的使用需求进行有针对的选购，也可以针对不同原材料制成的商品进行有针对性的运输、储存和维护保养。如服装可按其原材料分为棉制品、皮革制品、麻制品等。

**3. 以商品的加工方法作为分类标志**

即使使用同一种原材料制成的某一类商品，由于所使用的生产加工工艺和方法不同，商品最终的质量和性能都有不同程度的差异,因此可以以商品的加工方法作为分类标志。比如人们常饮用的茶叶,由于其发酵程度不同就可分为全发酵茶(红茶)、半发酵茶(乌龙茶)、后发酵茶(黑茶)和不发酵茶(绿茶);酒按酿造方法不同可分为蒸馏酒、发酵原酒和配制酒等。

**4. 以商品的主要成分或特殊成分作为分类标志**

商品中所含主要成分或特殊成分的不同,也会导致商品在质量、性能、用途和储存方面的差别。因此,可以以商品的主要成分或特殊成分作为分类标志。如人们种地时所施的肥料,根据农作物生长的不同需要,而以氮、磷、钾作为肥料的主要成分。另外,有些商品虽然主要成分相同,但由于其中特殊的微量成分不同,也会导致商品不同的性能和用途。如合金钢的主要的成分为 Fe,而按其所含的特殊成分分为碳钢、硅钢、锰钢等。正是由于特殊成分种类不同,使之用途、性质不同。

**5. 以商品的产地作为分类标志**

很多农产品由于产地不同,自然条件如土壤、水分、气温、阳光照射等都会有着明显的差异,这样所种植出来的农产品在品质上会有很大的不同,比如葡萄比较知名的产地为法国的波尔图,我国大米的产地以黑龙江省五常市较为有名。所以可以以商品的产地作为分类标志。

**6. 以商品的生产季节作为分类标志**

除了商品的产地以外,商品(尤其是农产品)的生产季节和采摘季节对其品质有很重要影响。因此可以采用商品的生产季节或采摘季节作为商品区分的标志。不同生产季节或收获季节最终导致商品有很多不同的差别,印证了中国的那句古语"增一分太肥,减一分太瘦"。

## 2.3 商品代码和商品编码

### 2.3.1 商品代码

**1. 商品代码的概念**

商品代码是指为了便于识别、输入、存储和处理,用来表示商品一定信息的一个或一组有规律排列的符号。这里所提到的商品信息主要是指商品分类信息和商品标识信息。

商品分类信息是指代码意在说明某项商品在分类体系中的位置,也就是表明该商品与其上下层级项目或同层级项目之间的隶属或并列关系,或者说是反映该项商品对某一商品群组的归属关系以及各商品群组之间的关系。

商品标识信息指代码仅起到唯一标识单一商品的作用,不具有任何其他意思(如分类意义)只是反映某一代码与某个单一商品的一对一的关系。

**2. 商品代码的类型**

1)按商品代码表达的信息划分

商品代码分为商品分类代码和商品标识代码。商品分类代码反映的是商品的分类信息,而商品标识代码反映的是商品的标识信息。

2)按商品代码所使用符号的类型划分

商品代码按其所使用的符号类型分为全数字型代码、全字母型代码、数字—字母混合型代码和条形码四种。

(1)全数字型。全数字型商品代码是用一个或若干个阿拉伯数字来表示分类对象信息的商品代码。这种商品代码的特点是结构简单,使用方便,易于推广,便于计算机识别和处理。

目前该代码在各国际组织和世界各国的商品(产品、服务)代码标准中被普遍采用。

(2)全字母型。全字母型商品代码是用一个或若干个字母来表示分类对象信息的商品代码。这种代码的特点是便于记忆,比用同样位数的数字型代码的容量大,可提供便于人们识别的信息,但不利于计算机的识别和处理,并且只适用于分类对象数目较少的情况。因此,在商品编码中很少使用。

**思考题**:如果位数相同,为什么全字母型代码比全数字型代码的信息容量大?

(3)数字-字母混合型。数字-字母混合型商品代码,是由数字和字母混合组成的商品代码。它兼有上述两者的优点,结构严密,具有良好的直观性,但给计算机输入带来不便,输入效率低,错码率高,目前其使用广度不高。

(4)条形码。条形码是由条形符号构成的图形及相应的数字符号来表示商品的分类对象的代码。这是一种最有前景的方法。后文将对条形码的相关内容做详细介绍。

### 2.3.2　商品编码

#### 1. 商品编码概述

商品编码也可以称之为商品编号,它是指赋予某种商品(或某类商品)以相应商品代码的工作过程。其中商品代码是由数字、字母等符号构成的。"商品代码"本身具有名词性,而"商品编码"是一种编制代码的工作,因此具有动词性。

商品分类与商品编码是密切联系,不可分割的。其中商品分类在前,商品编码在后,只有进行了科学合理的商品分类之后,在此基础之上再进行相应的商品编码工作。通过商品编码,将整个商品分类体系中各层级各类目的商品编制相应的商品代码,这项工作是十分必要的。因为虽然增加了编码这一工作,但由于每个具体商品有了自己的代码,这对于运用计算机对商品信息流和物流进行科学的管理提供了便利,对于各个企业、行业甚至国家对其商品进行有效管理有很大的经济效益和社会效益。

#### 2. 商品分类编码的基本原则

商品分类代码的编制要注意与商品分类相结合。商品分类和编码是分别进行的,商品分类在先,编码在后。商品科学分类为编码的合理性创造了条件,但是编码是否科学得当会直接影响商品分类体系的实用价值。一个好的商品分类体系如果没有一套运用方便的代码,就会给组织、信息和运用商品信息以及商品流通合理化和经济管理现代化带来困难和麻烦。因此,商品编码过程中应该严格遵循以下一些基本原则。

(1)唯一性原则。唯一性原则是指每一个代码对应着唯一的编码对象(商品),不得有重复现象。

(2)简明性原则。商品代码要简明、易记、易校验,尽可能减少代码长度,这样既便于手工处理,减少差错率,也能减少计算机的处理时间和存储时间。

(3)层次性原则。商品代码要层次清楚,能清楚地反映商品分类关系和分类体系、目录内部固有的逻辑关系,以及代码与其代表的类目有固定的对应关系。

(4)可扩展性原则。在商品代码结构体系里应留有足够的备用码(空号),以适应新类目的增加和旧类目的删减需要,使扩充新代码和压缩旧代码成为可能,从而使分类代码结构体系可以进行必要的修订和补充,当需要增加新类目或删减旧类目时,无须破坏编码结构再重新编码。

(5)稳定性原则。商品代码确定后要在一定时期内保持稳定,不能频繁或轻易变更,以保证分类编码系统的稳定性,避免造成人力、物力、财力的浪费。

(6)统一性原则。商品编码要与国家各级、各部门的商品分类编码标准相一致、相统一,以便于不同层级、不同部门的编码系统相衔接。

(7)协调性原则。协调性原则是指商品代码必须格式规范,商品代码还要与国际或国家的通用商品分类编码制度相协调,以利于实现信息交流和信息资源共享。

总之,在编制商品分类体系和商品分类目录时,对上述编码原则应该根据使用的要求综合考虑,力求达到最优化的效果。

---

知识阅读

**超市商品编号使用管理与维护**

超市商品编号的使用,经过一段时间后,可能会因旧商品的淘汰、新商品的导入,而删减或增加某些编号,因此编号的使用与维护相当重要。

**一、分类编号的连贯性与完整性**

新加入商品时,商品是否正确归类相当重要,因此编号时要注意到连贯性与完整性,切勿随意穿插。例如,新增某种猪肉水饺时,新的品项最好紧接在旧的猪肉水饺品项之后,切勿任意穿插,否则就会破坏完整性与连贯性,徒增管理使用时的不便。

**二、固定时间删除不用的号码,并加以登录管理**

对于要删除的商品,最好能在某一定时间将其货号剔除,不可不定时地任意删除,以免造成整套编号混乱的情况,如每月月底删除一次,或半年一次均可。而删除的号码必须登录起来,一旦引进同类的新商品时,这些货号便可以优先使用。

**三、由专人从事商品分类与编号及维护管理工作**

由专人负责商品分类与编号,这样分类与编码的理念能够得到连续与延伸,系统管理也才能维护得比较好,因为若由不同的人来做,可能会由于个人对商品分类与编码的理解不同,而有迥然不同的做法,容易产生混乱。

**四、分类时要预留增设的空间**

由于超市经营的商品品种会日益增多,因此商品的编号应该位数稍多一些,预留增设的空间,以防在未来销售大量新商品的时候出现编号位数不足,无法对其编号的问题。

(资料来源:中华零售网,作者根据相关资料进行改写。)

---

### 2.3.3 商品标识代码的编制原则

企业为商品项目编制标识代码,必须遵守唯一性原则、无含义性原则和稳定性原则。

**1. 唯一性原则**

编码时要严格区分商品的不同项目。基本特征相同的商品应该视为同一商品项目,同一商品项目的商品应该分配相同的商品标识代码。基本特征不同的商品要视为不同的商品项目,不同商品项目的商品必须分配不同的商品标识代码。任何导致同一个商品项目有多个代码(称为"一物多码")或同一个代码对应多个商品项目(称作"一码多物")的错误编码,都是违反唯一性原则的。

**2. 无含义性原则**

无含义性是指商品标识代码中的每一位数字不表示任何与商品有关的特定信息,也就是

既与商品本身的基本特征无关,也与厂商性质、所在地域、生产规律等信息无关。有含义的代码常常会使编码容量受到损失。厂商在编制商品项目代码时,最好使用无含义的流水号,即连续号,这样能够最大限度地利用商品项目代码的编码容量。如果厂商生产的商品数量很少,也允许进行有含义的编码。

对于一些商品,在流通过程中可能需要了解它的附加信息,如生产日期、有效期、批号及数量等,此时可采用标识符(AI)来满足附加信息的标注要求。应用标识符(2~4 位数字)用于标识其后数据的含义和格式。

**3. 稳定性原则**

商品标识代码一旦分配,只要商品的基本特征没有发生变化,就应该保持不变。若商品项目的基本特征已经发生了明显的、重大的变化,则必须分配一个新的商品标识代码。

在某些行业,比如医药保健业,只要商品的成分有较小的变化,就必须分配不同的商品标识代码。但在其他行业则要尽可能地减少商品标识代码的变更,以保持其稳定性。

如果不清楚商品的变化是否需要变更其标识代码,可以从以下几个角度考虑:商品的新变体是否取代原商品;商品的轻微变化对销售的影响是否明显;是否因促销活动而将商品做暂时性的变动;包装的总重量是否有变化。

### 2.3.4 编码的方法

商品分类代码是有含义代码,代码本身具有某种实际含义。此种代码不仅作为编码对象的唯一标识,起到代替编码对象名称的作用,而且还能提供编码对象的有关信息(如分类、排序等信息)。

商品分类代码常用的编码方法有:顺序编码法、系列顺序编码法、层次编码法、平行编码法和混合编码法。

**1. 顺序编码法**

顺序编码法是按照商品类目在分类体系中同一层次上出现的先后次序,依次给予顺序数字代码的编码方法。其优点是使用方便,易于管理,但代码本身没有给出任何有关编码对象的其他信息。

**2. 系列顺序编码法**

系列顺序编码法是一种特殊的顺序编码法,是将顺序数字代码分为若干段(系列),使其与分类编码对象的分段一一对应,并赋予每段分类编码以一定的顺序代码的编码方法。它的优点是可以赋予编码对象一定属性和特征,提供有关编码对象的某些附加信息,但是附加信息的确定要借助于代码表。它的缺点是当系列顺序代码过多时,会影响计算机的处理速度。我国国家标准《全国主要产品分类与代码第 1 部分:可运输产品》(GB/T 7635.1—2002)中"小麦"(第五层级,小类类目),在进一步细分到第六层级(细类类目)时,"冬小麦"、"春小麦"的代码采用了系列顺序编码法,"白色硬质冬小麦"、"白色软质冬小麦"等类目代码则采用了顺序编码法,如图 2.4 所示。

| 第五层级(小类)代码 | 01111 | 小麦 |
|---|---|---|
| 第六层级(细类)代码 | 01111·010 | 冬小麦 |
| (与第五层级代码之间 | 一·099 | |
| 用圆点隔开) | 01111·011 | 白色硬质冬小麦 |
| | 01111·012 | 白色软质冬小麦 |
| | …… | |
| | 01111·100 | 春小麦 |
| | 一·199 | |
| | 01111·101 | 白色硬质春小麦 |
| | 01111·102 | 白色软质春小麦 |
| | …… | |

图 2.4　顺序编码法与系列顺序编码法实例示意

**3. 层次编码法**

层次编码法是按商品类目在分类体系中的层级顺序,依次赋予对应的数字代码。层次编码法适用于线分类体系。反映出分类层级间的逻辑关系。

层次编码法的优点是代码较简单,逻辑性较强,信息容量大,能明确地反映出分类编码对象的属性或特征及其相互关系,便于机器汇总数据;层次编码法的缺点是弹性较差,为延长其使用寿命,往往要用延长代码长度的办法,预先留出相当数量的备用号,从而出现号码的冗余。所以这种编码方法最适用于编码对象变化不大的情况。

我国国家标准《全国主要产品分类与代码 第1部分:可运输产品》(GB/T 7635.1—2002)和《全国主要产品分类与代码 第2部分:不可运输产品》(GB/T 7635.2—2002)就是采用层次编码法。例如,GB/T 7635.1全部采用数字代码,其长度是8位,代码结构分成六层,各层分别命名为大部类、部类、大类、中类、小类和细类。其中,第一至第五层各用一位数字表示,第一层代码为0~4;第二层、第五层代码为1~9;第三层、第四层代码为0~9。第六层用三位数字表示,代码为001~999,采用了顺序码和系列顺序码(即分段码),顺序码为011~999,系列顺序码为个位数是0(或9)的三位代码。第五层和第六层代码之间用圆点隔开。第六层的代码001~009为特殊区域,其所列商品类目按不同的特征属性再分类或按不同的要求列类,以满足各部门管理的特殊需要,如图2.5所示。

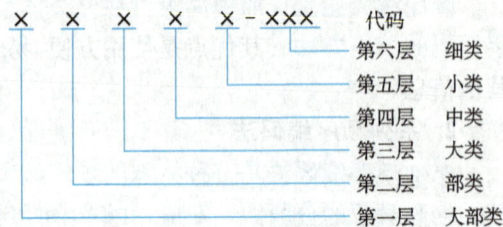

图 2.5　GB/T 7635.1—2002 代码结构

国家标准《全国主要产品分类与代码 第1部分:可运输产品》(GB/T 7635.1—2002)和《全国主要产品分类与代码 第2部分:不可运输产品》(GB/T 7635.2—2002)其实是对国家标准《全国主要产品分类与代码 第1部分:可运输产品》(GB/T 7635.1—1987)和《全国主要产品分类与代码 第2部分:不可运输产品》(GB/T 7635.2—1987)的修订。在1987年的标准当中的长度同样也是8位,但代码结构共分成四层,每层2位代码,采用了平均分配代码的方法。

**4. 平行编码法**(特征组合编码法)

平行编码法主要是在采用面分类法进行商品分类时,对应所采用的一种编码方法。由于面分类法根据不同的分类标志将商品整体划分为若干个相互独立的面,那么在编码时,给予每一个面以一定位数的代码,将每个面中特定的类目所对应的代码按一定的顺序组合在一起,就构成了对应某一个具体商品的特定代码。该方法就是平行编码法。平行编码法的优点与面分

类法的优点相同。

在实践中,当把分类编码对象的各种属性或特征分裂出来后,可依据其某些属性使用层次法编码,按照它其余的属性使用平行编码法。这些可以择其优点,弃其缺点。

**5．混合编码法**

混合编码法是层次编码法和平行编码法的合成,代码的层次与类目的等级不完全适应。当把分类对象的各种属性或特征分列出来后,其某些属性或特征用层次编码法来表示,其余的属性或特征则用平行编码法来表示。这种编码法吸取了两者的优点,效果往往较为理想。

※商品标识代码的编码方法将在后面结合条形码一起介绍。

## 2.4　商　品　条　码

在琳琅满目的商品市场上,人们会看到越来越多的商品和食品的外包装以及书籍的封面上印有粗细不同、平行相间的黑线条组合而成的长方形图案,线条图案下还配有相应的数字、字母和专用符号,这种图案就叫做条码。将商品的名称、规格、类别等用条码来表示,这是商品分类的一大进步。商品条码是商品的"身份证",也是商品流通于国际市场的"共同语言"。

目前,商品条码广泛应用于商品流通、自动化管理、图书管理、交通运输、邮政业务等领域,已成为现代化管理重要的信息技术手段。

### 2.4.1　商品条码概述

商品条码(Bar Code)是将表示一定信息的字符代码转换成用一组黑白(或深浅)相间的平行线条,按一定规则排列组合而成的特殊图形符号。条码是利用光电扫描阅读设备识读商品并实现计算机数据输入的一种特殊代码。它表示商品的一定信息,如生产国(地区)、制造厂商或经销商、商品货号、规格以及价格等。

条码技术是一种数据输入技术。数据输入是由与计算机相连的光电扫描器完成的,光电扫描器由光学系统和电路系统组成。光学系统发出的光经透镜聚焦形成扫描光点照射到条码上,得到由反射光产生的模拟电信号传输给译码器,译码器把电信号解译成计算机可接收的数据。

利用计算机采集数据的方法很多,分为手动录入和自动识别两种。前者以键盘为主,而在众多的自动识别技术如穿孔纸带、光学字符识别、磁性识别、条码扫描识别等技术中,条码技术具有以下特点:

(1)可靠性强。资料表明键盘输入出错率为较高,而条码输入误码率仅为百万分之一。

(2)数据输入速度快。键盘输入,一个每分钟打 90 个字的打字员 1.6 秒可输入 22 个字符或字符串,而使用条码,做同样的工作只需 0.3 秒,速度提高了 5 倍,可实现"即时输入"。

(3)经济便宜,易于制作。条码符号被称为"可印刷的计算机语言"。

(4)灵活实用。条码符号作为一种识别手段可以单独使用,也可以和有关设备组成识别系统实现自动化识别,还可以和其他控制设备联系起来实现整个系统的自动化管理。同时,在没有自动识别设备时,也可实现手工键盘输入。

(5)设备简单。条码符号识别设备的结构简单,操作容易,无需专门的训练。

鉴于以上诸多优点,条码技术被广泛地应用于商业、图书管理、仓储、邮电和工业生产过程控制等领域。

### 2.4.2　条形码的产生与发展

1946 年计算机诞生之后,才有了条码技术的出现。早在 20 世纪 40 年代,美国乔·伍德兰德(Joe Wood Land)和伯尼·西尔沃(Berny Silver)两位工程师,就开始研究用代码表示食品项目及相应的自动识别设备,于 1949 年获得了美国专利。

但条码得到实际应用和发展还是在 20 世纪 70 年代左右。1970 年,美国超级市场 Ad Hoc 委员会制定出通用商品代码 UPC 码,并首先在杂货零售业中试用。这为以后条码的统一和广泛采用奠定了基础。次年又第一次把 UPC 码应用到仓库管理系统中。1973 年,美国统一代码委员会(Uniform Code Council,UCC)从若干种条码方案中选定 IBM 公司提出的条码系统,并作为北美地区的通用产品代码(Universal Product Code,UPC)实现了该码制的标准化。1976 年在美国和加拿大超级市场上,UPC 码的成功应用给人们以很大的鼓舞,尤其是欧洲人对此产生了极大兴趣。次年,欧洲共同体制定出与 UPC 兼容的欧洲物品编码 EAN—13 和 EAN—8 码,签署了"欧洲物品编码"协议备忘录,并正式成立了欧洲物品编码协会(European Article Numbering Association,EAN)。到了 1981 年,由于 EAN 已经发展成为一个国际性组织,故改名为"国际物品编码协会",简称 IAN。但由于历史原因和习惯,至今仍称为 EAN(后改为 EAN International)。现在,EAN 条码成为国际通用的商品代码。截至目前已有 90 多个国家和地区超过 60 万家企业在使用 EAN 系统。

从 20 世纪 80 年代初,人们围绕提高条码符号的信息密度,开展了多项研究。128 码和 93 码就是其中的研究成果。128 码于 1981 年被推荐使用,而 93 码于 1982 年使用。这两种码的优点是条码符号密度比 39 码高出近 30%。随着条码技术的发展,条码码制种类不断增加,到 1990 年底为止。共有 40 多种条码码制,相应的自动识别设备和印刷技术也得到了长足的发展。

我国条码技术的研究始于 20 世纪 70 年代末,而真正建立条形码应用系统则是 20 世纪 80 年代初。从 20 世纪 80 年代中期开始,我国一些高等院校、科研部门及一些出口企业,把条码技术的研究和推广应用逐步提上议事日程,一些行业如图书、邮电、物资管理部门和外贸部门已开始使用条码技术。直到 20 世纪 80 年代末才开始实施条形码技术的标准化工作。1988 年 12 月 28 日,经国务院批准,国家技术监督局成立了"中国物品编码中心"。该中心的任务是研究、推广条码技术;组织、开发、协调、管理我国的条码工作。1991 年上半年中国物品编码中心正式加入了国际物品编码协会,同意采用 EAN 条码系统,为我国大规模推广应用条码技术创造了有利条件。

### 2.4.3　使用和推广商品条码的意义

在经济全球化、信息网络化、生活国际化、文化本土化的资讯社会到来之时,起源于 20 世纪 40 年代、研究于 60 年代、应用于 70 年代、普及于 80 年代的条码与条码技术及各种应用系统,引起世界流通领域里的大变革正风靡世界。条码作为一种可印制的计算机语言,未来学家称之为"计算机文化"。

**1. 条码标志是商品进入国际市场参与竞争的"身份证"**

在国际市场,给商品打上条码早已成为一种惯例。过去我国许多商品尽管是名特优产品,由于没有条码标记,外销时不能进入超级市场,只能屈身在地摊或三四流的商店出售。而有的外商压价收购后改换包装,打上条码,转手就赢得巨额利润,不仅造成我国的经济损失,还影响我国商品的形象和声誉。近几年来,我国越来越多的商品已采用条码,提高了商品在国际市场

上的竞争能力。

【知识链接】

101章光毛发再生精的发明者20世纪80年代中期去日本考察,发现享有盛誉的章光101产品只能陈列在货架的最底层,且价格很便宜。后来经过了解才知道,是因为当时该产品并没有条码标志,因此受此冷落。

【知识链接】

1990年7月,香港商人正式向我国粮油进出口公司提出:从1991年1月1日起,凡进港的货物必须采用国际通用的条码标志(EAN、UPC),否则不得进港。为此我国才开始以出口商品为龙头,推进了我国条码工作的开展。

**2. 实现商品销售自动管理**

通过POS系统(销售点管理系统),即商场现金收款机作为终端机与计算机相连,当带有条码的商品通过结算台扫描时,商品条码表示的信息被录入计算机,计算机从数据库文件中查寻到该商品的名称、价格等,经数据处理打印出收据。这样,条码的应用就为商品的产、供、销的信息沟通和信息交换提供了统一的标志和畅通的渠道,不仅可以实现对商品的分类与集散管理、销售、运输、订货和盘存等自动化管理,而且通过产、供、销信息系统,可以准确、及时地获得所需要的商品信息、物流信息和商流信息。

(1)对制造商,便于收集商品情报,及时了解消费趋势,快速回应消费需求。由于使用统一标签,减少重复作业、节省了成本。库存管理和出货、送货工作效率也得到提高。

(2)对批发商,可以迅速、精确地处理订货、送货工作,提高服务质量。库存管理也更准确、详细,防止资金积压。

(3)对零售商,可以改善整个零售作业,使人为错误降到最低,并提高结账柜台的效率,节省大量人力,防止柜台人员的舞弊。同时可立即提供财务报告,增加货款结账速度,为消费者提供更好的服务,提高顾客的忠诚度。

(4)对从业人员,简化了销售作业流程,作业更快速无误,精神愉快不易疲劳。

(5)对顾客,会因POS系统准确、方便、结账透明度高而提高对商品的信誉和购物兴趣,缩短排队时间;不用担心数字往计算机里输入时出错;同时自选商品的销售方式,改善了购物环境。

**3. 实现商品信息的电子数据更换**

印刷在商品外包装上的条码,像一条条经济信息纽带将世界各地的生产制造商、出口商、批发商、零售商和顾客有机地联系在一起。这一条条纽带,一经与电子数据交换(EDI)系统相连,便形成多项、多元的信息网,各种商品的相关信息犹如投入了一个无形的永不停息的自动导向传送机构,流向世界各地,活跃在世界商品流通领域。如通过全球条码商品信息交换系统,所有生产商、商店和顾客都可以通过计算机联网,借助于条码,获得商品信息,实现电子数据交换和资源共享,从而实现"无纸贸易"。

目前,条码不仅用于商品流通领域,而且广泛应用于生产自动化管理、图书管理、交通运输、邮政业务、仓库管理、工业生产过程等技术领域,已成为现代化管理不可缺少的信息技术手段。例如:在仓库管理中,货物入库、出库、统计、盘点,采用条码阅读器识别货物条码,输入相应数据指令,计算机就可打印出相应的单据和报表,效率大大提高,实现了精确盘点。

### 2.4.4 条码的使用与管理

**1. 商品条码使用流程**

(1)申请厂商代号。向编码中心及各地分支机构申请厂商代号。

(2)编码中心核发号码给申请者。编码中心将申请者提交的申请表单及文件审核后,发给登记证书及厂商代号,并附赠印制条码的相关技术资料。

(3)厂商自行设定商品代号。申请厂商可依商品代号设定原则自由设定商品代号,再求得检验码,这样就完成了商品条码的编号工作(检验码亦可由条码正片制作者计算)。

(4)交付印刷。厂商依据印制商品条码有关规定,与印刷厂商取得妥善沟通后,将条码符号印制于包装材料上。

(5)包装出货、分发商品基本资料一览表。商品条码的应用与交易体系中的零售商、批发商均有密切的关系,因此制造商应将含有条码编号的商品基本资料一览表分发给有关行业者备查。

**2. 申请厂商代码的手续**

申请厂商代码者(批发商、制造商、发售商),应向中国物品编码中心及分支机构提出申请,填妥申请表,提供营业执照及其复印件,并缴纳相关文件的费用,办妥申请手续后,经编码中心审核即寄发号码证书及有关资料。需要向编码中心申请厂商代码的厂商,大约有以下几种情况:

(1)商品销售者(商标拥有者)又可分为下列两种类型:

①制造商与销售商同为 A 公司,则需要由本身提出条码申请。

②制造商有 B、C、D 三家采用 OEM 方式生产,而发售商 E 为行销公司时,应由发售商 E 来申请。

(2)零售商有自有(Private)与原创(Original)商品,则由零售商本身提出申请。

(3)在各地设立经营权独立的分厂,但均属制造同一商品,商品条码则由总公司提出申请,由各分厂共同使用。

(4)进口代理商进口欧美等国家的商品,若商品原已印有 EAN 或 UPC 条码,则不必另外申请新码,使用原有条码即可。若商品上未印有条码,则由进口商向编码中心申请,使用于进口商品。

(5)若将不同来源的单品加以组合销售,则需由组合商品的批发商或零售商申请所属号码,赋予组合商品新的号码。

**3. 商品条码中代码的编制原则**

商品条码中的代码是依照消费者购买商品的单位,分别由申请厂商自由设定,其基本设定原则如下:

(1)唯一性。唯一性指商品项目与其标识代码一一对应,即一个商品项目只有一个代码,一个代码只标识同一商品项目。根据商品的不同性质,如重量、包装、规格、气味、颜色、形状等,赋予不同的商品代码。

(2)无含义。无含义指商品代码数字本身及其位置不表示商品的任何特定信息。在 EAN

及 UPC 系统中,商品编码仅仅是一种识别商品的手段,而不是商品分类的手段。无含义使商品编码具有简单、灵活、可靠、充分利用代码容量、生命力强等优点。这种编码方法尤其适合于较大的商品系统。

(3)全数字型。在 EAN 及 UPC 系统中,商品编码全部采用阿拉伯数字。

(4)永久性。商品项目代码一旦确定,永不改变。即使该商品停止生产、停止供应了,在一段时间内(有些国家规定为 3 年)也不得将该代码分配给其他商品项目。

根据以上原则,商品编码的管理工作就是指导商品条码系统成员如何正确地给具体商品项目进行编码,以及对已编码的商品做好原始记录和档案等,防止出现编码错误的工作过程。其基本要求就是要保证商品编码的唯一性,即从商品的种类、规格、包装、颜色等几个方面来严格区分商品的不同项目。

**4. 商品条码符号的结构特征**

商品条码符号结构都具有以下共同特征:

(1)条码符号的整体形状为矩形,由一系列相互平行的条和空组成,四周都留有空白区。

(2)条和空分别由 1~4 个同一宽度的深、浅颜色的模块组成。深颜色模块表示二进制数"1",浅颜色模块表示二进制数"0"。

(3)在条码符号中,表示数字的每个条码字符均由 2 个条和 2 个空构成,共 7 个模块。

(4)除表示数字的条码字符外,还有一些辅助条码符号,用作表示起始、终止的定界符和平分条码符号的中间分隔符。

(5)条码符号可设计成既可供固定式扫描器全向扫描,又可用手持式扫描设备识读的形式。

(6)条码符号的大小可在标准尺寸的基础上有所增减以适应各种合格条码符号及用户对印刷面积的要求,但增减幅度必须依据有关国家标准,假设标准尺寸的放大系数为 1.0,则增减条码符号大小的幅度即放大系数必须在 0.8~2.0 之间,最好是 0.9~1.2 之间。

注:标准尺寸是指放大系数为 1.0 的条码符号的名义尺寸,与其相对应的模块宽度为 0.33mm。各部分尺寸如下:

①左、右侧条码字符(包括校验符):2.31mm,7 个模块。

②起始符、终止符:0.99mm,3 个模块。

③中间分隔符:1.65mm,5 个模块。

(7)供人识别的字符规定采用 OCR-B 字符。

### 2.4.5　商品条形码的分类

商品条码按照维度可分为一维码和二维码。

现在世界上约有 225 种以上的一维条码,每种都有自己的一套特定的编码规格,规定每个字母(可能是数字或文字或文数字)是由几条线条(Bar)及几个空白(Space)构成,以及字母的排列。一般现在较流行的一维条码有 39 码、EAN 码、UPC 码、128 码,和专门用于书刊管理的 ISBN、ISSN 等。一维码是通过黑白相间的平行线条不同的间距来确定识别的黑白相间,粗细不同的矩形条纹,条纹下一般都会有数字或者英文字符。它能很快地反映识别对象的基本信息如商品的名称、价格等,但却不能描述这个商品。就好比它知道这是仓库里的某个零件的代号,但却不能确定所识别的是"A 某"还是"B 某",也不知道它们之间的差别。这就是一维码最大的弊端。

二维码是通过大小不同的点来存储信息的点阵图形。不仅能够标识还能够很轻松的描述识别对象的信息,二维码与一维条码相比包含了更多的信息容量,除了可以将姓名、单位、地址、电话等基本资料进行编码外,还可将人体的特征如指纹、视网膜扫描及照片等资料储存在条码中,是否有前科等信息都快速在计算机中显现出来,同时降低了犯罪率,而不是像一维码要等到数据库来确认这些信息。所以二维码在国外获得了广泛的应用。较早时期应用在了证件的辨别真伪上。

商品条码根据其编码主体或编码内容、对象的不同,可分为厂家条码和店内条码。

**1. 厂家条码**

一般所说的商品条码主要是指厂家条码。厂家条码是指商品生产厂家在生产过程中直接印制到商品包装上的条码,它不包括商品价格信息。常用的厂家条码主要有 EAN 商品条码和 UPC 商品条码两类。

1)EAN-13 商品条码

EAN-13 商品条码,又称标准版 EAN 商品条码。它主要用于超级市场或一些自动销售系统的单件商品。

EAN-13 商品条码是由其上部的条码符号及其下部的供人识别字符即 EAN-13 代码两部分所组成。该条码符号是按照"二进制"和"模块组配法"原理进行编码的。EAN-13 商品条码的码制(码制即指条码中的条和空的排列规则),条空图形结构线条为 30 条,相应字符为 13 位。

(1)EAN-13 商品条码符号的结构。EAN-13 商品条码符号有 8 个组成部分:左侧空白区、起始符、左侧数据符、中间分隔符、右侧数据符、校验符、终止符、右侧空白区,如图 2.6 所示。

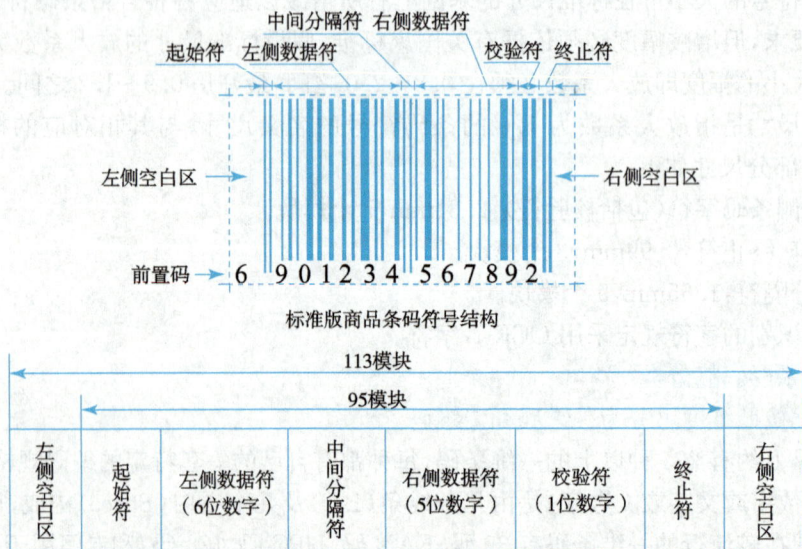

图 2.6　EAN-13 条码符号结构

①左侧空白区:位于条码符号起始符左侧的无印刷符号且与空的颜色相同的区域,用以提示阅读器,准备对条码进行扫描。其最小宽度为 11 个模块。

②起始符:位于条码符号左侧,表示信息开始的特殊符号,由 3 个模块组成。

③左侧数据符:介于起始符和中间分隔符之间的表示 6 位数字信息的一组条码字符,由 42 个模块组成。

④中间分隔符:在条码符号中间位置,是平分条码符号的特殊符号,由 5 个模块组成。

⑤右侧数据符:中间分隔符右侧的条码字符,表示 5 位数字信息,由 35 个模块组成。

⑥校验符:最后一个校验符字符,由 7 个模块组成,表示校验码。

⑦终止符:位于条码符号右侧,表示信息结束的特殊符号,由 3 个模块组成。

⑧右侧空白区:位于终止符之外的无印刷符号且与空的颜色相同的区域。其最小宽度为 7 个模块。

这样,EAN-13 商品条码符号所包含的模块总数为 113 个。EAN-13 商品条码的前置码不用条码符号表示,不包括在左侧数据符内。左侧数据符是根据前置码所决定的条码字符构成方式(奇排列和偶排列)来表示前置码之后的 6 位数字的。

(2)EAN-13 代码的结构。

①前缀码:EAN 编码组织(国际物品编码协会)分配给其所属成员国家(或地区)编码组织的代码。国际物品编码协会分配给中国物品编码中心的前缀码是 690~695。

②厂商识别代码:由中国物品编码中心统一向申请厂商分配。

③商品项目代码:表示商品的相关信息。

④校验码:用来检验编码正确与否。

以中国为例,EAN 协会分配给中国的国别代码为 690—695,现在主要应用的是以 690—692 开头的。13 位数字代码构成分两种情况:

其中,以 690、691 开头的条码,由 3 位国别代码、4 位厂商代码、5 位商品代码及 1 位校验码构成。

例:　　　　　　　　　　　690MMMMPPPPPC

　　　　　　　　　M(厂商代码)P(商品代码)C(校验码)

以 692 开头的条码,由 3 位国别代码、5 位厂商代码、4 位商品代码及 1 位校验码构成。

例:　　　　　　　　　　　692MMMMMPPPPC

校验码的计算:

　　　　　　偶数位代码之和 * 3　　　　　　①式

　　　　　　奇数位代码之和　　　　　　　　②式

　　　　　　①式＋②式　　　　　　　　　　③式

　　　　　10—③式中的个位数＝校验码

2)EAN-8 商品条码(缩短版 EAN 码)

EAN-8 商品条码构成与 EAN-13 的不同之处,主要是减少了表示数据字符的条码字符数量。其结构如图 2.7 所示。

EAN-8 商品条码的左侧空白区的宽度为 7 个模块;左侧数据符由 28 个模块组成,右侧数据符由 21 个模块组成;起始符、中间分隔符、校验符、终止符及右侧空白区的构成与 EAN-13 商品条码相同。EAN-8 商品条码所包含的模块总数为 81 个。EAN-8 商品条码的条空图形结构线条为 22 条。

EAN-8 商品条码的代码字符为 8 位。前者 2 位或 3 位为国家代码,最后一位为校验码,其余为商品代码。与 EAN-13 商品条码相比,缺少了厂商代码。由于缩短码不能直接表示生

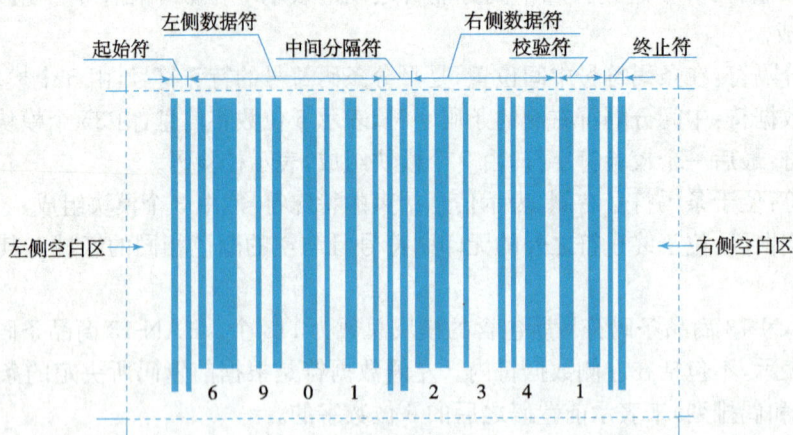

图 2.7　EAN-8 商品条码结构

产厂家,因此只有在不得已时才能使用。

EAN-8 商品条码的适用条件:缩短版 EAN 码用于面积较小的包装上,根据国际物品编码协会规定,只有当 EAN-13 商品条码所占面积超过总印刷面积的 25％时,使用 EAN-8 商品条码才是合理的。

以中国商品为例,缩短码的 8 位数字由 3 位国别代码、4 位商品代码和 1 位校验码构成。

例:  690PPPPC

P(商品代码)  C(校验码)

3)UPC-A 商品条码

UPC-A 商品条码也叫 UPC 标准码。UPC-A 商品条码的条空图形结构线条为 30 条;代码由 12 位数字组成,首位是系统字符(前级码),其次是厂商识别代码、商品代码和校验码。其中系统字符的应用规定如表 2.5 所示。条码结构如图 2.8 所示。

表 2.5　UPC-A 条码的系统字符应用规定

| 系 统 字 符 | 应 用 范 围 | 系 统 字 符 | 应 用 范 围 |
|---|---|---|---|
| 0,6,7 | 规则包装的商品 | 4 | 零售商自用的店内码 |
| 2 | 不规则重量的商品 | 5 | 商家的优惠券 |
| 3 | 药品及医疗用品 | 1,8,9 | 备用码 |

UPC 商品条码与 EAN 商品条码完全兼容,在 UPC-A 码前加一个字符"0",则 UPC-A 码可进入 EAN 编码系统中应用。

4)UPC-E 商品条码

UPC-E 商品条码是 UPC 商品条码的缩短版。

只有当商品很小,无法印刷 UPC-A 条码时,UPC-E 商品条码才允许使用。UPC-E 的条空图形结构线条为 17 条;其相应字符 8 位;其系统字符和校验码分别位于起始符和终止符的外侧。

UPC-E 商品条码的系统字符规定总是为零,即只有系统字符为"0"的 UPC-A 商品条码才能转换成 UPC-E 商品条码。UPC-E 商品条码是 UPC 商品条码的缩短版。其结构如图 2.9 所示。

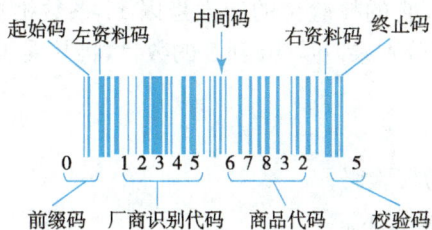

图 2.8　UPC-A 商品条码结构图

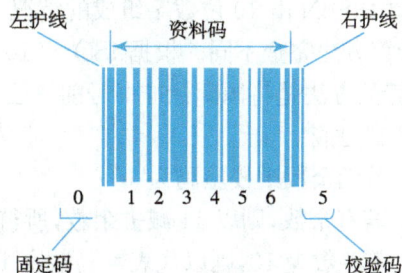

图 2.9　UPC-E 商品条码结构图

5）ISBN 条形码（国际标准书号条码）

为了实现图书商品的现代化管理,为图书的流通和管理提供通用的语言,国际物品编码协会（EAN）与国际标准书号（International Standard Book Number, ISBN）中心达成一致,将 EAN 的前缀码 978 作为国际标准书号（ISBN）系统的专用前缀码,并将 ISBN 书号条码化。

我国作为国际 ISBN 组织的成员,于 1991 年发布了《中国标准书号（ISBN 部分）条码》国家标准,并在全国图书上推广普及条码标志。

ISBN 条形码由三部分构成,如图 2.10 所示。

（1）位于条空图形结构上方字符。如:ISBN 978-962-8899-01-2 或 ISBN 962-8899-01-5

（2）条空图形结构。

（3）位于条空图形结构下方字符。如:9789628899012

国际标准书号由 13 位数字、三部分组成。

（1）前三位数字代表图书（978 或 979）。

（2）中间的 9 个数字分为三组,分别表示组号、出版社号和书序号。

图 2.10　ISBN 条形码

①组号。最短的是一位数字,最长的达五位数字,大体上兼顾文种、国别和地区。把全世界自愿申请参加国际标准书号体系的国家和地区,划分成若干地区,各有固定的编码:美国所出版书的国家代码为 0;1 代表英语;2 代表法语;3 代表德语;4 是日本出版物的代码;5 是俄语系国家出版物的代码;7 为中国大陆出版物使用的代码等。国家领域最长可能为 5 位数字（如不丹为 99936）,但相对剩下能使用、分配的位数就较少。

②出版社代码。由其隶属的国家或地区 ISBN 中心分配,允许取值范围为 2～5 位数字。出版社的规模越大,出书越多,其号码就越短。

③书序码。由出版社自己给出,而且每个出版社的书序号是定长的（数字 9,减去组号、出版社代码所占的位数,就是书序码的位数）。最短的一位,最长的六位。出版社的规模越大,出书越多,序号越长。

（3）最后一个数字是校验码（计算方法如 EAN-13 码）。

以上各部分数字用空格或连字符“-”相隔,例如:ISBN 978-962-8899-01-2。

ISBN 也有由 10 位数字组成的,这 10 位数字由组号、出版社号、书序号、校验码这四部分组成,少了 978 或 979。其间用“-”相连,如:ISBN 962-8899-01-2。

其中 ISBN 由 10 位数字组成的情况下,它的校验码的计算方法与 13 位数字情况下的校验码计算方法完全不同。根据 ISO—2108 的规定,它的校验位的产生是以 11 系数推算法而来,推算的方法是将国际标准书号前 9 位数字依序分别乘以从 10 到 2 的数目,将其乘积相加,总和用 11 去除。

a. 若无余数则校验码为"0";

b. 若有余数,则以 11 减去余数,所得差数即为校验码;

c. 若差数为 10,则以代表罗马数字 10 的"X"来表示。

同理,如果要验证 10 位码编码正确与否,可以采用如下的检验方法:将 ISBN1～9 位数字顺序乘以 10～2 这 9 个数字,将这些乘积之和再加上校验号,假如能被 11 整除,则这个 ISBN 号是正确的。

如:ISBN 7—305—01568—7,

算式为:$7 \times 10 + 3 \times 9 + 0 \times 8 + 5 \times 7 + 0 \times 6 + 1 \times 5 + 5 \times 4 + 6 \times 3 + 8 \times 2 + 7 = 198$,$198/11 = 18$,能被 11 整除,则编码正确。

6)ISSN 条形码(国际标准期刊号条码)

国际标准期刊号(International Standard Serials Number, ISSN)是由国际物品编码协会与国际标准书号中心签署了协议,在世界范围内广泛采用的期刊代码体系。国际物品编码协会将 EAN 前缀码 977 分配给国际标准期刊系统,供期刊标识专用,并将 ISSN 期刊号条码化。

中国是国际 ISSN 组织的成员之一。目前,大部分期刊已用 ISSN 代码来标识。ISSN 期刊代码结构如图 2.11 所示。

ISSN 由三部分构成:中间为条空图形结构,其上下各有条码。

条空图形结构上方:

ISSN 为前缀,由 8 位数字组成。8 位数字分为前后两段各 4 位,中间用连接号相连,其中最后一位数字为检验码。具体格式如下:

ISSN XXXX—XXX C

条空图形结构下方:

977XXXXXXXQQC

其中,13 位数字分别介绍如下。

(1)前缀码 977:由国际物品编码协会(EAN)分配给国际标准期刊号 ISSN 系统的专用前缀码。

图 2.11　ISSN 条码结构

(2)$X_1 X_2 X_3 X_4 X_5 X_6 X_7$:国际基准期刊号(ISSN),不含其校验码。

(3)$Q_1 Q_2$:年份码,用来标识年份,以公历年份的最后两位数字表示。

(4)C:检验码。检验码按国家标准 GB 12904 规定的方法计算得出。ISSN 条码中条空图形上方的校验码 C 的计算也是采用 11 系数推算法,具体计算过程见下面的例题:

例题:已知 ISSN 1607—516C,求校验码 C。

| 国际标准期刊号 | 1 | 6 | 0 | 7 | — | 5 | 1 | 6 | C |
|---|---|---|---|---|---|---|---|---|---|
| 权数 | 8 | 7 | 6 | 5 | | 4 | 3 | 2 | 1 |
| 乘积 | 8 | 42 | 0 | 35 | | 20 | 3 | 12 | C |
| 乘积和 | | | | 120 | | | | | |

求余数：　　120÷11＝10　　　　10 为求得的余数

求校验码：　　11－10＝1

则此校验码为"1"，

完整的国际标准期刊号为：ISSN 1607－5161

另外，ISSN 条码中条空图形下方的校验码 C 的计算与 EAN-13 的校验码计算方法一致。

**练习题：**

计算校验码：

(1) 690 10281 4865 C

(2) ISBN 978－7－81122－316 C

(3) ISSN 1007－223 C

**2. 店内条码**

店内条码，简称店内码，是指商店为便于店内商品管理而对商品自行编制的临时性代码及条码标识。

店内条码的使用大致有两种情况：

一种是用于商品变量消费单元的标识，如鲜肉、水果、蔬菜、熟食等散装商品是按基本计量单位计价，以随机数量销售的，其编码任务不宜厂家承担，只能由零售商完成。零售商进货后，要根据顾客不同需要要重新分装商品，用专有设备（如具有店内条码打印功能的智能电子秤）对商品称重并自动编码和制成店内条码标签，然后将其粘贴或悬挂到商品外包装上。国家标准（GB/T 18283－2000）对店内码的定义就是针对这种情况。

另一种是用于商品定量消费单元的标识，这类规则包装商品是按商品件数计价销售的，应由生产厂家编印条码，但因厂家对其生产的商品未申请使用商品条码或厂家印制的商品条码质量不高而无法识读，为便于商店 POS 系统的扫描结算，商店必须自己制作店内条码并将其粘贴或悬挂在商品外包装上。目前我国商店采用的店内条码是 EAN 推荐的 EAN－13（标准版）店内条码。

### 2.4.6　二维条码

**1. 二维条码的产生**

由于一维条码所能够表达的商品信息毕竟是有限的，在 20 世纪 90 年代发明了二维条码。二维条码除具有一维条码的优点外，还具有信息量更大、可加密和可防伪等优势。

**2. 二维条码概述**

二维条码（2 dimensional bar code）是用某种特定的几何图形按一定规律在平面（二维方向上）分布的黑白相间的图形记录数据符号信息的；在代码编制上巧妙地利用构成计算机内部逻辑基础的"0"、"1"比特流的概念，使用若干个与二进制相对应的几何形体来表示文字数值信息，通过图像输入设备或光电扫描设备自动识读以实现信息自动处理；二维条码能够在横向和纵向两个方位同时表达信息，因此能在很小的面积内表达大量的信息。

**3. 二维条码的分类**

(1)堆叠式（行排式）二维码。堆叠式二维码又称堆积式二维条码或层排式二维码，形态上是由多行短截的一维条码堆叠而成。其编码原理是建立在一维条码基础之上，按需要堆积成两行或多行。

它在编码设计、校验原理、识读方式等方面继承了一维条码的一些特点，识读设备和条码印刷与一维条码技术兼容。但由于行数的增加,需要对行进行判定,其译码算法与软件也不完全相同于一维条码。有代表性的行排式二维条码有:Code 16K、Code 49、PDF417 等。

(2)矩阵式二维码。矩阵式二维码(又称棋盘式二维码)它是在一个矩形空间通过黑、白像素在矩阵中的不同分布进行编码。在矩阵相应元素位置上,用点(方点、圆点或其他形状)的出现表示二进制"1",点的不出现表示二进制"0",点的排列组合确定了矩阵式二维条码所代表的意义。矩阵式二维条码是建立在计算机图像处理技术、组合编码原理等基础上的一种新型图形符号自动识读处理码制。具有代表性的矩阵式二维条码有:Code One、Maxi Code、QR Code、Data Matrix 等。

在目前几十种二维条码中,常用的码制有:PDF417 二维条码,Data Matrix 二维条码,QR Code,Code 49,Code 16K,Code one 等,除了这些常见的二维条码之外,还有 Vericode 条码、CP 条码、Codeblock F 条码、田字码、Ultracode 条码,Aztec 条码。具体形式如图 2.12 所示。

图 2.12　一些常见的二维码

#### 4. 二维条码的特点

(1)高密度编码,信息容量大:可容纳多达 1850 个大写字母,或 2710 个数字,或 1108 个字节,或 500 多个汉字,比普通条码信息容量高约几十倍。

(2)编码范围广:该条码可以把图片、声音、文字、签字、指纹等可以数字化的信息进行编码,用条码表示出来;可以表示多种语言文字;可表示图像数据。

(3)容错能力强,具有纠错功能:这使得二维条码因穿孔、污损等引起局部损坏时,照样可以正确得到识读,损毁面积达 50% 仍可恢复信息。

(4)译码可靠性高:它比普通条码译码错误率百万分之二要低得多,误码率不超过千万分之一。

(5)可引入加密措施:保密性、防伪性好。

(6)成本低,易制作,持久耐用。

(7)条码适应的印制空间大:条码符号形状、尺寸大小比例可变。

(8)二维条码识读范围广:可以使用激光或 CCD 阅读器识读。

#### 5. 二维条码的应用

二维条码具有储存量大、保密性高、追踪性高、抗损性强、成本便宜等特性,这些特性特别适用于表单、安全保密、追踪、证照、存货盘点、资料备份、网络资源下载等方面。

（1）表单应用。公文表单、商业表单、进出口报单、舱单等资料的传送交换,减少人工重复输入表单资料,避免人为错误,降低人力成本。

（2）保密应用。商业情报、经济情报、政治情报、军事情报、私人情报等机密资料的加密及传递。

（3）追踪应用。公文自动追踪、生产线零件自动追踪、客户服务自动追踪、邮购运送自动追踪、维修记录自动追踪、危险物品自动追踪、后勤补给自动追踪、医疗体检自动追踪、生态研究（动物、鸟类）自动追踪等。

（4）证照应用。护照、身份证、挂号证、驾照、会员证、识别证、连锁店会员证等证照的资料登记及自动输入,发挥"随到随读"、"立即取用"的资讯管理效果。

（5）盘点应用。物流中心、仓储中心、联勤中心的货品及固定资产的自动盘点,发挥"立即盘点"、"立即决策"的效果。

（6）备份应用。文件表单的资料若不愿或不能以磁碟、光碟等电子媒体储存备份时,可利用二维条码来储存备份,携带方便,不怕折叠,保存时间长,又可影印传真,从而做更多备份。

（7）网络资源下载。可以应用到网上的资源下载,比如电子书、游戏、应用软件等。

### 6. 手机二维码应用

手机二维码是二维码技术在手机上的应用。将手机需要访问、使用的信息编码到二维码中,利用手机的摄像头识读,这就是手机二维码。

手机二维码可以印刷在报纸、杂志、广告、图书、包装以及个人名片等多种载体上,用户通过手机摄像头扫描二维码或输入二维码下面的号码、关键字即可实现快速手机上网,快速便捷地浏览网页、下载图文、音乐、视频,获取优惠券、参与抽奖、了解企业产品信息,而省去了在手机上输入 URL 的繁琐过程,实现一键上网。

同时,还可以方便地用手机识别和存储名片、自动输入短信,获取公共服务（如天气预报）,实现电子地图查询定位、手机阅读等多种功能。随着 3G 的到来,二维码可以为网络浏览、下载、在线视频、网上购物、网上支付等提供方便的入口。此外,条码识别应用也为平面媒体、增值服务商和企业提供了一个与用户随时随地沟通的方式。

条码识别的上网应用旨在进一步为用户提供便捷、高质量的移动互联网服务,同时打造有中国特色的手机二维码产业链,为企业和行业应用开辟空间。中国移动正在大力推动手机厂商对条码识别软件进行手机出厂预装。手机二维码与手机菜单、搜索引擎并称为手机上网三大入口,就是让用户在任何地点、通过任何媒体、获取任何内容;同时通过这种平台服务,为媒体、企业、品牌创造价值。

【阅读材料一】

　　向来引领全球时尚、议题与潮流先锋的宠物店男孩,为了倡导人权自由与反高压政府监视统治,特地将最新单曲《密不可分（Integral）》音乐录影带拍摄成彩色与黑白两种版本,并同步结合 QR（Quick Response）Code 的条码技术。乐迷只要手持支持 QR Code 的照相手机,拍摄宠物店男孩新曲音乐录影带中所出现条码的画面,就能直接连线到专属网站与讨论区,不但能获取更多关于宠物店男孩幕后制作的花絮与最新消息,更能进入反政府高压监控与人权自由的议题讨论区。

> **【阅读材料二】**
>
> 　　根据英国媒体报导,在2010年英国将使用手机条码作为登机凭证,乘客于柜台报到及登机时,英国航空公司以及维珍航空公司将逐步实施手机条码取代传统的纸张式登机证,并将手机条码登机证视为一项非常有商机的登机凭证,国际航空转运机构发言人表示,无论是打印出来的条码或是显示在手机上的条码,都将取代传统票证,在2008年前将可开始部分采用手机条码凭证,至2010年将可完全取代纸张式登机证。这项技术将会从一些国际机场开始施行,东京和北京的乘客将可从手机上收到电子登机证。
>
> （材料来源：作者根据相关资料进行改写。）

## 2.5　商　品　目　录

### 2.5.1　商品目录概述

**1. 商品目录的概念**

　　商品目录是国家、部门、企业根据经营管理中对商品分类的要求,对所经营管理的商品编制的总明细表。商品分类是编制商品目录的基础和依据,所以商品分类目录也称为商品分类目录。商品分类目录是在商品逐级分类的基础上,用表格、符号和文字全面记录和反映商品分类体系和编排顺序的一种文件形式。商品分类目录的主要内容是由商品名称及计量单位、商品代码和商品分类体系这三部分构成的。

**2. 商品目录与商品分类的关系**

　　要编制科学实用的商品分类目录,一定要根据生产经营管理的实际需求,选取恰当的商品分类标志,运用相应的商品分类方法对商品进行分类,再进行商品编码,最后逐次制定和编排。所以说,没有商品分类和商品编码就不会编制科学的商品分类目录,只有在商品科学分类的基础上,才能编制层次分明、科学、系统、标准的商品目录。商品目录的编制就是商品分类和商品编码的具体体现,商品目录是实现商品管理科学化、现代化的前提;是商品生产、经营、管理、流通的重要手段。

### 2.5.2　商品目录种类

　　商品目录的种类有很多,不同的编制目的和作用要求编制不同种类的商品目录。如按商品所属的不同行业,所编制的目录有食品商品目录、药品商品目录、化妆品目录、建材类商品目录等等;按适用范围不同编制的目录有国际商品目录、国家商品目录、部门商品目录、企业商品目录等。下面具体介绍这四种范围不同的商品分类目录。

**1. 国际商品目录**

　　国际商品目录是指由国际上有权威的各国际组织或地区性集团编制的商品目录。如联合国编制的《国际贸易标准分类目录》、国际关税合作委员会编制的《商品、关税率分类目录》、海关合作理事会编制的,《海关合作理事会商品分类目录》和《商品分类及编码协调制度》等。

**2. 国家商品目录**

　　国家商品目录是指由国家指定专门机构编制,在国民经济各部门、各地区进行计划、统计、财务、税收、物价、核算等工作时必须一致遵守的全国性统一商品目录。如由国务院批准原国

家标准局发布的《全国工农业产品(商品、物资)分类与代码》等。

**3. 部门商品目录**

部门商品目录是指由行业主管部门即国务院直属各部委或局根据本部门业务工作需要所编制并发布的仅在本部门、本行业统一使用的商品目录。如国家统计局编制发布的《综合统计商品目录》、原商业部编制发布的《商业行业商品分类与代码》等。部门商品目录的编制原则应与国家商品目录保持一致。

**4. 企业商品目录**

企业商品目录是指由企业在兼顾国家和部门商品目录分类原则基础上,为充分满足本企业工作需要,而对本企业生产或经营的商品所编制的商品目录。企业商品目录的编制,必须符合国家和部门商品目录的分类原则,并在此基础上结合本企业的业务需要,进行适当的归并、细分和补充。如营业柜组经营商品目录、仓库保管商品经营目录等,都具有分类类别少、对品种划分更详细的特点。

# 本章小结

商品分类是将商品集合总体科学地、系统地逐层级划分,直至最小单元的过程。我国通常将商品分成大类、中类(品类)、小类(品种)和细目四级。

商品分类标志按其适用性可分为普遍适用的分类标志和局部适用的分类标志。常采用的几种分类标志:以商品用途作为分类标志;以商品的原材料作为分类标志;以商品的加工方法作为分类标志;以商品的主要成分或特殊成分作为分类标志。

商品编码应遵循唯一性、简明性、层次性、可扩性、稳定性、统一性、协调性的基本原则。商品编码按其所用的符号类型分为数字代码、字母代码、字母数字混合代码和条形码四种。

条码可分为一维条码和二维码两大类。一般较流行的一维条码有 EAN 码、UPC 码、39码、128 码,以及专门用于与书刊管理的国际标准书号 ISBN 码、国际标准期刊号 ISSN 码等。

商品目录是商品分类的具体表现,有利于商品经营管理的科学化、现代化、制度化,可分为国家商品目录、部门商品目录、企业或单位商品目录三大类。

## 关键术语

| | | | | |
|---|---|---|---|---|
| 商品分类 | 商品大类 | 商品中类 | 商品小类 | 商品品类 | 商品品种 |
| 商品细目 | 分类标志 | 线分类法 | 面分类法 | 商品目录 | 商品代码 |
| 商品条码 | EAN 条码 | ISBN 条码 | ISSN 条码 | | |

## 实训项目

1. 根据市场调查情况,选择一大类商品(如手机、鞋类等)详细列举出其分类情况。

2. 参观大型商场的化妆品柜、服装柜、食品柜等,了解商场采用了什么分类的方法? 商品分类的依据是什么? 采用这样的分类方法有何益处?

3. 查阅相关资料,说出图书代码和期刊代码的应用及含义。

4. 通过互联网,了解"中国条码推进工程"的启动背景、实施现状和未来前景。

5. 建立调查小组,到当地质量监督行政部门调查了解企业条码的使用和管理情况,写出分析报告。

6. 通过互联网以"商标注册商品和服务国际分类"为关键词,熟悉国际商品与服务的分类。

7. 什么是商品目录? 运用所学知识分析网上购物所展示的商品目录,寻找改进的方法和思路。

8. 平时注意揭下储运包装箱上的条码,尝试运用所学知识理解其供人识别的字符的信息和含义。

## 思考题

1. 什么是商品分类? 商品分类的作用是什么?

2. 商品分类的方法主要有哪几种? 结合具体的商品实例(如办公用品、家具、饮料或服装)尝试用所学的分类标志和分类方法对其进行简单的分类。

3. 在商品分类实践中,常用的分类标志有哪几种? 试比较它们的优缺点和适用范围。

4. 在实际生活中商品编码运用在哪些方面? 在社会生活中有何重要意义?

5. 科学的商品分类应遵循哪些基本原则? 试以你收集或调查得到的某大类商品的分类目录或分类体系为例,结合这些原则,分析其合理性和可以改进的地方。

6. 商品分类编码的可扩性原则在具体应用时如何体现?

7. 广州白云山制药厂生产的"白云山"牌风油精,其零售包装上条码下部的数字代码为6902401002291,试解释它的代码构成及含义。

## 建议阅读资料

1. 条码基本知识 http://www.docin.com/p-7618635.html

2. 条码技术与应用 http://www.docin.com/p-11682912.html

3. 采用国际通用的商品编码与条码标识体系 http://www.docin.com/p-53219793.html

4. 20 世纪 70 年代开始在全球推广应用的以商品条码为核心的全球统一标识系统 http://www.docin.com/p-3110841.html

5. EAN 与 UCC 系统与 ECR. PPT http://www.docin.com/p-46078809.html

6. 无线射频技术 http://www.docin.com/p-7966212.html

7. 条码技术在服装领域的普及应用 http://www.docin.com/p-26426332.html#

8. 商品名称及编码协调制度(HS) http://baike.baidu.com/view/391610.htm? fromId=485643

9. 中国物品编码中心. 商品条码应用技术. 北京:中国标准出版社,1992

10. 阅读条码相关知识 http://barcodes.com.cn

## 案例分析

### 三楼为何不设置入口

上海一家零售业巨头抢滩安澜某中等城市,开设分店,生意做得很是红火。分店占据该市步行街繁华地段一座楼宇的一、二、三层,有一点 Shopping Mall 的味儿,底层是休息、餐饮区,而二、三层是超市。不要小看超市两层楼的经营面积,衣食住行用各种商品很齐全。但耐人寻味的地方不在商品品种上,而是在进口和出口的设置上:两层楼面的营业区只在二楼设置多个入口,三楼不设入口;二楼、三楼又各自拥有多个出口。

三楼为什么没有自己的入口呢? 三楼不需要入口吗? 答案在哪里? 答案就在商品分类上,人们日日必须、时时消费的各种生活必需品,包括日化用品、生鲜食品都在三楼,而服装、书籍、玩具、音像、家电类等人们购买频率较低的耐用品在二楼。人们要上三楼购物,二楼是必经之路,琳琅满目、陈列有序的商品似乎总是在提醒到三楼的顾客"不要脚步匆匆,顺便把我带回去吧",陪同购物的顾客也大多会在二楼自然分流,或去看书,或去玩具陈列处徜徉。

(案例来源:作者根据相关资料进行改写。)

**问题:**
这个商场的商品分类对你有何启迪?

# 第3章 商品品种

- 理解和掌握商品品种及商品品种结构的概念；
- 熟悉商品品种分类和类别；
- 正确理解商品品种、质量和效益的关系；
- 明确商品品种发展规律与商品品种结构优化的关系。

📄 **引导案例**

### 货架缺货意味着商店供应的商品品种不全

Emory 大学对全球性的缺货进行了研究，他们对 19 个国家的 45 000 个消费者，进行了 28 个专项研究，其结论是：缺货是严重且普遍存在的问题！在不同国家、地区之间有着惊人的相似之处；高的缺货率（缺货的商品数占总商品数的百分率）往往表现在畅销品种和促销品种上；星期天和星期一的缺货情况是最严重的；货架缺货对零售商的影响（46％销量损失）大于对制造商的影响（35％的销量损失）；经常性的货架缺货最终会导致消费者不再光临此商店。例如某商店目前缺货率 11％，当缺货率降低 1％时，将增加销售 4.6％（10％×46％），同时购买者的忠实程度提高了。如果消费者每周作 5 个品种的"计划购买"，每次却碰到 12％的缺货率，最终将导致一个月后，他再也不会来这家商店购物。

在现代经济中，全面的质量概念就包含着对品种的要求，高质量的商品必须是对路的、适销的、畅销的和最大程度满足人们全面发展需要的商品。商品使用价值的一个重要方面就是要求商品品种对路和结构合理。商品品种不完善，品种结构不合理，都会给社会经济生活带来重大影响。

商品生产的目的是满足人们不断增长的物质和文化生活的需要，只有不断地改善和更新商品品种，提高商品品种与消费需求相符合的程度，才能全面地提高商品质量，进而增强商品的市场竞争能力；才能满足人们的消费需求，获得最佳的经济效益。因此，研究商品品种的形成、发展和变化的规律，是商品学的重要组成部分，并构成一个专门的研究领域。

（案例来源：作者根据相关资料进行改写。）

## 3.1　商品品种的概念

商品品种是指按某种相同特征划分的商品群体，或者是指具有某种(或某些)共同属性和特征的商品群体。商品品种的范畴是一个宏观概念，它反映一定商品群体的整体使用价值或社会使用价值。不同的消费结构要求有不同水平的使用价值及不同的品种规格。从全社会来说，大类商品的品种及其结构应与全社会的消费需求和消费结构相符合，其他各类商品中的品种应与社会不同阶层、不同社会集团的消费水平相吻合。

所有商品品种是一个庞大的、复杂的、敞开的、动态的、可控制的系统，其运动和发展受到某些一定客观规律的限制，如技术学规律、经济学规律、一般品种规律、特殊品种规律等。因此，商品品种问题是多种多样的且复杂的，既有工程技术问题，又有经济学、法学和商品学问题。许多商品品种问题都具有综合性特点，需要多门学科共同研究来解决。

商品学主要研究决定商品品种发展和变化的规律，包括一般品种规律和特殊品种规律。一般品种规律是指对所有商品都适用的规律，如商品品种最佳扩大的规律、商品品种最佳组合和构成的规律、商品品种完善的规律、商品品种更新的规律、商品品种结构与消费结构相符的规律等。特殊商品规律是指只适用于某类商品或一些类似种类商品的品种规律，如食品、纺织品、服装、鞋类、化妆品、洗涤用品等各类商品中品种最佳构成的规律等。商品品种规律只有与技术学规律、经济学规律等相结合，才能控制商品品种的发展和变化，实现商品品种最佳构成，使商品品种与消费需求的相符度达到最佳，从而促进商品使用价值的实现，获得最佳的经济效益。

在商品品种的研究上还存在以下问题：没从根本上把握或认清商品品种及其规律；商品品种与人们不断增长的物质文化需求尚不相符；商品品种尚不完善、品种构成不合理可能影响到经济活动的正常运行和人们生活质量的改善；商品品种的完善以及商品品种与消费需求相符程度的提高还没有完全建立在科学的基础上。因此，研究商品品种问题，不断提高商品品种及其结构与消费需求及其结构间的相符程度，具有重要的社会、经济和政治意义。

【阅读材料】

### 毛巾市场：品种更新快

徜徉在义乌毛巾市场，记者发现，今夏上市毛巾产品无论从外观上，还是内在质量、功能效果上都有新的变化。毛巾生产讲究工艺、花型独特、档次齐全、规格多种，既有常规螺旋缎档毛巾、平织素色毛巾、短绒提花毛巾、剪绒毛巾，又有新上市的割绒印花毛巾和高低毛剪绒毛巾，其中高低毛剪绒毛巾，巾面组织新颖，平滑与粗糙相间，兼具按摩美容和洁面的双重功能。毛巾面料也打破了传统纯棉一统天下的格局，有丙纶与纯棉混纺纤维毛巾、丝光毛巾、DTY超细纤维毛巾及人造丝缎毛巾等10多种，使毛巾市场品种更趋丰富。

据经营商户介绍，大多数店面的毛巾品种都在百种以上，而且毛巾像时装一样也在不断更新，新产品层出不穷，几乎每天都有不少新品上市。

(资料来源：作者根据相关资料进行改写。)

## 3.2　商品质量、品种与效益

### 3.2.1　商品使用价值规律

商品使用价值是指商品满足人们一定需要的有用性的总和。商品不仅在社会规模和社会总量上有量的规定性,而且也有质的规定性。这种质既不同于单个商品满足人们某种需要的自然属性,也不同于商品使用价值作为交换价值物质承担者的属性,而是指市场交换所形成的,存在于每种商品使用价值中的社会必要值或标准值。

商品只有通过交换才能进入消费领域,实现其使用价值。由于商品实现消费必须通过交换,因此,商品使用价值就遇到了市场上同行业之间、购买者之间的比较、鉴定。正是由于这种生产经营者和生产经营者之间,购买者与购买者之间比较、选择和竞争关系,使每一种商品的使用价值在市场上形成了统一的社会标准,反映在主观上,就是大众认可的标准和国家规定的标准。这种由人们自己的社会行动引起的每种商品使用价值之间的社会必要标准必然反过来作为一种异己的力量强加于生产当事人,对每个商品生产者起等同的、客观的、必然的外在强制作用,强迫他们按社会标准或高于这个标准为社会生产使用价值。在其他条件不变的情况下,某种商品的使用价值如果低于这个社会必要标准,就难以被社会和消费者接受;反之,商品使用价值等于或优于社会必要标准,就容易被社会和消费者接受。

随着国际贸易的发展,国内标准发展为国际标准。随着时间的推移、市场竞争的加剧和供求的变化,商品使用价值的社会必要标准自发地发生变化。其表现出来的强制作用也将越来越大,各国及各个生产厂家对商品使用价值的生产越来越重视,商品质量会不断提高,样式会不断更新,品种会越来越丰富,最终实现高层次、高标准地满足各类用户和消费者的需要。

由商品交换而产生的存在于同类商品使用价值中的社会必要标准及其对生产者的反作用,就称为商品使用价值规律。使用价值规律是商品经济的基本规律之一,它的内容和基本要求是:商品交换使各部门的商品使用价值之间存在着一个客观社会标准,各商品生产者必须根据这个社会必要标准制造和销售使用价值商品;只要有商品经济存在,使用价值规律就必然要发挥作用。随着商品经济的发展和竞争的加强,使用价值规律将发挥越来越多的作用,并直接推动商品质量的提高、品种的增加和商业的创新,把生产力推向前进。

与价值规律通过价格机制调节经济活动一样,使用价值规律通过其社会标准这一机制引导和鞭策人们的生产行为,调节着质量、品种、花色的运动和发展。价值规律和使用价值规律都要求企业不断采用新技术,但前者的着眼点在于节约劳动,降低成本,使自己的商品比别人的更便宜,以获取较多的超额剩余价值和利润;后者的着眼点则是使商品质量更高,使用价值更优。

商品经济竞争大致经历如下三个阶段。

(1)商品数量和市场占有率的竞争。

(2)在市场被分割完毕的情况下,为了巩固市场占有率并扩大销售额,企业必然开展以降价为主要内容的竞争。

(3)使用价值方面的竞争。

当降价达到极限时,企业开展质量竞争;当质量竞争及其提高达到极限时,企业开展产品

品种、花色、式样、包装、规格直至花样翻新的产品服务等方面的竞争;当这些改进达到极限时,企业就会开发新产品,实现产品的更新换代。最后,导致国民经济新行业、新部门的分化和创立。这就是商品使用价值规律的运行轨迹,也是生产力发展的次序。

### 3.2.2　质量、品种、效益与使用价值

质量和品种是实现商品使用价值的前提。商品的质量必须与其品种结合起来,才能保证商品使用价值的顺利实现,从而获取经济效益。商品使用价值包括商品个体的使用价值和商品群体的使用价值。商品质量是指商品性能满足消费者和用户需求的程度,说明商品满足人们需求的深度,反映商品个体的使用价值。商品品种是指消费者和用户对商品性能的要求,说明商品的消费目标(即商品供应哪类消费者或消费集团使用)和商品满足人们需求的广度,反映商品群体的使用价值。商品质量和商品品种是决定商品使用价值大小的两个方面,也是决定销售和经济效益的两个关键因素。商品使用价值(UV)、商品品种(S)和商品质量(Q)之间的关系可以用以下函数来表示:

$$UV = f(S, Q)$$

商品品种与商品质量之间也存在密切的内在联系,因为商品品种的差别就意味着质的差别,也就是这种质的差异才能满足人们不同层次的消费需求。研究商品品种问题实质上就是研究不同质的商品使用价值与人们消费需求的相互关系。研究商品品种比研究商品质量的层次更高,属于商品使用价值的宏观研究范畴。

经济效益是指经济活动中劳动占用、劳动消耗与取得的有用成果之间的比较。与以往相比,用同样的投入取得更多的产出或者用较少的投入取得同样的产出,就是提高了经济效益;反之,则表明经济效益下降。然而,到了现代商品经济尤其是供给大于有效需求的时代,竞争激烈,消费者和用户挑选余地大,商品的质量、品种需求更高、更复杂,经济效益也就由简单形态步入复杂形态。现在,商品品种已构成效益的基础,如果商品不适合消费者和使用者的使用价值心理需求,投入再多的劳动或生产再多的商品,其经济效益都可能为零;商品质量已构成效益的关键,品种虽然适合消费者和使用者的使用价值心理需求,但质量不合格,经济效益同样可能为零。因此,现代商品经济在经济效益的两翼——投入和产出上加上了质量、品种和使用价值心理需求的沉重的砝码,效益只能带着这些重负上升。很明显,和以往的数量效益型道路相比,质量、品种、使用价值、效益型道路是一条更艰难的道路。要真正走上质量、品种、使用价值、效益型道路,除了企业内部领导要增强质量意识,强化质量管理,提高全员劳动素质,采用先进的技术设备之外,关键还是从外部加大环境压力入手,建立质量升级、品种增多、加大商品使用价值的市场机制环境和质量法规控制环境。

质量、品种、效益三者是有机的统一体,它们之间是相互依赖、相互制约的,求效益就必须抓质量,上品种;上品种,不抓质量,品种自然被淘汰;抓质量,不抓品种,质量无法体现,没有市场;抓质量、上品种而不求效益,生产便失去了动力和目的,质量、品种自行被市场淘汰。

当前,企业在新产品开发和商品结构调整时,首要的是运用各种手段,调查市场需求和消费者需求,搞清商品的质量和品种发展潜力、生产潜力以及市场对各类商品的容量,研究、分析和预测市场结构和消费结构及其变化趋势。在科学预测的基础上,企业制定出切实可行的商品开发和商品结构调整的近期和长期目标,运用先进的技术,加强质量管理,才能使生产出的商品在质量、品种和价格上都有很强的竞争力,使经济效益不断提高。

**知识扩展阅读**

## 云南省自主知识产权大宗鲜切花新品种占全国七成

**"云花"连续13年全国第一**

在世界花卉产销格局变化及全国经济发展的推动下,以出口导向型为发展目标的"云花"产业得到快速发展。自上世纪八十年代开始,经过20多年的发展,到2006年底为止,云南花卉种植面积已达30万亩、总产值70亿元,出口总额6 500万美元,其中鲜切花种植面积10.8万亩、鲜切花产量41亿枝,已连续13年保持全国第一的位置。

据云南省花卉产业联合会副会长李钢介绍,目前"云花"产品已销往全国70多个大中城市及40个国家和地区,在国际花卉市场具有一定的影响力和知名度,云南省也逐渐成为了世界主要的花卉产区。

**新品种售价是均价的2～3倍**

2007年5月,云南已获得自主知识产权的大宗鲜切花新品种共计23个,占全国鲜切花新品种总数的70%左右。

"云南植物新品种研发和保护已走在全国前列。"国家林业局植物新品种保护办公室常务副主任李东升表示。他同时强调了新品种研发与保护的重要性:"我国是花卉大国,但并不是花卉强国。所谓花卉大国是指花卉种植面积大、销售额高,但我国花卉品质、品种与国外还有较大差距,要缩小这一差距,让更多的花卉产品走出国门,我们就必须加强新品种的研发。"

据悉,到目前为止,云南省已形成商品化推广和销售的新品种鲜切花已有7个,推广面积约200亩,部分新品种切花还出口至日本等国家,其售价是市场均价的2～3倍,且一些花农因种植云南自己研发的新品种而开始获益。

**昆明当上新品月季"裁判"**

从云南省花卉产业联合会获悉,我国唯一一个月季植物新品种测试基地,正式在昆明市嵩明县启动建设,年内将建成并投入使用。今后,全国的月季新品种认定,均须先在此进行测试。

据了解,经过近20年的发展,"云花"已发展成为了世界知名品牌,而在云南的百合、康乃馨、月季和非洲菊四大支柱性鲜切花中,月季的发展尤为显著。鉴于云南省月季生产已有设施资源、品种资源、气候环境等因素,以及月季种植、研发所取得的成绩,中国月季植物新品种测试基地落户于此。

据透露,该基地旨在推动和规范我国月季植物新品种研发。其中,测试用地主要用于广泛收集并有效保存国内外月季品种资源,以及建设温室、水电、灌溉等设施;品种测试区主要用于对新品种进行品种比较测试的种植区建设,以及建设温室、水电、灌溉等设施。

今后,全国的月季新品种认定,均须先在此进行测试。

(资料来源:作者根据相关资料进行改写。)

## 3.3 商品品种的分类、类别与发展规律

### 3.3.1 商品品种的分类与类别

**1. 商品品种的分类**

商品品种是指商品按不同的质上的差别而归类,按不同使用价值而对商品进行区分。商品品种有多层次分类,首先是生产上的分工;其次是流通中的分工;最后是消费需求的分类。就使用价值来说,决定性的是消费需求的分类,消费需求是具体的,商品供给要满足市场需要,就必须把按生产分工所生产出来的商品,通过流通分工,最终转变为适应消费需求结构的分类。

按生产上的分工,产品可划分为物质产品和服务产品;物质产品可分为工业产品和农业产品;工业产品可再分为重工业产品和轻工业产品;农业产品可再分为种植产品、林产品、畜牧产品、水产品等。往下还可再分,如重工业产品有钢铁、石油、化工原料、机械产品、电子产品等;轻工业产品有日用工业品、纺织品、食品、医药用品、家用电器等;种植产品有粮食、棉麻、油料、烟草、蔬菜、水果等。这种按生产分工的分类并不等于消费需求分类,因为同一种产品有多种用途,同一类消费需求可以由不同的产品来满足。

按流通中的分工,商品可分为零售商品和非零售商品,零售(或非零售)商品又可分为定量零售(或非零售)商品和变量零售(或非零售)商品;零售商品可再分为畅销商品、滞销商品和一般商品等。

按照消费需求的类型和内容,商品可以分为高、中、低档商品,或者分为日用品、选购品和特殊品,也可以分为常年性消费品和季节性消费品,或者分为耐用品和消耗品。如果将消费需求划分得再细一点,那么商品又有不同规格、型号、样式、花色等的细分。

**2. 商品品种的类别**

由于商品品种繁多,特征各异,商品品种的类别也多种多样。不同的品种类别表明其特有的品种特征。划分商品品种类别可以按照不同的标志,通常分为以下几种。

(1)依照商品品种形成领域划分,可分为生产品种和经营品种。生产品种是指由工业或农业提供给批发商业企业的商品品种,可通过生产规划、计划和产品目录体现出来。经营品种是指批发商业企业和零售商业企业销售的商品品种,可通过经营规划、计划和商品目录体现出来。

不论是工农业生产企业生产的还是商业企业经营的商品品种,一方面取决于特定经济形势下的资源状况和生产技术能力;另一方面则取决于消费者需求的结构及其变化。

(2)依照商品品种的重要程度划分,可将商品品种分为日用商品品种和美化、丰富生活用商品品种。前者是指日常生活必备的商品品种,如粮食、食盐及服装等;后者是指美化和丰富生活用的非日常必需的商品品种,如高档化妆品、装饰品等。

按照商品品种的重要程度还可以分为主要商品品种和次要商品品种,前者如粮食、蔬菜、食盐、食用油、肉类等;后者如装饰材料、工艺美术品等。

(3)依照消费者的消费水平划分,可将商品品种分为高档、中档及低档商品品种,主要差异反映在质量和价格方面。

(4)依照经销商品品种的行业划分,可将商品品种划分为多种类别,如杂货、食品和医药品;纺织品、皮革制品、家具;五金制品、家用器皿、玻璃制品、瓷器、壁纸;电子电器、玩具、体育用品;文具纸张、办公用品、书;钟表、首饰、乐器、照相器材等。具有这些行业特征的商品品种大多数由不同的专营商店或百货公司的各个部门经销。

（5）依照消费者某方面的需求划分，可以分为卧室用品、儿童用品、家用纺织品、家用电器、园艺用品、洗涤用品、装饰品、办公用品、厨房用品等；按照消费者活动范围的需求，可分为野营用品、旅行用品、休假用品等。这样划分既便于商店分工和经销，又便于消费者购买。

### 3.3.2　商品品种的发展规律

**1. 商品品种的多样性与统一性规律**

商品品种的多样性是指商品类别、品种和花色齐全，它是由人们和社会需求的差异性和多样性造成的。但是，这种多样性不是随意的，而必须以消费需求为基础，保证商品品种规格系列与消费需求的使用特性相统一。商品品种齐全，可以适应不同的社会阶层、不同的社会集团、不同人群的消费水平和爱好，满足消费者全方位的需要。但是，品种齐全是相对的，应以大致满足消费需求为准则，不应拘泥于样样具备，以免造成积压，同时，随着消费需求结构的变化，也要不断调整商品品种结构，以保证商品品种及结构与消费需求及结构相符程度达到最佳化。

**2. 商品品种合理增长的规律**

商品的丰富程度和生产的发展及科技水平的提高息息相关。新中国成立以来，随着我国经济的日益腾飞，商品生产和市场供应也发生了巨大变化，商品品种的增加是历史发展的必然。但是商品品种的增加和发展不是盲目无序的，而必须建立在市场需求的基础上，否则会造成商品的积压和社会财富的浪费，消费者的需求也没有得到真正的满足。

**3. 商品品种新陈代谢的规律**

当今市场的需求复杂多变，科学技术不断进步，市场竞争日趋激烈，促使商品品种不断更新。许多商品都具有一定的寿命周期，从投入期经过发展期和成熟期，最终走向衰退期，如果企业不开发新的品种，那么企业的生命力也随之终止。为此，企业必须根据市场和消费者的需求不断开发新品种，及时更新换代，才能保证旺盛的生命力。

但是，商品品种的新陈代谢并不意味着一切老商品都要被淘汰，品质优良的不仅不会淘汰，反而会保持和发扬，同时也不能认为新陈代谢的速度和比例越大越好，而应根据用于生产、流通和消费的每单位成本获得所涉及商品的最高使用价值为标准来确定最佳速度和比例。

**4. 市场中商品的流行性规律**

流行性商品是指极短时间内在市场上非常流行、风靡一时的现象。流行性的商品往往是从经济发达、消费水平高的地区或城市流向商品经济落后、消费水平低的地区或城市，从大城市流向小城市，甚至从城市流向农村。不同空间的流行存在着时间差。这类商品的形式既具有不可预料性和爆发性，也具有潜在的规律性。对于流行性商品，生产者和经营者只有及时把握时机，才能从中获取较大的经济效益。

**知识扩展阅读**

#### 更新品种不能盲目追新求异

灵武农民自古就有种瓜的传统，在农业结构调整中，许多农民都想通过引进优质品种来增收，然而，并非所有的新品种都能带给农民丰收的喜悦。

2002年4月,梧桐树乡沙坝头村第七村民小组的50户农民放弃了种植多年的"新红宝"西瓜,改种了124亩"大民509"西瓜。经销商宣传,这种西瓜上市早、产量高,且瓜瓤鲜红,在市场上销得快。瓜农们经过两个多月的精心侍弄,到了坐瓜时才发现,这种"优质品种"不仅坐瓜难,偶尔坐上的大多也是卖不出去的畸形瓜。

农民赵军种了8亩西瓜,其中"大民509"6亩,"绿宝"2亩。赵军站在地头大致数了数,"绿宝"西瓜一垄坐瓜115个,而一埂之隔的"大民509"西瓜一垄仅坐瓜20个。这位当地有名的"瓜把式"说,两个品种的西瓜同时起垄,同时播种,坐瓜的数量大不一样,种了十几年西瓜,这种怪事还是第一次碰到。

赵淑珍、赵素珍姐妹俩共种了10亩"大民509"西瓜,不算人工,仅种子、地膜、肥料就投入了5 000多元。说起调换瓜种的原因,赵淑珍说:"大民种业公司一台大彩电放在农贸市场里放录像,上面介绍说,西瓜成熟后个个都在10公斤以上,亩产至少在5 000公斤,谁知连种子钱也收不回来。"赵素珍边抹眼泪边说:"这就像辛辛苦苦养育了一个孩子,好不容易长大了,突然发现是个傻子,这不明摆着坑人嘛。"

记者在采访中了解到,沙坝头村去年就有农民因为种植"无产地、无生产者、无栽培要点"的"帝龙"西瓜而赔掉了老本,农民至今仍在打官司。因此,当今年种的"大民509"西瓜出现问题后,农民特别激愤。

据灵武市农业局农业执法大队的一位负责人介绍,今年梧桐树、新华桥两个乡镇的农民共种植"大民"系列西瓜2 100亩,其中绝大部分都不坐瓜,事发之后,他们已请自治区种子鉴定站就种子质量进行检验,结论是"坐瓜少或不坐瓜与种子质量无直接关系"。

自治区种子管理站张维智站长认为:"虽然我区今年高温多雨天气是导致"大民509"西瓜坐瓜少或不坐瓜的原因之一,但大民种业公司为追求经济利益,没有经过至少2年的试种期就在我区大面积推广大民系列种子,这种行为应该受到舆论的谴责。"他告诫农民,种子市场鱼龙混杂,更新品种切不可因追新求异而陷入"一季不成功,几年难翻身"的窘境,应仔细查看新品种是否通过国家或省级种子品种审定委员会审定,是否在当地进行过试种,有无主管部门推广证明或批件。张维智同时呼吁:"我区要尽快就西瓜等一些非主要农作物的种子管理出台地方性法规,以从根本上遏制"种祸"的发生。"

（资料来源：作者根据相关资料进行改写。）

## 3.4　商品品种结构

商品品种结构是在一定范围的商品集合体中,对于各类商品及每类商品中不同品种的组合状况及相对数量比例的客观描述。所谓相对数量比例是指在所管理的集合体商品总量中,按满足不同层次消费需求,各大类商品及每类商品中不同品种规格商品的数量所占的比例。商品品种结构框架是按金字塔形排列的。

商品品种是对商品广度的要求,它是商品结构（商品品种组合）状况的反映,也是消费需求结构的反映。总的来说,商品品种的结构应适应消费需求结构及其变化。具体商品品种的结构应考虑具体的消费需求,如消费者年龄、性别、职业、民族、消费水平和地方民俗等。消费需求和消费结构不是一成不变的,它随着科学技术水平、人口组成、社会经济发展水平等的变化而变化。这种变化一般呈上升趋势,因而商品品种结构也是一个动态的高级化过程。调整商品品种结构,首先要调查消费需求,研究分析市场结构和消费结构,及时捕捉市场信息,掌握市场和消费结构的变化趋势。

商品品种结构是否合理,实质上是商品能否满足广大消费者多样化、多层次、专业化、特殊化、个性化的消费需求问题,也是人们对商品的不同需要在质的方面如何得到满足的问题。为了促进商品品种结构的合理化与优化,应重视商品品种和品种结构的研究。

研究商品品种结构,包括老品种的改进和淘汰以及新品种的开发,必须从满足社会需要出发。商品品种结构的决策要考虑两个因素,即市场引力和企业实力。市场引力包括商品对国计民生的影响力、市场容量、利润率、销售率、增长率等,是社会需要状况的反映。企业实力是指企业满足市场要求的能力,它包括市场占有率、生产能力、技术能力、销售能力等综合因素。只有对市场引力和企业实力进行定性、定量分析,在分析的基础上确定老品种的改进和新品种的开发,才能使生产的商品满足消费需求,使商品品种结构与消费需求结构相符。

商品品种结构合理化的总原则是,商品品种结构必须与人们的实际需要和消费结构及其变化相适应。首先,商品品种必须与消费需求相符合,商品品种结构必须同消费需求结构相一致,这就是说,商品品种必须适应不同社会阶层、不同社会集团、不同人群的消费水平和消费偏好。其次,随着社会发展,人们的需要和消费需求结构会不断地发生变化,商品品种结构也应随之变化和调整,以保证商品品种结构与消费需求及其结构的相符程度达到最佳化。提高商品品种结构与消费需求结构的相符程度,对于全面满足消费需求,加速商品使用价值的实现,保证企业计划的顺利完成,提高企业的经济效益等,都具有重要的意义。

## 本章小结

在激烈的市场竞争环境中,重视对商品品种及其规律的研究,加强对新品种的开发,及时淘汰过时品种,合理地调整品种结构,以满足人们日益增长的物质文化需要,已经成为提高商品竞争力的重要方面。

商品质量和品种是保证商品使用价值顺利实现和企业最终获得经济效益的关键。质量、品种、效益三者之间是相互依赖、相互制约的。这三者之间存在着不可分性,它们之间的连锁反应体现了有机的内在联系,符合客观事物发展变化的基本规律。

熟悉商品品种的分类、类别,认识商品品种发展变化规律,促进商品结构向符合消费需求结构的合理转化,是我国社会主义市场经济不断发展和完善的需要,也是商品学研究必须解决的重要问题之一。

## 关键术语

商品品种　商品品种分类　商品品种类别　商品品种结构　商品品种新陈代谢的规律

## 实训项目

1. 调查了解我国参与商品质量管理的部门有哪些。

2. 通过互联网查询商品分类的相关法律法规,分析某一法律法规实施现状,并找出实施中存在的问题。

## 思考题

1. 商品品种的概念是什么?如何进行分类?
2. 商品品种的类别是怎么划分的?
3. 概述商品品种、质量和效益之间的关系?
4. 如何利用商品品种结构的合理性来指导商品企业商品品种计划的制订?

## 案例分析

中国 A 公司曾向 B 外商出售一批农产品。成交前,该公司给外商寄送过样品。签约时,在合同品质条款中规定了商品的具体规格。签约后,卖方经办人员又主动电告买方,确认"成交商品与样品相似"。在货物装运前,中国进出口商品检验检疫局进行了检验并签发了品质规格合格证书。但该批货物运到目的地后,买方认为,所交货物品质比样品低,要求减价。卖方认为,合同并未规定凭样成交,而且所交货物,经检验符合约定的规格,故不同意减价。于是买方便请当地检验机构检验,出具了交货品质比样品低 7% 的证明,并据此提出了索赔要求,卖方拒赔。由于合同中未规定仲裁条款而发生争议后,双方又达不成仲裁协议,买方遂请中国仲裁机构协助处理解决此案争议。鉴于签约前卖方给买方寄送过样品。签约后,卖方又主动确认"交货与样品相似"且存样已经遗失,故在仲裁机构的协调下,由卖方赔付买方品质差价的办法了结此案。

(案例来源:作者根据相关资料进行改写。)

**问题:**
你认为中国仲裁机构会这样处理的理由是什么?我方应该吸取哪些教训?

# 第4章 商品质量

**学习要点**

- 学习商品质量的概念及其演变；
- 了解现代商品质量观；
- 了解商品质量的基本要求；
- 明确商品质量的影响因素。

**引导案例**

## 三聚氰胺——中国的"高科技"

2007年，我国一家往美国出口猫狗食物的公司因为宠物食品事件导致中美关系轩然大波，其元凶是什么？就是三聚氰胺！

在食品制作过程中，需要检查蛋白质含量，但是直接测量蛋白质含量技术上比较复杂，成本也比较高，不适合大范围推广，所以业界常常使用一种叫做"凯氏定氮法"的方法，通过食品中氮原子的含量来间接推算蛋白质的含量。也就是说，食品中氮原子含量越高，蛋白质含量就越高。因此，三聚氰胺被派上大用场了。

为什么要用三聚氰胺呢？关键是含氮量很高，生产工艺简单、成本很低，给了掺假、造假者极大地利益驱动，有人估算在植物蛋白粉和饲料中使蛋白质增加一个百分点，用三聚氰胺的花费只有真实蛋白原料的1/5。所以"增加"产品的表观蛋白质含量是添加三聚氰胺的主要原因，三聚氰胺作为一种白色结晶粉末，没有什么气味和味道，掺杂后不易被发现等也成了掺假、造假者心存侥幸的辅助原因。

据说当时美国人发现三聚氰胺后百思不得其解，不知道为啥添加这玩意，还以为是老鼠药污染造成的。记得当时美国新闻媒体报道都是怀疑中国粮食仓库看管不严，造成老鼠药污染。后来终于有知情的中国人忍不住，偷偷告诉美国人这食品中添加三聚氰胺的奥秘，高手云集的美国学术界这才恍然大悟，明白过来这复杂的高科技造假过程。

（案例来源：作者根据相关资料进行改写。）

58

## 4.1　商品质量的概念及演变

### 4.1.1　质量概念

人们对质量的认识源于其质量实践活动,并且随着人类生产、科技、文化和其他社会活动的不断进步而逐渐深化。

由于人们从不同的实践角度来观察和体验质量的本质及其内涵,并且对质量本质及内涵的认识也随着时代进步而不断地发展和深化,这就使得国内外专家关于质量的定义视角各异,说法纷呈。但总体来说,质量的定义可以归为以下几种代表类型。

**1. 符合性质量**

表述:即"符合规范或要求"。

提出:美国著名质量管理专家克劳斯比(P. B. Crosby)

含义:认为质量并不意味着好、卓越、优秀等,质量就意味着对规范或要求的符合。合乎者就意味着具有了质量,反之不合格就意味着缺乏质量。

**2. 适用性质量**

表述:"质量即适用性"。

提出:世界著名质量管理专家朱兰。

含义:"适用性指产品在使用期间能满足用户的需要"。

**3. 社会总损失最小的质量**

表述:质量是"社会总损失最小。"

提出:日本著名质量管理专家田口玄一。

含义:质量是指产品上市后给社会带来的总损失最小,由功能本身所产生的损失除外。

**4. 满足性质量**

表述:质量是"满足顾客期望的各种特性综合体"。

提出:世界著名质量管理专家费根鲍姆(A. V. Feigenbaum)。

含义:质量是由顾客来判断的,而不是由设计师、工程师或营销部门、管理部门来确定的。顾客根据其对某种产品或某项服务的实际经验同他的需要对比而作出判断。

**5. 质量是"固有特性满足要求的程度"**

表述:一组固有特性满足要求的程度。

提出:国标 GB/T 190000—2008/国际标准

含义:质量是由其载体的一组固有特性组成,并且这些特性能够不同程度地满足顾客及其他相关方要求。

以上是质量概念的演变过程,而决定质量概念的变化取决于以下两个主要方面:一方面,质量概念的产生和演变取决于技术、经济和社会的发展程度;另一方面,随着社会的发展进展,科技日新月异,经贸迅速扩展,法制管理日益完善,公众文化素质的提高,人们对质量的认识也将进一步丰富、深化和完善。

### 4.1.2　商品质量概念、现代商品质量观及性质

**1. 商品质量概念**

GB/T 19000－2008/ISO 9000－2005《质量管理体系 基础和术语》中给出了有关质量的

定义和注释如下：

质量是一组固有特性满足要求的程度。

注1：术语"质量"可使用形容词如差、好或优秀来修饰。

注2："固有的"（其反义是"赋予的"）就是指在某事或某物中本来就有的，尤其是那种永久的特性。

其中，要求是指明示的、通常隐含的或必须履行的需求或期望。

注1："通常隐含"是指组织、顾客和其他相关方的惯例或一般做法，所考虑的需求或期望是不言而喻的。

注2：特定要求可使用限定词表示，如：产品要求、质量管理要求、顾客要求。

注3：规定要求是经明示的要求，如在文件中阐明。

注4：要求可由不同的相关方提出。

因此，根据 GB/T 19000－2008/ISO 9000－2005《质量管理体系　基础和术语》给出的有关"质量"的定义，引出商品质量的定义如下：

商品质量是指商品的一组固有特性满足明示的和通常隐含的要求的程度。

**2. 现代商品质量观**

现代商品质量观应当包含自然质量、无形质量、经济质量和社会质量四个层次。

(1)自然质量是指商品满足消费者明确和潜在需求的各种物质性特性。包括内在质量、外观质量等，如化学特性、物理特性、功能特性、商品的外观构型、质地、色彩、气味、手感、表面疵点和包装等。

(2)无形质量是指与商品有关的各种服务，如送货上门、免费维修等。

(3)经济质量是指如商品是否有较好的性能价格比、商品在使用或消费中的使用和维护成本等。

(4)社会质量是指商品从生产、流通、消费到废弃整个生命周期满足全社会利益所必需的特性。如商品是否违反社会公德、是否污染社会环境、是否浪费能源或资源、废弃后是否容易处置等。

**3. 商品质量的性质**

1)商品质量具有针对性

商品的质量是针对一定使用条件和一定的用途而言的。各种商品均需在一定使用条件和范围内按设计要求或使用要求合理使用。若超出它的使用条件，即使是优质品也很难反映出它的实际功能，甚至会完全丧失其使用价值。

2)商品质量具有相对性

商品质量相对于同类商品（使用目的相同）的不同个体而言，是一个比较的范畴。对一般商品来说，可以通过简单的比较和识别来观察，而对某些商品则要有严格的质量指标规定。

3)商品质量具有可变性

商品的特性会随着科技进步而发展，而且人们消费水平的提高和社会因素的变化，对商品质量也会不断提出新的要求；即使同一时期，因地点、地域、消费对象不同，对商品的要求也不一样；消费者的职业、年龄、性别、经济条件、宗教信仰、文化修养、心理爱好等不同，对质量要求也不同。

### 4.1.3 商品质量的表示方法

在国际贸易实际业务中,表示货物质量的方法大致可以分为两类:一是以实物表示货物质量;二是用说明表示货物质量。具体业务中采取哪种方式,则必须根据货物的种类、特性、交易习惯及交易磋商的方式而定。

**1. 以实物表示质量**

以实物表示货物质量通常包括凭成交货物的实际质量和凭样品两种表示方法。前者为看货成交,后者为凭样品买卖。

1)看货成交

若买卖双方根据成交货物的实际品质进行交易,通常是先由买方或其代理人在卖方所在地验看货物,达成交易后,卖方即应按检验过的实物交付货物。只要卖方付的是验看过的货物,买方就不得对货物品质提出异议。

在国际贸易中,由于交易双方远隔重洋,交易洽谈多靠函电方式进行。买方到卖方所在地验看货物有诸多不便,即使卖方有现货在手,买方也有代理人代为验看货物,但也难以逐件加以查验,所以在国际贸易中采用看货成交的情况很少,所占比重较小。这种做法,多用于寄售、拍卖和展卖业务,或是商品交易所的现货交易。

2)凭样品买卖

所谓样品是指一个或几个或少量足以代表整批货物品质的实物,它们通常是从一批货物中抽取出来,或者由生产部门设计、加工出来。用样品表示货物品质的方法称为凭样品买卖,是指买卖双方约定以样品作为交货品质依据的买卖方式。

并不是所有的货物都可以凭样品买卖,在实际业务中,只有部分工艺品、服装、轻工业品、土特产品及其他不易用文字说明品质的货物可采用凭样品买卖的方式。此外,买方还应保证做到未来提供的货物能与样品完全一致。

在国际中,按样品提供者的不同,可分为以下几种:

(1)卖方样品。由卖方提供的样品称为"卖方样品"。凡卖方样品作为交货的依据者,称为"卖方样品买卖"在此情况下,在买卖中应订明"以卖方样品为准"。日后,卖方所交正货的,必须与提供的样品相同。

(2)买方样品。买方为了使其订购的商品符合自身要求,有时提供样品交由卖方依样承制,如卖方同意按买方提供的样品成交,称为"凭买方样品买卖"在这种场合,买卖中应订明"以买方样品为准"。日后,卖方所交正货的,必须与买方样品相符。

(3)对等样品。在国际中,谨慎的卖方往往不愿意承接凭买方样品交货的交易,以免因交货与买方样品不符而招致买方甚至退货的危险,在此情况下,卖方可根据买方提供的样品,复制出一个类似的样品交买方确认,这种经确认后的样品,称为"对等样品"或"回样"也有称之为"确认样品"当对等样品被买方确认后,则日后卖方所交货物的,必须以对等样品为准。

此外,买卖双方为了发展关系和增进彼此对方商品的了解,往往采用互相寄送样品的做法,这种以介绍商品为目的而寄出的样品,最好标明"仅供参考"字样,以免与标准样品混淆。

**2. 用说明表示质量**

凭说明表示质量,是指用文字、图表、图片等方式来说明成交商品的品质。这类表示品质方法可细分为如下几种:

1）凭规格买卖

商品规格是指一些足以反映商品品质的主要指标，如化学成分、含量、纯度、性能、容量、长短、粗细等。国际贸易中的商品由于品质特点不同，其规格也各异，买卖双方凡用商品的规格确定品质时，称为"凭规格买卖"。

2）凭等级买卖

商品的等级是指同一类商品按规格上的差异，分为品质优劣各不相同的若干等级。凭等级买卖时，由于不同等级的商品具有不同的规格，为了便于履行合同和避免争议，在品质条款列明等级的同时，最好一并规定每一等级的具体规格。这对简化手续、促进成交和体现按质论价等方面，都有一定的作用。

3）凭标准买卖

商品的标准是指将商品的规格和等级予以标准化。商品的标准，有的由国家或有关政府主管部门规定，有的由同业公会、交易所或国际性的工商组织规定。有些商品习惯凭标准买卖，人们往往使用某种标准作为说明和评定商品品质的依据。

在国际贸易中，对于某些品质变化较大而难以规定统一标准的农副产品，往往采用"良好平均品质"这一术语来表示其品质。"良好平均品质"是指一定时期内某地出口货物的平均品质水平，一般是指中等货，也称大路货。在标明大路货的同时，通常还约定具体规格作为品质依据。

4）凭说明书和图样买卖

在国际贸易中，有些机、电、仪等技术密集型产品，因其结构复杂，对材料和设计的要求严格，用以说明其性能的数据较多，很难用几个简单的指标来表明品质的全貌，而且有些产品，即使其名称相同，但由于所使用的材料、设计和制造技术的某些差别，也可能导致功能上的差异。因此，对这类商品的品质，通常以说明书并附以图样、照片、设计图纸、分析表及各种数据来说明具体性能和结构特点。按此方式进行交易，称为凭说明书和图样买卖。

5）凭商标或品牌买卖

商标是指生产者或商号用来识别所生产或出售的商品的标志。品牌是指工商企业给制造或销售的商品所冠的名称。商标或品牌自身实际上是一种品质象征。人们在交易中可以只凭商标或品牌进行买卖，无需对品质提出详细要求。

6）凭产地名称买卖

在国际货物买卖中，有些产品，因产区的自然条件、传统加工工艺等因素的影响，在品质方面具有其他产区的产品所不具有的独特风格和特色，对于这类产品，一般也可用产地名称来表示品质。

### 4.1.4  保证和提高商品质量的意义

商品具有满足人们某种需要的使用价值，是商品进入流通领域，走向国内外市场的基本条件，商品质量是决定商品使用价值高低的重要因素。当前，国内外市场商品竞争日趋激烈，商品质量关系到商品竞争力的强弱，这种竞争的核心是高新科学技术和现代化科学管理，它集中反映在商品质量上。保证和提高商品质量对国家和企业的经济腾飞，不断地改善人民日益增长的精神生活和物质生活具有十分重要的意义。随着经济的发展，人们消费水平不断地提高，特别是工业发达、高工资、高消费的国家和地区，对商品质量的要求愈来愈严格，一般对商品的要求，首先是质量优，其次才是同样质量比价格。因此，以"低价低质取胜"的时代已过去，"以

质优取胜"才是当今世界各国发展对外贸易的战略。

**1. 质量是水平的标志**

商品质量是一个国家生产力发展水平、技术和经济水平的一个重要标志,也是衡量企业生产能力、企业素质的象征。保证和提高商品质量是直接关系到我国社会主义现代化建设、关系到国民经济发展的大问题。

**2. 质量是企业的生命**

在激烈的国内、国际市场竞争中,竞争力的强弱、价格高低、交易成败的关键问题是商品质量。质量是商品的生命,质量是企业的生命。质量是关系到企业生死存亡的重大问题,劣质商品给企业带来的最终结果就是倒闭。

**3. 质量是供给的基础**

提高商品质量,增加商品数量,是增加社会财富的两个渠道。从质量和数量的关系看,低质量的商品数量再多也无用,数量越多越浪费;高质量的商品一个顶几个用,是最大的增产节约,实际上等于增加了商品的数量。

**4. 质量提供效益**

企业在取得好的社会效益的同时,必将获得好的经济效益。而这一切都与商品质量有关,质量是效益的前提,效益是质量的结果,有质量才有效益,没有质量就没有效益。

**5. 质量控制市场**

市场的竞争,实质上是占领市场的商品竞争,而竞争的焦点集中在质量、品种和价格上,这其中最关键的是质量。因此,市场竞争实质是质量竞争,竞争的基本规律是优胜劣汰。企业必须凭借先进的科学技术和现代化管理手段,紧紧抓住质量不放,充分利用市场机制,保证市场中商品的质量优先地位,巩固并扩大市场。(胡东帆. 商品学概论. 大连:东北财经大学出版社. 2008.)

## 4.2　商品质量的基本要求

### 4.2.1　产品(有形商品)商品质量的基本要求

商品质量的要求多种多样,是因为不同的使用目的(用途)会产生不同的使用要求(需要),即使对于同一用途的商品,不同的消费者也会提出不同的要求。一般商品质量的基本要求可以概括为商品适用性、商品寿命、可靠性、安全性、经济性、环保性和艺术性七个方面。

**1. 适用性**

适用性是指满足这种商品主要用途所必须具备的性能。是为实现预定使用目的或规定用途,商品所必须具备的各种性能(或功能)。它是构成商品使用价值的基础。

**2. 商品寿命**

商品寿命通常指商品使用寿命,有时也包括储存寿命。使用寿命是指工业品商品在规定的使用条件下,保持正常使用性能的工作总时间。

**3. 可靠性**

可靠性是指商品在规定条件下和规定时间内,完成规定功能的能力。它是与商品在使用过程中的稳定性和无故障性联系在一起的一种质量特性,是评价机电类商品质量的重要指标之一。可靠性通常包括耐久性、易维修性和设计可靠性。耐久性是指日用工业品在使用时抵抗各种因素对其破坏的性能,它是评价高档耐用商品的一个重要质量特性。

易维修性是指商品在发生故障后能被迅速修好恢复其功能的能力。商品是否容易维修与商品设计有关,设计中应尽量采用组合式或组件式商品结构,所用零部件要标准化、通用化、系列化,以便拆卸更换,此外还应该容易通过仪表式专用检具迅速诊断出故障部位。

设计可靠性,为了避免使用者在操上的过失和在规定的环境以外使用等用法错误导致商品出故障的可能性,一方面要求提高商品的易操作度(易使用度),使人为过失的可能性尽量减少;另一方面即使因人为过失或环境改变引起了故障,也要把可能遭受的损害控制在最低限度。设计上这两方面的要求就是设计可靠性。

### 4. 安全性

安全性是指商品在储存和使用过程中对环境无污染,对人体无损害的能力。环境要求包括两个方面,一方面要求商品在生产、流通直至消费以及废弃阶段,均不致对社会和人类生存环境造成危害;另一方面要求提供能使商品正常发挥效用的环境条件,如规定的温度、电压等。

### 5. 经济性

经济性是指商品的生产者、经营者、消费者都能用尽可能少的费用获得较高的商品质量,从而使企业获得最大的经济效益,使消费者的消费总和最低。经济性反映了商品合理的寿命周期费用及商品质量的最佳水平。离开经济性孤立地谈质量,没有任何实际意义。对商品的生产者、经营者来说,常用质量成本和质量收益来表示。当然质量成本越低越好,质量收益越高越好。质量成本是指为保证消费而获得满意的质量所发生的费用,以及不能获得满意的质量所造成的损失;质量收益是指满足了质量要求而减少返工所获得的好处。质量成本是质量与经济的衔接点,通过寻求最佳质量成本区域,企业可以掌握商品质量信息,采取控制措施,对市场做出正确的生产经营决策,不断提高经济效益。为了保证商品质量和避免质量损失,主要需要进行两方面的工作,即质量保证工作和质量纠正工作。因此,质量成本分为质量保证成本和质量纠正成本这两类。

1)质量保证成本

质量保证成本是指企业为了保证和提高产品质量而支付的一切费用。具体包括质量鉴定成本和质量预防成本。

(1)质量鉴定成本。质量鉴定成本是指评定产品是否满足规定的质量水平所需要的费用。主要包括:进货检验费用、工序检验费用、成品检验费用、质量审核费用、保持检验和试验设备精确性的费用、试验和检验损耗费用、存货复试复验费用、质量分级费用、检验仪器折旧费以及计量工具购置费等。

(2)质量预防成本。质量预防成本是指用于预防产生不合格品与故障等所需的各种费用,主要包括:质量计划工作费用、质量教育培训费用、新产品评审费用、工序控制费用、质量改进措施费用、质量审核费用、质量管理活动费用、质量奖励费、专职质量管理人员的工资及其附加费等。

2)质量纠正成本

质量纠正成本是指企业因其生产的产品质量发生故障所造成的损失费用。具体包括内部故障成本和外部故障成本。

(1)内部故障成本。内部故障成本又称内部损失成本,它是指产品出厂前因不满足规定的质量要求而支付的费用,主要包括:废品损失费用、返修损失费用和复试复验费用、停工损失费

用、处理质量缺陷费用、减产损失及产品降级损失费用等。

（2）外部故障成本。外部故障成本又称外部损失成本，它是指成品出厂后因不满足规定的质量要求，导致索赔、修理、更换或信誉损失等而支付的费用，主要包括：申诉受理费用、保修费用、退换产品的损失费用、折旧损失费用和产品责任损失费用等。

必须指出，上述四类成本之间并不是彼此孤立和毫无联系的，而是相互影响相互制约的。当企业放松检查后，鉴定成本可能很少，但将造成大量不合格品出厂，一旦在使用中被用户发现，产生显著的外部故障成本，就导致质量总成本的上升。反之，如果在企业内部严格质量管理，加强质量检查，从而使鉴定成本和内部故障成本的增加，外部故障成本减少，使得质量总成本的降低。因此增加预防成本，加强工序控制，则会使内部故障成本和外部故障成本，甚至连鉴定成本一起都可能大大降低，而使质量成本大幅度下降。

**6. 环保性**

环保性主要是指商品对周围环境的保护性能。它是商品绿色性重要指标之一。商品不污染破坏环境，是商品可持续发展的重大问题。保护人类赖以生存的自然环境是目前全球性推行绿色工程的主要目标。"绿色"是纯净的代称，它象征着带给人类幸福和安康的大自然。如现代家用电器中的绿色电冰箱、绿色电脑，食品中的绿色食品等。环保性要求商品在生产、流通、消费直至废弃阶段，均不应对社会和人类生存环境造成危害。

**7. 艺术性**

艺术性是指商品符合时代审美特点，具有一定的艺术创造性。它已成为提高商品市场竞争能力的重要手段之一。

商品质量的各项基本要求，并不是独立的、静止的、绝对的，特别是对某种商品提出具体质量要求时，不仅要根据不同的用途进行具体分析，而且还必须与社会生产力的发展、国民经济水平以及人们消费习惯相适应。

### 4.2.2 服务（无形商品）商品质量的基本要求

（1）功能性，指服务实现的效能和作用。

（2）时间性，指服务的速度，能否及时、准时、省时的满足服务需求能力。

（3）文明性，满足顾客精神需求的程度。笑脸相迎、尊重、理解。

（4）安全性，指服务供方在对顾客进行服务的过程中，保证顾客的人身不受伤害，财物不受损害的能力。

（5）舒适性，指服务对象在接受服务过程中感受到的舒适程度。

（6）经济性，为得到相应的服务，顾客所需费用的合理程度。

## 4.3　影响商品质量的因素

在分析影响商品质量因素时，以商品质量形成过程为主线，按产品的生命周期顺序，就其主要问题，分析和论证影响商品质量的因素，主要概括为以下方面。

### 4.3.1 生产过程中影响商品质量的因素

**1. 市场调研与开发设计**（先天因素）

"知己知彼，百战不殆；不知彼而知己，一胜一负；不知彼不知己，每战必败。"这句古语很好地说明了要参与市场竞争，就要做到"知己知彼。"所以我们认为市场调研是商品开发与设计的基础，在开发设计之前，首先要充分研究商品消费需求，因为满足需求是商品质量的出发点和归宿；其次还要研究影响商品消费需要的因素，以使商品开发设计具有前瞻性；最后必须收集、分析与比较国内外，同行业不同生产者的商品质量信息，总结以往成功和失败的经验，通过市场预测以确保质量等级、品种规格、数量、价格的商品才能适应目标市场需要。

开发设计是形成商品质量的前提，开发设计包括使用原材料配方，商品的结构原理、性能、型式、外观结构及包装装潢设计等。如开发设计质量不好，会给商品质量留下许多后遗症；设计出了差错，制造工艺再高超，生产操作再精细，也生产不出合格的商品来。设计合理才有可能生产出高质量的商品，如果产品在设计时存在某些本质性质量缺陷，就不可能生产出高质量的商品。遵循原则：适时原则、适度原则、等效原则、先进性原则、注重社会效益原则等。

**2. 原料质量**（决定因素）

"七分原料，三分工艺"、"巧妇难为无米之炊"这些话都充分说明了原材料对于产品质量的重要性。原材料是形成商品质量的物质基础，由于原材料的成分、结构、性质不同，决定着所形成的商品质量也不同。原材料的质量特性包括化学组成、耐腐蚀性和耐气候性、阻燃性、几何结构特性、热学特性、力学特性、电学特性、光学特性等。

例如，以春茶为原料制出的绿茶和花茶有益的成分含量高，色、香、味好，而以老叶为原料制出的茶叶质量差；用牛、羊脂做的肥皂，去垢力强而且耐用；优质棉能纺出优质纱并织出优质棉布，制成的服装透气性、吸湿性更好。含硅量高的硅砂可制成透明度和色泽俱佳的玻璃制品，而含铁量高的硅砂只能制出透明度和色泽较差的玻璃制品；用不同长度的棉纤维纺出的纱线其外观和强度都有明显的区别；用含蛋白质较多的大麦制造的啤酒，稳定性就不好。

原材料本身的质量又受品种、成分、结构、性质、产区的自然条件及饲养或栽培方法等因素的影响。例如，植物性的原材料，因其品种、种植环境、气候条件、栽培技术等不同，造成原材料的质量也不尽相同。

原材料产地不同对商品质量的影响也不同。原材料的品质特性与原材料的产地有直接的关系。自然环境、气候条件对动植物的生长、发育影响很大。生物体和生活条件是统一的，任何种类的动植物都有适宜生存的自然条件和生活环境。由于动植物生存的自然条件和生活环境的不同，形成其品质、特性有很大差异，特别是动植物在不适宜生存的自然条件和生活环境下生存，其固有的品质、特性会发生变化，甚至其结构、成分含量等都会发生很大变化，从而对商品质量产生很大影响。

云南烟叶质量是其他地方烟叶质量所不可比拟的，就是由云南某些地方的高温、气爽、雨量适中、日照时间长、土质肥沃的特殊气候条件和地利条件所决定的。

原材料生产季节不同对商品质量的影响也不同。动植物受季节的变化，生产发育受到很大影响，特别是成熟程度、结构成分、品质特性均有很大差别。如以春茶为原料制成的绿茶和花茶，其有效成分含量高，色、香、味、形好，对人体健康和提神的功效也大；以老叶为原料制成的茶，则质量就差，口感、味道与春茶相比相差很大。

原料部位对许多种类商品质量的影响也很大。如动物皮的部位对皮鞋鞋面的硬度、光泽、耐磨度、吸水性等影响很大；又如动物体的部位不同对肉制品的质量影响很大。

研究分析构成商品的原材料，便于了解商品的质量，并为采用代用品，开辟原材料的来源，节约资源和合理使用原材料提供重要的依据。

**3. 生产工艺和设备**

生产工艺和设备是科技水平的具体体现。生产工艺主要是指产品在加工制造过程中的配方、操作规程、设备条件以及技术水平等。生产工艺是形成商品质量的关键，对商品质量起决定性作用。因为商品的各种有用性及外形和结构，都是在生产工艺过程中形成和固定下来的。生产工艺不但可以提高质量，也可以改变质量。

在很多情况下，虽然采用的原材料相同，但因生产工艺和技术水平不同，不仅产品数量会有差异，而且质量方面也会相差悬殊。例如，电冰箱、录音机、电视机、手表等采用同样的材料和原件，由于装配、调试水平不同，会使它们的质量产生极大的差异，先进的生产工艺，能生产出优质产品，落后的生产工艺，则生产出劣质产品。即使原材料的质量发生变化，如果进行必要处理，采取补救性工艺技术，就能改变因原材料质量变化而造成的对产品质量的影响。例如，猪皮毛孔较粗，影响制品的外观质量，如果采取补救性技术，就可以克服这种缺陷，提高猪皮的外观质量。

在生产工艺过程中，对形成商品质量有重要影响的因素是配方、操作规程、设备条件、技术条件等。设备的故障常常是出现不合格品的重要原因。设备的自动化和高速化，有可能使发生故障的机会有所增加，特别是故障一旦发生将会波及较大范围。因此，加强设备管理与保养，防止故障发生和降低故障率，是保证商品质量的必要前提。操作方法不同，质量也会不同。特别是一些食品的加工，同样的原材料，之所以有的班次生产的产品质量好，有的班次生产的产品质量差，恰恰是由于操作方法的差异所造成的。为此，一些操作方法要求严格的商品，必须制定生产的操作方法标准，以此为依据进行操作并加强管理，则可保证加工产品的质量及其稳定性。因此，应该进行科学的生产组织，以及正确处理人、机器设备和原材料的关系。

**4. 质量检验与包装**

在制定商品质量标准时要遵循经济合理的原则，但绝不是迁就落后，相反，应该保证技术先进，这就是说商品质量标准的水平应该适当高一些。有了较高水平的质量标准，又能真正加以贯彻，那么就可以从准则上保证商品质量。

质量检验是保证商品质量的主要手段之一。检验总是对既定成果而言的，因而它有事后把关的意义。但在质量的形成和实现过程中，每个环节的检验对于下一个环节又是事前的控制，即不合格的原材料或零部件不投料或不组装；不合格半成品不转入下道工序；不合格成品不进入流通和消费领域，因而它又是有事前预防的意义。质量检验的好坏取决于检验测量的方法质量和检测量具、仪器等的质量。提供准确、真实可靠的检验数据，对于人们掌握商品质量的状况和变化规律，进而改进设计、加强管理、提高质量具有重要作用。

商品包装和装潢是构成产品质量的重要因素，良好、合理的包装与装潢，有利于流通过程中对商品的储存养护、保护商品的质量；而且有利于商品的销售和使用，提高竞争能力，增加商品的价值。

## 4.3.2　流通过程中影响商品质量的因素

流通过程是指商品离开生产过程进入消费过程前的整个区间。商品在流通过程中，都要经过时间和空间的转移，商品的贮存和运输是不可避免的。流通过程对商品质量影响，主要体现在运输、贮存、销售等方面。

**1. 运输装卸**

运输对商品质量的影响与运程的远近、时间的长短、运输的气候条件、运输路线、运输方式、运输工具、装卸工具等因素有关。

商品运输可以采用铁路、公路、水运、航空等运输方式。各种运输方式的选择,必须充分考虑商品的性质,运输方式符合商品性质的要求,商品在运输过程中才能避免或减少外界因素的影响,确保商品质量。

温度、湿度、运输工具的清洁状况等是商品运输的基本条件。如果运输时温度、湿度不符合商品要求,运输工具清洁状况差,运输时与有影响物质接触,必然引起商品质量变化,只有上述运输条件控制好,才能确保商品质量。

商品运输中还要注意不能随意抛扔,不得倒置、防晒、防潮、防挤压、防剧烈震动等。这些问题注意到了,商品质量就会少出现问题。

商品在装卸过程中还会发生碰撞、跌落、破碎、散失等现象,这不但会增加商品损耗,也会降低商品质量。

**2. 商品储存**

商品储存是指商品脱离生产领域,尚未进入消费领域之前的存放。商品储存是商品流通的一个重要环节,因为商品由生产到消费存在着一个时间差,在这个时期内商品必须经过储存。商品在储存期间,由于商品本身的性质和储存的外部环境的影响,商品会发生一定的变化。商品在储存期间的质量变化与商品的性质、储存场所的内外环境条件、养护技术与措施、储存期的长短等因素有关。其中,商品本身的特性是商品质量变化的内因,而仓储环境条件(如温湿度、空气成分、微生物及害虫等)是储存期间商品质量变化的外因。

商品储存的地点即商品储存的场所应符合商品性质要求,以减少外界因素的影响,避免或减少商品损失或损耗。

温度、湿度是商品储存的条件。温度、湿度要符合商品性质的要求,商品质量的变化就可避免或减缓。

堆码、苫垫等是商品储存放置方法。商品堆码的形式应符合商品种类、性质和质量变化的要求,商品质量才可得到保证。商品苫垫得当可以防止和减少阳光、风雨对商品质量的影响。

商品储存期间的长短是储存期限。商品储存一定要按保存期和保质期保存,贯彻先进先出原则,使商品质量得到保证。

**3. 销售服务**

销售是商品由流通领域进入消费领域的环节,销售服务的质量也是影响消费者所购商品质量的因素。销售服务过程中的进货验收、入库短期存放、商品陈列、提货搬运、装配调试、包装服务、送货服务、技术咨询、维修和退换货服务等项工作质量的高低都将最终影响消费者所购商品的质量。许多商品的质量问题不是商品本身固有的,而往往是由于使用者缺乏商品知识或未遵照商品使用说明书的要求,进行了错误操作或不当操作所引起的。所以,商品良好的售前、售中、售后服务质量已被消费者视为商品质量的重要组成部分。

例如,商品的暴露陈列、试用和挑选、陈列组合不当,拆零与分装捆扎不讲究,装配及维修水平低、陈列时间长、陈列环境及卫生条件差等,会使商品在外力、温湿度、光、热、微生物、环境污染等影响下引起商品质量变化。

### 4.3.3 使用过程中影响商品质量的因素

**1. 使用范围和条件**

任何产品都有一定的使用范围和条件,在使用当中只有遵从其使用范围和使用条件,才能

发挥商品的正常功能,否则就会对商品质量造成严重的影响。

例如,燃气热水器要区分气源类别;家用电器要区分交流电和直流电以及电源电压值;电脑要注意工作场所的温度、湿度等。商品除有一定的使用范围和条件以外,正确安装也是保证商品质量的因素之一。例如,燃气热水器的分室安装或其烟道的正确安装;有些要求安装地线保护的电器必须按要求正确安装,否则无法保证电器安全,甚至会造成人身伤亡事故。

**2. 使用方法和维护保养**

商品的使用对商品质量有直接影响。商品使用对商品质量的影响主要与商品使用与保养条件、商品安装及商品使用的方法等有关。例如,药品、农药、化肥、塑料制品的合理使用;机械商品、电器用品的安装;液化气灶具的操作规程;设备的安装环境;毛、丝类针纺织品的洗涤与保管等。

如果方法不当,环境条件不利,违反了规定要求,不仅损坏了商品,降低了使用价值,而且有些能直接危及人身安全。所以要对有些商品认真编制使用(食用)和养护说明书,采取多种形式向消费者宣传,传授使用(食用)和养护知识,设立必要的咨询中心,维修网点等,这些都是使用过程中保护商品质量的重要途径和措施。

**3. 废弃处理**

使用过的商品及其包装物作为废弃物被丢弃到环境中,有些废弃物可回收利用;有些废弃物则不能或不值得回收利用,也不易被自然因素或微生物破坏分解,成为垃圾。还有些废弃物会对自然环境造成污染,甚至破坏生态平衡。

由于世界各国越来越关注和忧虑环境问题,不少国际组织积极建议,把对环境的影响纳入到商品质量指标体系中。因此,商品及其包装物的废弃物是否容易处理以及是否对环境有害,将成为决定商品质量的又一重要因素。

### 4.3.4　人的因素

在影响商品质量的诸多因素中,人的因素是最基本、最重要的因素,其他因素都要通过人的因素才能起作用。生产和经营符合一定质量要求的商品,通常都要经过许多道工序,如市场调研、开发设计、原材料和零配件采购、工艺准备、生产设备运转维护及更新改造、生产过程控制、检验规范和检验设备控制、不合格品处置、储存和运输、安装和包装、售后服务等,它们无一不是在人的控制下完成的。

人的因素包括人的质量意识、责任感、事业心、文化修养、技术水平和质量管理水平等。其中,人的质量意识、技术水平和质量管理水平对商品质量的影响尤为重要。

**1. 质量意识是决定商品质量的关键因素**

质量意识既是商品质量、服务质量和工作质量等在人们头脑中的反映,又是人的思想意识和专业素质的具体体现。人的任何自觉的行动都是在一定的思想意识支配下进行的,没有思想意识的支配就不会有任何自觉的行动。改革开放以来,我国商品质量已经有了明显的提高,但从总体上来看,商品质量问题依然严重。问题的原因是多方面的,如企业管理不善,技术和设备落后,质量监控不力,经济指标的片面性,质量法规不配套等。然而稍加分析就可以发现,这些原因都是由质量意识薄弱这一根本原因派生出来的。产生质量意识薄弱的原因也是多方面的,既有历史原因,也有现实原因;既有客观原因,也有主观原因。质量意识薄弱是我国长期形成的一种社会现象,具有长期性、普遍性和复杂性,所以增强质量意识必然是一项长期、艰巨和复杂的工作。

1)增加质量意识

首先要大力开展质量教育,通过质量教育解决什么是质量,为什么要提高质量和怎样提高质量等基本问题,要使企业员工尤其是主要领导真正重视和关心质量,把"质量第一"的思想提到企业生存和发展的战略高度去认识,并且在实际工作中自觉贯彻执行。

2)推行严格的质量责任制

把企业员工的工资、奖金、晋级和福利等都与质量好坏挂钩,只有真正做到奖优罚劣和奖罚分明,才能促进企业员工质量意识的增加。

3)加强精神文明建设和质量法制建设

质量意识属于思想范畴,涉及人的职业道德、思想品质、精神风貌和知识修养等精神因素。所以,开展精神文明建设、发扬爱国主义、对工作精益求精和对人民极端负责的精神,是增强质量意识的重要环节。此外,加强质量法制建设也是增加质量意识必不可少的重要环节。

**2. 坚持开展质量教育**

企业员工的技术水平(专业知识和技能)和质量管理水平(质量管理知识、方法和组织能力)是保证和提高商品质量的必要前提。否则,即使有了新材料、新设备、新技术等,也仍然生产不出优质商品。进行反复、经常的质量教育是提高企业员工两个水平的好方法。质量教育应该把对领导干部的重点教育、技术和管理人员的系统教育以及工人的普及教育有机地结合起来。

## 本章小结

商品质量是商品学研究的中心内容,是商品使用价值的综合表现。

人们对质量的认识是随着科技进步和社会经济的发展不断深化的,本章介绍了国内外具有代表性的五种质量定义,并从表述、提出人、含义这几个角度分别进行了阐述。进而分析和归纳出了商品质量的定义:商品质量是指商品的一组固有特性满足规定的和通常隐含的需求的程度。这是比较广义的商品质量概念。我们认为现代商品质量观应当包含自然质量、无形质量、经济质量和社会质量 4 个层次。

为了更好地研究和分析商品质量,主要是通过商品质量功能、商品质量特性和商品质量指标以及以商品样品表示商品质量、以商品名称或商标表示商品质量和以说明书表示商品质量来实现的。

由于产品(有形商品)和服务(无形商品)具有各自不同的特点,因此对它们的质量要求也各不相同。对于产品(有形商品)的质量要求包括:功能保证性、质量指标可信性、安全卫生性、经济性、审美性、信息性及可追溯性、市场性和环保性。对服务(无形商品)的要求包括功能性、时间性、文明性、安全性、舒适性和经济性。

只有了解了产品或服务的质量形成和实现过程,才能科学分析和真正理解商品生命周期各阶段影响商品质量的各种因素,从而有效地兴利除弊,控制商品质量。影响商品质量的因素包括:生产过程中的市场调研与开发设计、原材料质量、生产工艺和设备、质量检验与包装;流通过程中的运输装卸、商品储存、销售服务;使用过程中的商品的使用范围和条件、使用方法及维护保养、使用后的废弃处理等,而在各环节的影响因素当中人的因素又尤为重要。

## 关键术语

商品质量　　现代商品质量观　　自然质量　　无形质量　　经济质量　　社会质量
质量功能　　质量特性　　质量指标　　质量要求

## 实训项目

1. 调查了解,我国参与商品质量管理的部门有哪些? 这些质量管理机构的设置是否合理,在实际的商品质量管理中存在哪些问题?

2. 阅读理解《中华人民共和国产品质量法》,并举例说明质量监管部门、生产销售部门应如何承担保证产品质量的责任?

## 思考题

1. 什么是质量? 什么是狭义的商品质量? 什么是广义的商品质量?
2. 现代商品质量观包括哪些内容?
3. 举例说明商品质量特性与质量指标,并进行区分。
4. 对于产品(有形商品)有哪些质量要求?
5. 对于服务(无形商品)有哪些质量要求?
6. 影响商品质量的因素有哪些?

## 案例分析

### 材料一　让消费者又爱又恨的 iPhone 5

近日苹果公司宣称,加强 iPhone 5 的质量控制,以应对世界各地大量用户反馈刚打开包装就发现 iPhone 5 机身被划伤的问题。

iPhone 5 面世之后虽然让很多果粉失望,但是依然有许多人选择购买。这样问题也随之而来,为了让 iPhone 5 手机更加轻薄,其设计采用了一种经过阳极氧化处理的铝材质作为 iPhone 5 的后壳,但同时带来的问题就是更加容易被划伤,目前世界各地已经有大量用户投诉了这一问题。日前有一位名叫“野夫刀”的富士康员工在新浪微博上爆料,称富士康郑州工厂的 iPhone 生产线上发生了员工罢工的事件。其原因是富士康高层及大客户苹果公司在“设计存在缺陷”的情况下对“iPhone 5 的品质提出了苛刻的要求”,例如“铝合金边框及背壳的划伤、凹陷标准不得超过 0.02mm”等。最终导致了工人罢工。

据笔者了解,苹果公司高层在九月底就已经要求富士康加强对 iPhone 5 的质量控制。但更加严格的要求导致 iPhone 5 背壳供应成了问题,也使得 iPhone 5 的整体缺货现象加剧。

### 材料二　美的紫砂锅事件

央视《每周质量报告》报道称,美的在产品宣传册中称紫砂煲内胆叫"紫金风火内胆",是"全部选用纯正紫砂烧制","富含丰富微量元素,补铁补血,有益身体健康"。但美的紫砂锅实际上使用的内胆竟是普通陶土,根本没有紫砂。与此同时,美的在制作内胆时还添加"铁红粉"、二氧化锰等化工原料来增色,欺骗消费者。

美的电器的经典广告词:"原来生活可以更美的",如今被折腾成:"原来生活可以更没底",一切的折腾都源自于美的生产的紫砂锅欺诈消费者,用堆普通泥巴欺诈消费者为天然紫砂,"自作孽不可活"可以完美的阐释美的电器的所作所为。

(案例来源:作者根据相关资料进行改写。)

**问题:**

(1)根据以上材料分析,导致这两家著名企业产品质量受到影响的因素是什么?

(2)除了以上因素外,影响商品质量的因素还有哪些?

# 第5章　商品标准及标准化

## 学习要点

- 标准、标准化、商品标准、商品标准化等概念和含义；
- 商品标准化的作用或意义；
- 商品标准的种类、分级、基本内容和表示方法；
- 商品标准化与国际贸易的关系；
- 商品标准化的形式及原理。

## 引导案例

### 国际商品标准与国际贸易保护主义

2001年10月，在我国胜利完成加入世贸组织的各项谈判时，一个旨在保护欧洲打火机制造商利益的贸易法案也在悄然拟定中，这就是欧盟卫生和消费者保护协会主持制定的《打火机——防止儿童开启要求及测试方法》（简称CR法规）。

CR法规对温州打火机的杀伤力，从美国和欧盟的先例就可以看出端倪。

1994年美国实施CR法规，温州打火机在美国市场节节败退，现在的出口量仅相当于出口欧洲市场的1/5。2001年欧盟启动CR法规后，温州打火机再次遭受重创，只好转寻日本和韩国市场。

2010年，仍然受困于欧盟CR法规的温州打火机，再次遭遇日本CR法规封堵。这是20年发展历程中，温州打火机遭遇的第三次CR法规袭击。

**一、美国CR法规**

1994年美国针对中国产品制定了CR法规，当时中国人就没有任何反抗，连反对的意识都没有。当时中国不是WTO成员国可能没资格交涉，正因为如此，当时美国的立法过程中通过仅仅只需三个月。这对中国打火机领域是致命的一击，因此在1994年美国CR法规实施后中国出口到美国的打火机急剧下滑70%左右。此后，温州的一位唐先生，还因为对法规的无知，打火机运到美国港口被查而遭受牢狱之灾。

## 二、欧盟 CR 法规

要求一个打火机价格在 2 欧元的情况下面必须安装一个锁。

2002 年外经贸部派人到温州,进行实地调研,后来正式成立 CR 法案交涉团,同时派人到欧洲交涉。我们对欧盟 CR 法规提出了充分的反对理由,我们的理由核心以一种价格作为产品的安检标准和界限显然是不科学和不公平的,众所周知,技术和安全标准应该有一个统一性,相对的强制性,商品的价格受市场制约,是灵活可变的,而欧盟 CR 法规显示 2 欧元以上打火机就安全,2 欧元以下不安全,这个很荒唐。

我们认为欧盟 CR 法规完全违背了 WTO 原则,扭曲了正常的国际贸易,经过我们游说、交涉,欧方不得不承认并且接受我们反对的理由。在我们的坚持努力下,2003 年 12 月 9 日,欧盟卫生与消费保护总司召开紧急会议宣布原定于 2004 年 6 月 19 日强制实施 CR 法规暂不生效,自此取得了重大胜利,对中国解决国家贸易纠纷案例中产生的借鉴作用,引起了全国很大的反响。2003 年 7 月 14 日,我们终于赢得了应诉欧盟反倾销的胜利,以上就是我们中国打火机产业打赢官司的情况。

## 三、日本 CR 法规

该法规把"一次性打火机"列入限制范围。

附加条款中规定"有关打火机点火装置的主要零部件,至少能超过 5 年使用期限",温州市烟具行业协会表示,全世界至今为止,还没有不经维修或更换部件就可达 5 年寿命的电子点火式打火机或打火机的点火装置。

从 1994 年美国 CR 法规,到 2001 年欧盟 CR 法规,再到如今的日本 CR 法规,这个被国际贸易战打得最惨的中国出口产业,时下已到了最危险的时刻。面对这场"生死之战",温州打火机能"浴血突围"吗?

（案例来源：作者根据相关资料进行改写。）

# 5.1 标准概述

## 5.1.1 标准的概念和含义

### 1. 中国标准的定义

国家标准《标准化工作指南 第 1 部分:标准化和相关活动的通用词汇》GB/T 20000.1—2002 中对"标准"的定义是:"为了在一定范围内获得最佳秩序,经协商一致制定并由公认机构批准,共同使用的和重复使用的一种规范性文件"。标准宜以科学、技术的综合成果为基础,以促进最佳的共同效益为目的。

我们可以从以下几个方面来进一步理解。

(1)制定标准的目的是"为在一定的范围内获得最佳秩序"和"促进最佳的共同效益"。定义中的"最佳"是目的、是要求,也是标准化工作的一项指导原理。为了实现"最佳",在开展标准化活动中,还要树立全局观点和长远观点。即在局部与全局发生矛盾时,必须服从全局;在当前利益和长远利益发生矛盾时,必须服从长远利益。

(2)"共同效益"可以理解为"社会效益",它比以前所说的"经济效益"更为广泛。这是因为制定标准不只是为了经济效益,特别是制定基础标准(如通用技术标准、互换互联标准、机电产品的结构要素或基础系列标准、安全卫生和环境保护标准等),其社会效益显著。

(3)标准是共同使用的和重复使用的一种规范性文件。所谓规范性文件是指：为各种活动或其结果提供规则、导则或规定特性的文件。需要指出,规范性文件有多种,它是诸如标准、技术规范、规程和法规等文件的通称,标准只是其中的一种。

(4)制定标准的对象是"活动或其结果"。不是所有"活动或其结果"都是制定标准的对象,只有那些"共同使用的和重复使用的活动或其结果"才是制定标准的对象。也就是说,个性的和没有重复使用价值的都不需要制定标准文件,也就不宜作为标准化对象。

(5)制定的标准需经有关方面协商一致。标准是在一定范围内作为共同遵守的准则或技术依据,只有通过贯彻实施才能取得效益。因此,制定标准过程中的协商一致是完全必要的。照顾各有关方面的利益和建议,必然得到认可和欢迎;经过集思广益,标准内容必然更加科学,更少片面性;经过协商讨论,便于各有关方面对标准的理解,有利于标准的实施。

(6)标准需经"公认机构"的批准。为了保证标准的严肃性和权威性,标准需经公认机构批准这是非常必要的。这里所指公认机构,自然是权威机构,它一般包括政府主管部门、标准化组织或团体(包括国际组织或区域组织),从事标准化工作的协会或学会等。

**2. 国际标准定义**

ISO——国际标准化组织,是世界上最大的非政府性标准化专门机构,它在国际标准化中占主导地位。ISO 制定国际标准。IEC——国际电工委员会,是世界上成立最早的非政府性国际电工标准化机构,是联合国经社理事会(ECOSOC)的甲级咨询组织。IEC 主要制定电工标准。

国际标准化组织 ISO 对标准的定义为："标准是由一个公认的机构制定和批准的文件,它对活动或活动的结果规定了规则、导则或特性值,供共同和反复使用,以实现在预定结果领域内最佳秩序的效益。"

### 5.1.2　标准的分类

**1. 按层级分类**

(1)国际标准。国际标准是指由国际上权威专业组织制定发布,并为世界上大多数国家承认和采用的标准。主要是指由国际标准化组织(ISO)和国际电工委员会(IEC)制定和发布的标准,以及经国际标准化组织确认并公布的其他国际组织制定的标准。如国际食品法典委员会(CAC)、国际计量局(BIPM)、国际无线电咨询委员会(CCIR)、世界卫生组织(WHO)等。

(2)区域标准。区域标准,也称国际地区性标准,它是由国际地区性(或国家集团性)标准化组织制定和发布的标准。这种国际地区性(或国家集团性)组织有的是由于地理原因,有的是由于政治经济原因而形成的,这些标准仅在这些地区(或国家集团)内发生作用。如欧洲标准化委员会(CEN)制定、发布的标准(EN)就是区域标准,主要在西欧国家通行。

(3)国家标准。国家标准是由国家标准团体制定并公开发布的标准,如 GB、ANSI、BS、NF、DIN、JIS 等是中国、美国、英国、法国、德国、日本等国国家标准的代号。

(4)行业标准。由行业标准化团体或机构改革标准,发布在某行业的范围内统一实施的标准,又称为团体标准。如美国的材料与实验协会(ASTM)、石油学会标准(API)、机械工程师协会标准(ASME)、英国的劳氏船级社标准(LR),都是国际上有权威性的团体标准,在各自的行业内享有很高的信誉。

（5）地方标准。地方标准是由一个国家的地方部门制定并公开发布的标准。一般来说，在没有相应国家标准和行业标准的情况下，我国各省、市、自治区可以制定本地区的地方标准，在该地区范围内执行。

（6）企业标准。企业标准，又称为公司标准，是由企事业单位自行规定、发布的标准。如果已有相应的国家标准、行业标准或地方标准，企业制定的标准应该严于已有的上述标准，否则就失去了制定企业标准的意义。

**2. 按对象分类**

按照标准对象的名称归属分类，可以将标准划分为产品标准、工程建设标准、方法标准、环境保护标准、过程标准等。

**3. 按性质分类**

按照标准的属性分类，可以把标准划分为基础标准、技术标准、管理工作标准等。

## 5.2 商品标准概述

### 5.2.1 商品标准的概念与作用

**1. 商品标准的概念**

商品标准是对商品质量以及与质量有关的各个方面（如商品的品名、规格、性能、用途、使用方法、检验方法、包装、运输、储存等）所做的统一技术规定，是评定、监督和维护商品质量的准则和依据。

商品标准是科学技术和生产力发展水平的标志，它是社会生产力发展到一定程度的产物，又是推动生产力发展的一种手段。凡是正式生产的各类商品，都应制定或符合相应的商品标准。商品标准由主管部门批准、发布后，就是一种技术法规，具有法律效力，具有政策性、科学性、先进性、民主性和权威性。

**2. 商品标准的作用**

（1）商品标准是组织专业化生产的前提。

（2）商品标准是提高商品质量的技术保证。

（3）商品标准是商品按质论价的必要条件。

（4）商品标准是商品质量监督的技术依据。

（5）有利于提高我国企业和产品的国际竞争力。

### 5.2.2 商品标准的分类

**1. 按商品标准的表达形式不同分为：文件标准和实物标准**

文件标准是以文字（包括表格、图形等）的形式对商品质量所做的统一规定。绝大多数商品标准都是文件标准。文件标准在其开本、封面、格式、字体、字号等方面都有明确的规定，应符合 GB/T1.1—2009《标准化工作导则》中有关"标准的结构和编写"的规定。

实物标准是指对某些难以用文字准确表达的质量要求（如色泽、气味、手感等），由标准化主管机构或指定部门用实物做成与文件标准规定的质量要求完全或部分相同的标准样品，作为文件标准的补充，同样是生产、检验等有关方面共同遵守的技术依据。例如粮食、茶叶、羊毛、蚕茧等农副产品，都有分等级的实物标准。实物标准是文件标准的补充，实物标准要经常更新。

**2. 按标准的受约束程度不同分为：强制性标准和推荐性标准**

强制性标准，又称法规性标准，它是指由法律、行政法规规定，要强制实行的标准，即一经批准发布，在其规定的范围内，有关方面都必须严格贯彻执行。国家对强制性标准的实施依法进行有效监督。

推荐性标准，又称自愿性标准，即国家制定的标准由各企业自愿采用、自愿认证，国家采取优惠措施鼓励企业采用。实行市场经济的国家大多数实行推荐性标准。例如，国际标准及美国、日本等国的大多数标准。

**3. 按商品标准的成熟程度不同分为：正式标准和试行标准**

试行标准与正式标准具有同等效用，同样具有法律约束力。试行标准一般在试行2～3年后，经过讨论修订，再作为正式标准发布。现行标准绝大多数为正式标准。

**4. 按商品标准的保密程度分为：公开标准和内控标准**

我国的绝大多数标准都是公开标准。少数涉及军事技术或尖端技术机密的标准，只准在国内或有关单位内部发行，称为内控标准。

**5. 按适用范围分为：内销标准和出口标准**

商品销售流向不同，在生产过程中所遵循的标准会有区别，如果产品是在国内销售的，那么就要严格按照相应的国家标准、行业标准、地方标准进行生产，上述标准称之为内销标准；如果产品准备进入国际市场，则要遵循相应的国际标准或是进口国的国家标准等，上述标准称为出口标准。

---

知识阅读 1

### 食品安全双重标准

一边是国外认为存在安全隐患，另一边是有关部门回应未超国家标准，新近发生的"雀巢婴幼儿米粉事件"，再次引发消费者对食品的海内外"双重"标准的困惑。类似食品标准"内外有别"的现象并不少见。究竟是国外食品安全标准太严，还是国内标准太宽，给企业提供了可乘之机？标准滞后和缺失之"祸"又有哪些？

**"内外有别"：一流产品出口，二流产品内销**

外媒报道，来自瑞典研究机构的数据表示，雀巢等品牌生产的部分婴儿食品含有砷、铅等毒重金属，存在安全隐患。中国疾病预防控制中心随后通报，这些品牌在华产品检出的砷、铅等重金属，均未超出中国标准。"内外有别"的标准，一直以来都是消费者对食品安全的困惑之一。近年来接连出现一些跨国公司的产品在海外被发现存在安全隐患，但跨国公司随后都声明其在华产品"安全"、符合中国标准。2010年麦当劳的麦乐鸡在美国被发现含有两种化学成分："聚二甲基硅氧烷"和"特丁基对苯二酚"，而麦当劳中国公司对此回应称，这两种物质含量均符合现行中国食品添加剂使用卫生标准。上海奶业行业协会副秘书长曹明是表示，我国对乳品和其他食品行业的检测标准，的确存在与国际上发达国家标准不同、部分指标低于其他国家的情况。以原料奶为例，我国标准规定每毫升细菌含量不得超过200万个，但这一标准在国际上得不到承认；再如，国际标准中有奶牛"体细胞"的检测项目，这是判断牛是否健康的重要标准，而我国却没有相关规定。

数据显示,多年以来我国食品出口合格率均保持在99.8%以上,而内销食品在"多年整顿"的背景下,合格率却只有90%左右。虽然只有九点多个百分点的差距,但却暴露出食品安全标准"内外有别"的尴尬。专家指出,一方面,我国的食品需要"摸高"才能进入国外市场,导致"一流产品出口、二流产品内销";另一方面,在宽泛标准产生的"洼地"效应下,一些在国外被认定为"不合格"的洋食品,能堂而皇之地进入我国市场。有些产品在国外被查出安全问题后,面对中国公众的质疑,却因中国的低标准而常"傲慢无礼"。

**差异背后:是国外太严,还是国内太松**

标准不同存在多个原因。曹明是说,对于某些国家而言,食品安全的标准犹如"技术壁垒",是保护自己国家产业的"利器"。"欧盟几乎是国际上公认对食品安全要求最严格的地区,我国企业生产的乳制品很难进入欧盟、美国等标准严格的市场。"一个无法回避的事实是,频繁发生的食品安全事件背后,屡屡暴露出我国食品安全监管存在标准质量不高、滞后的问题。

我国的标准化法1989年开始实施,形势早已发生变化,标准化法修订工作开展近十年,目前新法仍未出台。《标准化法实施条例》也明确规定:标准实施后,制定标准的部门应当根据科学技术的发展和经济建设的需要适时进行复审。标准复审周期一般不超过五年。"遗憾的是,有些标准长期'原地踏步',甚至二三十年不变,不但给一些造假企业钻漏子提供了可能,也影响到人民群众的切身利益甚至国家形象。"中国消费者协会律师团团长邱宝昌如是说。国家权威部门也坦陈,虽然我国已经制订了不少食品、食品添加剂的产品标准或者检测标准,但是对于一些比较敏感、关注度高的标准制定工作还不能完全适应监管工作的需要。

(资料来源:作者根据相关资料进行改写。)

### 5.2.3 商品标准的分级与代号

**1. 我国商品标准的分级与代号**

根据《中华人民共和国标准化法》,按制定部门、适用范围等的不同,将商品标准划分为国家标准、行业标准、地方标准、企业标准四级。

1)国家标准

国家标准是指对需要在全国范围内统一的技术要求所制定的标准。如影响国家经济、技术发展的重要工农业产品(如种子、化肥、农药,通用零部件、元器件、构配件、工具、计量器具以及有关安全要求的建筑材料等)的标准;可能危及人体健康和人身、财产安全的产品(如药品、食品、化妆品、易燃易爆品、锅炉压力容器等)的标准;配合通用技术的术语标准等。

国家标准由国务院标准化行政主管部门(国家质量技术监督局)制定,即由其负责编制计划,组织草拟,统一审批、编号和发布。

我国的国家标准分为强制性国家标准和推荐性国家标准,国家标准的代号由大写汉语拼音字母构成。强制性国家标准代号为"GB",推荐性国家标准代号为"GBT或GB/T"。

国家标准编号方式为:(国家标准代号)(标准发布顺序号)—发布年号。

示例1:强制性国家标准编号 GB ××××—××××

示例 2：推荐性国家标准编号 GB/T ×××××—××××

其中，发布年号的表示，1996 年以后发布的标准用四位数字表示，之前的用两位数字表示。

例如：GB 18168—2000 表示 2000 年发布的第 18168 号强制性国家标准。

又如：GB/T 12113—95 表示 1995 年发布的第 12113 号推荐性国家标准。

2) 行业标准

(1) 行业标准的概念。行业标准是指对没有国家标准而又需要在全国某个行业范围内统一的技术要求所制定的标准。行业标准由国务院有关行政主管部门或行业协会制定，并报国家质检总局备案。我国约有 150 个专业标准化技术委员会参与行业标准的制定、修订和审查的组织工作。

行业标准不得与国家有关法律、法规以及有关的国家标准相抵触，已有国家标准的不再制定这类标准。在发布实施相应的国家标准之后，该项行业标准即行废止。有关行业标准之间应保持协调、统一，不得重复。

(2) 行业标准的代号与编码。

① 行业标准代号由国务院标准化行政主管部门规定，代号如表 5.1 所示。

表 5.1　中华人民共和国行业标准代号

| 序号 | 行业标准名称 | 标准代号 | 主管部门 | 序号 | 行业标准名称 | 标准代号 | 主管部门 |
|---|---|---|---|---|---|---|---|
| 1 | 农业 | NY | 农业部 | 31 | 电子 | SJ | 信息产业部 |
| 2 | 水产 | SC | 农业部 | 32 | 通信 | YD | 信息产业部 |
| 3 | 水利 | SL | 水利部 | 33 | 广播电影电视 | GY | 国家广播电影电视总局 |
| 4 | 林业 | LY | 国家林业局 | 34 | 电力 | DL | 国家经贸委 |
| 5 | 轻工 | QB | 国家轻工业局 | 35 | 金融 | JR | 中国人民银行 |
| 6 | 纺织 | FZ | 国家纺织工业局 | 36 | 海洋 | HY | 国家海洋局 |
| 7 | 医药 | YY | 国家药品监督管理局 | 37 | 档案 | DA | 国家档案局 |
| 8 | 民政 | MZ | 民政部 | 38 | 商检 | SN | 国家出入境检验检疫局 |
| 9 | 教育 | JY | 教育部 | 39 | 文化 | WH | 文化部 |
| 10 | 烟草 | YC | 国家烟草专卖局 | 40 | 体育 | TY | 国家体育总局 |
| 11 | 黑色冶金 | YB | 国家冶金工业局 | 41 | 商业 | SB | 国家国内贸易局 |
| 12 | 有色冶金 | YS | 国家有色金属工业局 | 42 | 物资管理 | WB | 国家国内贸易局 |
| 13 | 石油天然气 | SY | 国家石油和化学工业局 | 43 | 环境保护 | HJ | 国家环境保护总局 |
| 14 | 化工 | HG | 国家石油和化学工业局 | 44 | 稀土 | XB | 国家计发委稀土办公室 |

| 序号 | 行业标准名称 | 标准代号 | 主管部门 | 序号 | 行业标准名称 | 标准代号 | 主管部门 |
|---|---|---|---|---|---|---|---|
| 15 | 石油化工 | SH | 国家石油和化学工业局 | 45 | 城镇建设 | CJ | 建设部 |
| 16 | 建材 | JC | 国家建筑材料工业局 | 46 | 建筑工业 | JG | 建设部 |
| 17 | 地质矿产 | DZ | 国土资源部 | 47 | 新闻出版 | CY | 国家新闻出版署 |
| 18 | 土地管理 | TD | 国土资源部 | 48 | 煤炭 | MT | 国家煤炭工业局 |
| 19 | 测绘 | CH | 国家测绘局 | 49 | 卫生 | WS | 卫生部 |
| 20 | 机械 | JB | 国家机械工业局 | 50 | 公共安全 | GA | 公安部 |
| 21 | 汽车 | QC | 国家机械工业局 | 51 | 包装 | BB | 中国包装工业总公司 |
| 22 | 民用航空 | MH | 中国民航管理总局 | 52 | 地震 | DB | 国家地震局 |
| 23 | 兵工民品 | WJ | 国防科工委 | 53 | 旅游 | LB | 国家旅游局 |
| 24 | 船舶 | CB | 国防科工委 | 54 | 气象 | QX | 中国气象局 |
| 25 | 航空 | HB | 国防科工委 | 55 | 外经贸 | WM | 对外经济贸易合作部 |
| 26 | 航天 | QJ | 国防科工委 | 56 | 海关 | HS | 海关总署 |
| 27 | 核工业 | EJ | 国防科工委 | 57 | 邮政 | YZ | 国家邮政局 |
| 28 | 铁路运输 | TB | 铁道部 | 58 | | | |
| 29 | 交通 | JT | 交通部 | 59 | | | |
| 30 | 劳动和劳动安全 | LD | 劳动和社会保障部 | 60 | | | |

②行业标准的编号由行业标准代号、标准顺序号及年号组成。

示例1:强制性纺织行业标准编号 FZ ××××—××××

示例2:推荐性纺织行业标准编号 FZ/T ××××—××××

例如:NY 1234—94 表示 1994 年发布的第 1234 号强制性农业行业标准。

又如:NY/T 1334—1996 表示 1996 年发布的第 1334 号推荐性农业行业标准。

3)地方标准

(1)地方标准的概念。地方标准是指没有国家标准或行业标准而又需要在省、自治区、直辖市范围内统一制定和使用的标准。如本地区特色产品、特需产品所制定的标准。地方标准由省、自治区和直辖市质量技术监督部门制定、审批和发布,并报国家质检总局和国务院有关行政主管部门备案。地方标准不得与上一级标准相抵触。在发布实施相应的国家标准和行业标准后,该标准即行废止。

(2)地方标准的代号与编码。

①地方标准的代号为汉语拼音字母"DB"加上省、自治区、直辖市行政区划代码前两位数再加斜线,组成强制性地方标准代号。再加"T",组成推荐性地方标准代号。

示例1:黑龙江省强制性地方标准代号:DB 23/

示例2:黑龙江省推荐性地方标准代号:DB 23/T

②地方标准的编号由地方标准代号、地方标准顺序号和年号组成。

示例 1：DB ××/×××—××××强制性地方标准代号

示例 2：DB ××/T×××—××××推荐性地方标准代号

例如：DB 11/068—1996 表示 1996 年发布的第 068 号强制性北京地方标准。

又如：DB 23/T166—1996 表示 1996 年发布的第 166 号推荐性黑龙江省地方标准。

③省、自治区、直辖市行政区划代码，如表 5.2 所示。

**表 5.2　省、自治区、直辖市行政区划代码**

| 省、自治区、直辖市 | 行政区划代码 | 省、自治区、直辖市 | 行政区划代码 |
|---|---|---|---|
| 北京市 | 110000 | 湖北省 | 420000 |
| 天津市 | 120000 | 湖南省 | 430000 |
| 河北省 | 130000 | 广东省 | 440000 |
| 山西省 | 140000 | 广西壮族自治区 | 450000 |
| 内蒙古自治区 | 150000 | 海南省 | 460000 |
| 辽宁省 | 210000 | 四川省 | 510000 |
| 吉林省 | 220000 | 贵州省 | 520000 |
| 黑龙江省 | 230000 | 云南省 | 530000 |
| 上海市 | 310000 | 西藏自治区 | 540000 |
| 江苏省 | 320000 | 陕西省 | 610000 |
| 浙江省 | 330000 | 甘肃省 | 620000 |
| 安徽省 | 340000 | 青海省 | 630000 |
| 福建省 | 350000 | 宁夏回族自治区 | 640000 |
| 江西省 | 360000 | 新疆维吾尔自治区 | 650000 |
| 山东省 | 370000 | 台湾省 | 710000 |
| 河南省 | 410000 | | |

4）企业标准

（1）企业标准的概念。企业标准是指由企业自行制定、审批和发布实施，报当地政府标准化行政主管部门和有关行政主管部门备案，企业标准在该企业范围内统一使用的标准。企业生产的产品没有国家标准和行业标准时，应当制定企业标准，作为企业组织生产、经营活动的依据。已有国家标准和行业标准的，国家鼓励企业制定严于国家标准或行业标准的内控企业标准，以提高产品质量水平，保证产品质量优于国家标准或行业标准，争优质和创名牌。严于国家标准或行业标准的企业标准可以不公开、不备案。企业标准不得与有关法律、法规或上一级标准相抵触。

（2）企业标准代号与编码。企业标准代号由"Q"加斜线再加上企业代号组成，如各省、自治区、直辖市发布的企业标准，则应在"Q"前加本省、自治区、直辖市的简称汉字。其编号形式由企业标准代号、标准序号和年号组成。各省、自治区、直辖市的简称如表 5.3 所示。

表 5.3　全国各省、自治区、直辖市简称

| 省市 | 简称 | 省会 | 省市 | 简称 | 省会 |
|---|---|---|---|---|---|
| 北京市 | 京 | — | 天津市 | 津 | — |
| 上海市 | 沪 | — | 重庆市 | 渝 | — |
| 香港 | 港 | — | 澳门 | 澳 | — |
| 吉林省 | 吉 | 长春 | 辽宁省 | 辽 | 沈阳 |
| 山东省 | 鲁 | 济南 | 河南省 | 豫 | 郑州 |
| 河北省 | 冀 | 石家庄 | 湖北省 | 鄂 | 武汉 |
| 湖南省 | 湘 | 长沙 | 山西省 | 晋 | 太原 |
| 青海省 | 青 | 西宁 | 安徽省 | 皖 | 合肥 |
| 江苏省 | 苏 | 南京 | 江西省 | 赣 | 南昌 |
| 浙江省 | 浙 | 杭州 | 福建省 | 闽 | 福州 |
| 广东省 | 粤 | 广州 | 海南省 | 琼 | 海口 |
| 台湾省 | 台 | 台北 | 陕西省 | 陕或秦 | 西安 |
| 甘肃省 | 甘或陇 | 兰州 | 云南省 | 云或滇 | 昆明 |
| 四川省 | 川或蜀 | 成都 | 贵州省 | 贵或黔 | 贵阳 |
| 黑龙江省 | 黑 | 哈尔滨 | 西藏自治区 | 藏 | 拉萨 |
| 内蒙古自治区 | 内蒙 | 呼和浩特 | 广西壮族自治区 | 桂 | 南宁 |
| 新疆维吾尔族自治区 | 新 | 乌鲁木齐 | 宁夏回族自治区 | 宁 | 银川 |

企业代号可用汉语拼音字母或用阿拉伯数字或两者兼用,具体办法由当地政府标准化行政主管部门规定,中央所属企业则由国务院有关行政主管部门规定。

示例1:×Q/×××　×××—××××。

×Q/×××(企业标准代号),×××(标准序号),—××××(发布年号)。

示例2:Q/×××　×××—××××。

Q/×××(企业标准代号),×××(标准序号),—××××(发布年号)。

例如:Q/EGF 024—1997 表示 1997 年发布的某企业的第 024 号企业标准。

又如:京 Q/KBD 013—2010 表示 2010 年发布的北京市 KBD 企业的第 013 号企业标准。

---

【知识阅读2】

### 我国省级行政区简称别称歌

京津沪,辽吉黑,冀鲁豫,晋陕甘,
闽粤桂,川滇黔,苏浙皖,湘鄂赣,
青新宁,蒙藏台,渝港澳,加海南。

**【知识小结】**

我国四个级别的商品标准当中,前三个级别的标准应该是下级标准不能与有关的上级标准相抵触,已有上级标准的不再制定下级标准。已制定下级标准的,在发布实施上级标准后,该下级标准即行废止。而针对于企业标准来说,可以制定严于已有上级标准的企业标准。

5)对比分析我国商品标准的级别与代号

我国商品标准各级别标准对比如表 5.4 所示。

表 5.4　我国商品标准的级别与代号

| 比较项目 | 国家标准 | 行业标准 | 地方标准 | 企业标准 |
|---|---|---|---|---|
| 制定发布单位 | 国务院标准化行政主管部门 | 行业标准化机构 | 省、自治区、直辖市标准化行政主管部门 | 企事业单位 |
| 代号 | GB(GB/T) | 两个大写汉语拼音字母,如 CB(CB/T)、DL | DB(DB/T)+地方性代号 | Q/+企业代号 |
| 表示方法 | 代号+标准顺序号+发布年号 | 代号+标准顺序号+发布年号 | 代号+地方行政区划代码+标准顺序号+发布年号 | 代号+企业代号+标准顺序号+发布年号 |
| 性质 | 推荐性/强制性 | 推荐性/强制性 | 推荐性/强制性 | 强制性 |

6)我国各级商品标准代号及编码实例

我国国家标准、行业标准、地方标准及企业标准的实例如图 5.1 所示。

**2. 世界标准的分级与代号**

1)国际标准

国际标准是指由国际上权威专业组织制定发布,并为世界上大多数国家承认和采用的标准,主要指由国际标准化组织(ISO)、国际电工委员会(IEC)和国际电信联盟(ITU)制定和发布的标准,以及国际标准化组织确认并公布的其他国际组织制定的标准。ISO、IEC 及 ITU 标准标志如图 5.2 所示。

国际标准对于促进国际贸易和科学、文化、技术的交流具有重大意义。国际标准都是推荐性标准,但由于其具有较高的权威性和科学性,被世界各国所尊重和自愿采用。WTO/TBT协定:要求 WTO 成员国在制定技术法规和标准时要以国际标准为基础,有国际标准但未采用,要向 WTO 做出解释,说明没有采用的原因。

国际标准的表示方法按以下结构来实现。即国际标准采用标准代号(如 ISO,IEC)和编号(标准序号—发布年代号)来表示:

　　　　ISO　　　　14000　—　1996　　　　×××

　　标准代号　标准序号　发布年份　　标准名称

例如,ISO 8402—1994《质量管理和质量保证术语》,其中,ISO 为标准代号,8402 为标准序号,1994 为发布年号,《质量管理和质量保证术语》为标准名称。

我国目前积极鼓励采用国际标准,主要是因为通过采用国际标准有利于提高产品质量、开拓国际市场;有利于消除贸易的技术壁垒、维护国家的经济利益;有利于提高我国的科技和生产力水平;有利于企业的技术改造、设备更新和经营管理;有利于节省制定标准所耗费的大量

**GB**

中华人民共和国国家标准

GB 1350—2009
代替 GB 1350—1999

稻　　谷

Paddy

2009-03-28 发布　　　　　　2009-07-01 实施

中华人民共和国国家质量监督检验检疫总局　发布
中国国家标准化管理委员会

（a）国家标准

---

ICS 79.066.50
G 12
备案号：15038—2005

**HG**

中华人民共和国化工行业标准

HG/T 2327—2004
代替 HG/T 2327—1992

工业氯化钙

Calcium chloride for industrial use

2004-12-14 发布　　　　　　2005-06-01 实施

中华人民共和国国家发展和改革委员会　发布

（b）行业标准

---

福建省地方标准

DB35/352-1999

建 瓯 锥 栗

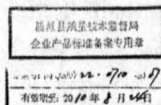

1999-11-10发布　　　　　　1999-11-15实施

福建省技术监督局发布

（c）地方标准

---

ICS

**Q/PMQN**

浦城县梦泉酒业酿造有限责任公司企业标准

Q/PMQN 001—2007

糯米酒

福建县质量技术监督局
企业产品标准备案专用章

有效期至：2010年8月

2007-08-10发布　　　　　　2007-08-25实施

浦城县梦泉酒业酿造有限责任公司　发布

（d）企业标准

图 5.1　各级标准代号及编码实例

的人力、物力和财力。

图 5.2　ISO、IEC 及 ITU 国际标准标志

2）区域标准

区域标准，也称国际地区性标准，它是指由世界某一区域性集团组织或标准化组织制定的标准。区域标准的目的在于促进区域性标准化组织成员国进行贸易，便于该地区的技术合作与交流，协调该地区与国际标准化组织的关系。

一些重要的区域标准：欧洲标准化委员会（CEN）制定的欧洲标准（EN）、欧洲电工标准化委员会（CENELEC）制定的标准、亚洲标准咨询委员会（ASAC）制定的标准、泛美技术标准委员会（COPANT）制定的标准、非洲地区标准化组织（ARSO）制定的标准等。国际地区性主要机构及标准如表 5.5 所示。

表 5.5　国际地区性主要机构及标准

| 序　号 | 代　号 | 含　义 | 负 责 机 构 |
|:---:|:---:|:---:|:---:|
| 1 | ANSI | 美国国家标准 | 美国标准学会 ANSI |
| 2 | BS | 英国国家标准 | 英国标准学会 BSI |
| 3 | DIN | 德国国家标准 | 德国标准化学会 DIN |
| 4 | JIS | 日本工业标准 | 日本工业标准调查会 JISC |
| 5 | NF | 法国国家标准 | 法国标准化协会 AFNOR |

3）行业或专业团体标准

一些国家的专业团体（学会、协会或其他民间团体）也发布标准，其中有些标准也是国际上公认的权威标准，它们为行业提供了很好的技术规范并被广泛采用。

例如，美国试验与材料协会（ASTM）主要从事发展机械工程及其有关领域的科学技术，鼓励基础研究，促进学术交流，发展与其他工程学、协会的合作，开展标准化活动，制定机械规范和标准。其他：美国石油学会标准（API）、美国机械工程师协会标准（ASME）、美国食品与药物管理局标准（FDA）、美国机动车工程师协会标准（SAE）、美国电信工业协会标准（TIA）、美国军用标准（MIL）、美国电子工业协会标准（EIA）、美国电气制造商协会标准（NEMA）、英国船级社（LR）、德国电气工程师协会标准（VDE）等。

## 5.3　商品标准的内容及制订

### 5.3.1　商品标准的基本内容

商品标准主要是以文件标准形式表现的，其文件标准的基本内容和构成如图 5.3 所示。

图5.3　商品文件标准的内容及构成

**1. 概述部分**

概述部分概括地说明了标准的对象技术特征和适用范围。其主要内容包括封面、目录、标准名称和引言。

（1）封面。国家标准、专业标准的封面，应符合《标准化工作导则标准出版印刷的规定》。封面所包含的信息有：标准名称、标准级别与代号、批准机构、发布与实施时间等。

（2）目录。当标准内容较多、结构较复杂、条文较多时，应编制目录。目录内容由标准条文的主要划分单元的编序、标题和所在页码三部分组成。

（3）标准名称。用来表明标准化的对象和内容，由标准化对象的名称和标准所规定的技术特征两部分组成。

（4）引言。主要阐述制定标准的必要性和主要依据，历次复审、修订的日期，修订的主要内容，废除和被代替的标准，以及采用国际标准的程度。规定标准的适用范围，必要时，还应明确不适用的范围。

**2. 正文部分**

正文部分是整个标准化的核心，其中对标准化对象的实质性内容作了具体规定。正文部分包括：主题内容、名词术语、符号、代号、商品分类、产品品种规格、技术要求、试验方法、检验规则、标志、包装、运输、储存等内容。

（1）名词术语。对商品标准中出现的名词、术语所作的具体规定和解释。

（2）符号、代号。商品标准中采用的符号、代号尚无统一规定时所作的说明。

（3）产品品种规格。即对商品品种、规格、型式、型号、牌号、分类及其系列的统一划分，确定商品的基本参数和尺寸，并阐明各类商品应具有的基本特征，作为合理发展商品品种、规格以及作为用户选用的依据。

（4）技术要求。技术要求是商品标准的核心内容。为保证商品使用要求而必须具备的技术性能对制造质量所作的规定，是指导生产、使用以及对商品质量检验的主要依据。具体内容一般有：理化性能、质量等级、使用特性、稳定性、耗能指标、感官指标、材料要求、工艺要求以及有关的卫生、安全和环境保护等方面的要求。列入标准的技术要求应是决定商品质量和使用

特性的关键性指标,并应该是可以测定或鉴定的。在规定技术要求时,必须同时规定产品的工作条件。

(5)试验方法。试验方法是为了对商品质量、性能进行全面试验,考核评价商品质量是否符合标准要求而对试验、分析、检测的方法、程序、手段以及评价方法等所作的统一规定。内容包括:试验项目、适用范围、试验原理与方法、仪器用具、试剂、样品制备、操作程序、结果计算、平行试验允许差、分析评价和试验报告等。

(6)检验规则。检验规则是商品制造厂将商品提交商品质量检验部门进行检验验收的有关技术规定,其目的是保证产品质量检验结果的准确性。其内容主要是抽样(取样)方法及样品的数量、检验所用的水及试剂仪器纯度与规格、检验结果取舍与表示方法、原始记录与检验单、仲裁方法、安全措施等。

(7)标志、包装、运输及储存。这部分内容是为使产品从出厂到交付使用的过程中,不致受到损失、损坏而作的规定。

### 3. 补充部分

补充部分是对标准条文所做的必要的补充说明和提供使用参考的资料。它包括附录和附加说明两项内容。

(1)附录。

①补充件,是指对标准技术特性所作的补充,是标准技术内容的一部分,具有与标准条文同等效力。

②参考件,用来帮助使用者理解标准内容,以利于正确掌握和使用标准。

(2)附加说明。

附加说明是写在标准终结号下面的对制订和修订标准中的有关事项所作的说明。内容一般有:标准提出单位、标准归口单位、标准起草单位、标准主要起草人、标准首次发布历次修订和重订确认的年月、标准负责解释单位以及其他必须说明的事项。

### 5.3.2　商品标准的制订

商品标准的制订是一项技术性工作,也是一项具有高度政策性的工作。商品标准水平的高低和质量的好坏,将直接影响到标准贯彻后的技术经济效果。因此,制订标准,必须要有明确的制订原则。

### 1. 制定商品标准的基本原则

(1)贯彻国家的有关方针、政策、法律、法规。

(2)充分考虑消费需求和社会需求。

(3)有利于保障安全和人民的身体健康。

(4)技术先进,经济合理。

(5)有利于合理开发和利用国家资源,保护自然资源和生态环境。

(6)积极采用国际标准和国外先进标准,充分考虑对外经济技术合作和贸易的需要。

(7)协调统一,完整配套,军民通用。

(8)掌握制定商品标准的时机,并根据科技发展和经济建设的需要适时修订。

### 2. 制定商品标准的一般程序

(1)组织起草。国务院标准化行政主管部门在每年六月提出编制下一年度国家标准计划项目的原则要求,下达给国务院有关行政主管部门和国务院标准化行政主管部门领导与管理的全国专业标准化技术委员会；国务院有关行政主管部门将编制国家标准计划项目的原则、要求，转发给由其负责领导和管理的全国专业标准技术委员会或专业标准化技术归口单位。

（2）征求意见。国家标准征求意见稿和"编制说明"及有关附件，经负责起草单位的技术负责人审查后，印发各有关部门的主要生产、经销、使用、科研、检验等单位及大专院校征求意见。国家标准征求意见稿征求意见时，应明确征求意见的期限，一般为两个月。

（3）归纳整理。负责起草单位应对征集的意见进行归纳整理，分析研究和处理后提出国家标准送审稿、"编制说明"及有关附件、"意见汇总处理表"，送负责该项目的技术委员会秘书处或技术归口单位审阅，并确定能否提交审查。必要时可重新征求意见。

（4）审稿。国家标准送审稿的审查，凡已成立技术委员会的，由技术委员会按《全国专业标准化技术委员会章程》组织进行。国家标准送审稿的审查，未成立技术委员会的，由项目主管部门或其委托的技术归口单位组织进行。参加审查的，应有各有关部门的主要生产、经销、使用、科研、检验等单位及大专院校的代表。其中，使用方面的代表不应少于四分之一。审查可采用会议审查或函审。

（5）审批。国家标准由国务院标准化行政主管部门统一审批、编号、发布，并将批准的国家标准一份退给报批部门。

**3. 商品标准的复审和修订**

随着生产的发展，及时制订标准，有利于商品质量的稳定和提高。但是，由于经济和技术的发展、社会的进步、新材料和新工艺的不断出现，应当及时对原有标准进行复审和修订，不然，商品标准落后于社会生产力发展水平，不仅起不到促进生产的作用，反而会阻碍生产力的发展。所以，《中华人民共和国标准化管理条例》规定，标准每隔3～5年复审一次，分别予以确认、修订或废止。因此，自标准实施时起，就必须着手积累资料，调查研究，试验验证，为将来的修订做准备。根据重审时的情况，修订可分为以下几种处理情况。

（1）确认继续有效的国家标准，不改顺序号和年号。当国家标准重版时，在国家标准封面上、国家标准编号下写明"××××年确认有效"字样。

（2）需作修改的国家标准作为修订项目，列入计划。修订的国家标准顺序号不变，把年号改为修订的年号。

（3）已无存在必要的国家标准，予以废止。

**4. 商品标准的实施**

商品标准的实施，大致要经过计划、准备、实施、检查、总结这5个阶段。

（1）计划。贯彻实施商品标准，首先要制订计划，从整体上分析实施项目的需要和可能的相关因素和条件。合理安排人力，具体划分任务和工作进度，明确职责，并对实施后的经济效果进行预测分析。

（2）准备。为保证商品标准贯彻实施工作的顺利进行，必须事先做好思想准备、组织准备、技术准备和物质条件准备这4个方面的工作。

（3）实施。实施就是将商品标准用于生产和流通。根据不同情况，可采取不同的实施方式。在实施过程中，各部门不得擅自更改或降低标准。从事科研、生产、经营的单位和个人，必须严格执行标准。不符合标准的商品，禁止生产、销售和进口。质量监督检验部门要严格按照标准进行商品质量监督与认证，这是保证标准贯彻实施的重要手段。

（4）检查。要将生产和流通过程中的实施情况进行全面检查，使其符合标准化的要求。

(5)总结。总结包括技术上的总结以及各种文件和资料的归纳、整理、立卷、归档,对下一步工作提出意见和建议。(胡东帆. 商品学概论. 大连:东北财经大学出版社. 2008.)

## 5.4　商品标准化

### 5.4.1　标准化

**1. 标准化概念**

GB/T 20000.1—2002《标准化工作指南第 1 部分:标准化和相关活动的通用词汇》中对标准化的定义是:为了在一定范围内获得最佳秩序,对现实问题或潜在问题制定共同使用和重复使用的条款的活动。

**2. 标准化的性质**

(1)标准化实质是一种制定、发布、实施和修改标准的活动过程。标准是标准化活动的中心。

(2)标准化涉及的领域非常宽广,除了生产、流通、消费等领域外,还包括科学、技术、管理等社会实践领域。

(3)标准化的目的是通过其活动使其研究对象达到统一,并最终获得最佳秩序。

### 5.4.2　商品标准化的概述

**1. 商品标准化的概念**

商品标准化是指在商品生产和流通的各个环节中制定、发布以及实施商品标准的活动。推行商品标准化的最终目的是达到统一,从而获得最佳市场秩序和社会效益。

**2. 商品标准化的内容**

商品标准化的内容主要包括:名词术语统一化、商品质量标准化、商品零部件通用化、商品品种规格系列化、商品质量管理与质量保证标准化、商品检验与评价方法标准化、商品分类编码标准化、商品包装、储运、养护标准化等。

**3. 商品标准化的作用**

商品标准化的水平是衡量一个国家或地区生产技术和管理水平的尺度,是现代化的一个重要标志。现代化水平越高就越需要商品标准化。商品标准化的作用主要体现在以下几方面。

(1)标准化是组织现代化商品生产和发展专业化协作生产的基本条件。现代化商品生产对生产的连续性和节奏性要求日益增强,专业化协作的深度和广度日益提高,各部门协作联系紧密。这种社会化大生产必然要求以技术上的高度统一和广泛协同为前提,单靠行政手段是不行的。而标准化是实现这种统一和协调的有效手段。

(2)标准化是实现现代化科学管理和全面质量管理的基础。商品标准可以为企业编制计划、商品设计与制造、商品检验、商品质量管理、商品质量监督、质量仲裁等提供科学依据。质量管理是企业管理的核心,而商品标准化是全面质量管理的一个重要组成部分。只有推行标准化才能实现管理的现代化和全面质量管理。

(3)标准化是提高商品质量和合理发展商品品种的技术保证。商品质量标准既是企业管理的目标,又是衡量商品质量高低的技术依据。根据商品标准,企业揭示质量差距,制定方向。在商品设计中贯彻标准化,简化多余和低功能的商品品种,通过系列化能够以最佳的品种构成满足广泛的需要。根据组合原则能用少量的要素组合成较多的新品种等。

（4）标准化是合理利用国家资源、保护环境和提高社会经济效益的有效手段。商品标准化的任何一种形式，都会产生增产节约效果，有助于合理利用国家资源和保护环境，并可促进经济的全面发展，获得社会经济效益。

（5）标准化是推广应用新技术，促进技术进步的桥梁。标准化是连接商品研制、开发、生产、流通、使用各个环节的纽带，新工艺、新材料、新技术、新产品研制成功，通过技术鉴定，被纳入相应的标准，从而得到迅速地推广与应用，收到显著的经济效果。

（6）标准化是国际经济，技术交流的纽带和国际贸易的调节工具。国际贸易离不开商品化，积极采用国际标准，可以消除国际贸易技术壁垒，提高本国商品在国际市场上的竞争力，发展对外贸易。在国际贸易中，商品标准化是进行仲裁的依据，利用标准化可以保护本国的利益。因此，标准化在国际贸易中可以起到协调、推动、保护、仲裁的作用。

**4. 商品标准化的发展概况**

1）古代标准化

标准化是人类由自然人进入社会共同生活中的必然产物，它随着生产的发展、科技的进步和生活质量的提高而发生、发展，受生产力发展的制约，同时又为生产力的进一步发展创造条件。

人类从原始的自然人开始，在与自然的生存搏斗中为了交流感情和传达信息的需要，逐步出现了原始的语言、符号、记号、象形文字和数字，西安半坡遗址出土陶钵口上刻划的符号可以说明它们的萌芽状态。元谋、蓝田、北京出土的石制工具说明原始人类开始制造工具，样式和形状从多样走向统一，建筑洞穴和房舍对方圆高矮提出的要求。从第一次人类社会的农业、畜牧业分工中，由于物资交换的需要，要求公平交换、等价交换的原则，决定度、量、衡单位和器具标准统一，逐步从用人体的特定部位或自然物到标准化的器物。当人类社会第二次产业大分工，即农业、手工业分化时，为了提高生产率，对工具和技术规范化就成了迫切要求，从遗世的青铜器、铁器上可以看到那时科学技术和标准化水平的发展，如春秋战国时代的《考工记》就有青铜冶炼配方和30项生产设计规范和制造工艺要求，如用规校准轮子圆周；用平整的圆盘基面检验轮子的平直性；用垂线校验辐条的直线性；用水的浮力观察轮子的平衡，同时对用材、轴的坚固灵活、结构的坚固和适用等都做出了规定，不失为严密而科学的车辆质量标准。在工程建设上，如我国宋代李诚《营造法式》都对建筑材料和结构作出了规定。李时珍在《本草纲目》对药物、特性、制备工艺等的考量可视为标准化"药典"。秦统一中国之后，用政令对量衡、文字、货币、道路、兵器进行大规模的标准化，用律令如《工律》、《金布律》、《田律》规定"与器同物者，其大小长短必等"是集古代工业标准化之大成。宋代毕昇发明的活字印刷术，运用了标准件、互换性、分解组合、重复利用等标准化原则，更是古代标准化里程碑。

2）近代标准化

在以机器生产、社会化大生产为基础的近代标准化阶段，科学技术适应工业的发展，为标准化提供了大量生产实践经验，也为之提供了系统实验手段，摆脱了凭直观和零散的形式对现象的表述和总结经验的阶段，从而使标准化活动进入了定量地以实验数据科学阶段，并开始通过民主协商的方式在广阔的领域推行工业标准化体系，作为提高生产率的途径。如1789年美国艾利·惠特尼在武器工业中用互换性原理以批量制备零部件，制定了相应的公差与配合标准；1834年英国制定了惠物沃思"螺纹型标准"，并于1904年以英国标准BS84颁布；1897年

英国斯开尔顿建议在钢梁生产中实现生产规格和图纸统一,并促成建立了工程标准委员会; 1901 年英国标准化学会正式成立;1902 年英国纽瓦尔公司制定了公差和配合方面的公司标准——"极限表",这是最早出现的公差制,后正式成为英国标准 BS27;1906 年国际电工委员会(IEC)成立,1911 年美国泰勒发表了《科学管理原理》,应用标准化方法制定"标准时间"和"作业规范",在生产过程中实现标准化管理,提高了生产率,创立了科学管理理论;1914 年美国福特汽车公司运用标准化原理把生产过程的时空统一起来创造了连续生产流水线;1927 年美国总统胡佛就得出了"标准化对工业化极端重要"的论断。此后,荷兰(1916 年)、菲律宾(1916 年)、德国(1917 年)、美国(1981 年)、瑞士(1918 年)、法国(1918 年)、瑞典(1919 年)、比利时(1919 年)、奥地利(1920 年)、日本(1921 年)等,到 1932 年已有 25 个国家相继成立了国家标准化组织,在这基础上 1926 年在国际上成立了国家标准化协会国际联合会(ISA),标准化活动由企业行为步入国家管理,进而成为全球的事业,活动范围从机电行业扩展到各行各业,标准化使生产的各个环节,各个分散的组织到各个工业部门,扩散到全球经济的各个领域,由保障互换性的手段,发展成为保障合理配置资源、降低贸易壁垒和提高生产力的重要手段。1946 年国际标准化组织正式成立,现在,世界上已有 100 多个国家成立了自己的国家的标准化组织。

### 3)现代标准化

工业现代进程中,由于生产和管理高度现代化、专业化、综合化,这就使现代产品或工程、服务具有明确的系统性和社会化,一项产品或工程、过程和服务往往涉及几十个行业和几万个组织及许多门的科学技术,如美国的"阿波罗计划"、"曼哈顿计划",从而使标准化活动更具有现代化特征。随着经济全球化不可逆转的过程,特别是信息技术高速发展和市场全球化的需要,要求标准化摆脱传统的方式和观念,不仅要以系统的理念处理问题,而且要尽快建立与经济全球化相适应的标准化体系,不仅工业标准化要适应产品多样化、中间(半成品)简单化(标准化)乃至零部件及要素标准化的辩证关系的需求,而且随着生产全球化和虚拟化的发展以及信息全球化的需要,组合化和接口标准化将成为标准化发展的关键环节;综合标准化、超前标准化的概念和活动将应运而生;标准化的特点从个体水平评价发展为整体、系统评价;标准化的对象从静态演变为动态、从局部联系发展到综合复杂的系统。现代标准化更需要运用方法论、系统论、控制论、信息论和行为科学理论的指导,以标准化参数最优化为目的,以系统最优化为方法,运用数字方法和电子计算技术等手段,建立与全球经济一体化、技术现代化相适应的标准化体系。目前,要遵循世界贸易组织贸易技术壁垒协定的要求,加强诸如国家安全、防止欺诈行为、保护人身健康或安全、保护动植物生命健康、保护环境等方面以及能源利用、信息技术、生物工程、包装运输、企业管理等方面的标准化,为全球经济可持续发展提供标准化支持。

## 5.4.3 商品的标准化与国际贸易

世界贸易组织就"标准化与国际贸易"出版了专门的资料。这是由于随着全球经济一体化的步伐加快和贸易摩擦的频繁发生,标准化的作用越来越明显。首先,标准化在国际贸易中的推动作用,是任何其他的形式所不能取代的,甚至已成为贸易竞争的重要手段,至于它可能被人们滥用,构成贸易的障碍,则是第二位的,但是,我们要认真对待,积极应对。

### 1. 标准是国际贸易链条中不可能少的重要环节

标准是国际贸易链条中不可能少的重要环节主要表现在以下几个方面。

### 1)经济全球化,分工国际化的需要

跨国公司的生产资源的配置,早已突破了一国一地的局限,全球择优采购是跨国公司重要的

经营策略和竞争战略,为了确保国际分工协作有序进行,而且在提高效率、经济、质量、生态、安全性、可靠性、兼容性、可操作性等方面处于最佳状态,标准化不能少。特别是在信息技术等领域,为了确保信息的连接和畅通,从点到点(无论是隔壁,还是地球另一端,均可包括),延伸到全国范围内(如电网),再到全世界(如 ICT 网络)。标准的连接纽带作用会更加经济、有序,不管它是机械的、电气的,还是计算机软件、硬件甚至是交通、能源、信息和通讯技术网络,离开了标准,寸步难行。

2)解决贸易中主客体信息的不对称的需要

在贸易中,由于主客体信息的不对称,往往使贸易难以顺畅地进行,标准则从技术方面上提供主客体之间建立信用的信息平台,减少和防止贸易上欺诈现象,即使是在技术上产生了纠纷,也为贸易的仲裁和争端磋商的解决,提供了依据。

3)贸易中产品和要素移动不得进行歧视的需要

世界贸易组织倡导贸易自由化,告诫各缔约方不得利用标准来实现狭隘的目光短浅的利益,也就是不得假借标准或滥用标准,给进口设置障碍,必须是制定的标准符合良好行为规范,当然,至于安全因素等的正当理由除外。

**2. 标准是国际贸易游戏规则的重要组成部分**

20 世纪 80 年代,有作者曾在《北京晚报》发表了一篇题为《标准战争? 贸易战争?》的短文,短文的最后一句是说,标准的技术问题上的激烈争吵,必然隐含着贸易上的激烈争夺。这个认识应该是比较超前的。

经济全球化一体化给世界各国带来的一个重要课题,就是如何保证市场井然有序地运行,从技术的层面看,这就需要在国际贸易中制定一个为各方所能接受的游戏规则,世界贸易组织通过各签约方签署的贸易技术壁垒协议,既强化了国际标准在国际贸易中的权威性,又把国际标准提升到国际贸易一项重要的游戏规则的地位,并对各签约方的标准化工作行为进行必要的规范。2002 年,ISO 和 IEC 两大国际标准化组织又提出了"一个标准,一次检测,全球接受"的新理念。这里所指的标准是指国际标准或享有"事实上国际标准"地位的标准,从而,又把国际标准推向国际贸易游戏规则的地位。显而易见,谁掌握了游戏规则的制定权,谁就会在这场贸易竞争中处于有利的地位,于是,一场以"控制,争夺"国际标准制定权、发言权为目标的竞争,正成为国际贸易竞争的重要形式。

发达国家认识到,当今的时代已进入国际标准制约市场的时代,控制国际标准是应对市场竞争的有力武器,开发标准同开发产品一样具有战略意义,一项标准被有效利用,往往能够带来巨大的经济效益,甚至能决定一个行业的兴衰和影响国家的经济利益。发达国家还认识到,他们当前所面临的制定国际标准的竞争不是技术问题,也不是战术问题,而是战略问题,必须把参与制定国际标准竞争提升到战略竞争的高度。

发达国家的国际标准化战略具有很强的时代性和挑战性,标志着各国的国际标准化工作由工业时代向经济全球化时代的重大转移,应对 21 世纪经济全球化的挑战,明确了要以技术标准为武器占领国际贸易竞争的制高点,确保国家经济利益的战略目的。发展中国家经济实力、技术能力弱,积极争取发言权和实质参与权,实施以"追赶跟踪,采用国际标准为主,实质参与"的战略,即是制定权。控制权拿不到,也要争得有限的具有产业优势的领域的制定国际标准的控制权和发言权,其目的是为了尽量减少本国在国际贸易中的经济损失和拓展贸易的空间。

显而易见,谁掌握了游戏规则的制定权并有效利用,谁就可以在国际贸易竞争中占据主动地位,也就有了将技术标准转化为经济收益的能力,更为进一步的是,知识经济崛起的今天,知

识产权能够促进知识价值的资本化,这种资本化的过程,就是通过制定技术标准,把知识产权的核心成果规则化。因此,控制标准制高点的争夺,实质上是一场国家核心竞争力的争夺,是一场没有硝烟的战争。所以,国际标准或已构成事实上的国际标准的制定者,总是设法把技术标准与专利捆绑在一起,总是设法把尽可能多的专利技术嵌入到标准的要求中去。一旦某企业的产品不得不采用该项标准,就无法回避向专利技术的拥有者支付专利使用费,从而使主持制定标准的一方取得市场竞争的有利地位。同时,通过技术标准的制定,置技术相对落后的发展中国家于被动的地位,使发展中国家被钉死在国际分工的低层次的技术链条和附属地位上。

美国高通公司的成果就证明了这一点,由于在 CDMA 移动通信领域拥有国际标准,而他们的国际标准后面使用了 1 400 多项专利,因此,对于高通公司来说不仅产品的销售获得巨大收益,而且专利收益也使这家公司在 CDMA 领域的市场份额如日中天。

目前,许多发达国家、跨国公司和产业联盟都力求将自己的专利技术纳入标准,以获取最大的经济利益。如果说,一个单项的专利技术只影响一个企业的利益,那么,当这项专利上升为国际标准的时候,它能影响一个行业,它所带来的利益就直接体现为国家的利益。从这个意义上,标准是企业产权、国家主权在经济领域的反映。

另外一点需要指出的是,世界各国在高新技术领域标准的竞争,已经提前到了产品的研发期,还未等产品面市,就开始了制定标准的争夺。

**3. 理性看待国际贸易中的技术壁垒和标准问题**

1)理性看待技术壁垒

中国加入世界贸易组织使中国置身于激烈的国际竞争中,中国正在由"贸易大国"向"贸易强国"转变,由于国际政治、经济、技术的多重因素,当前的中国既处于历史上"和平崛起"的最佳发展战略机遇,又处于对外贸易摩擦的多发期、高峰期。

对外贸易摩擦,从目前看,主要是反倾销和贸易的技术壁垒。贸易的技术壁垒,也有的称贸易的技术性措施,或对贸易的技术性要求,它既有合理的一面,也确有或明或暗、或多或少带有歧视性的一面。在关税大幅度降低和非关税措施在大大弱化的情况下,技术壁垒问题的重要性日益凸现,在某些时候,成为扩大对外贸易的最大拦路虎。

技术壁垒对国际贸易的影响,一是灵活多变,使出口商很难适应;二是伪装隐蔽,往往披上合法的外衣;三是名目繁多,保护程度难以估计;四是连锁传递,扩散效应非常可怕。那么,技术壁垒对我国的出口贸易影响到底有多大呢?"十五"科学技术重要技术标准专项,由科技部中国科学技术促进发展中心的高志前研究员等的研究成果表明,在出口受国外技术壁垒影响的企业中,32.6%的企业是因为不了解国外贸易措施,24.5%的企业是出口企业未达到国外标准,只有18%的企业认为国外技术标准要求不合理,即直接受到技术贸易壁垒的影响。因此,我们不能把出口产品因技术问题受阻,笼统地都归结为不合理的技术壁垒,这种不合理的技术壁垒充其量只是20%左右。

2)理性看待标准引起的贸易摩擦

技术壁垒是由于标准上的不协调引起的贸易摩擦,它也有四种情况,一是,由于传统习惯和技术水平的差异。造成这种情况的原因是某国和某些地区根据特定市场的状况、发展水平、管理的要求制定的一系列技术要求,例如湿热地区、高温干旱地区、严寒地区对电器设备的技术要求往往是有较大差异的,或者是发达国家较高的发展水平所提出的一些严格的要求,这些技术要求是地理历史上形成的,有一定的合理性。再一个就是民族习俗上的差异,例如,伊斯兰国家有一些固有的风俗习惯,这也反映到对某些产品的技术要求中,这也是合理的。二是,根据国际间和区域内形成的一些协议,有关国家必须履行应尽的义务和责任,如为保护环境制定的一些国际公约。三是,发达国家的科学技术水平远高于发展中国家,他们对进口产品的严格要求,是与其发展水平适应的,特别是产品责任法的约束,进口商要承担更多的产品的社会责任,这就是发达国家标准水平远高于发展中国家标准水平的一个重要因素。四是,歧视性贸易政策的措施,以安全、环保、保护消费者权益为名,刻意制定一些歧视性标准,法规和检验检疫的规定和程序,出师有因,冠冕堂皇,行贸易保护之实。

**4. 应对技术壁垒的标准化之策——破壁、绕壁、跨壁技术**

壁垒对国际贸易的影响,一是广泛性,不但包括初级产品,而且还包括中间产品和工业制成品;二是连锁性,一旦影响贸易,极易产生连锁反应,从一国扩展到多国,甚至全球;三是争议性,有些技术壁垒非常复杂,不同国家之间难以形成科学统一的衡量标准,相互之间较难协调,解决争议时间一般较长。据商务部调查,目前我国企业遭受过国外的技术壁垒,有五分之二的产品受到了不同程度的影响,造成的贸易损失约 170 亿美元。为了让相关企业了解和掌握破除贸易的技术壁垒的信息,商务部最近发布首批"出口商品技术指南",并准备分三批共 43 项"出口商品技术指南",涉及 13 大类,1 400 亿美元的出口商品,每一项指南都包括了适用范围、国际市场准入技术要求、与我国的差异,以及解决的方案等,信息量大,针对性、适用性强。

如何冲破贸易技术壁垒限制,积极开拓国际市场,促进我国出口贸易可持续发展,这是一个涉及方方面面的复杂的系统工程,也是各国都在探求的问题,下面列举的只是一些从标准的角度破解之法的典型案例。

1)破壁——迅速快捷,据理力争

冲破贸易技术壁垒,特别是阻击那些具有明显歧视性的不合理的贸易技术壁垒,不能坐以待毙、麻木不仁、束手无策、行动迟缓,要迅速快捷,合理合法,针锋相对地进行抗辩。下面是具体实例。

要充分利用 WTO/TBT 规定的透明度原则进行磋商。透明度原则,要求成员国或集团采取的技术措施对其他成员国的贸易有重大影响时,应通过适当方式提前告知其成员国,并简要说明理由,对其他成员国的意见进行讨论和予以考虑。因此,对于那些正在制定尚未出台的标准,甚至是技术法规,可以在双边或多边范围内进行协调,这种据理协调是破除技术壁垒的一个很重要的途径,我们要学会善于运用这种方法,主动积极地与贸易伙伴国进行协调,使那些正在制定的带有明显针对性歧视性的贸易技术壁垒"胎死腹中",收回成命。

本章开头案例中就充分体现了温州打火机生产企业面临三次 CR 法规,抱团作战,反应迅速快捷,据理力争,在充分的理由下迫使欧盟修改了法规。

新浪网曾经报道,我国商务部新修订的《对外贸易壁垒规则》出台,该文件作为一种"积极防御"的贸易政策工具,企业可以通过该规章性文件,申请政府调查国外设置贸易壁垒的有关情况,采取有关措施,积极有效地保护其合法权益,减少和消除贸易技术壁垒对我国出口企业的影响。说穿了,贸易的技术壁垒开始是企业与企业的竞争,进而演变成国家与国家的博弈。那么,谁在担当中间环节,将原来是个案上升为同类企业的群体行为,整个行业的行为。行业协会的职责应该当仁不让,行业协会应与企业休戚相关,一旦技术壁垒袭来,应有共同的痛感,挺身而出,成为联系政府与企业的纽带,成为企业忠实的代言人,站在冲破贸易技术壁垒的最前沿。

2)绕壁——迂回战略标准突围

采取迂回战略,借助于标准进行突围,从而绕开贸易技术壁垒的限制。

20 世纪 70 年代,德国一直垄断着西欧的磁带录音机市场,德国利用美国的磁带标准与本

国标准不一致,极力阻止美国产品渗透德国市场。美国则采用迂回战术,使美国的磁带标准作为 ISO 标准通过。这样,德国有口难言,只能眼睁睁地看着美国的磁带录音机大量涌入德国市场。前面提到的欧盟原定于 2004 年强制执行的打火机 CR 法规,由于温州打火机厂商的反复交涉被搁置,但是,欧盟又提出了新的标准 ISO 9994,这实际仍是针对中国打火机技术的软肋而设置的又一新的贸易技术壁垒。中国最大的打火机生产企业——新海电气股份有限公司积极主动在制定国际标准的会上发言,提出了有利于中国打火机企业的建议,赢得了以讨论和修改 ISO 9994 国际标准为主题的 ISO/TC61WG1 的会议在中国召开,并接受中国提出的提案,这就又为中国打火机行业修订国际标准争得了发言权。通过标准突围,采取迂回战术,有可能再次避开贸易技术壁垒对我国出口打火机产品的不合理技术限制。

3)跨壁——强筋壮骨,增强实力

近年来,国际贸易技术壁垒发展的重要动向,是发达国家大幅度、大范围提高了对产品的卫生与安全标准,总的趋势是越来越严格。欧盟的《关于报废电子电气设备指令》、《关于在电子电气设备中禁止使用某些有害物质指令》、《未来化学品政策战略白皮书》和美国的《公共健康安全与生物恐怖预备应对法》等,影响范围涉及我国电子电气、化工、玩具服装等诸多领域的出口。打铁还得自身硬。从长远的战略角度看破解发达国家贸易的技术壁垒,关键还取决于国家整体技术的竞争实力和自主创新的能力,从国家层面看,应该动员和组织相关的力量,在基本摸清技术壁垒对我国出口贸易,特别是大宗出口商品贸易影响的基础上,联手互动,提供强有力的技术支撑,认真应对技术壁垒的制约。

---

**【案例】**

### 海尔洗衣机直接参与国际标准制定

由于创造了世界第四种洗衣机——"双动力"和不用洗衣粉洗衣机两款标志性产品,海尔(600690)洗衣机开发公司总工程师吕佩师,成为中国第一位进入 IEC/SC59D——国际电工委员会洗衣机技术委员会的工作组专家,并且同时是 WG13、WG17、WG18、WG20 四个工作组的专家,这不仅是对其本人和海尔洗衣机长期以来坚持技术创新的肯定,同时更预示着,海尔人在经历了从创造产品到创造标准的技术发展历程以后,开始全面参与国际标准的制定。

2005 年,海尔"双动力"洗衣机以独有的技术优势,首次以中国家电自主品牌的身份被纳入了国际 IEC 标准提案,而之后,海尔洗衣机又推出了更具颠覆意义的不用洗衣粉的"双动力",拥有的 32 项技术专利,在不用洗衣粉的情况下,洗净比比国标还提高 25%,实现了衣物洁净、呵护皮肤,一次漂净,比 A 级国标节水约 55%。

海尔洗衣机的技术创新能力,让世界家电行业刮目相看。作为"双动力"和不用洗衣粉洗衣机两大具有划时代意义创新产品的缔造者,吕佩师的创新经验,不仅成为世界洗衣机行业争相学习效仿的对象,也引来 IEC 及世界标准化委员会的极大关注。IEC 专家组认为,不用洗衣粉洗衣机的推出,极具创新意义,代表了行业未来 20 年的发展方向。经过评议,IEC 国际电工委员会正式将吕佩师纳入了专家组一员,2006 年,吕佩师代表海尔洗衣机与世界顶尖的洗衣机专家一起共同研究洗衣机行业的发展方向,参与国际标准的制定。

(案例来源:作者根据相关资料进行改写。)

【相关名词】

国际贸易中的壁垒包括关税壁垒和非关税壁垒：

(1)关税壁垒：关税壁垒是指进口商品经过一国关界时，由政府设置的海关向进出口商征税所形成的一种贸易壁垒。

(2)非关税壁垒：非关税壁垒是指关税以外的一切限制进口的各种措施，或者说是指那些不通过征收关税，而是通过法律、政策等措施形成的限制进口的贸易壁垒。非关税壁垒大致可以分为直接的和间接的两大类：前者是由海关直接对进口商品的数量、品种加以限制，其主要措施有：进口限额制、进口许可证制、"自动"出口限额制、出口许可证制等；后者是指进口国对进口商品制订严格的条例和标准，间接地限制商品进口，如进口押金制、苛刻的技术标准和卫生检验规定等。

**请思考**：通过本节的学习，你认为实施标准化对国际贸易有什么好处？

### 5.4.4 采用国际标准和国外先进标准的方法和原则

**1.采用国际标准和国外先进标准的程度和方法**

(1)等同采用，指技术内容完全相同，没有或仅有编辑性修改，编写方法完全相对应。

(2)等效采用，指技术内容上只有很小差异，编写方法不完全相对应。

(3)非等效采用，指技术内容有重大差异，但性能和质量水平与国际标准相当。

我国采用国际标准和国外先进标准的采用程度及对应的图示符号和缩写字母代号如表5.6所示。采用标志如图5.4所示。

表5.6 国际标准采用程度、图示及缩写

| 采用程度 | 图示符号 | 缩写字母代号 |
| --- | --- | --- |
| 等同采用 | ≡ | IDT |
| 等效采用 | = | EQV |
| 非等效采用 | ≠ | NEQ |

**2.采用国际标准和国外先进标准的原则**

(1)应该符合我国有关的法律和法规，所生产产品的技术先进、经济合理、安全可靠。

(2)凡已有国际标准的，应以其为基础制定我国的标准。

(3)对国际标准中的安全标准、卫生标准、环境保护标准和贸易需要的标准应当先行采用。

(4)是我国一项重要技术经济政策，是技术引进的重要组成部分。

图5.4 国际标准采用标志

(5)积极参加国际标准化活动和国际标准的制定工作，跟踪国际标准化发展，积极承担国际标准化组织和国际电工委员会专业技术委员会秘书处工作，积极争取把我国标准或提案转化为国际标准。

### 5.4.5　标准化的效果及评价方法

**1. 标准化的效果**

标准化的主要效果可概括为技术效果、社会效果和经济效果三大方面。

(1)技术效果。能合理简化商品的品种规格,促进商品的更新换代,加快生产技术的更新速度和引进技术的消化吸收速度。

(2)社会效果。能促进消除国际贸易技术壁垒,仲裁国际贸易纠纷,加强世界各国在科学、技术和经济方面的合作与交流。能在安全、卫生、环境保护、提高信息传递效率和维护国家利益等方面取得显著效果。

(3)经济效果。经济效果是指提高商品的质量和服务质量,保护消费者利益,增强商品的竞争能力,能在生产领域、流通领域、消费领域中节约大量的人力、物力和财力。

标准化效果也可视为实施某项标准化所产生的技术、经济、社会效果的总和。而一切技术效果、社会效果最终将转化为经济效果。(胡东帆. 商品学概论. 大连:东北财经大学出版社. 2008.)

**2. 标准化效果的评价方法**

1)净现值法

净现值法是将整个投资过程的现金流按要求的投资收益率(折现率)折算到时间等于零时,得到现金流的折现累计值(NPV),然后加以分析和评估。

当净现值为正时,则项目方案可行;

当净现值为负时,则项目方案不可行;

如有多个方案时,则净现值最大的方案为最优。

2)投资回收期法

投资回收期包括静态投资回收期和动态投资回收期。

$$静态投资回收期 = (累计净现金流量出现正值的年份-1) + \frac{上一年累计净现金流量的绝对值}{出现正值年份的净现金流量}$$

$$动态投资回收期 = \left(\begin{array}{c}累计净现金流量现值\\出现正值的年份-1\end{array}\right) + \frac{上一年累计净现金流量现值的绝对值}{出现正值年份的净现金流量的现值}$$

**例 1:**

某标准化活动最初投资为 4 万元,每年的运行收益为 15 000 元,年运行费用为 3 500 元,4年后按 5 000 元转让,如果基准收益率为 20%,运用净现值法判断该项目是否可行? 如果基准收益率为 5%,问是否可行? 并求出这两种情况下的静态和动态投资回收期。

**解:**

(1)基准收益率为 20% 的情况下,计算净现值、静态及动态投资回收期如表 5.7 所示:

**表 5.7　各年净现金流量及其现值和累计值**

| 年末 | 净现金流量 | 累计净现金流量 | 净现金流量现值 | 累计净现金流量现值 |
|---|---|---|---|---|
| 0 | −40 000 | −40 000 | −40 000 | −40 000 |
| 1 | 11 500 | −28 500 | 9 583 | −30 417 |
| 2 | 11 500 | −17 000 | 7 986 | −22 431 |
| 3 | 11 500 | −5 500 | 6 655 | −15 776 |
| 4 | 16 500 | 11 000 | 7 957 | −7 819 |

根据表 5.7 可知,净现值 NPV＝－7 819(元),NPV＜0,说明方案不可行。

静态投资回收期＝(4－1)＋(|－5 500|/16 500)≈3.33(年)

动态投资回收期根据现有数据,无法计算。

(2)基准收益率为 5％的情况下,计算净现值、静态及动态投资回收期如表 5.8 所示:

表 5.8　各年净现金流量及其现值和累计值

| 年末 | 净现金流量 | 累计净现金流量 | 净现金流量现值 | 累计净现金流量现值 |
|---|---|---|---|---|
| 0 | －40 000 | －40 000 | －40 000 | －40 000 |
| 1 | 11 500 | －28 500 | 10 952 | －29 048 |
| 2 | 11 500 | －17 000 | 10 431 | －18 617 |
| 3 | 11 500 | －5 500 | 9 934 | －8 683 |
| 4 | 16 500 | 11 000 | 13 575 | 4 892 |

根据表 5.8 可知,净现值 NPV＝4 892(元),NPV＞0,说明方案可行。

静态投资回收期＝(4－1)＋(|－5 500|/16 500)≈3.33(年)

动态投资回收期＝(4－1)＋(|－8 683|/13 575)＝3.64(年)

**例 2:**

有一标准化工作有两套实施方案 A 和 B,生命期均为 4 年,初始投资相同为 1 万元,实现利润总数也相同,但每年数字不同,具体数据如表 5.9 所示。如果其他条件相同,该选哪个方案?(基准收益率为 10％)

表 5.9　A、B 方案各年净现金流量

| 年末 | A | B |
|---|---|---|
| 0 | －10 000 | －10 000 |
| 1 | 7 000 | 1 000 |
| 2 | 5 000 | 3 000 |
| 3 | 3 000 | 5 000 |
| 4 | 1 000 | 7 000 |

**解:**

(1)A 方案相关计算结果如表 5.10 所示。

表 5.10　A 方案各年净现金流量及其现值和累计值

| 年末 | 净现金流量 | 累计净现金流量 | 净现金流量现值 | 累计净现金流量现值 |
|---|---|---|---|---|
| 0 | －10 000 | －10 000 | －10 000 | －10 000 |
| 1 | 7 000 | －3 000 | 6 364 | －3 636 |
| 2 | 5 000 | 2 000 | 4 132 | 496 |
| 3 | 3 000 | 5 000 | 2 254 | 2 750 |
| 4 | 1 000 | 6 000 | 683 | 3 433 |

(2)B 方案相关计算结果如表 5.11 所示。

表 5.11　B 方案各年净现金流量及其现值和累计值

| 年末 | 净现金流量 | 累计净现金流量 | 净现金流量现值 | 累计净现金流量现值 |
|---|---|---|---|---|
| 0 | −10 000 | −10 000 | −10 000 | −10 000 |
| 1 | 1 000 | −9 000 | 909 | −9 091 |
| 2 | 3 000 | −6 000 | 2 479 | −6 612 |
| 3 | 5 000 | −1 000 | 3 757 | −2 855 |
| 4 | 7 000 | 6 000 | 4 781 | 1 926 |

(3)根据表 5.10 和表 5.11 可计算得出：

A 方案净现值 NPV＝3 433(元)

A 方案的静态投资回收期＝(2−1)＋(|−3 000|/5 000)＝1.6(年)

A 方案的动态投资回收期＝(2−1)＋(|−3 636|/4 132)≈1.88(年)

根据表 5.10 可计算得出：

B 方案净现值 NPV＝1 926 元

B 方案的静态投资回收期＝(4−1)＋(|−1 000|/7 000)≈3.14(年)

B 方案的动态投资回收期＝(4−1)＋(|−2 855|/4 781)≈3.6(年)

因为，A 方案 NPV＞B 方案 NPV，A 方案的静态和动态投资回收期均短于 B 方案。

说明应该选择 A 方案。

## 本章小结

本章介绍了标准、商品标准及商品标准化的概念；商品标准的分类；商品标准的分级及各级标准代号的结构；商品标准的制定、重审与修订；标准的实施和标准化国际贸易的关系等；商品标准化的形式、基本原理；商品标准化效果的评价方法。

商品标准是对商品质量以及与质量有关的各个方面所做的统一技术规定，是评定、监督和维护商品质量的准则和依据。商品标准按商品标准的表达形式不同分为：文件标准和实物标准；按标准的受约束程度不同分为：强制性标准和推荐性标准；按商品标准的成熟程度不同分为：正式标准和试行标准；按商品标准的保密程度分为：公开标准和内控标准；按适用范围分为：内销标准和出口标准。商品标准可划分为不同层次和级别，我国标准分为国家标准、行业标准、地方标准和企业标准四级。

商品标准化包括制定标准、修订标准、贯彻执行标准的全过程。商品标准化的形式包括：简化、统一化、系列化、通用化和组合化等。指导商品标准化的基本原理有：系统效应原理、结构优化原理、有序发展原理及负反馈控制原理等。实施标准化的效果可分为经济效果、技术效果和社会效果，技术效果和社会效果最终都要转化为经济效果。而标准化的经济效果评价可采用净现值法和投资回收期法等。

## 关键术语

标准　　商品标准　　标准化　　商品标准化　　国际标准　　国家标准　　行业标准

地方标准　　企业标准　　标准代号　　简化　　统一化　　系列化　　通用化　　组合化
经济效果　　技术效果　　社会效果　　净现值　　投资回收期

## 实训项目

1. 通过互联网或图书馆,查阅通讯设备、食品、儿童玩具各一个商品标准,并写出该标准的主要内容。

2. 查阅相关资料,找出我国近几年商品标准等技术贸易壁垒导致的国际贸易纠纷案例,并分析如何减少并解决纠纷。

3. 请联系我国行业和企业的实际谈谈你对"三流企业卖产品、二流企业卖技术、一流企业卖标准"的理解。

## 思考题

1. 什么是商品标准? 什么是标准化?

2. 我国商品标准分为哪几级? 它们之间有何关系?

3. 商品标准共分为哪几大类?

4. 为什么说标准化有利于消除技术贸易壁垒?

5. 标准化有哪些形式? 具体内容是什么?

6. 标准化的基本原理有哪些? 对标准化有何指导原则?

7. 标准化有哪些效果? 如何评价?

## 案例分析

### 贸易争端频发　标准成难题——"石膏板"事件为美中敲响行业规范警钟

近来,美国方面继续对中国产的石膏板纠缠不休。纠缠不休的依据是有关部门提供的"初步报告显示中国石膏板与美国家庭住宅受到侵蚀有联系"。但根据美国方面提供的报告却显示,包括美国在内的非中国产石膏板都存在着同样的问题。

2009年11月,美国消费品安全委员会(CPSC)向媒体宣称,已接到2 700宗针对中国产石膏板的质量投诉。该委员会同时提供的报告显示,在甲醛和乙醛方面,中国产或非中国产石膏板都存在相关物质。此前,自同年5月以来,除美国消费者产品安全委员会之外,美国环境保护署(EPA)、美国住房和城市发展部(HUD)、美国疾病控制和预防中心(CDC)、美国毒物及疾病管理局(ATSDR)以及美国各州的卫生部门进行了测试和调查,结果显示,中国石膏板含有微量的含硫气体;对挥发气体进行研究,不能证明此类产品"有毒";在另外两种有毒物质方面,有的中国产品含量略高于美国产品,但也有部分美国产品含量略高于中国产品。这些部门联合发布的检测报告显示投诉家庭房屋的含铜和银的硫化腐蚀的情况要明显高于普通房屋,氢

化硫气体是投诉家庭房屋含铜和银的电器和线圈腐蚀的基本原因,但是其他因素如空气转换率、甲醛以及其他的空气污染物也对出现的问题有作用。另外,报告并不能解释为什么安装中国产石膏板的房屋为什么会产生氢化硫气体。报告也无法指出电器腐蚀和长期的安全存在关联,报告也承认中国产石膏板所含的危害物远低于会导致长期健康问题的水平。美国的报道还提供了这样的事实:有些美国企业的产品同样存在问题同样受到相同的困扰。事实上,石膏板事件至今没有真正的结论。

最值得关注的是,在被调查的中国石膏板产均有适当的 ASTM 标志,说明它们符合美国材料与测试协会(American Society for Testing Materials)颁布的测试标准。那么,为什么通过了中美两国相关标准测试,通过了进出口海关检验检疫的产品在到达美国最终消费者手中后会出现问题,"问题产品"的出现,是"个案"情况还是"普遍"问题值得考究,衡量的标准究竟是什么?中国石膏板产品符合当前中美标准,为何仍被投诉?

(案例来源:作者根据相关资料进行改写。)

**问题:**
(1)执行美国标准中国产品为何仍被投诉?
(2)中国企业应该如何应对?

# 第6章 商品质量管理

## 学习要点

- 理解质量管理的概念及基本内容；
- 了解质量管理的发展历程；
- 了解全面质量管理的思想并掌握全面质量管理的特点；
- 明确 PDCA 循环的四个阶段及八个步骤；
- 掌握排列图法及直方图法。

## 引导案例

### "零"是最刚性的目标

6月，海尔洗衣机事业部装配车间的质量经理苏宁和抽检经理刘永军的资源存折上双双被输入了一个数字：—80。这是他们俩为一台外包装箱潮湿的海尔小神童洗衣机"买单"的结果：本月的收入将会被扣掉80元。同绝大多数企业一般都会对出现质量问题的责任人进行经济处罚不同的地方在于，在海尔，责任人买单只不过是解决这件质量问题所需要的30多个环节中的一个而已。因为根据从今年起在海尔集团开始推行的新的质量改进方法———FDAR 归零化管理的要求，从发现质量问题一开始，一套包括了4个环节的闭环式的质量管理模式就会启动，它的起源可能来自于用户的抱怨，也可能来自于企业的检测，但结果一定是从根本上将这件质量事故的隐患消除。

海尔这套质量改进办法的操作过程，首先是问题反馈阶段（F），主要是对质量问题基本情况的掌握。其次是问题分配阶段（D），除了责任人买单，还主要包括了模拟复现、原因分析、责任人反思等环节。责任人买单的时候虽然只是承担了质量问题耗费成本的1％，但剩下的99％作为负债形式也被记录进了当事人的资源存折。这些负债部分只有在当事人在其他工作中取得了成绩被记录进了正激励才会被抵消，否则，将会大大影响当事人年终的考核以及下年度的岗位。第三个环节是问题接收与处理（A），责任人的改进措施、反复的论证、从各个环节对整改办法进行复审等都在这一阶段处理。而最后一个阶段就是问题归零（R），其中包括了对其他人的警示、最多长达6个月的效果跟踪以及问题转化的一致性复审等步骤。当然，也并

不是每个质量问题的归零都需要那么久,比如由于残水量超标导致外包装箱被打湿,从发现到完全消除隐患也不过就是一个月的时间。

很多人会问,问题固然是解决了,而且似乎还比较彻底,但是有必要搞得这么复杂吗?

从表面上看,这套质量改进办法虽然环节比较多,但是,由于海尔从1998年起开始了市场链流程再造工作,海尔的每个人都成了一个微型公司,每个人对问题的处理都已经习惯于从前后工序进行市场化SST(索赔、索酬、跳闸)的运作———如果你提供的服务好,下道工序应该给你报酬;不好的话,下道工序有权向你索赔;如果出问题,就由利益相关的第三方制约并解决问题。当每个人都在这样一个系统下运作的时候,事情反而简单了。而且,由于产能规模越来越大,已经不可能要求对每一个产品进行全面的检验,确保质量的一致性和稳定性,只有依赖于系统的完善和防错机制的建立。

"对于一个以创世界名牌为目标的企业,质量毫无疑问是第一位的。但是,海尔对于质量的理解已经不再局限于一件件单独的产品。海尔今天的全面质量战略包括了3个层次:确保标准要求、追求零缺陷的符合性产品质量;以用户和市场为中心,追求零抱怨的适用性的产品和服务;为用户、股东、员工、合作伙伴和社会创造平衡的价值,追求零差错的市场链全球经营质量。"

其实不仅是质量问题的零缺陷和零差错,由于张瑞敏提出流程再造的根本目的在于解决信息化时代企业管理的效率和效益问题,海尔每个人、每个岗位都定出了"零基目标":质量零缺陷、交货期零延误、产品零库存、与用户零距离、零营运资本、零冗员……哪个环节出了问题,就要把问题"买断",然后解决。他们追求的目标是,不管是意识到还是未意识到,所有问题都是不该发生的,都应该是零。这是绝对的刚性的目标。

即便是在企业管理已经走在世界前列的日本和美国的一些管理学者的眼里,这些管理目标也恐怕真的是极限了,美国沃顿商学院的一位教授就断言:海尔如果做到了这一点,将是全世界最好的企业,但是海尔肯定做不到,因为这需要大量的基础工作。海尔人也承认,这些目标尤其是质量零缺陷完成起来难度很大,所以员工每天的压力非常大。

但是,当所有人每天都承担着压力同时也承担着责任感和市场的成就感去面对一件件工作的时候,正确做事的概率应该更高。这正体现了海尔一贯追求"做正确的事"的风格,也体现了张瑞敏要把每个工人从螺丝钉变成有活力的细胞的理念。

(案例来源:作者根据相关资料进行改写。)

## 6.1　质量管理、发展历程及特点

### 6.1.1　质量管理

**1. 质量管理的定义**

质量管理是企业为了使其产品、服务能更好地满足不断变化的顾客要求而开展的计划、实施、检查和审核等管理活动的总和。

**2. 质量管理的内容**

质量管理通常包括制定质量方针和质量目标以及质量策划、质量控制、质量保证和质量改进等6个方面的一系列活动。

1)质量方针

质量方针,也可称为质量政策,是指由组织的最高领导者正式发布的该组织总的质量宗旨和质量方向。质量方针是组织经营总方针的组成部分,是组织管理对质量的指导思想和承诺。反映企业的质量经营目标和质量文化。从一定意义上说,质量方针就是企业的质量管理理念。

制定质量方针的要求如下:

(1)与企业的总经营宗旨相适应。

(2)包括对满足顾客要求和持续改进质量体系有效性的承诺。

(3)提供制定和评审质量目标的框架。

(4)在企业内得到沟通和理解。

(5)在持续适宜性方面得到评审。

2)质量目标及其制定要求

质量目标是指组织在质量方面所追求的目的。对企业而言,质量目标是根据质量方针的要求,企业在一定期间内所要达到的预期效果,即能够达到的量化的可测量目标。目标既要先进,又要可行,以便实施和检查。质量目标是企业目标体系中的组成部分,它应力求可测量,以便统一领导层的思想,成为激励职工的动力,有利于日常的考核和评定,促进目标的实现。

质量目标的制定要求如下:

(1)与质量方针保持一致。

(2)质量目标的内容应该考虑产品要求以及相关方的要求等。

(3)质量目标应是量化且可测量的。

(4)质量目标应细化分解和落实。

例如:中国石油化工股份有限公司润滑油分公司的质量目标是标准执行率100%;市场监督抽查合格率100%;体系运行有效并不断改进;顾客满意度和一次生产合格率较上年持续提高。吉林永大集团的质量目标是产品质量一次交验合格率95%;出厂产品合格率100%;顾客满意率100%。

3)质量策划

组织在确定了质量目标后,必须考虑未达到目标应采取什么措施(必要的作业过程)和提供哪些必要的条件(包括人员和设备等资源),并把相应活动的职责落实到部门或岗位,这些活动都是质量策划活动。

质量策划是质量管理的一部分,它致力于制定质量目标并规定必要的运行过程和相关资源以实现质量目标。质量策划与质量计划不同,质量策划强调的是一系列活动,而质量计划是质量策划的结果之一,是规定用于某一产品及其设计、采购、生产、检验、包装、运输等过程的质量管理体系要素和资源的文件。

4)质量控制

质量控制也是质量管理的一部分,它致力于满足质量要求。为达到质量要求所采取的作业技术和活动称为质量控制。这就是说,质量控制是为了通过监视质量形成过程,消除质量环上所有阶段引起不合格或不满意效果的因素。以达到质量要求,获取经济效益,而采用的各种质量作业技术和活动。

企业要在激烈的市场竞争中生存和发展,仅靠方向性的战略性选择是不够的。残酷的现实告诉我们,任何企业间的竞争都离不开"商品质量"的竞争,没有过硬的产品质量,企业终将在市场经济的浪潮中消失。而产品质量作为最难以控制和最容易发生问题的部分,往往让供应商苦不堪言,小则退货赔钱,大则客户流失,关门大吉。因此,如何有效地进行过程控制是确

保产品质量和提升产品质量,促使企业发展、赢得市场、获得利润的核心。

5)质量保证

质量保证也是质量管理的一部分,它致力于提供质量要求会得到满足的信任。保证质量是质量控制的任务,质量保证的内涵已不再是单纯地为了保证质量,质量保证是以保证质量为其基础,进一步引导到提供"信任"这一基本目标。

要使顾客(或第三方)能"信任",组织首先应加强质量管理,完善质量管理体系,对产品有一套完整的质量控制方案、办法,并认真贯彻执行,对实施过程和结果进行分阶段验证,以确保其有效性。

在此基础上,组织应有计划,有步骤地开展各种活动,使顾客(第三方)了解组织的实力、业绩、管理水平、技术水平以及在产品设计、生产等各阶段的主要质量控制活动和内部质量保证活动的有效性,使对方建立信心,相信提供的产品能达到所规定的质量要求。

6)质量改进

质量改进同样是质量管理的一部分,它致力于增强满足质量要求的能力。当质量改进是渐进的并且组织积极寻求改进机会时,通常使用术语"持续质量改进"。质量改进是组织长期的坚持不懈的奋斗目标。

质量改进是组织为更好地满足顾客不断变化的需求和期望,而改善产品的特性和(或)提高用于生产和交付产品的过程的有效性和效率的活动。它包括确定、测量和分析现状,建立改进目标,寻求可能的解决方法,评价这些解决办法,实施选定的解决办法,测量、验证和分析实施的结果,将更改纳入文件。

### 6.1.2 质量管理的发展历程

质量管理是指对商品确定和达到质量要求所必需的职能和管理活动。质量管理大体经历了3个发展阶段:检验质量管理阶段、统计质量管理阶段和全面质量管理阶段。

**1. 检验质量管理阶段**

1)操作者质量管理

在20世纪以前,生产方式主要是小作坊形式,工人自己制造产品,又自己负责检验产品质量。换句话说,那时的工人既是操作者,又是检验者,制造和检验质量的职能统一集中在操作者身上,因此被称为"操作者质量管理"。

2)工长质量管理

20世纪初,科学管理的奠基人F. W. Taylor提出了操作者与管理者的分工,建立了"工长制",并将质量检验的职能从操作者身上分离出来,由工长行使对产品质量的检验,这一变化分离了操作者的职能,强化了质量检验的职能,称为"工长质量管理"。

3)检验质量管理

20世纪初期到20年代,随着科技进步和生产力的发展,企业的生产规模不断扩大,管理分工的概念被提出来了。在管理分工概念的影响下,企业中逐步产生了专职的质量检验岗位,有了专职的质量检验员,质量检验的职能从工长身上转移给了质量检验员。后来,一些企业又相继成立了专门的质量检验部门,使质量检验的职能得到了进一步的加强,这称为"检验员质量管理"。这一阶段主要是按既定的质量标准要求对产品进行检验,即依靠检验部门、检验人员把关,把产品中不合格品挑出来,而把合格品送入流通领域满足消费者的需求。

质量检验阶段从操作者质量管理发展到检验员质量管理,无论从理论上还是实践上都有很大进步,对提高产品质量有很大的促进作用。但随着社会科技、文化和生产力的发展,逐步显露出质量检验阶段存在的许多不足。

(1)事后检验,犹如"死后验尸",没有在制造过程中起到预防和控制的作用,即使检验查出废品,也已是"既成事实",质量问题造成的损失已难以挽回。

(2)全数检验,在大批量的情况下经济上不合理,还容易出现错检漏检,既增加了成本,又不能完全保证检验百分之百的准确。

(3)全数检验在技术上有时变得不可能,如破坏性检验,判断质量与保留产品之间发生了矛盾。这些问题在第二次世界大战时期显得特别突出,从而推动了质量管理理论的进一步发展。

该阶段的管理属于质量管理的初级阶段,具体体现在其管理对象、管理领域及管理类型这3个方面。

(1)管理对象仅限于对产品本身的管理。

(2)管理领域局限于生产制造过程。

(3)管理类型实际上是一种"消极防范型"管理。

通过事后把关,只能杜绝不合格产品进入流通领域,却无法防止生产过程中次品、废品的产生。因此,这种方法的管理职能是比较弱的。

**2. 统计质量管理阶段**

"事后检验"、"全数检验"存在不足引起了人们的关注,一些质量管理专家、数学家开始注意质量检验中的弱点,并设法运用数理统计的原理来解决这些问题。

在20世纪20年代,美国贝尔实验室成立了两个研究组,一个是以 W. A. Shewhart 博士为首的工序控制组,另一个是以 H. F. Dodge 博士为首的产品控制组。这两个研究组在20世纪20年代所获得的成果对质量管理从质量检验阶段发展到统计质量控制阶段做出了重要贡献。1924年 W. A. Shewhart 提出了"事先控制,预防废品"的观念,并且应用数理统计原理发明了具有可操作性的"质量控制图",用于解决事后把关的不足。1931年 W·A·Shewhart 出版了《Economic Control of Quality of Manufactured Product》一书,总结了他的研究成果,是质量管理发展中划时代的经典著作之一。与此同时,H·F·Dodge 和 H·G·Romig 提出了抽样的概念和抽样的方法,并设计了可以运用的"抽样检验表",用于解决全数检验和破坏性检验所带来的问题。但是,当时由于经济危机的影响,这些方法没有得到足够的重视和应用。

第二次世界大战爆发后,由于战争对大批量军火生产的需要,质量检验的弱点显得特别突出,严重影响军需供应。为此,美国政府和国防部组织了一批数学家来研究和解决军需产品的质量问题,推动了数理统计方法的应用,先后制定了三个战时质量控制标准:AWSZ 1.1—1941 质量控制指南;AWSZ 1.2—1941 数据分析用控制图法;AWSZ 1.3—1941 工序控制图法。这些标准的提出和应用,标志着质量管理在20世纪40年代进入了统计质量控制阶段。第二次世界大战以后,统计质量控制的方法开始得到推广,为企业带来了极好的利润。

从20世纪40年代到50年代末期,对产品的质量管理发展到统计质量管理阶段,质量管理的理论和实践都发生了一次飞跃。这一阶段主要是按照商品标准,运用数理统计原理,在从设计到制造的生产工序间进行质量控制,预防次品、废品的产生,从中找出规律,发现问题,以保证质量。依靠生产过程中的质量控制,把质量问题消灭在生产过程中,这比事后把关的管理向前进了一步。统计质量管理阶段从"事后把关"变为预先控制,并很好地解决了全数检验和

破坏性检验的问题。但是,由于过多地强调了统计方法的作用,忽视了其他方法和组织管理对质量的影响以及人的能动作用,使人们误认为质量管理就是数理统计方法,而且这种方法又高深莫测,让人们望而生畏。这样,质量管理就成了统计学家的事情,从而限制了统计方法的推广和发展。

该阶段的管理属于质量管理的中级阶段,具体在其管理对象、管理领域及管理类型这 3 个方面体现出来。

(1)管理对象包括产品质量和工序质量。

(2)管理领域从生产制造过程扩大到设计过程。

(3)管理类型实际上是一种"积极防御型"(事先监控)管理。

### 3. 全面质量管理阶段

1)全面质量管理(Total Quality Control,TQC)概述

全面质量管理阶段是从 20 世纪 60 年代开始的。从统计质量管理阶段发展到全面质量管理阶段,除了当时统计质量控制方法存在的不足之外,还有社会因素。主要有:①科技进步带来了许多高、精、尖的产品,特别是一些超大规模的产品,如火箭、宇宙飞船、人造卫星等,统计质量管理的方法已不能满足这些高质量产品的要求;②社会进步带来了观念的变革,保护消费者利益的运动向企业提出了"质量责任"问题。1960 年,美国、英国、奥地利、比利时等国的消费者组织在荷兰海牙正式成立了国际消费者组织联盟,并于 1983 年确定每年 3 月 15 日为"国际消费者权益日",1984 年 12 月 26 日,中国消费者协会经国务院批准正式成立;③系统理论和行为科学理论等管理理论的出现和发展,对企业组织管理提出了变革要求,并促进了质量管理的发展;④国际市场竞争加剧,交货期和价格成为顾客判别满足质量要求程度的重要内容等。

基于以上几点,美国通用电气公司(GE)质量总经理 A. V. Feigenbaum(费根鲍姆)和著名的质量管理专家 J. M. Juran 等人在 20 世纪 60 年代先后提出了"全面质量管理"的概念。这一概念的提出,开创了质量管理的新时代,一直影响到今天。

1961 年,A. V. Feigenbaum 撰写出版了《Total Quality Control》(《全面质量控制》)一书,指出"全面质量管理是为了能够在最经济的水平上并考虑充分满足用户要求的条件下进行市场研究、设计、生产和服务,把企业各部门的研制质量、维持质量和提高质量的活动构成一体的有效体系"。A. V. Feigenbaum 等人提出的全面质量管理概念,强调以下的观点:①质量管理仅靠检验和统计控制方法是不够的,解决质量问题的方法和手段是多种多样的,而且还必须有一整套的组织管理工作;②质量职能是企业全体人员的责任,企业全体人员都应具有质量意识和承担质量责任;③质量问题不限于产品的制造过程,解决质量问题也是如此,应该在整个产品质量产生、形成、实现的全过程中都实施质量管理;④质量管理必须综合考虑质量、价格、交货期和服务,而不能只考虑狭义的产品质量。

该阶段的管理属于质量管理的高级阶段。具体在其管理对象、管理领域及管理类型这 3 个方面体现为:

(1)管理对象包括产品质量、工序质量和服务质量。

(2)管理领域包括了产品的整个生命周期。

(3)管理类型实际上是一种"积极进取型"管理。

2)质量管理的新发展

(1)零缺陷理论。1979年,美国质量管理专家克劳斯比在《质量免费——确定质量的艺术》一书中提出并确立了"第一次就把事情做对"和"零缺陷"理论。"零缺陷"的四项基本原则是:①明确需求。要了解顾客群体的需求,动态跟进,及时调整,全面分析,并能够及早预测等;②做好预防。预防是严密的策划与实践的互动过程,应该要以顾客需求为目标缩短供给距离;③"一次做对"这是管理到位和员工到位的结合。管理到位要求各类管理人员抓住重点,消除弱点、疑点、盲点,做好指导性工作;员工到位指员工应该做到明确标准、条件齐备、动作有序、控制关键、不留隐患。两者结合,做到全过程受控、全方位达标,以消除问题的出现;④科学衡量。选择合适的衡量标准计算因质量问题的出现而造成的损失及浪费,帮助各级人员从教训中查出问题根源以根本解决问题,改善分析思路及管理方法等。

(2)ISO 9000族标准。ISO 9000族标准是国际标准化组织颁布的在全世界范围内通用的关于质量管理和质量保证方面的系列标准,主要是为了促进国际贸易而发布的,是买卖双方对质量的一种认可,是贸易活动中建立相互信任关系的基石。

现在许多国家把ISO 9000族标准转换为自己国家的标准,鼓励、支持企业按照这个标准来组织生产,进行销售。符合ISO 9000族标准已经成为在国际贸易上需方对卖方的一种最低限度的要求。

其基本管理思想包括:强调领导在质量管理和质量保证中的作用;强调各级人员责任落实、分工明确、职位统一、协调一致;强调过程因素的控制;强调预防为主;强调质量和效益的统一;强调满足顾客对产品的需求。

(3)六西格玛管理。六西格玛管理是20世纪80年代由美国摩托罗拉公司为了应对自己的市场被同类日本企业蚕食而创立的一种质量改进方法,在通用电器、联合信号等一些世界级企业中实施并取得了令人瞩目的成就后,广泛被人们接受并应用于实际。六西格玛管理是通过对流程的持续改进,以提高质量水平,提高顾客满意度,降低风险和成本的一种质量改进方法,其目标就是追求完美。

六西格玛管理总结了二十多年来全面质量管理的成功经验,吸纳了近十年来提高顾客满意度以及企业经营绩效方面新的管理理论和方法,将质量与生产力改进的原则有机地贯穿于提高企业核心竞争力的管理体系中,极大地推进了质量管理模式的创新和质量管理水平的提高。六西格玛管理是全面质量管理在质量改进方面的新发展,是对近百年来质量管理特别是质量改进理论的继承性发展。

(4)卓越绩效模式。"卓越绩效模式"是20世纪80年代后期美国创建的一种世界级企业成功的管理模式,其核心是强化组织的顾客满意意识和创新活动,追求卓越的经济绩效。"卓越绩效模式"得到了企业界和管理界的公认,几乎所有经济发达和强劲发展的国家和地区均建立了各自的卓越绩效(质量奖)模式,以推动所在国家、地区的经营管理进步和核心竞争力提升。最经典的卓越绩效模式是三大质量奖:美国波多里奇国家质量奖、欧洲质量奖和日本戴明奖。其中波多里奇国家质量奖的影响最广泛。以上三国及中国的质量奖的标志如图6.1所示。

美国波多里奇国家质量奖

欧洲质量奖

日本戴明奖

全国质量奖

图 6.1　各国质量奖标志

### 6.1.3　全面质量管理的特点

全面质量管理的特点就在"全面"上，所谓"全面"有以下 5 个方面的含义。

**1. 全面质量的管理**

所谓全面质量就是指产品质量、过程质量和工作质量。全面质量管理不同于以前质量管理的一个特征，就是其工作对象是全面质量，而不仅仅局限于产品质量。全面质量管理认为应从抓好产品质量的保证入手，用优质的工作质量来保证产品质量，这样能有效地改善影响产品质量的因素，达到事半功倍的效果。

**2. 全过程的管理**

所谓全过程是相对于制造过程而言的，就是要把质量活动贯穿于产品质量产生、形成和实现的全过程，全面落实预防为主的方针，逐步形成一个包括市场调研、设计开发、采购供应、工艺策划和开发、生产制造、质量检验、包装储存、销售分发、安装运行、技术服务与维修、用后处置等所有环节在内的质量保证体系，把不合格品消灭在质量形成过程中，做到防患于未然。这个过程可用质量环（质量螺旋）来表示。

**3. 全员的管理**

全员的含义是企业全体人员都要参与，人人有责，即上至最高管理者下到所有员工都参加质量管理，分担一定的责任。质量好坏是企业各项工作的综合反映，所有部门、全体员工的质量职能的有效发挥程度都影响着产品质量。同时，应该加强企业内各职能和业务部门之间的横向合作，发挥质量管理的最大效用。

在全员管理中，处在不同管理层次的人员的质量责任和作用是不同的。企业最高管理层主要负责制定质量方针、目标，完善管理体制，协调各部门、各环节、各类人员的质量管理活动；中层管理人员的主要职责是使质量决策付诸实施，提供管理方法、标准，并对基层人员进行教育、指导、监督、考核，承上启下；基层人员则侧重于严格按照规定的计划和标准进行动作。

**4. 全社会推动的管理**

所谓全社会推动是指要使全面质量管理深入持久地开展下去,并取得良好的效果,就不能把工作局限于企业内部,而需要全社会的重视,需要质量立法、认证和监督,进行宏观上的控制引导,即需要全社会的推动。这是因为一个完整的产品往往是由许多企业共同协作完成的。例如,机器产品的制造企业要从其他企业获得原材料,从各种专业工厂购买零部件等。因此,仅靠企业内部的质量管理无法完全保证产品质量;另外,来自于全社会宏观质量活动所创造的社会环境可以激发企业提高产品质量的积极性和认识到它的必要性。

**5. 全面运用各种管理方法**

随着现代化大生产和科学技术的发展,质量管理在长期的实践中形成了多样化、复合型的方法体系,如 PDCA 循环、朱兰三部曲、数理统计技术与方法、价值分析方法、运筹方法及老七种工具(分层法、排列图法、因果分析图法、直方图法、控制图法、散布图法和系统调查分析表法)、新七种工具(关联图法、系统图法、KJ 法、矩阵图法、矩阵数据分析法、过程决策程序图法和网络图法)、ISO 9000 族标准和六西格码管理法。

## 6.2 商品质量管理的基本方法

商品质量管理的基本方法有很多,主要是 PDCA 循环及朱兰三部曲以及统计质量控制的一些方法。统计质量控制就是根据数理统计的原理,对产品质量进行控制。其简要过程如下:运用数理统计方法,把收集到的质量信息、数据和有关材料进行整理和定量分析,发现问题,采取对策,及时处置,从而达到控制质量,预防不合格产品出现,提高质量的目的。在商品质量管理中,常用的统计方法有:排列图法、分类法、直方图法、散布图法、因果分析图法、控制图法、统计调查分析表法等。下面就介绍一些常用的商品质量管理方法。

### 6.2.1 PDCA 循环

PDCA 循环也称为戴明循环,它是对商品实施全面质量管理,要求在各环节、各项工作中都要按照 PDCA 循环进行。美国质量管理学家戴明在阐述质量管理方法时提出:"计划、执行、检查、处理"4 个阶段为一个循环,称为 PDCA 循环或戴明循环,如图 6.2 所示。

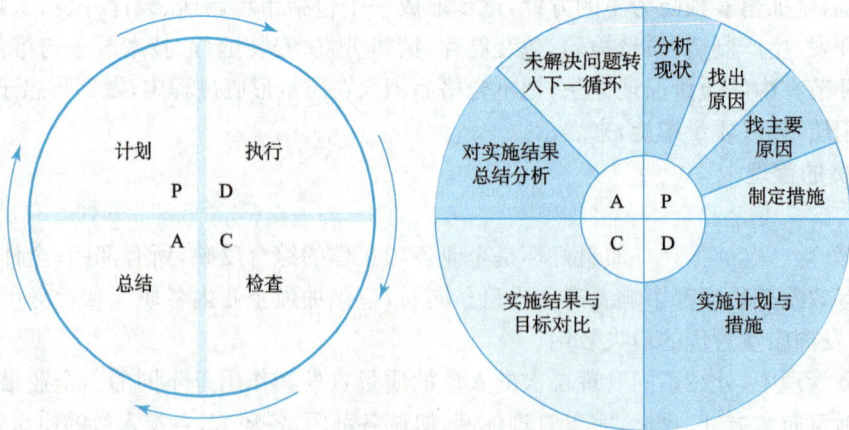

图 6.2　PDCA 循环 4 个阶段、8 个步骤

**1. PDCA 循环的 4 个阶段、8 个步骤**

PDCA 循环作为质量管理的科学方法,适用于整个企业的质量管理工作,也适用于各部门、各环节的质量管理工作。PDCA 循环的含义是把质量管理分为 4 个阶段,即计划(plan)、执行(do)、检查(check)和处理(action)。

1)计划阶段

计划阶段的主要任务是制订计划。根据存在的问题或用户提出的质量要求,找出问题存在的原因或影响产品质量的主要原因,以此为依据制订计划,确定质量方针、质量目标,制定出具体的质量管理活动计划和措施,并明确管理事项。

计划分为以下 4 个步骤。

(1)分析现状,找出所存在的质量问题(确定问题)。针对找到的问题,进一步提出以下 3 个问题:这个问题可不可以解决? 这个问题可不可以和其他工作结合起来解决? 这个问题能不能用最简单的方法解决而又能达到预期的效果?

(2)找出产生问题的原因或影响因素(找因)。

(3)找出原因或影响因素中的主要原因或主要影响因素(找主因)。

(4)针对主要原因制定解决问题的措施计划。措施计划要明确采取该措施的原因(why),执行措施预期达到的目的(what),在哪里执行措施(where),由谁来执行(who),何时开始执行和何时完成(when),以及如何执行(how),通常简称为要明确的 5W1H 问题(制订计划)。

2)执行阶段

执行阶段的任务是执行之前制定的计划以及落实具体的行动措施。

3)检查阶段

检查阶段是将执行效果与计划进行比较,分析计划得如何,是否有效的解决了质量问题。

4)处理阶段

处理阶段的任务是要把执行的结果进行处理总结。把成功的经验加以肯定,纳入标准或规程,形成制度,以便今后照办;对失败的教训加以总结,防止发生类似的问题,遗留问题转入下一个 PDCA 循环。

**2. PDCA 循环两个特点**

1)大环套小环,互相促进

PDCA 作为质量管理的一种科学方法,适用于企业各个方面的工作。整个企业的质量改进可看作一个大的 PDCA 循环,目标分解到各个部门又都形成了各自的 PDCA 循环,依次又有更小的 PDCA 循环,直到具体落实到每个班组、每个人形成的小的 PDCA 循环。上一级的 PDCA 循环是下一级 PDCA 循环的依据,下一级 PDCA 循环是上一级 PDCA 循环的贯彻落实和具体体现,通过循环,把企业的各项工作有机地联系起来,彼此协同,相互促进。

2)PDCA 循环每循环一次产品质量就提高一步

PDCA 循环的 4 个阶段要周而复始地运转,而每一次运转都要有新的目标和内容,因而就意味着前进了一步。如同爬楼梯,逐步上升。在质量管理上,经过了一次循环,也就解决了一批问题,质量水平有了新的提高。PDCA 循环的两大特点如图 6.3 所示。

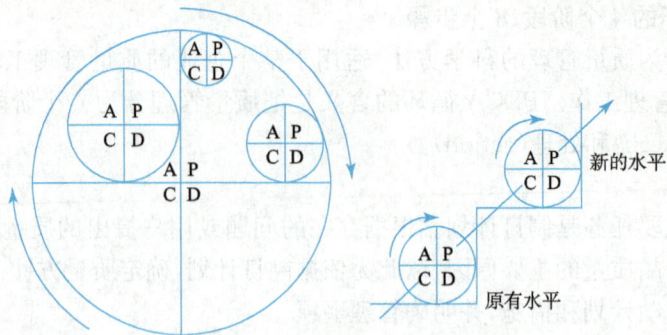

图 6.3　PDCA 循环的特点

### 6.2.2　排列图法

**1. 排列图的原理**

排列图法,又称帕累托(巴雷特)图法。这一方法是找出影响产品质量主要问题的一种方法。这种方法是以图表的形式把许多问题或构成问题的许多内容、因素等按照各自所占的份额,用相应高低长方形排列出来,同时,还标出各项累计百分比,以指示解决问题的主要问题。排列图又称主次因素排列图,是质量管理工作中常用的一种统计工具,是找出影响产品质量主要因素的一种有效方法。

排列图是由意大利经济学家帕累特(Pareto)最先提出和应用的,故又称为帕累特图。1906 年,帕累特在研究社会财富分布问题时,首先运用了排列图,借助于排列图这一工具,他发现占人口极少数的富人占有社会财富的大部分,而占人口总数绝大多数的穷人却处于贫苦的边缘,即发现了"关键的少数和次要的多数"的规律,也即经济管理类常提到的"二八原理"。后来朱兰将排列图应用到质量管理中,用以分析寻找影响质量问题的主要因素。由于质量问题的影响因素也服从关键的少数和次要的多数的规律,即影响质量问题的因素虽然很多,但是只有个别因素起决定性影响,而绝大多数因素的影响都是可以忽略的,所以,排列图的运用取得很好效果,从而成为质量问题分析的一种有效方法。

这种方法实际上不光在质量管理中,在其他许多管理工作中,例如在库存管理中,都是十分有用的。在品质管制过程中,要解决的问题很多,往往不知从哪里着手,但事实上大部分的问题,只要能找出几个影响较大的原因,并加以处置及控制,就可解决大部分的问题。图 6.4为排列图的实例。

**2. 排列图的结构**

排列图是由两个纵坐标、一个横坐标、几个连起来的直方图和一条曲线所组成的。其中,左边的纵坐标一般表示为频数(即不合格品数或质量问题的数量);右边的纵坐标表示累计频率;横坐标表示质量问题的影响因素;直方形是以各个影响因素所对应的横坐标部分为底,该影响因素产生的频数(不合格品数)为高所画的;各累计频率点是以对应影响因素的直方形的右侧边为横坐标,对应的累计频率为纵坐标所画的点;累计频率曲线则是以坐标原点为开始节点,依次将图中各累计频率点连在一起的一条曲线。

实际应用中,通常按累计频率划分为(0%~80%)、(80%~90%)、(90%~100%)三部分,与其对应的影响因素分别为 A、B、C 三类。其中,A 类为主要因素,B 类为次要因素,C 类为一般因素。需要注意的是,上述对累计频率的划分并不是绝对的,要根据实际情况作出判断,关键是要找出关键的少数影响因素。

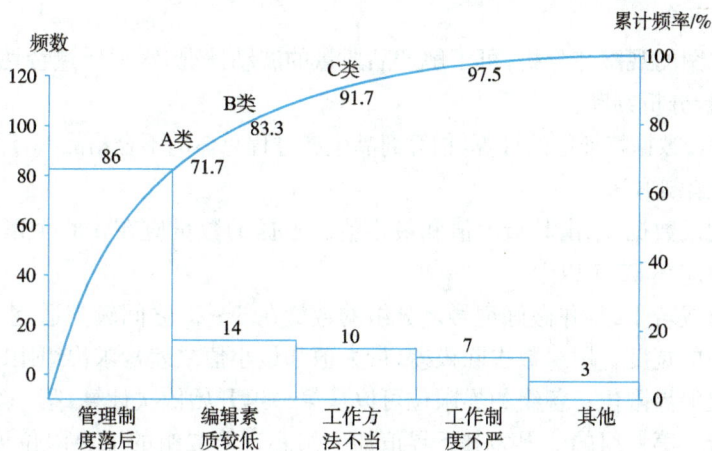

图 6.4　排列图实例

**3. 排列图的分析步骤**

(1)确定所要调查的问题和收集数据。

(2)设计一张数据记录表,将数据填入表中,并计算合计栏。

(3)作排列图用数据表,表中列有各项频数(不合格数),累计频数(不合格数),各项不合格所占百分比以及累计百分比。

(4)按数量从大到小顺序,将数据填入数据表中。"其他"项的数据由许多数据很小的项目合并在一起,将其列在最后,而不必考虑其他项的数据是多大。

(5)画两根纵轴和一根横轴。左边纵轴,标上件数(频数)的刻度,最大刻度为总件数(总频数)。右边纵轴,标上比率(频率)的刻度,最大刻度为 100%。将横轴按影响因素的数量进行等分,然后在横轴上按频数大小从大到小由左向右依次列出各项。

(6)在横上按频数大小画出直方形,每个直方形是以该影响因素在横轴的部分为底,以对应的频数为高所画出来的。

(7)以各直方图右侧边为横坐标,以对应的累计频数为纵坐标,确定累计频率点的位置。然后,在每个直方形右侧上方,标上累计值(累计频数和累计频率百分数),并用直线将各累计频率点进行连接,从而绘制出累计百分数曲线(巴雷特曲线)。

**4. 应用排列图法注意事项**

(1)一般来说,关键的少数项目应是有能力解决的最突出的一个,否则就失去找主要矛盾的意义,要考虑重新进行项目的分类。

(2)纵坐标可以用"件数"或"金额"等来表示,原则是以更好地找到"主要项目"为准。

(3)不太重要的项目很多时,横轴会变得很长,通常都把这些列入"其他"栏内,因此"其他"栏总在最后。

(4)确定了主要因素,采取了相应的措施后,为了检查"措施效果",还要重新画排列图。

### 6.2.3　直方图法

直方图法,又称柱形图或质量分布图法。这是揭示商品质量差异规律的常用工具之一。这种方法是把收集到的商品质量数据整理后,根据其分布情况分成若干组,画出以组距为底边,以频数为高度的许多直方形,再把它们连接起来形成矩形图,通过观察图形,分析商品质量状况和变动趋势,从而提出控制商品质量的方法。

**1. 直方图的用途**

(1)通过直方图的观察与分析,可了解产品质量的波动情况,掌握质量特性的分布规律,以便对质量状况进行分析判断。

(2)可通过质量数据特征值的计算,估算商品生产过程总体的不合格品率,评价过程能力等。

**2. 直方图的绘制方法**

(1)集中和记录数据,求出其最大值和最小值。数据的数量应在 100 个以上,在数量不多的情况下,至少也应在 50 个以上。

(2)将数据分成若干组,并做好记号。分组的数量在 6~20 之间较为适宜。

(3)计算组距的宽度。用组数去除极差(最大值和最小值之差),求出组距的宽度。

(4)计算各组的界限位。各组的界限位可以从第一组开始依次计算,第一组的下界为最小值减去组距的一半,第一组的上界为其下界值加上组距。第二组的下界限位为第一组的上界限值,第二组的下界限值加上组距,就是第二组的上界限位,依此类推。

(5)统计各组数据出现频数,作频数分布表。

(6)作直方图。以组距为底长,以频数为高,作各组的矩形图。

**3. 利用直方图来观察和分析生产过程的质量状况**

作直方图的目的是为了研究产品质量的分布状况,据此判断生产过程是否处在正常状态。因此在画出直方图后要进一步对它进行观察和分析。在正常生产条件下,如果所得到的直方图不是标准形状,或者虽是标准形状,但其分布范围不合理,就要分析其原因,采取相应措施。

通过直方图判断生产过程是否有异常。对直方图有些参差不齐不必太注意,主要应着眼于图形的整个形状。常见的直方图的分布形态大体上有 7 种。

1)正常型

正常型是指商品质量分布处于稳定的图形,它的形状是中间高、两边低,左右近似对称。近似是指直方图多少有点参差不齐,主要看整体形状,如图 6.5 所示。

异常型直方图种类则比较多,所以如果是异常型,还要进一步判断它属于哪类异常型,以便分析原因,加以处理。下面介绍几种比较常见的异常型直方图。

2)孤岛型

在直方图旁边有孤立的小岛出现,当这种情况出现时说明过程中有异常原因。如:原料发生变化,不熟练的新工人替人加班,测量有误等,都会造成孤岛型分布,应及时查明原因、采取措施,如图 6.6 所示。

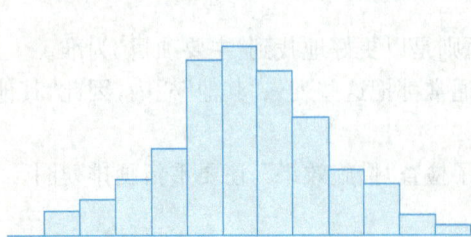

图 6.5　正常型直方图

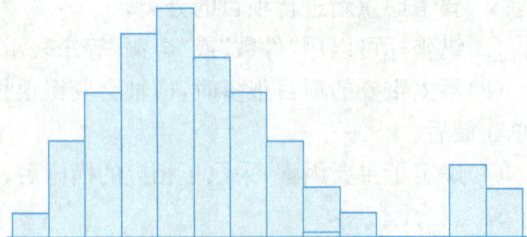

图 6.6　孤岛型直方图

3)双峰型

当直方图中出现了两个峰,这是由于观测值来自两个总体、两个分布的数据混合在一起造

成的。如两种有一定差别的原料所生产的产品混合在一起,或者就是两种产品混在一起,此时应当加以分层,如图 6.7 所示。

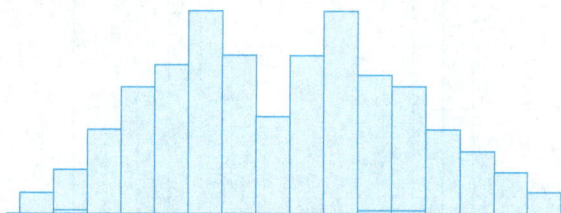

图 6.7　双峰型直方图

4）折齿型

当直方图出现凹凸不平的形状时,这是由于作图时数据分组太多,测量仪器误差过大或观测数据不准确等造成的,此时应重新收集数据和整理数据,如图 6.8 所示。

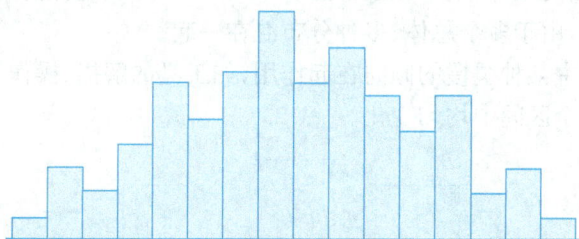

图 6.8　折齿型直方图

5）陡壁型

当直方图像高山的陡壁向一边倾斜时,通常表现在产品质量较差时,为了符合标准的产品,需要进行全数检查,以剔除不合格品。当用剔除了不合格品的产品数据作频数直方图时容易产生这种陡壁型,这是一种非自然形态,如图 6.9 所示。

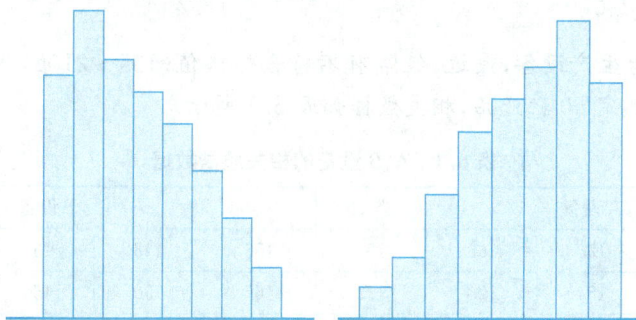

图 6.9　陡壁型直方图

6）偏态型

偏态型直方图是指图的顶峰有时偏向左侧、有时偏向右侧。由于某种原因使下限受到限制时,容易发生偏左型。如:用标准值控制下限,摆差等形位公差,不纯成分接近于 0,疵点数接近于 0 或由于工作习惯都会造成偏左型。由于某种原因使上限受到限制时,容易发生偏右型。如:用标准尺控制上限,精度接近 100%,合格率也接近 100% 或由于工作习惯都会造成偏右型,如图 6.10 所示。

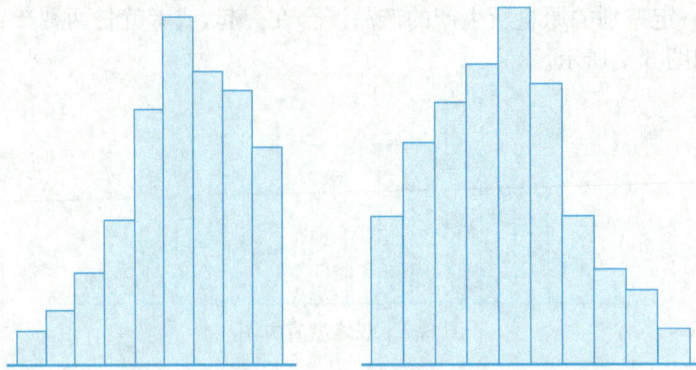

图 6.10 偏态型直方图

7)平顶型

当直方图没有突出的顶峰,呈平顶型,如图 6.11 所示,形成这种情况一般有 3 种原因。

(1)与双峰型类似,由于多个总体、多种分布混在一起。

(2)由于生产过程中某种缓慢的倾向在起作用,如工具的磨损、操作者的疲劳等。

(3)质量指标在某个区间中均匀变化。

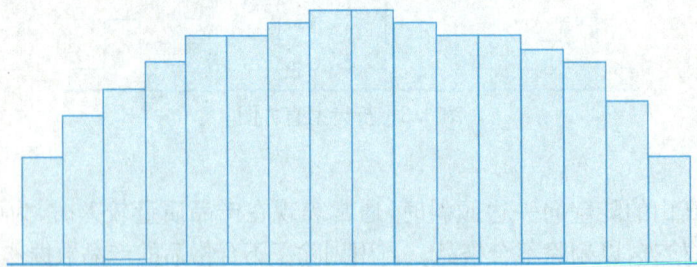

图 6.11 平顶型直方图

【例题 6.1】

某电缆厂有两台生产设备,最近,经常有不符合规格值(135~210g)异常产品发生,今就 A、B 两台设备分别测定 50 批产品,相关数据如表 6.1 所示。

表 6.1   A、B 设备的相关质量数据

| A设备 | | | | | B设备 | | | | |
|---|---|---|---|---|---|---|---|---|---|
| 160 | 179 | 168 | 165 | 183 | 156 | 148 | 165 | 152 | 161 |
| 168 | 188 | 184 | 170 | 172 | 167 | 150 | 150 | 136 | 123 |
| 169 | 182 | 177 | 186 | 150 | 161 | 162 | 170 | 139 | 162 |
| 179 | 160 | 185 | 180 | 163 | 132 | 119 | 157 | 157 | 163 |
| 187 | 169 | 194 | 178 | 176 | 157 | 158 | 165 | 164 | 173 |
| 173 | 177 | 167 | 166 | 179 | 150 | 166 | 144 | 157 | 162 |
| 176 | 183 | 163 | 175 | 161 | 172 | 170 | 137 | 169 | 153 |
| 167 | 174 | 172 | 184 | 188 | 177 | 155 | 160 | 152 | 156 |
| 154 | 173 | 171 | 162 | 167 | 160 | 151 | 163 | 158 | 146 |
| 165 | 169 | 176 | 155 | 170 | 153 | 142 | 169 | 148 | 155 |

解：

步骤1：找出数据中的最大值$(L)$与最小值$(S)$；

步骤2：求极差$(R)$＝最大值$(L)$－最小值$(S)$；

　　　　求得：最大值$L=194$；最小值$S=119$；

　　　　极差$R=194-119=75$

步骤3：确定组数$k$

　　　　(1)一般确定组数可以利用经验数据表，如表6.2所示。

　　　　(2)也可以利用史特吉斯(Sturges)提出的公式：$k=1+3.32\log n$

表6.2　经验分组数据表

| 数据数 $n$ | 组数 $k$ |
|---|---|
| 50以下 | 5～7 |
| 50～100 | 6～10 |
| 100～250 | 7～12 |
| 250以上 | 10～20 |

步骤4：确定组距$H$

　　　　组数据间隔范围为组距，$H=R/K$

　　　　根据经验值取组数为10；则组距＝$(194-119)/10=7.5$，取8。

步骤5：计算分组界限

　　　　最小一组的下组界＝最小值－测定值的最小位数$/2$

　　　　测定值的最小位数确定方法：如数据为整数，取1；如数据为小数，取小数所精确到的最后一位$(0.1;0.01;0.001\cdots)$

　　　　最小一组的上组界＝下组界＋组距

　　　　第二组的下组界＝最小一组的上组界

　　　　其余以此类推

本题中：

　　　　最小一组的下组界＝最小值－测定值之最小位数$/2=119-1/2=118.5$

　　　　最小一组的上组界＝下组界＋组距$=118.5+8=126.5$

步骤6：作次数分配表

　　　　各组的组中值＝(下组界＋上组界)$/2$；将所有数据依其数值大小划记号于各组之组界内，并计算出其次数，如表6.3所示。

表6.3　次数分配表

| 序号 | 组界 | 组中值 | 全体 | A设备 | B设备 |
|---|---|---|---|---|---|
| | | | 次数 | 次数 | 次数 |
| 1 | 118.5～126.5 | 122.5 | 2 | | 2 |
| 2 | 126.5～134.5 | 130.5 | 1 | | 1 |
| 3 | 134.5～142.5 | 138.5 | 4 | | 4 |
| 4 | 142.5～150.5 | 146.5 | 8 | 1 | 7 |

| 序号 | 组界 | 组中值 | 全体<br>次数 | A设备<br>次数 | B设备<br>次数 |
|------|------|--------|------|------|------|
| 5 | 150.5～158.5 | 154.5 | 17 | 2 | 15 |
| 6 | 158.5～166.5 | 162.5 | 21 | 8 | 13 |
| 7 | 166.5～174.5 | 170.5 | 23 | 16 | 7 |
| 8 | 174.5～182.5 | 178.5 | 14 | 13 | 1 |
| 9 | 182.5～190.5 | 186.5 | 9 | 9 | |
| 10 | 190.5～198.5 | 194.5 | 1 | 1 | |
| 合计 | | | 100 | 50 | 50 |

**步骤 7：作直方图**

以横轴表示各组的组中点,纵轴表示频数,绘出直方图。可以用 Excel 软件作图,如图 6.12、图 6.13 和图 6.14 所示。

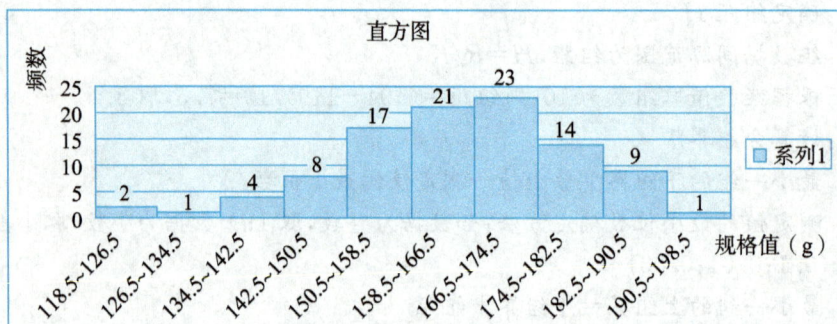

图 6.12　全体数据分布直方图

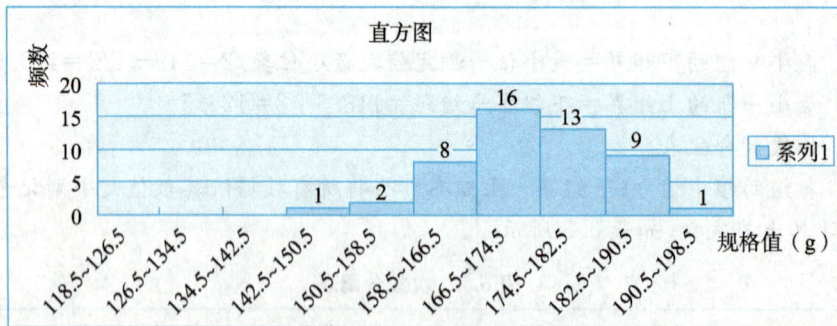

图 6.13　A 设备产品数据分布直方图

**步骤 8：图形分析**

通过对以上 3 个直方图的观察,发现基本都属于正常型的直方图,只是在最小一组数据多于第二组的数据,这是因为存在着极端值的影响,因此在生产过程中应该重点关注 B 设备的操作。

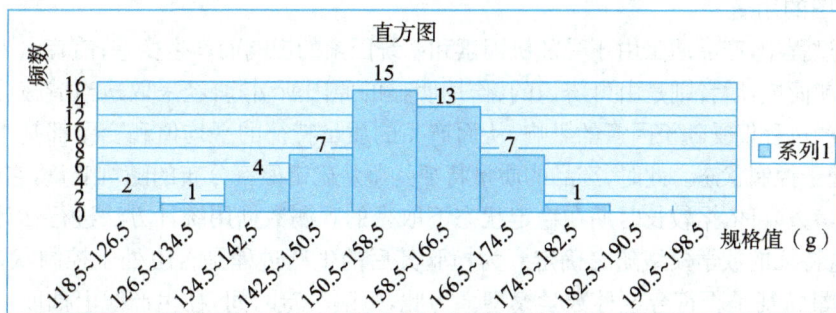

图 6.14　B设备产品数据分布直方图

**【练习题】**

某厂成品尺寸规格为 130～160 mm,今按随机抽样方式抽取 50 个样本,其测定值如表 6.4 所示,试制作直方图并分析。

表 6.4　某厂成品尺寸规格

| | | | | |
|---|---|---|---|---|
| 151 | 179 | 139 | 159 | 155 |
| 158 | 170 | 140 | 158 | 152 |
| 132 | 148 | 157 | 150 | 156 |
| 161 | 136 | 158 | 163 | 155 |
| 155 | 143 | 160 | 155 | 167 |
| 156 | 154 | 142 | 156 | 158 |
| 151 | 166 | 176 | 159 | 159 |
| 154 | 173 | 157 | 154 | 144 |
| 145 | 147 | 154 | 164 | 148 |
| 148 | 154 | 153 | 162 | 163 |

### 6.2.4　控制图法

**1. 控制图的定义及其用途**

世界上第一张控制图诞生于 1924 年 5 月 16 日,是由美国贝尔电话实验室(Bell Telephone Laboratory)质量课题研究小组过程控制组学术领导人休哈特博士提出的不合格品率 p 控制图。随着控制图的诞生,控制图就一直成为科学管理的一个重要工具,特别在质量控制方面成了一个不可或缺的管理工具。它是一种有控制界限的图,用来区分引起的原因是偶然的还是系统的,可以提供系统原因存在的资讯,从而判断生产过程是否处于受控状态。

1)控制图的定义

控制图又称管理图。它是在直角坐标系内画有控制界限,描述生产过程中产品质量波动状态的图形。利用控制图区分质量波动原因,判明生产过程是否处于稳定状态的方法称为控制图法。

控制图法是通过采集生产过程中的质量数据,进行统计分析,从而进行质量控制管理的一种方法。它把质量数据与计算确定的控制界限相比较,判断生产过程是否稳定,是否出现系统性差异,进而采取措施,及时消除异常现象,达到控制生产或服务过程、保证质量的目的。

**2）控制图的用途**

在生产过程中，产品质量由于受随机因素和系统因素的影响而产生变差；前者由大量微小的偶然因素叠加而成，后者则是由可辨识的、作用明显的原因所引起，经采取适当措施可以发现和排除。当生产过程仅受随机因素的影响，从而产品的质量特征的平均值和变差都基本保持稳定时，称之为处于控制状态。此时，产品的质量特征是服从确定概率分布的随机变量，它的分布（或其中的未知参数）可依据较长时期在稳定状态下取得的观测数据用统计方法进行估计。分布确定以后，质量特征的数学模型随之确定。为检验其后的生产过程是否也处于控制状态，就需要检验上述质量特征是否符合这种数学模型。为此，每隔一定时间，在生产线上抽取一个大小固定的样本，计算其质量特征，若其数值符合这种数学模型，就认为生产过程正常，否则，就认为生产中出现某种系统性变化，或者说生产过程失去控制。这时，就需要考虑采取包括停产检查在内的各种措施，以期查明原因并将其排除，以恢复正常生产，不使失控状态延续而发展下去。通常应用最广的控制图是 W. A. 休哈特在 1925 年提出的，一般称之为休哈特控制图。

控制图可以评定加工过程的状态，发现并及时消除生产过程中的失控现象，从而起到保证质量、防患于未然的作用。减少废品和返工，从而提高生产效率、降低成本、提高生产能力，可以区分质量的偶然波动与异常波动，使操作者减少不必要的过程调整。提供重要的过程参数数据以及它们的时间稳定性。控制图是用样本数据来分析判断生产过程是否处于稳定状态的有效工具。它的用途主要有两个：①过程分析，即分析生产过程是否稳定。为此，应随机连续收集数据，绘制控制图，观察数据点分布情况并判定生产过程状态；②过程控制，即控制生产过程质量状态。为此，要定时抽样取得数据，将其变为点描在图上，发现并及时消除生产过程中的失调现象，预防不合格品的产生。

**2. 控制图的结构及原理**

1）控制图的结构

图 6.15 所示为一控制图，是在直角坐标系中画三条平行于横轴的直线，中间一条实线为中线（CL），上、下两条虚线分别为上、下控制界限（UCL 和 LCL）。横轴表示按一定时间间隔抽取样本的次序，纵轴表示根据样本计算的、表达某种质量特征的统计量的数值，由相继取得的样本算出的结果，在图上标为一连串的点，它们可以用线段连接起来。

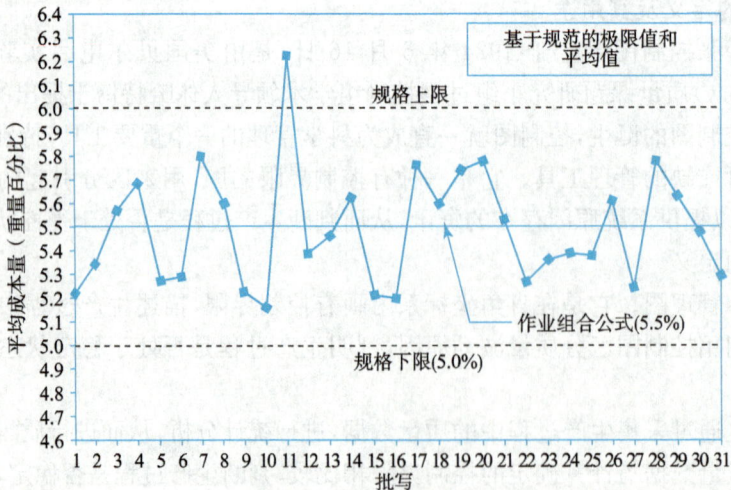

图 6.15 控制图结构

2）控制图的原理

任何一个生产过程，不论它是如何精确设计和精心维护，总存在着一定量的固有的或自然的变化。它是由许多偶然因素形成的偶然波动的累积效果。由于这种波动比较小，所以认为这时生产过程处于受控状态或稳态。

此外，在生产过程中有时也发生由异常因素造成的异常波动，如由于设备调整不当、人为差错或原材料缺陷导致的质量波动。与偶然波动相比，这种异常变化要大得多，而且往往表现出一定的趋势和规律，此时认为生产过程处于失控状态。

受控状态是生产过程追求的目标，此时产品的质量是有把握的。图6.16说明了控制图的控制原理。正常情况下测点值是正态分布的，落在控制界限之内的概率远大于落在控制界限之外的概率。反之，若测点值落在控制界限之外，可能是属于正常情况下的小概率事件发生，也可能是属于过程异常发生，相对来讲，后者发生的概率要大得多。这正是控制图的统计学原理。

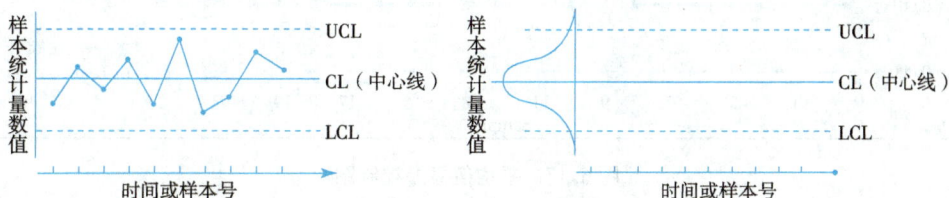

图6.16　控制图的控制原理

**3. 控制图的种类**

控制图根据所考察的质量特征的性质是计量的还是计数的（包括计件和计点的），以及所采用的统计量的不同有不同的分类。

1）按用途分类

（1）分析用控制图。分析生产过程是否处于控制状态；连续抽样。

（2）管理（或控制）用控制图。用来控制生产过程，使之经常保持在稳定状态下；等距抽样。

2）按质量数据特点分类

（1）计量值控制图。计量值控制图类型中包括平均值极差控制图、中位数极差控制图、单值控制图和单值移动极差控制图。其中尤以平均值极差控制图（如图6.17所示）用得最多，它对加工工序有很强的控制能力，是控制产品质量最实用有效的一种工具。

（2）计数值控制图。计数值控制图类型中包括不合格品率控制图、不合格品数控制图、单位缺陷数控制图和缺陷数控制图。

各种常用的控制图的代号及应用范围如表6.5所示。

**4. 控制图的观察与分析**

1）控制图的分析准则

控制图判断异常的准则有两条：数据点出界就判断异常；界内点排列非随机就判断异常。

2）判断稳态的准则

稳态是生产过程追求的目标。那么如何用控制图判断过程是否处于稳态？为此，需要制定判断稳态的准则。

判稳准则：在数据点随机排列的情况下，符合下列各点之一就认为过程处于稳态。

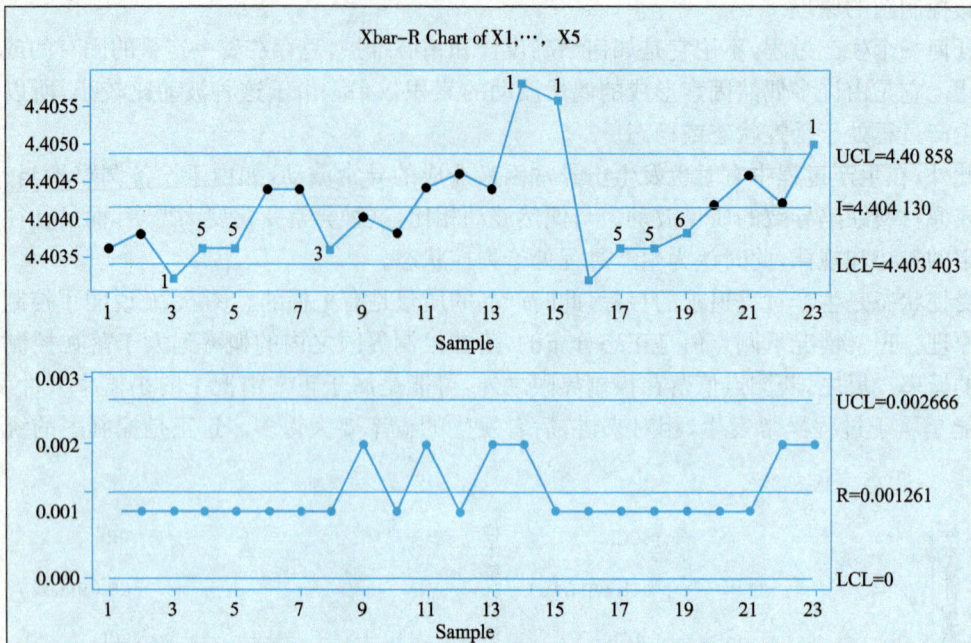

图 6.17　平均值极差控制图

**表 6.5　控制图的种类及特点**

| 控制图类型 | 控制图名称 | 代号 | 应用范围 | 控制图类型 | 控制图名称 | 代号 | 应用范围 |
|---|---|---|---|---|---|---|---|
| 计数值控制图 | 平均值，极差控制图 | $\bar{x}-R$ | 计量值数据控制 | 计量值控制图 | 不合格品率控制图 | $P$ | 关键件全检场合 |
| | 中位数，极差控制图 | $\bar{x}-r$ | 同上,但检出力较强 | | 不合格品数控制图 | $P_n$ | 半成品或零部件在一定样本容量 $n$ 的场合 |
| | 单值控制图 | $x$ | 同上,但检出时间应短于加工时间 | | 单位缺陷数控制图 | $U$ | 全数检验单位缺陷数场合 |
| | 单值，移动极差控制图 | $x-R_s$ | 同上,但用于一定时间里,只能获取一个数据的工序控制 | | 缺陷数控制图 | $C$ | 要求每次检测样本容量为 $n$ 的场合 |

(1)连续 25 个数据点都在控制界限内。

(2)连续 35 个数据点至多 1 个点落在控制界限外。

(3)连续 100 个数据点至多 2 个点落在控制界限外。

3)判断异常的原则

在讨论控制图原理时,已经知道数据点出界就判断异常,这是判断异常的最基本的一条准则。为了增加控制图使用者的信心,即使对于在控制界限内的数据点也要观察其排列是否随机。若界内点排列非随机,则判断异常。

判断异常的准则:

符合下列各点之一就认为过程存在异常因素:

(1)数据点在控制界限外或恰在控制界限上。

(2)控制界限内的数据点排列不随机。

(3)链:连续链,连续 9 点排列在中心线之下或之上;间断链,大多数点在一侧。

(4)多数点屡屡靠近控制界限(在 2~3 倍的标准差区域内出现);

　　　连续 3 个点至少有 2 点接近控制界限;

　　　连续 7 个点至少有 3 点接近控制界限;

　　　连续 10 个点至少有 4 点接近控制界限。

(5)倾向性(连续不少于 6 点有上升或下降的倾向)与周期性。

(6)连续 14 点中相邻点交替上下。

(7)点子集中在中心线附近。(原因:数据不真实;数据分层不当)

为了方便记忆,下面总结了控制图判异的八个准则:

(1)2/3A(连续 3 点中有 2 点在中心线同一侧的 B 区外<即 A 区内>)

(2)4/5C(连续 5 点中有 4 点在中心线同一侧的 C 区以外)

(3)6 连串(连续 6 点递增或递减,即连成一串)

(4)8 缺 C(连续 8 点在中心线两侧,但没有一点在 C 区中)

(5)9 单侧(连续 9 点落在中心线同一侧)

(6)14 交替(连续 14 点相邻点上下交替)

(7)15 全 C(连续 15 点在 C 区中心线上下,即全部在 C 区内)

(8)1 界外(1 点落在 A 区以外)

**5. 应用控制图的注意问题**

应用控制图需要考虑以下一些问题。

1)控制图用于何处

原则上讲,对于任何过程,凡需要对质量进行控制管理的场合都可以应用控制图。但这里还要求:对于所确定的控制对象——质量指标应能够定量,这样才能应用计量值控制图。如果只有定性的描述而不能够定量,那就只能应用计数值控制图。所控制的过程必须具有重复性,即具有统计规律。对于只有一次性或少数几次的过程显然难于应用控制图进行控制。

2)如何选择控制对象

在使用控制图时应选择能代表过程的主要质量指标作为控制对象。一个过程往往具有各种各样的特性,需要选择能够真正代表过程情况的指标。例如,假定某产品在强度方面有问题,就应该选择强度作为控制对象。在电动机装配车间,如果对于电动机轴的尺寸要求很高,这就需要把机轴直径作为我们的控制对象。

3)怎样选择控制图

选择控制图主要考虑下列几点:首先根据所控制质量指标的数据性质来进行选择;其次,要确定过程中的异常因素是全部加以控制(全控)还是部分加以控制(选控),若为全控应采用休哈特图等;若为选控,应采用选控图。

4)如何分析控制图

如果控制图中点未出界,同时点的排列也是随机的,则认为生产过程处于稳态或控制状态。如果控制图中点出界(或不出界)而点的排列是非随机的(也称为排列有缺陷),则认为生产过程失控。

5）对于点出界或违反其他准则的处理

若点出界或点的排列是非随机的,则应立即追查原因并采取措施防止它再出现。

6）对于过程而言,控制图起着报警铃的作用

控制图点出界就好比报警铃响,告诉现在是应该进行查找原因、采取措施、防止再犯的时刻了。一般来说,控制图只起报警铃的作用,而不能告诉这种报警究竟是由什么异常因素造成的。要找出造成异常的原因,除去根据生产和管理方面的技术与经验来解决外,应该强调指出,应用两种质量诊断理论和两种质量多元诊断理论来诊断的方法是十分重要的。

7）控制图的重新制定

控制图是根据稳定状态下的条件 5M1E［Man（人）、Machine（机器）、Material（材料）、Method（方法）、Measurement（测量）、Enviroment（环境）］来制定的。如果上述条件变化,如操作人员更换或通过学习操作水平显著提高,设备更新,采用新型原材料或其他原材料,改变工艺参数或采用新工艺,环境改变等,这时,控制图也必须重新加以制定。由于控制图是科学管理生产过程的重要依据,所以经过相当时间的使用后应重新抽取数据,进行计算,加以检验。

## 本章小结

本章介绍了商品质量管理的概念;质量管理的内容和任务;质量管理的发展历程;全面质量管理的核心思想及其特点;PDCA 循环的 4 个阶段 8 个步骤及其特点;以及排列图、直方图和控制图在质量管理中的应用。

质量管理是企业为了使其产品、服务能更好地满足不断变化的顾客要求而开展的计划、实施、检查和审核等管理活动的总和。质量管理的内容包括 6 个方面:质量方针、质量目的、质量策划、质量控制、质量保证和质量改进。追溯质量管理的发展历史,其经历了检验质量管理阶段、统计质量管理阶段和全面质量管理阶段,期间出现了零缺陷理论、ISO 9000 族标准、六西格玛管理、PDCA 循环和卓越绩效模式等先进的质量管理思想和理论。全面质量管理思想是目前广为采用的一种管理思想,其特点是:全面质量的管理、全员的管理、全过程的管理、全社会推动的管理、全面运用各种管理方法。另外,PDCA 循环理论共分为 4 个阶段 8 个步骤。目前,一些经典的统计控制管理方法仍非常实用,如排列图、直方图和控制图。

## 关键术语

质量管理　　质量方针　　质量目标　　质量策划　　质量控制　　质量保证　　质量改进　　全面质量管理　　零缺陷理论　　ISO 9000 族标准　　六西格玛管理　　PDCA循环　　卓越绩效模式　　排列图　　二八原理　　直方图　　控制图

## 实训项目

1. 查阅资料,分析一些著名企业在质量方面的管理理念,以及采用了哪些具体的质量管理方法。

2. 深入某企业搜集相关质量指标数据,并利用相应的质量控制方法进行分析。

## 思考题

1. 什么是质量管理?质量管理的内容包括哪些?
2. 质量管理的发展经历了哪几个阶段?
3. 简述全面质量管理的核心思想及其特点。
4. 为什么说全面质量管理是质量管理的最高境界?
5. 简述 PDCA 循环的 4 个阶段 8 个步骤及 PDCA 循环的特点。

## 案例分析

### 从"扁鹊论医"看质量管理

魏文王问名医扁鹊说:"你们家兄弟三人,都精于医术,到底哪一位医术最好呢?"扁鹊答说:"长兄最好,中兄次之,我最差。"文王吃惊地问:"你的名气最大,为何反长兄医术最高呢?"扁鹊惭愧地说:"我扁鹊治病,是治病于病情严重之时。一般人都看到我在经脉上穿针管来放血、在皮肤上敷药等大手术,所以以为我的医术高明,名气因此响遍全国。我中兄治病,是治病于病情初起之时。一般人以为他只能治轻微的小病,所以他的名气只及于本乡里。而我长兄治病,是治病于病情发作之前。由于一般人不知道他事先能铲除病因,所以觉得他水平一般,但在医学专家看来他水平最高。"

(案例来源:作者根据相关资料进行改写。)

**问题:**

(1)根据以上案例分析,质量管理根据其管理过程分为哪几个阶段?扁鹊兄弟三人治病分别针对质量管理的什么阶段?

(2)上述质量管理的哪个阶段更为重要?

# 第7章　商品质量的认证、监督与仲裁

## 学习要点

• 掌握质量认证和质量监督的概念及其种类与形式；

• 熟悉商品质量认证（强制性产品认证、自愿性产品或服务认证）和各种认证标志以及质量管理体系认证的概念、认证内容、依据和一般程序；

• 了解 HACCP 认证、环境管理体系认证、职业安全健康管理体系认证和食品安全管理体系认证的基本内容；

• 熟悉商品质量监督的主客体、原则、依据和主要内容。

## 引导案例

### 质量认证——企业持续发展的助推器

山西杏花村汾酒集团是全国著名的白酒生产企业，其主导产品汾酒是清香型白酒的典型代表，曾于 1915 年荣获巴拿马万国博览会甲等金质大奖，是中国老四大名酒之一，并多次荣获国优名酒称号，竹叶青酒以其独特的生产工艺配方和"色、香、味"三绝而闻名海内外，1987 年荣获法国巴黎国际酒类展评会金奖第一名。注册商标"杏花村"于 1997 年荣获国家驰名商标称号。

"借问酒家何处有，牧童遥指杏花村"，汾酒历经千年而不衰，靠的就是出色的品质。公司历来非常重视产品质量管理，特别是 20 世纪 80 年代以来，更是率先导入质量认证，将其作为促进全面质量管理工作的重中之重来贯彻、实施。经过不懈努力，1988 年汾酒、竹叶青酒系列主导产品在白酒行业首批通过"中国方圆标志认证委员会"组织的国家级产品质量认证，取得方圆合格认证标志。1999 年，公司开展了 ISO 9001：1994 质量体系认证，2000 年 2 月获得了中国方圆委员会颁发的"质量体系认证书"，同年 12 月获得了中国进出口认证中心颁发的"质量体系认证书"，并于 2003 年 4 月成功实现了向 2000 版标准的转换。2003 年，将质量体系的覆盖范围扩大到集团公司生产的白酒、果酒、露酒、葡萄酒及印刷制品等系列产品的设计、开发、生产、服务全过程，并顺利通过了中国方圆认证委员会的现场审核。

认证保证了汾酒一贯的卓越品质。多年来，汾酒人在不断探索传统工艺与现代管理技术

的有机结合。质量认证提供了一个极好的结合点,通过引入质量认证,全面质量管理的思想得以深入人心,全方位提升了质量管理水平,从材料进厂、酿造到成品出厂整个过程中,实现了层层标准化把关,保证了汾酒、竹叶青酒的各项感官、理化、卫生指标100%符合国家标准,汾酒"入口绵、落喉甜、回味久长"的传统特色得到发扬光大。企业生产规模不断扩大,汾酒仍保持了一贯的卓越品质。

认证促进了科技和管理的创新。质量认证是个新事物,在导入全面质量管理的过程中,出现了一些新情况、新问题,激发了广大职工为企业发展献计献策的热情,从客观上有力地促进了科技和管理的创新。如技术部门根据企业实际情况,不断研究总结,创造制定了《生产过程控制总图和控制参数》,将生产过程细划分为53个过程,设置参数105个,后又细划为69个过程,125个控制参数,从而使生产酿造过程中的关键、重要的生产要素得到严格控制。几年来,全员参与的质量管理小组,在实践中不断摸索总结,共获得省部级以上优秀QC成果50多项,国家级优秀成果10余项,企业也多次被评为全国质量管理小组活动优秀企业。

认证推动了新产品的开发。通过认证,带动了公司各项基础工作的提高,特别是推动新产品的开发进入了良性循环发展的轨道,极大地提高了公司的核心竞争能力。近年来,公司生产规模不断扩大,产品种类不断丰富,截至2003年底,公司产品种类已达600余种,新产品在保持汾酒传统品味的同时,更加符合现代消费潮流,涌现了青花瓷汾酒、晶质老白汾酒等销售额过亿的品种,新产品赢得了新的消费群体,占领了市场,巩固了汾酒作为清香型白酒老大的地位。

认证促进了经济效益、社会效益的同步提高。通过认证,夯实了公司企业质量管理的基础,保证了产品质量的稳定过硬,保证产品的推陈出新,使汾酒在激烈的市场竞争中站稳了脚跟,虽经1998年1·26假酒案的巨大冲击和2003年9·28媒体事件的负面影响,企业仍能克服危机,走出困境,稳步前进。2003年汾酒集团实现销售额12亿元,比上年增长20%。

杏花村汾酒、竹叶青酒是山西省标志性的名牌产品,是山西人民的骄傲,产品不仅畅销全国,还出口50多个国家和地区,在海外享有极高的知名度,为山西省经济建设和社会发展做出了一定的贡献。

(案例来源:作者根据相关资料进行改写。)

## 7.1 商品质量认证

### 7.1.1 质量认证概述

**1. 质量认证和认可的概念**

1)质量认证的概念及含义

认证也称质量认证或合格评定,它是随着现代工业的发展作为一种外部质量保证的手段逐渐发展起来的。我国于2003年9月《中华人民共和国认证认可条例》,将"认证"定义为"由认证机构证明产品、服务、管理体系符合相关技术规范、相关技术规范强制要求或者标准的合格评定活动"。

ISO/IEC指南2:1986中对"认证"的定义是:"由可以充分信任的第三方证实某一经鉴定的产品或服务符合待定标准或规范性文件的活动。"

含义如下:

（1）对象是商品或服务。

（2）依据是特定的商品标准以及补充的技术要求。

（3）认证机构是独立的第三方。

（4）认证标识是认证证书或认证标志。

2）质量认可的概念及含义

质量认可是指一个权威团体依据程序对某一团体或个人具有从事特定任务的能力给予正式确认。含义如下。

（1）对象：认证培训机构、人员、实验室、独立的产品检验机构或计量校准检定机构。

（2）功能：检测机构及实验室等的能力，即试验数据的有效性和可靠性，不涉及产品质量是否满足规定的要求。

（3）主体：政府部门或非政府团体。

（4）依据为认可准则，即一定的技术标准和条件。

举例来说，对供方生产的产品，需方无法判定其质量是否合格，而由第三方来判定。第三方既要对供方负责，又要对需方负责，不偏不倚，出具的证明要能获得双方的信任，这样的活动就叫做"认证"。

这就是说，第三方的认证必须公开、公正、公平，才能有效。这就要求第三方必须有绝对的权力与威信，必须对立于供方和需方之外，必须与供方和需方没有经济上的厉害关系，才能获得双方的信任。由国家认可的相关组织去担任这样的第三方，便叫做"认证机构"。

**2. 质量认证的发展历史**

质量认证的发展历史可以简单概括为"合格声明"、商品质量认证、质量体系认证及区域认证制度和国际认证制度这四个阶段，如图 7.1 所示。

1）合格声明

认证活动起源于商品经济发展初期。当一个工匠谋求订户确认他的产品符合某种规格时，就出现了原始的认证活动。但是，这些活动相互之间没有联系，在产品规格的形式和确认程序方面也不规范，因而买主对产品是否符合规格，信心不足。卖主为了获取买方对其产品质量方面的信任，向买方提供"合格声明"。商品（产品）的合格声明是当针对该商品（产品）没有相关技术规范的证明时，制造商（销售商）证明他们所供给的产品符合技术法规或者相关法律文件的要求。但这种由卖方单方面提供的合格证明并不能完全打消买方对商品质量的疑虑，因此有很明显的局限性。

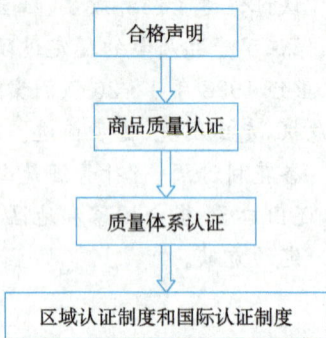

图 7.1　质量认证的发展

2）商品质量认证

19 世纪中叶，一些工业化国家为了保护人身安全，开始制定法律或技术法规，规定凡需要符合政府颁布的规格和程序的某些工业品，必须通过确认。这就是法规性认证或强制性认证的开始。

而真正意义上的现代第三方质量认证制度起源于英国。1903 年，英国创立了世界上第一个质量认证标志——风筝标志（或称 BS 标志）如图 7.2 所示。并于 1922 年按英国商标法注册，成为受法律保护的商品质量认证标志。此后，质量认证得到了较快发展，到 20 世纪 50 年

代,质量认证制度基本上在所有工业发达的国家得到普及。该阶段均是对商品(产品)质量所作的认证工作。

3)质量体系认证

20世纪70年代起,发展中国家推行质量认证制度。1970年,ISO成立了"认证委员会"(ERTICO)。1985年,ISO又将其更名为"合格评定委员会"(CASCO)。此后,国际标准化组织又积极将认证制度从商品质量认证进一步扩展到质量体系认证。20世纪80年代初国际标准化组织建立 ISO/TC 176,即"质量保证技术委员会",1987年更名为"质量管理和质量保证技术委员会",同年颁布了1987年版的 ISO 9000 质量管理体系标准。2008年 ISO 公布 ISO 9001:2008《质量体系要求》标准。这是迄今为止第四套 ISO 9000 族质量管理体系标准。

图 7.2　风筝标志

1996年 ISO、TC 207 颁布 ISO 14001《环境管理体系——规范及使用指南》标准,它是 ISO 14001 系列中唯一用于环境管理体系认证的标准。2005年 ISO 又公布了国际标准 ISO 22000《食品安全管理体系要求》,从此依据该标准的食品安全管理体系认证制度逐渐在全球范围内得到重视与发展。

4)区域认证制度和国际认证制度

现在,全世界各国的产品质量认证一般都依据国际标准进行认证。国际标准中的60%是由 ISO 制定的,20%是由 IEC 制定的,20%是由其他国际标准化组织制定的,也有很多是依据各国自己的国家标准和国外先进标准进行认证的产品质量认证工作,至此形成了区域认证制度和国际认证制度。

**3. 我国质量认证工作概况**

我国商品质量认证工作起步比较晚,经历了一个从认识到重视的过程。我国于1978年加入 ISO 后,将质量认证和实验室认可的原则和实践引入我国。1981年我国成立了第一个认证委员会,中国电子元器件认证委员会。该认证委员会依据 IEC 有关技术规范,对有关电子元器件实行自愿性质量认证。1985年9月我国成为国际电工产品认证组织(IECEE)的成员国。到目前为止,该委员会的 CB 实验室的形式实验报告已被所有 IECEE 成员国承认。

1991年5月国务院又颁布了《中华人民共和国产品质量认证管理条例》,标志着我国质量认证工作出试点进入了全面推行的新阶段。进入世界贸易组织后,为了从新的经济形势出发,国务院决定将国建质量技术监督局与国建出入境检验检疫局合并,组建国家质量监督检验检疫总局(国家质检总局),主管全国质量、计量、出入境商品检验、出入境卫生检验、出入境动植物检疫和认可、标准化等工作,并行使行政执法职能。

2001年8月组建中国认证认可监督管理委员会(国家认证委),统一监督管理全国的认证认可工作。同时,将原中国进出口质量认证中心和原中国电工产品认证委员会秘书处合并,成立中国质量认证中心——CQC。在全国11个中心城市设立 CQC 认证分中心,在 CQC 总部统一部署下,开展辖区内 CCC 认证企业的工厂检查工作。

2003年国务院发布《中华人民共和国认证认可条例》和《国务院办公厅关于加强认证认可工作的通知》,为建立健全全国统一,内外一致的认证认可工作提供了政策和法律保障。在全面清理认证认可相关法律法规的基础上,认监委先后发布了70多种部门规章和规范性文件,从而确立了我国认证认可法规体系。2006年3月中国合格评定国家认可委员会（CNAS）成立,它是认监委批准设立并授权的国家认可机构,统一负责认证机构、实验室和检查机构等相关机构的认可工作。2009年7月,国家质检总局公布并实施《强制性产品认证管理规定》。目前我国在国际认证认可界的影响不断提高。我国的认证认可工作积极采用国际标准,建立了自己的认证认可制度。我国的认证认可结果已经为国际组织、区域合作组织普遍接受,认证认可监督目前已得到大多数认证认可国际组织的认同,并为一些发展中国家吸取采纳。我国认证认可机构在国际、区域性组织的认证认可相关政策和技术规范制定过程中的话语权不断加强。

**4. 质量认证的主要原则**

1）统一管理

国家对质量认证工作实行统一管理,这是实现各国管理认证统一化的趋势。其基本做法是对认证机构、检验机构、审核机构、评定人员等规定认可准则,成立全国性的认可机构。根据认可准则对这些机构、人员进行审查、认可并注册,以确保认证结果的可信性。

2）对检验机构一视同仁

根据《产品质量认证检验机构管理办法》第二条规定,对检验机构应一视同仁,只看条件是否具备,不问隶属关系,有利于检验机构之间的竞争,提高检验机构的能力。

3）引入竞争机制

对从事认证工作的机构,引入竞争机制,使认证机构成为具有明确法律地位的第三方实体,并以其公正性、科学性及有效性来提供优质服务,赢得信誉。

4）自愿与强制相结合

坚持企业资源申请的原则,同时对国家规定实行安全认定的产品,在进入流通领域时实行强制性管理。

5）明确目的

认证的目的是一方面帮助企业取得进入国际市场的通行证;另一方面是促进企业加强技术基础工作,建立企业的质量体系,提高产品质量,增强企业在市场中的竞争力。

### 7.1.2　商品质量认证概述

**1. 商品质量认证的含义**

商品质量认证也称产品认证,是依据产品标准和相应技术要求,经第三方认证机构确认并通过颁发认证证书和认证标志来证明某一特定产品符合相应标准和技术要求的合格评定活动。商品质量认证概念的含义如下。

(1)商品质量认证的对象是特定的产品(有形商品)或服务(无形商品)。

所谓"特定"是指认证对象应列于"产品(服务)认证目录"内,而并非所有的产品或服务都能进行认证。从我国当前的商品质量认证实际情况来看,认证对象绝大多数都是有形的产品项目,而无形的服务项目很少。

(2)商品质量认证的依据是产品或服务标准及其相应的技术法规要求。

WTO/TBT协议(世界贸易组织/贸易技术壁垒协议)将"技术法规"定义为"强制执行的规定产品特性或相应加工和生产方法的包括可适用的管理规定的文件。技术法规也可以包括专门规定用于产品、加工或生产方法的术语、符号、包装、标志或标签要求"。WTO/TBT协议将"标准"定义为"为了通用或反复使用的目的,由公认机构批准的规定产品或相关加工和生产

方法的规则、指南或特性的非强制执行的文件。标准也可以包括专门规定用于产品、加工或生产方法的术语、符号包装标志或标签要求"。WTO/TBT 协议在这里只强调"产品、加工或生产方法",是因为技术法规对国际货物贸易的影响最大。ISO/IEC 指南 2:1996 年将"技术法规"定义为"规定技术要求的法规,它或者直接规定技术要求,或者通过引用标准、技术规范或规程来规定技术要求,或者将标准、技术规范或规程的内容纳入法规中"。但其"产品"定义是广义的,包括产品、过程、服务。我国《标准化法》将标准划分为强制性标准和推荐性标准两大类,根据 WTO/TBT 协议的定义,我国的强制性标准应属于技术法规的范畴,而推荐性标准就成为自愿性的、非强制执行的标准。

(3)商品质量认证机构应为独立的第三方,即独立于买卖双方之外的认证机构。

所谓"第三方"是指在涉及的问题上公认的独立于有关各方(第一方的供方和第二方的需方)的个人或机构。也就是说,认证机构在经济和隶属关系上应与商品的供方和需方无利害关系。在我国开展产品或服务质量认证活动的认证机构必须经过国务院认证认可监督管理部门认可,才能从事批准范围内的认证活动。

(4)商品质量认证的批准方式是颁发认证证书和允许产品或服务使用认证标志。

(5)商品质量认证中的合格评定活动包括抽样、测试、检验、评价、验证、合格保证注册、批准等以及它们的组合。

合格保证是为了使人们相信产品、过程或服务满足规定要求的声明所开展的活动。例如对产品而言,声明的形式可以是认证证书、认证标志或其他等效方式,它也可以印在有关产品的公告、产品目录或用户手册上。我国《认证证书和认证标志管理办法》中定义:认证证书是指产品、服务、管理体系通过认证所获得的证明性文件;认证标志是指证明产品、服务、管理体系通过认证的专有符号、图案或者符号、图案以及文字的组合。

**2. 商品质量认证的作用**

实行产品质量认证的目的是保证产品质量,提高产品信誉,保护用户和消费者的利益,促进国际贸易和发展国际质量认证合作。其意义具体表现在以下几方面。

1)提高商品质量信誉和在国内外市场上的竞争力

商品在获得质量认证证书和认证标志并通过注册加以公布后,就可以在激烈的国内国际市场竞争中提高自己产品质量的可信度,有利于占领市场,提高企业经济效益。

2)提高商品质量水平,全面推动经济的发展

商品质量认证制度的实施,可以促进企业进行全面质量管理,并及时解决在认证检查中发现的质量问题;可以加强国家对商品质量进行有效监督和管理,促进商品质量水平不断提高。同时,已取得质量认证的产品,还可以减少重复检验和评定的费用。

3)提供商品信息,指导消费,保护消费者利益,提高社会效益

消费者购买商品时,可以从认证注册公告或从商品及其包装上的认证标志中获得可靠的质量信息,经过比较和挑选,购买到满意的商品。

4)减少社会重复检验和评定费用

每一个买方对于从卖方采购的商品都需要进行检验,以验证所购买的商品质量是否符合要求,这无疑增加了买方的检验成本、时间和精力。如果卖方商品取得了权威的第三方所出具的质量认证证书及其标志使用权,这样就说明卖方所生产的商品具有较高的质量信誉,则每个买方对卖方商品的质量检验可以大大减少甚至免检。对于买方乃至整个社会来说,这将意味

着节省了大量的检验与评定费用。

### 3. 商品质量认证的种类

1) 强制性产品认证和自愿性产品认证

从法规性质或认证的约束性来看,商品质量认证可分为强制性产品认证和自愿性产品认证。

(1) 强制性产品认证。

强制性产品认证是对涉及有关国家安全、人体健康或安全、动植物生命或健康以及环境保护的产品,依照法律、行政法规实施的一种产品合格评定制定,它要求产品必须符合对应的标准或技术法规。强制性产品认证,是通过制定强制性认证产品目录和实施强制性产品认证程序,对列入该目录中的产品实施强制性的检测和审核。凡列入强制性产品认证目录内的产品,没有获得指定认证机构的认证证书,没有按规定加施认证标志,一律不得进口、不得出厂销售和在经营服务场所使用。在实行市场经济制度的国家,政府利用强制性产品认证制度作为产品市场准入的手段,正在成为国际通行的做法。我国的强制性产品认证制度、食品质量安全市场准备制度(QS认证制度)都属于这类认证,它们的认证标志如图7.3所示。

图 7.3 中国强制性产品认证标志与食品质量安全市场准入标志

(2) 自愿性产品认证。

自愿性产品认证,也称为非强制性产品认证。它是企业根据自愿原则向认证机构提出产品认证申请,由认证机构依据认证基本规范、认证规则和技术标准进行的合格评定活动。自愿性产品认证的依据为国家标准、行业标准、国际标准、其他先进标准或认证机构的技术要求。经认证合格的,由认证机构颁发产品认证证书,准许企业在产品或者其包装上使用产品认证标志。

2) 产品合格认证和产品安全认证

从认证的作用不同来分,商品质量认证可分为产品合格认证和产品安全认证。

(1) 产品合格认证。

产品合格认证是指认证机构依据相关产品标准或技术规范对产品进行型式检验,得出产品性能是否符合有关产品标准或技术规范要求的结果,加上必要的工厂检查,符合认证条件后,颁发认证证书并准许产品上使用认证标志。我国大部分产品质量认证都属于此类自愿性认证。例如,我国方圆认证集团有限公司的前身即中国方圆标志认证委员会,是我国第一家实施自愿性产品认证的认证机构,其认证标志是著名的"方圆标志"(如图7.4所示)。认证标志分为合格认证标志和安全认证标志,获准合格认证的产品,使用合格认证标志;获准安全认证的产品,使用安全认证标志。

(a)合格认证标志　　　　　(b)安全认证标志

图 7.4　方圆(CQM)标志

(2)产品安全认证。

产品安全认证是指认证机构只进行涉及产品安全性能部分的认证,认证内容包括对产品安全性能的试验,再加上必要的工厂检查,符合安全认证条件后,颁发认证证书并准许产品上附有安全认证标志。例如UL(美国保险商实验室)认证,UL(Under-writers Laboratories Incorporation)是一个国际认可的安全检验及 UL 标志的授权机构。UL 标志如图 7.5 所示,它是美国以及北美地区公认的安全认证标志,已成为家用电器、医疗设备、计算机、商业设备以及在建筑物中配电系统、保险丝、电线、开关和其他电气构件等各类电器产品进入美国以及北美市场的一个特别的通行证。

图 7.5　UL 安全认证标志

3)国际认证、地区认证、国家认证和实验室认证

从认证范围来分,商品质量认证可分为国际认证、地区认证、国家认证和实验室认证。

(1)国际认证。

国际认证是"由政府或非政府的国际团体进行组织和管理的认证,其成员资格向世界上所有的国家开放。"目前,国际认证主要是指 ISO 和 IEC 等国际组织采用的质量认证。它是通过一个第三方的组织为被认证的对象提供一系列的培训、考核、确立标准并审核是否达到标准并核发证书的行为,是国际通用的资格审核制度。国际认证主要包括对产品的认证和对管理体系的认证,随着发展,已经出现对服务的认证及机构和个人资格、资历的认证等。

常见国际认证组织有国际标准化组织(ISO)、国际认证与认可协会(ICA)、国际认证协会(IPA)、微软认证、国际认证服务协会,针对企业的有美国认证协会、中国认证认可协会等。

(2)地区认证。

地区认证是在世界上某些重要经济联盟或经济区域共同实行和采用的认证。目前,比较典型的地区认证有 CE 标志、ROHS 认证和 CSA 认证等。在该地区生产或销售的产品应该申请和获得该地区所推行的认证。

(3)国家认证。

国家认证是某一个国家根据自己的国家标准所实行的一种认证。如中国的 CCC 认证、德国的 GS 认证、EMC 认证和 TUV 认证;美国的 UL 认证、能源之星认证和 FCC 认证等。

(4)实验室认证。

实验室认证是由一些国际上著名的实验室机构所推行的一种认证。如美国的 UL 认证和世界著名化学材料实验室 BIDYCODE 等。

**4. 商品质量认证标志**

1)我国产品质量认证标志

我国产品质量认证标志主要有以下几种。

(1)方圆标志。

"方圆"产品认证标志(见图 7.6)分为产品合格认证标志(见图 7.6(a))和产品安全认证标志(见图 7.6(b))等。在获得合格认证的产品上使用产品合格认证标志,表明产品质量符合认证用标准的全部要求。在获得安全认证的产品上使用产品安全认证标志,表明产品的安全性能符合认证用标准中的安全要求等。除了上述两个产品认证标志之外,"方圆"认证还有质量管理体系认证标志(见图 7.6(c))、环境管理体系认证标志(见图 7.6(d))、职业健康安全管理体系认证标志(见图 7.6(e))。

(2)CCIB 安全认证标志。

CCIB 是中国商检的英文缩写。CCIB 安全认证标志的字体和外圈印刷为黄色,英文字母 S 是英语 Safety 的缩写,表示"安全",见图 7.7 所示。

CCIB 安全认证标志应当加附在进口商品或其包装袋、盒、瓶、听等小包装的明显部位。对某些商品,经批准后可直接印制或模压在有关商品或其小包装上。

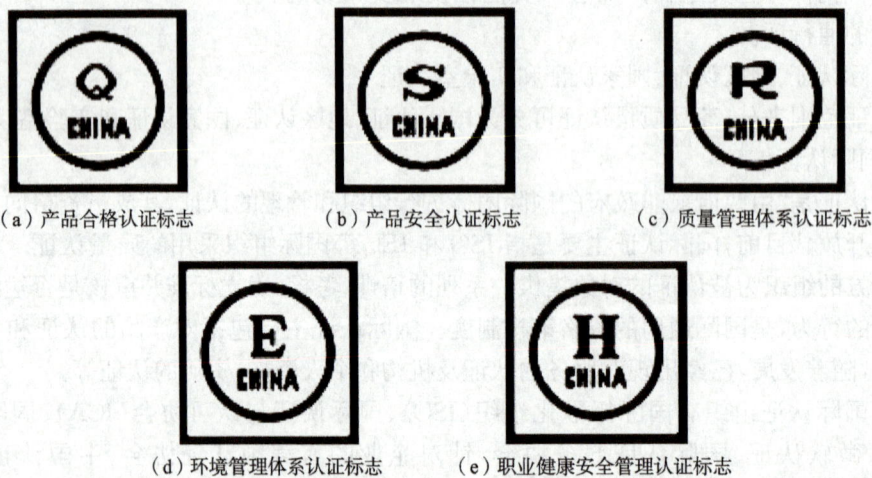

(a)产品合格认证标志　　　　(b)产品安全认证标志　　　　(c)质量管理体系认证标志

(d)环境管理体系认证标志　　　　(e)职业健康安全管理认证标志

图 7.6　方圆认证标志

目前使用的 CCIB 安全认证标志是由国家检验检疫机构采用高新技术统一印制的,具有防伪的特点,消费者只要用手轻刮"CCIB"中的"I"字母,就会显出一行小"CCIB"字样。值得注意的是,CCIB 安全认证标志是由出口国生产厂家或公司,向我国国家检验检疫机构进口商品质量许可制度审查部门申请,经商检权威检验专家对样品检验和对生产厂家检测条件进行严格审查,合格并获得"进口商品安全质量许可证书"后,才被授权使用的。它是在生产过程中直接加附在产品上,而不是在商

图 7.7　CCIB 安全认证标志

品入关开箱检验时加附的。另外,CCIB 安全认证标志具有一次性粘贴加附的特点,如将其撕下,整个标志将残缺并很难再用。

（3）长城认证标志。

长城认证标志是电工产品专用认证标志。

中国电工产品认证委员会于 1984 年成立,英文名称为 China Commission for Conformity Certification of Electrical Equipment(以下简称 CCEE),由中国国家认证认可监督管理委员会批准成立,是代表中国参加国际电工委员会电工产品安全认证组织(IECEE)的唯一机构,是中国电工产品领域的国家认证组织,其常设办事机构是秘书处。CCEE 下设有电工设备、电子产品、家用电器、照明设备 4 个分委员会和 25 个检测站。长城认证标志如图 7.8 所示。

（4）PRC 认证标志。

PRC 标志为电子元器件专用认证标志(如图 7.9 所示),其颜色及其印制必须遵守国务院标准化行政主管部门,以及中国电子元器件质量认证委员会有关认证标志管理办法的规定。其中,PRC 是中华人民共和国英文(The People's Republic of China)的简称。

（5）"CCC"(China Compulsory Certification)标志。

①3C 认证概述。

中国国家监督检验检疫总局和国家认证认可监督管理委员会于 2001 年 12 月 3 日一起对外发布了《强制性产品认证管理规定》,对列入目录的 19 类 132 种产品实行"统一目录、统一标准与评定程序、统一标志和统一收费"的强制性认证管理。将原来的"CCIB"认证和"长城CCEE 认证"统一为"中国强制认证"(英文名称为 China Compulsory Certification),其英文缩写为"CCC",故又简称"3C"认证。"3C"认证从 2003 年 5 月 1 日(后来推迟至 8 月 1 日)起全面实施,原有的产品安全认证和进口安全质量许可制度同期废止。需要注意的是,3C 标志并不是质量标志,而只是一种最基础的安全认证。3C 认证标志如图 7.10 所示。

图 7.8　长城认证标志　　　　图 7.9　PRC 标志　　　　图 7.10　3C 认证标志

长期以来,我国强制性产品认证存在着对内、对外的两套认证管理体制:原国家质量技术监督局负责对境内销售使用的产品实行安全认证,原国家出入境检验检疫局负责对进出口商品实行安全质量许可制度。为了解决对国产产品和进口产品认证不一致的问题,同时中国政府也为了兑现入世承诺,于 2001 年 12 月 3 日对外发布了强制性产品认证制度,从 2002 年 5月 1 日起,国家认监委开始受理第一批列入强制性产品目录的 19 大类 132 种产品的认证申请。

3C 认证主要是试图通过"统一目录,统一标准、技术法规、合格评定程序,统一认证标志,统一收费标准"等一揽子解决方案,彻底解决长期以来中国产品认证制度中出现的政出多门、重复评审、重复收费以及认证行为与执法行为不分的问题,并建立与国际规则相一致的技术法规、标准和合格评定程序,可促进贸易便利化和自由化。

它是中国政府按照世贸组织有关协议和国际通行规则,为保护广大消费者人身和动植物生命安全,保护环境、保护国家安全,依照法律法规实施的一种产品合格评定制度。主要特点是"四个统一":即国家公布统一目录,确定统一适用的国家标准、技术规则和实施程序,制定统一的标志标识,规定统一的收费标准。凡列入强制性产品认证目录内的产品,必须经国家指定的认证机构认证合格,取得相关证书并加施认证标志后,方能出厂、进口、销售和在经营服务场所使用。

②3C认证的主要内容。

3C认证就是中国强制性产品认证的简称。对强制性产品认证的法律依据、实施强制性产品认证的产品范围、强制性产品认证标志的使用、强制性产品认证的监督管理等作了统一的规定。主要内容概括起来有以下几个方面。

第一,按照世贸有关协议和国际通行规则,国家依法对涉及人类健康安全、动植物生命安全和健康,以及环境保护和公共安全的产品实行统一的强制性产品认证制度。国家认证认可监督管理委员会统一负责国家强制性产品认证制度的管理和组织实施工作。

第二,国家强制性产品认证制度的主要特点是,国家公布统一的目录,确定统一适用的国家标准、技术规则和实施程序,制定统一的标志标识,规定统一的收费标准。凡列入强制性产品认证目录内的产品,必须经国家指定的认证机构认证合格,取得相关证书并加施认证标志后,方能出厂、进口、销售和在经营服务场所使用。

第三,根据中国入世承诺和体现国民待遇的原则,原来两种制度覆盖的产品有138种,此次公布的《目录》删去了原来列入强制性认证管理的医用超声诊断和治疗设备等16种产品,增加了建筑用安全玻璃等10种产品,实际列入《目录》的强制性认证产品共有132种。

第四,国家对强制性产品认证使用统一的标志。新的国家强制性认证标志名称为"中国强制认证",英文名称为"China Compulsory Certification",英文缩写可简称为"3C"标志。中国强制认证标志实施以后,将取代原实行的"长城"标志和"CCIB"标志。

第五,国家统一确定强制性产品认证收费项目及标准。新的收费项目和收费标准的制定,将根据不以营利为目的和体现国民待遇的原则,综合考虑现行收费情况,并参照境外同类认证收费项目和收费标准。

第六,强制性产品认证制度于2002年8月1日起实施,有关认证机构正式开始受理申请。原有的产品安全认证制度和进口安全质量许可制度自2003年8月1日起废止。

③强制性产品认证目录。

被收录在强制性产品认证目录当中的商品,必须进行强制性认证,才准许其上市流通和销售。

④"CCC"认证标志的种类。

目前的"CCC"认证标志分为4类(见图7.11),分别为:CCC+S安全认证标志;CCC+EMC电磁兼容类认证标志;CCC+S&E安全与电磁兼容认证标志;CCC+F消防认证标志。

CCC+S 安全认证标志　　　　　　　　CCC+EMC 电磁兼容类认证标志

CCC+S&E 安全与电磁兼容认证标志　　　　CCC+F 消防认证标志

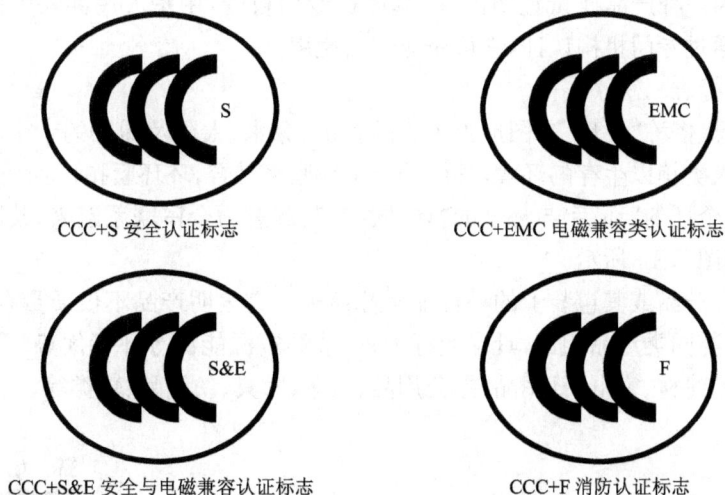

图 7.11　3C 认证标志

上述 4 类标志每类都有大小 5 种规格。CCC 标志一般贴在产品上面,或通过模压压在产品上。目前设计的 CCC 标志不仅有激光防伪,而且每个型号都有一个独特的序号,序号不重复。消费者区别真假 CCC 标志的方法很简单,细看 CCC 标志,会发现多个小棱形的"CCC"暗记。另外,CCC 标志最不容易仿冒的地方,就是每个标志后面都有一个随机码,它注明每个随机码所对应的厂家及产品,根据随机码,即可识别产品来源是否正宗。

(6)QS 认证标志。

QS 是英文 Quality Safety(质量安全)的缩写,获得食品质量安全生产许可证的企业,其生产加工的食品经出厂检验合格的,在出厂销售之前,必须在最小销售单元的食品包装上标注由国家统一制定的食品质量安全生产许可证编号并加印或者加贴食品质量安全市场准入标志"QS"。食品质量安全市场准入标志的式样和使用办法由国家质检总局统一制定。如图 7.12 所示,该标志由"QS"和"质量安全"中文字样组成。标志主色调为蓝色,字母"Q"与"质量安全"四个中文字样为蓝色,字母"S"为白色,使用时可根据需要按比例放大或缩小,但不得变形、变色。加贴(印)有"QS"标志的食品,即意味着该食品符合了质量安全的基本要求。

自 2004 年 1 月 1 日起,我国首先在大米、食用植物油、小麦粉、酱油和醋五类食品行业中实行食品质量安全市场准入制度,对第二批十类食品肉制品、乳制品、方便食品、速冻食品、膨化食品、调味品、饮料、饼干、罐头实行市场准入制度。

(7)中国绿色食品标志。

绿色食品标志是由绿色食品发展中心在国家工商行政管理总局商标局正式注册的质量证明标志。它由三部分构成,即上方的太阳、下方的叶片和中心的蓓蕾,象征自然生态;颜色为绿色,象征着生命,农业、环保;图形为正圆形,意为保护。整个图形描绘了一幅明媚阳光照耀下的和谐生机,告诉人们绿色食品是出自纯净、良好生态环境的安全、无污染食品,能给人们带来蓬勃的生命力,如图 7.13 所示。

绿色食品标志还提醒人们要保护环境和防止污染,通过改善人与环境的关系,创造自然界新的和谐。它注册在以食品为主的共九大类食品上,并扩展到肥料等绿色食品相关类产品上。

绿色食品标志作为一种产品质量证明商标,其商标专用权受《中华人民共和国商标法》保护。标志使用是食品通过专门机构认证,许可企业依法使用。

(8)中国环境标志

中国环境标志(俗称"十环"),图形由中心的青山、绿水、太阳及周围的十个环组成。图形的中心结构表示人类赖以生存的环境,外围的十个环紧密结合,环环紧扣,表示公众参与,共同保护环境;同时十个环的"环"字与环境的"环"同字,其寓意为全民联系起来,共同保护人类赖以生存的环境,如图 7.14 所示。

十环标志是在产品或其包装上的一种证明性商标。它表明产品不仅质量合格,而且符合特定的环保要求,与同类产品相比,具有低毒少害、节约资源能源等环境优势。可认证产品分类包括:办公设备、建材、家电、日用品、办公用品、汽车、家具、纺织品、鞋类等。

图 7.12　QS 认证标志　　　　图 7.13　中国绿色食品标志　　　　图 7.14　中国环境标志

2)国外产品质量认证标志

国外产品质量认证标志有许多种。

(1)CE 标志。

CE 标志是欧洲共同市场安全标志,是一种宣称产品符合欧盟相关指令的标识,被视为制造商打开并进入欧洲市场的护照。CE 代表欧洲统一(CONFORMITE EUROPEENNE)。凡是贴有"CE"标志的产品就可在欧盟各成员国内销售,无须符合每个成员国的要求,从而实现了商品在欧盟成员国范围内的自由流通。使用 CE 标志是欧盟成员对销售产品的强制性要求。CE 标志如图 7.15 所示。

CE 标志必须加贴在产品上的显著位置,应清晰可辩,不易涂抹。通常情况下,CE 标志加贴在产品或其参数标牌上;若不能将 CE 标志直接贴到产品上,也可加贴到产品的包装或产品附带文件上,但需证明 CE 标志不能贴在产品上的原因。

(2)GS 标志。

GS 标志是德国安全认证标志(见图 7.16),它是德国劳工部授权由特殊的 TUV 法人机构实施的一种在世界各地进行产品销售的欧洲认证标志。GS 标志虽然不是法律强制要求,但是它确实能在产品发生故障而造成意外事故时,使制造商受到严格的德国(欧洲)产品安全法的约束。通常 GS 认证产品销售单价更高而且更加畅销。

(3)UL 标志。

UL 是美国保险商实验室的简写,它是世界上最大的从事安全试验和鉴定的民间机构之一,属于典型的第三方认证。UL 认证分为 R 类和 L 类,L 类主要用于与生命安全有关的产

品,如灭火器、探测器、电力设备、电线等。此类商品,生产厂必须直接向 UL 订购标志贴在产品上。R 类产品主要是电气设备,如电视、电扇、吹风机、烤箱等。UL 认证最终的目的是为市场提供具有相当安全水准的商品。UL 标志如图 7.17 所示。

图 7.15　CE 标志　　　　　图 7.16　GS 标志　　　　　图 7.17　UL 标志

（4）能源之星认证标志。

这是一项由美国政府所主导,主要针对消费性电子产品的能源节约计划,目的是为了降低能源消耗及减少发电厂所排放的温室效应气体。此计划并不具有强迫性。最早配合此计划的产品主要是电脑等资讯电器,之后逐渐延伸到电机、办公室设备、照明、家电等。后来还扩展到建筑领域。能源之星标志如图 7.18 所示。

（5）ROHS 标志。

ROHS 是《电气、电子设备中限制使用某些有害物质指令》的英文缩写,其规定,在电气、电子产品中如含有铅、镉、汞等有害重金属的,欧盟从 2006 年 7 月 1 日将禁止进口。ROHS 标志如图 7.19 所示。

（6）FCC 标志。

FCC(Federal Communications Commission),美国联邦通信委员会,是美国政府一个独立的机构。许多无线电应用产品、通讯产品和数字产品要进入美国市场,都要求 FCC 的认可。FCC 制定了一些涉及电子设备的电磁兼容性和操作人员人身安全等一系列产品质量与性能的标准而且还得到了世界上不少的国家技术监管部门或类似机构的认证。FCC 标志如图 7.20 所示。

图 7.18　能源之星标志　　　　图 7.19　ROHS 标志　　　　图 7.20　FCC 标志

（7）TUV 标志。

TUV 标志(见图 7.21)是德国零部件产品认证标志,在德国和欧洲得到广泛的接受,适用于电气零部件,如:电源、变压器、调光器、继电器、插接件、插头、导线等机械产品零部件及运动器材零部件。在整机认证的过程中,凡取得 TUV 标志的元器件均可免检。

(8)EMC 标志。

EMC 标志(见图 7.22),即德国电磁兼容认证标志,适用于各类电子电气产品,包括家用、工业用产品。

图 7.21　TUV 标志

图 7.22　EMC 标志

### 5. 商品质量认证方式

20 世纪 70 年代以来,为了适应产品质量认证的发展,尤其是为发展中国家的产品质量认证活动提供建议和指导,国际标准化组织认证委员会(ISO/CERTLLO)组织编写了《认证的原则与实践》,第一次依据质量认证的要素总结了以下 8 种产品质量认证方式。完整的商品质量认证应该包括前期认证条件的审核以及认证通过后的后期监督。世界各国实行的质量认证方式主要有 8 种。

1)型式检验

按规定的检验方法对产品的样品进行检验,以证明样品符合指定标准或技术规范的要求。

2)型式检验加认证后监督——市场抽样检验

这是一种带有监督措施的型式检验。监督的办法是从市场上购买样品或从批发商、零售商的仓库中随机抽样进行检验,以证明认证产品的质量持续符合标准或技术规范的要求。

3)检验加认证后监督——工厂抽样检验

这种质量认证制度和第 2 种相类似,只是监督的方式有所不同,不是从市场上抽样,而是从生产厂发货前的产品中随机抽样进行检验。

4)型式检验加认证后监督——市场和工厂抽样检验

这种认证制度是第 2、3 两种认证制度的综合。

5)型式检验加工厂质量体系评定再加认证后监督

型式检验加工厂质量体系评定再加认证后监督,即质量体系复查加工厂和市场抽样检验。此种认证制度是应用比较广泛的认证制度,称为典型的产品认证制度。其显著特点是,在批准认证的条件中增加了对产品生产厂质量体系检查评定,在批准认证后的监督措施中也增加了对生产厂质量体系的复查。

因此,这种典型的产品认证方式包括 4 个基本要素:型式检验、质量体系检查评定、监督检验、监督检查。前两个要素是取得认证资格必须具备的基本条件,后两个要素是认证后的监督措施。ISO/IEC 指南 28《典型的第三方产品认证制度通则》规定了实施这种认证制度应遵循的一般要求。

6)工厂质量体系评定(质量体系认证)

这种认证制度是对生产厂按所要求的技术规范,生产产品的质量体系进行检查评定,批准

认证后对该体系的保持性进行监督复查,此种认证制度常称之为质量体系认证。

7)批量检验

根据规定的抽样方案对一批产品进行抽样检验,并据此做出该批产品是否符合标准或技术规范要求的判断。

8)百分之百检验

对每一件产品在出厂前都要依据标准经认可的独立检验机构进行检验。

上述 8 种类型的质量认证方式所提供的信任程度不同,各有优缺点。具体的对比分析见表 7.1 所示。由该表分析可知,就适用性和提供的产品质量信任程度综合而言,第 5 种和第 6 种是各国普遍采用的,而第 5 种是最全面、最典型的产品认证方式,第 6 种是质量体系认证方式。上述两种也是 ISO 向各国推荐的认证方式,ISO 和 IEC 联合发布的所有有关认证工作的国际指南,都是以这两种认证方式为基础的。

表 7.1　8 种质量认证方式的对比分析

| 认证类型 | 认证对象 | 认证方式 | | | | | 特　点 |
|---|---|---|---|---|---|---|---|
| | | 认证资格条件 | | 认证后监督 | | | |
| | | 型式试验 | 质量体系评定 | 市场抽样 | 工厂抽样 | 质量体系复查 | |
| 1 | 产品 | √ | | | | | 主要用于证实产品设计符合规范的要求,不证明以后生产的同样产品符合要求和标准;<br>仅颁发合格证书,不适用认证标志;<br>提供的产品信任程度较低 |
| 2 | 产品 | √ | | √ | | | 证实生产的产品符合标准;<br>使用产品认证标志;<br>提供的产品信任程度较高 |
| 3 | 产品 | √ | | | √ | | |
| 4 | 产品 | √ | | √ | √ | | |
| 5 | 产品 | √ | √ | √ | √ | √ | 证实生产的产品设计符合标准;<br>使用产品认证标志;<br>提供的产品信任程度较高 |
| 6 | 质量体系 | | √ | | | √ | 证实生产厂商具有既定规范要求提供产品的质量保证能力;<br>注册公布,颁发合格证书,质量体系认证标志不能直接用于产品 |
| 7 | 产品 | √ | | | | | 仅证实特定的某一批产品符合标准。只对被检验的一批产品发给合格证明,不使用产品认证标志。提供的产品质量信任程度很高 |
| 8 | 产品 | √ | | | √ | | 证实每一件产品均符合标准,认证费用很高,提供的产品质量信任程度最高 |

## 7.2 企业质量管理体系认证

### 7.2.1 质量管理体系认证概述

**1. 质量管理体系介绍**

企业将自己所生产的产品向相关认证机构申请产品质量认证,通过认证的话,可以说明该企业生产的这一类型产品质量是符合相应标准要求的。但无法证明企业具有持续保证产品质量合格的能力,针对这一问题,需要针对保证质量的持续能力进行认证,也就是质量管理体系认证。

**2. 产品质量认证与质量管理体系认证的关系与区别**

1)产品质量认证与质量管理体系认证的联系

通过前面的学习可知,产品质量认证和质量管理体系认证最大的共同点就是两者同属认证的范畴,都具有独立的第三方质量认证特征。因此两者可以协调进行,相互充分利用对方审核的结果。如果两者同属一家认证机构管理,则可以进行一次性整合审核;如果两者分属两家认证机构管理,企业可以要求两个机构实施联合审核;这样就可以避免重复审核,减少企业负担。

2)产品质量认证与质量管理体系认证的区别

产品(服务)质量认证与质量管理体系认证的区别可以从表7.2中比较得出。

表7.2 产品(服务)质量认证与质量管理体系认证的区别

| 项目 | 产品(服务)质量认证 | 质量管理体系认证 |
|---|---|---|
| 对象 | 特定产品(或服务) | 企业或其他组织的质量管理体系 |
| 认证依据 | 产品(或服务)标准或技术法规或其他技术规范 | 等同于ISO 9000族标准的有关国家标准 |
| 证明方式 | 产品(服务)认证证书、认证标志 | 质量管理体系认证证书、认证标志 |
| 证明的使用 | 产品(服务)认证证书可用于广告等宣传。产品(服务)认证标志可标注于产品及其包装上(或悬挂在获得服务认证的区域范围内) | 质量管理体系证书并不能证明其产品或服务也通过认证。其认证可用于宣传,但不允许标注在产品上,只有在注明获认证企业(或其他获证住址)通过质量管理体系认证的情况下方可标注在产品包装上 |
| 性质 | 自愿性、强制性 | 自愿性 |
| 体系证实的范围 | 质量管理体系中特定产品(服务)所涉及的有关部分 | 质量管理体系中申请注册的产品(服务)范围所涉及的有关部分 |
| 检验内容 | 产品(服务)质量检验和质量管理体系的审核,但体系检验注重于对特定产品(服务)的技术措施的落实和保证能力 | 质量体系审核。着重注册产品范围内过程控制的有效性和效率 |

由于质量管理体系认证有广泛适应性,又有全世界范围内统一的认证依据标准,并实施质量体系评定国际承认制度(QSAR),使得质量管理体系认证在贸易中的重要性不断提高。ISO 9001质量管理体系认证已经成为国际大趋势,许多欧美客商已把企业质量体系认证作为订货的先决条件,因此,ISO 9001质量管理体系认证证书已经成为商品进入国际市场的"通行证"。

### 7.2.2　质量管理体系认证的优点

一般说来,实行质量管理体系认证的好处分内外部:内部可强化管理,提高人员素质和企业文化;外部提升企业形象和市场份额。具体内容如下:

**1. 强化品质管理,提高企业效益;增强客户信心,扩大市场份额**

负责 ISO 9000 品质体系认证的认证机构都是经过国家认可机构认可的权威机构,对企业的品质体系的审核是非常严格的。这样,对于企业内部来说,可按照经过严格审核的国际标准化的品质体系进行品质管理,真正达到法治化、科学化的要求,极大地提高工作效率和产品合格率,迅速提高企业的经济效益和社会效益。对于企业外部来说,当顾客得知供方按照国际标准实行管理,拿到了 ISO 9000 品质体系认证证书,并且有认证机构的严格审核和定期监督,就可以确信该企业是能够稳定地提供合格产品或服务,从而放心地与企业订立供销合同,扩大了企业的市场占有率。可以说,在这两方面都收到了立竿见影的功效。

**2. 获得了国际贸易绿卡——"通行证",消除了国际贸易壁垒**

许多国家为了保护自身的利益,设置了种种贸易壁垒,包括关税壁垒和非关税壁垒。其中非关税壁垒主要是技术壁垒,技术壁垒中,又主要是产品品质认证和 ISO 9000 品质体系认证的壁垒。特别是,在世界贸易组织内,各成员国之间相互排除了关税壁垒,只能设置技术壁垒,所以,获得认证是消除贸易壁垒的主要途径。我国"入世"以后,失去了区分国内贸易和国际贸易的严格界限,所有贸易都有可能遭遇上述技术壁垒,应该引起企业界的高度重视,及早防范。

**3. 节省了第二方审核的精力和费用**

在现代贸易实践中,第二方审核早就成为惯例,又逐渐发现其存在很大的弊端:一个组织通常要为许多顾客供货,第二方审核无疑会给组织带来沉重的负担;另一方面,顾客也需支付相当的费用,同时还要考虑派出或雇佣人员的经验和水平问题,否则,花了费用也达不到预期的目的。唯有 ISO 9000 认证可以排除这样的弊端。因为作为第一方申请了第三方的 ISO 9000 认证并获得了认证证书以后,众多第二方就不必要再对第一方进行审核,这样,不管是对第一方还是对第二方都可以节省很多精力或费用。还有,如果企业在获得了 ISO 9000 认证之后,再申请 UL、CE 等产品品质认证,还可以免除认证机构对企业的质量管理体系进行重复认证的开支。

**4. 在产品品质竞争中永远立于不败之地**

国际贸易竞争的手段主要是价格竞争和品质竞争。由于低价销售的方法不仅使利润锐减,如果构成倾销,还会受到贸易制裁,所以,价格竞争的手段越来越不可取。20 世纪 70 年代以来,品质竞争已成为国际贸易竞争的主要手段,不少国家把提高进口商品的品质要求作为限入奖出的贸易保护主义的重要措施。实行 ISO 9000 国际标准化的品质管理,可以稳定地提高产品品质,使企业在产品品质竞争中永远立于不败之地。

**5. 有利于国际间的经济合作和技术交流**

按照国际间经济合作和技术交流的惯例,合作双方必须在产品(包括服务)品质方面有共同的语言、统一的认识和共守的规范,方能进行合作与交流。ISO 9000 质量管理体系认证正好提供了这样的信任,有利于双方迅速达成协议。

**6. 强化企业内部管理,稳定经营运作,减少因员工辞工造成的技术或质量波动**

通过了质量管理体系的认证,说明企业的质量管理体系和水平已经达到了相应标准的要求,具有向消费者提供长期稳定产品的能力,这种能力是一种整体的、综合的能力,生产经营活动往往是相对比较稳定的,不会因为某些员工的离职而造成质量和技术上的波动。

**7. 提高企业形象**

企业按规定程序申请质量体系认证,当评定结果判为合格后,由认证机构对认证企业给予注册和发给证书,列入质量体系认证企业名录,并公开发布。获准认证的企业,可在宣传品、展销会和其他促销活动中使用注册标志和认证证书,这无疑是对企业的一种形象的宣传和提高。

### 7.2.3 我国质量体系认证管理机构

**1. 中国质量认证中心**

中国质量认证中心(CQC)是经中央机构编制委员会批准,由国家质量监督检验检疫总局设立,委托国家认证认可监督管理委员会管理的国家级认证机构。2007年重组改革后,现隶属中国检验认证集团。

CQC的产品认证业务主要有国家强制性产品认证、CQC标志认证、国家推行自愿性产品认证(良好农业规范认证、有机产品认证等)等认证业务,同时也是国家授权开展节能、节水

图7.23 中国质量认证中心

("节"字标)和环保产品认证工作的第三方认证机构。认证客户数量居全国认证机构首位、国际认证机构前列。中国质量认证中心的标识如图7.23所示。

CQC标志认证是中国质量认证中心开展的自愿性产品认证业务之一,以加施CQC标志的方式表明产品符合相关的质量、安全、性能、电磁兼容等认证要求,认证范围涉及机械设备、电力设备、电器、电子产品、纺织品、建材等500多种产品。CQC标志认证重点关注安全、电磁兼容、性能、有害物质限量(RoHS)等直接反映产品质量和影响消费者

人身和财产安全的指标,旨在维护消费者利益,促进提高产品质量,增强国内企业的国际竞争力。CQC严格按照中国法律法规和世界贸易组织的各项原则开展相关工作,业务范围涵盖强制性产品认证(CCC认证)、CQC标志产品认证、中国推行的自愿性认证、管理体系认证、专业性培训和国际认证业务。

1)产品认证领域

CQC经中国认监委授权承担中国强制性产品认证(CCC)工作,涉及家用电器、汽车、安全玻璃、医疗器械、电线电缆、玩具等22大类的158种产品,截止2007年5月已颁发CCC证书230 000多张。CQC还针对强制性认证以外的产品类别,开展了自愿性产品认证业务(称为CQC标志认证),认证范围涉及500多种产品。目前已颁发证书20 000余张。

2)管理体系认证领域

CQC可以开展质量管理体系(QMS)、环境管理体系(EMS)、职业健康安全管理体系(OHSMS)和食品安全管理体系(HACCP)等多个领域的审核和认证服务,专业范围基本覆盖了全部行业类别,CQC可以为各类组织提供全面的服务。目前已颁发各类管理体系证书25 000余张。同时,随着市场的需要不断研发、开展新的认证领域和认证范围,如TS 16949、ISO 13485、ISO 27001等领域的认证。

3)培训领域

CQC是经国家认可的注册范围最广的专业培训机构,培训业务范围包括:管理体系培训、国家强制性产品认证(CCC)培训。经CQC培训合格者,由CQC颁发相关培训课程合格证书,

该证书可作为申请注册成为国家审核员的培训证明。同时,CQC 具有很强的培训课程自主开发能力,目前已开发 60 多门各类培训课程,其中包含有关 CDM 基础知识的培训课程。

**2. 方圆标志认证集团**

方圆标志认证集团(方圆标志认证中心)是经国家工商部门于 1991 年批准的,从事认证业务的企业集团。其核心企业方圆标志认证集团有限公司是经国家认证认可监督行政主管部门批准,在中国注册的具有独立法人资格的第三方认证机构。

1)方圆徽标结构

方圆徽标:整个形象为印章造型,正如章玺自古以来就是权威的象征一样,徽标体现了方圆认证的公正与权威。

标准字:是经过艺术加工的汉仪中隶书和英文的 Helvetica Bold 字体,彰显出方圆认证的悠久历史和雄厚实力,且又不乏现代与创新。

标准色:为蓝色,辅以灰黑,象征着方圆认证的理性、稳重与审慎,形象地体现了方圆以质量求生存,靠诚信行天下的经营理念。方圆徽标如图 7.24 所示。

2)方圆认证的质量管理体系认证业务范围

方圆认证的质量管理体系认证业务范围如表 7.3 所示。

图 7.24　方圆认证徽标

**表 7.3　方圆认证的质量管理体系认证范围**

| 序号 | 类别代号 | 业务范围分类名称 | 序号 | 类别代号 | 业务范围分类名称 |
|---|---|---|---|---|---|
| 1 | *1 | 农业,渔业 | 20 | *22 | 其他运输设备 |
| 2 | *1 | 采矿业及采石业 | 21 | *23 | 其他未分类的制造业 |
| 3 | *3 | 食品,饮料和烟草 | 22 | 24 | 回收业 |
| 4 | *4 | 纺织品及纺织制品 | 23 | *25 | 供电业 |
| 5 | *5 | 皮革及皮革制品 | 24 | 26 | 供气业 |
| 6 | *6 | 木材及木制品 | 25 | 27 | 供水业 |
| 7 | *7 | 纸浆、纸及纸制品 | 26 | *28 | 建设业 |
| 8 | *8 | 出版业 | 27 | *29 | 批发和零售业;汽车、摩托车、个人家庭用品的修理业 |
| 9 | *9 | 印刷业 | 28 | *30 | 宾馆及餐馆 |
| 10 | *10 | 焦炭及精炼石油制品的制造业 | 29 | *31 | 运输、仓储和通信业 |
| 11 | *11 | 化学品、化学制品及纤维 | 30 | *32 | 金融中介、房地产和租赁 |
| 12 | *12 | 药品 | 31 | *33 | 信息技术 |
| 13 | *13 | 橡胶和塑料制品 | 32 | *34 | 工程服务 |
| 14 | *14 | 非金属矿物制品 | 33 | *35 | 其他服务 |
| 15 | *15 | 混凝土、水泥、石灰、石膏及其他 | 34 | *36 | 公共行政管理 |

| 序号 | 类别代号 | 业务范围分类名称 | 序号 | 类别代号 | 业务范围分类名称 |
|------|----------|------------------|------|----------|------------------|
| 16 | ＊16 | 基础金属及金属制品 | 35 | ＊37 | 教育 |
| 17 | ＊17 | 机械及设备 | 36 | ＊38 | 健康和社会工作 |
| 18 | ＊18 | 电及光学设备 | 37 | ＊39 | 其他社会服务 |
| 19 | 20 | 造船业 | | | |

注:分类依据《CNAS-GC11:2006》;
　　＊为认可状态业务范围。

# 7.3　商品质量监督

**引导案例**

## 造假——利益的驱使

早在一百多年前,马克思就曾指出,100％的利润会使人不顾犯罪,践踏一切法律;而300％的利润,就会有人敢冒砍头的危险。当今世界,伪造、假冒、盗版所获利润何止300％。从伪造货币、信用卡、有价证券到假冒合同、证件、商标、名优商品等,犯罪活动遍及世界各地,假冒和伪造产品已占世界贸易总额的5％,达1 000亿到2 000亿美元,涉及的国家和地区达60多个,来自东南亚国家的伪造假冒产品就占了世界总数的70％。

据专家分析,如此猖獗的假冒现象,其原因之一是生产名优产品的厂家自我保护意识不够,没有采取相应的防伪措施,另外防伪技术还没有很好的普及,不能适应市场的需求,这就给假冒产品以可乘之机。从目前统计情况看,名优产品使用防伪技术的还不到10％。

据统计,全世界每年的伪造产品,使医药界损失达30亿美元以上,使软件制造商损失20亿美元,使汽车零件商损失30亿美元以上。面对如此猖獗的假冒伪造活动,美、英、德、日、西班牙、埃及等国政府都先后通过立法,动员社会上各界力量采取措施防伪打假。市场在呼唤防伪产品,厂家在呼唤防伪技术。假冒伪劣产品约占世界贸易总额的2％,法国人称,假冒货是仅次于贩毒的第二大社会公害。

假冒伪劣产品严重诋毁了我国在国际上的商业信誉。在山东烟台、青岛港外,外国货轮入港时竟打出"当心山东水泥"、"小心中国水泥"的大幅标语。在一些经济发达国家,"中国货"一度成了质量低劣的代名词。俄罗斯的不少大商场一度也以高悬"本商场无中国货"为荣,证明自己的商品货真价实,东欧国家的一些商团老板甚至因此拒绝与我国发生贸易往来。

有人把中国制售假冒伪劣商品编成故事,梗概是:山区一个农民买了假种子,辛苦耕耘一年,颗粒无收,一时悲痛欲绝,喝了农药。一家人把他送进医院,假农药无毒性,服药者安然无恙。一家人很高兴,回家买酒庆贺,喝了假酒,全家人都命归九泉。

(案例来源:作者根据相关资料进行改写。)

### 7.3.1　商品质量监督概述

**1. 商品质量监督的概念**

商品质量监督,是指由国家指定的商品质量监督专门机构,按照国家的质量法规和商品质量标准的规定,对生产和流通领域的商品质量和质量保证体系进行监督的活动。

定义内涵:

(1)商品质量监督是一种质量分析和评价活动。

(2)商品质量监督的对象是实体,如产品、商品、质量保证体系等。

(3)商品质量监督的范围包括从生产、流通到运输、储存和销售的整个过程。

(4)商品质量监督的依据是国际质量法规和产品技术以及有关准则、规范等。

(5)商品质量监督的主体是国家规定的商品质量监督机构。

我国担负商品质量监督职责的主体是质量监督检验检疫部门和工商行政部门。前者主要负责组织对进口商品质量的检验与监督管理以及对国内生产企业实施产品质量监控和强制检验;后者主要负责对流通领域商品质量的监督管理。

**2. 商品质量监督的任务和基本原则**

商品质量监督属于技术监督,是国家对产品质量进行宏观管理的手段。

1)商品质量监督的任务

我国商品质量监督的根本任务是根据国家质量法规和产品技术标准,对产品(商品)进行有效的监督管理和检验,保证商品满足质量要求,实现对产品(商品)质量宏观控制,保护消费者和生产者的合法权益,维护国家利益不受损失。

2)商品质量监督的原则

(1)科学性和公正性。

科学性是指对商品质量进行的检验和评价要科学,监督检验机构的各种数据要准确。公正性是指质量监督要站在国家和人民的立场上秉公执法,严格依照技术标准和检测数据对商品质量进行评价。因此,必须培养和建立一只公正、廉洁、技术娴熟、认真负责的质量监督检验和管理队伍;必须配合符合要求的试验仪器设备;必须建立一套科学、完整的管理制度;必须对商品质量检验机构进行测试能力的考核认证;监督检验机构必须独立地对外开展质量检验活动,不受外界的干扰和影响,使其一切活动处于国家、人民和法律的监督之下。

(2)统筹安排、分工协作、组织协调、服务监督。

商品质量监督是政府机构管理经济的职能之一,要按照行政部门管理或执行管理的职能进行分级管理,合理分工,协调一致地进行质量监督工作。各专业性行政或行政管理部门也应对本部门或本行业的商品质量实行监督。此外,还要依靠新闻舆论、社会团体和广大群众实行社会监督。因此需要在统一方针指导下,统筹安排,避免重复抽查、检验,从而减轻企业负担。在组织协调下,质量监督部门要同时做好服务和监督工作。

(3)监督与帮助、处罚与教育相结合。

对生产和流通领域中的产品或服务进行质量监督后,对不合格和伪劣产品或服务,应根据国家的有关法规、法律、政策的规定,追究生产(或服务提供)者、经营者的质量责任,及时进行经济的、行政的以至法律的处理,以提高质量监督的有效性。在处理上述关系时,切勿忘记监督是主要职责,帮助、教育是辅助监督手段。对于经营思想不端正,有意制造伪劣产品欺骗用户的企业和责任者,必须绳之以法;对于那些人事不清或技术和管理水平一时上不去的企业,则应立足于帮助、教育,必要时也要给予一定处罚。

### 7.3.2　商品质量监督的依据

商品质量监督的依据有商品质量法律、法令和规章制度以及强制性技术标准等。质量法律是指经全国人民代表大会通过的有关质量方面的国家法律。质量法规是指国务院及其所属部门制定并发布的有关质量方面的行政法令、条例、规章、强制性标准等。它们构成了商品质量监督的依据体系。目前我国主要的有关商品质量的法律、法规有如下几种。

**1. 产品责任法**

产品责任法是具体规定由于产品质量问题造成消费者或用户的人身或财产损失时,该产品生产者或销售者与消费者之间权利义务关系的法律规范。其规定和原则是强制性的,目的在于保护消费者利益。产品责任的三种形式为:①疏忽责任:由于生产者或销售者的疏忽使产品带有缺陷,从而造成消费者人身或财产损害,生产者或销售者对此应承担责任。②担保责任:指卖方就所销售的产品质量向买方做出了保证,如果产品不符合卖方的保证而造成的伤害或损失,卖方对此应负责任。③严格责任:也称民事侵权严格责任、无过失责任。指不论产品的制造者或销售者与消费者或用户之间有无合同关系,也不论他们在制造或销售产品过程中有无过失,只要产品有缺陷,对消费者或用户具有不合理的危险,致使其人身或财产遭受损害,该产品的生产者或销售者就应承担责任。严格责任也叫民事侵权责任、无过失责任,对保护消费者利益最为有利。因此,它成为产品责任法的主要理论依据。

产品责任法是具体规定由于产品缺陷造成消费者或用户的人身或财产损失时产品生产者或销售者与消费者之间权利义务关系的法律法规。产品责任法中,规定了产品生产者和销售者所承担的产品质量责任以及消费者和用户索取赔偿的权力。产品责任法的各项规定和原则是强制性的,因此对保护消费者合法权益和加强商品质量监督管理具有重要意义。根据产品责任法,只要证明投放市场的产品有缺陷,并且这个缺陷对购买该产品的消费者和用户或旁观者造成人身伤亡或财产方面的损害,该产品的生产者和销售者就要对此负民事侵权责任。

我国产品责任立法起步较晚,长期以来有关产品责任的规定只是散见于《民法通则》或一些有关的法规中,如《工业产品质量责任条例》等。《民法通则》第122条规定,因产品质量不合格造成他人财产、人身伤害的,产品制造者和销售者应依法承担民事责任;运输者对此负有责任的,产品制造者和销售者有权要求赔偿损失。其他法规条例中关于产品责任的规定都是以《民法通则》第122条规定为法律依据的。根据这些法律、法规的规定,凡是因商品质量问题造成人身伤亡财产损失的,商品生产者和销售者都要承担侵权赔偿责任。随着我国社会主义市场经济和对外贸易的发展,我国亟需制定自己的产品责任法。目前,除各国制定的产品责任法规外,还有区域性的国际公约:欧共体制定的《关于造成人身伤亡的产品责任欧洲公约》(简称斯特拉斯堡公约)、《关于产品责任适用法律公约》(简称海牙公约)等。

**2. 产品质量法**

产品质量法是调整在生产、流通和消费过程中因产品质量所发生的经济关系的法律规范的总称。一般包括产品质量责任、产品质量监督管理、产品质量损害赔偿以及处理质量争议等方面的法律规定。1993年2月22日第七届全国人民代表大会常务委员会第三十次会议通过了《中华人民共和国产品质量法》,使我国商品质量工作纳入了法制管理的轨道。为了适应社会主义市场经济的发展,及中国加入WTO的需要,2000年7月8日第九届全国人民代表大会常务委员会第十六次会议《关于修改〈中华人民共和国产品质量法〉的决定》进行第一次修

正,全国人大常委会《关于修改〈中华人民共和国产品质量法〉的决定》自2000年9月1日起施行。新修改的《产品质量法》加强了行政执法机构实施质量监督的执法手段,为加强产品质量的监督管理,明确商品质量责任,保护用户和消费者的合法权益,维护社会经济秩序,促进社会主义市场经济发展提供了法律依据。

《产品质量法》对产品质量监督管理、生产者和销售者的产品质量责任和义务、损失赔偿、经济处罚和法律责任等,都作了明确规定。这些规定是强制性的,是处理各类商品质量问题和解决商品质量民事纠纷的法律依据。《中华人民共和国产品质量法》中明确指出:国家鼓励推行科学的质量管理方法,采用先进的科学技术,鼓励企业产品质量达到并且超过行业标准、国家标准和国际标准。对产品质量管理和产品质量达到国际先进水平,成绩显著的单位和个人给予奖励,国家鼓励、支持一切组织和个人对损害消费者合法权益行为进行社会监督。

根据《产品质量法》,商品有下列情形之一的,其生产者和销售者应当承担产品质量责任:①不符合国家有关法律、法规规定的质量要求的;②不符合明示采用的产品标准,不符合以产品说明、实物样品等方式表明的质量状况;③不具备产品应当具备的使用性能,而事先未作说明的。

售出商品有上述情形之一的,销售者应当负责修理、更换、退货;给购买商品的用户或消费者造成损失的,销售者应当赔偿责任。因商品存在缺陷造成人身、他人财产损失的,生产者应当承担赔偿责任。由于销售者的过错使商品存在缺陷,造成人身、他人财产损失的,销售者应当承担赔偿责任。

产品质量责任是指生产者、销售者及其他有关主体,违反国家法律、法规及规范性文件的要求,对其行为应当承担的法律后果。

根据《产品质量法》的规定,产品质量责任是一种综合责任,包括行政责任、民事责任、刑事责任。①行政责任:指国家机关依靠国家行政权力,对违反行政法规的单位和个人实施惩罚性的强制措施,包括行政处罚和行政处分。行政处罚的对象是由违反行为的公民、法人或其他组织,其形式包括责令停止生产、责令停止销售、吊销营业执照、没收产品、没收违法所得、罚款、责令公开改正、限期改正、责令改正等9种行政处分的对象是违法失职行为尚不构成犯罪的国家工作人员和企事业单位的职工,其形式包括警告、记过、记大过、降级、降职、撤职、留用察看、开除等八种。②民事责任:指企业、事业单位、个体工商业主、其他组织或公民,因产品质量问题致使他人的人身或财产、其他组织的财产或社会的公共财产受到损害,应承担的民事责任,主要包括产品瑕疵担保责任和产品缺陷损害责任。③刑事责任:指生产、销售了刑法以及有关产品质量法律、法规禁止生产、销售的产品,依照刑法应当承担的刑事法律后果。

**3. 消费者权益保护法**

消费者权益保护法中规定了消费者的权利,其中与质量有关的权利有:①安全权。消费者在购买、使用商品和接受服务时享有人身、财产安全不受损害的权利,消费者有权要求经营者提供的商品和服务符合保障人身、财产安全的要求。②知情权。消费者享有知悉其购买、使用商品或者接受服务的真实情况的权利,如有关商品的价格、产地、生产者、用途、性能、规格、等级、主要成分、生产日期、有效期限、检验合格证明、使用方法说明、售后服务,或者服务的内容、规格、费用等情况。③获知权。消费者享有获得有关消费和消费者权益保护方面的知识的权利。④获赔权。消费者因购买、使用商品或者接受服务时受到的人身、财产损害的,享有依法获得赔偿的权利。

消费者对商品的选择权是相对有限的,因而消费者的利益会受到来自各方面的侵害。如果没有各方面相应的法律提供保护,消费者所受到损害便得不到合理的补偿。因此,消费者利益的法律保护是当代社会的一个重要问题,正引起越来越广泛的关注。

消费者利益的法律保护有直接和间接的两种。直接的法律保护来自各国的国内法律和国际公约,有保护消费者利益的基本法、买卖法、合同法,以及食品、医药、家庭用品、电器商品等消费品的质量、包装、计量、安全等法律。间接的法律保护来自广告法、商标法、物价法、反不正当竞争法、市场监督管理法、商品质量监督管理法、环境保护法等法律。

为使由于商品质量缺陷而受到人身、财产损害的消费者能及时合理地得到应有的赔偿,保护消费者合法权益,许多国家都颁布了有关消费者保护方面的法规,联合国于 1985 年制定了《保护消费者准则》,该准则对保护消费者的人身安全和健康、促进和保护消费者经济利益、消费品和服务的安全和质量标准、基本消费者的分配和服务设施、消费者获得赔偿的措施、消费者教育和宣传方案,以及食品、药品等具体领域和措施等方面,都做了明确规定,各国政府应参照执行。

1993 年,我国发布和实施了《中华人民共和国消费者权益保护法》,这对于保护消费者的合法权益,维护社会经济秩序,促进社会主义市场经济的健康发展,具有重要意义。该保护法共 8 章 55 条,对消费者的权利、经营者的义务、国家对消费者合法权益的保护、消费者组织、争议的解决、法律责任等方面做了具体规定。

### 4. 其他有关的商品质量法律

1995 年,我国开始实施《中华人民共和国食品卫生法》。2009 年 6 月,该法被废止,而随即开始实施《中华人民共和国食品安全法》(简称《食品安全法》)。《食品安全法》规定:国务院设立食品安全委员会,由国家质检总局、国家工商行政管理总局和国家食品药品管理局分别对食品生产、食品流通、餐饮服务活动实施监督管理;国家建立食品安全风险监测制度,由卫生部会同国务院有关部门制定、实施国家食品安全风险监测计划。国家建立食品安全风险评估制度,由卫生部负责组织食品安全风险评估工作;卫生部应当会同国务院有关部门,根据食品安全风险评估结果、食品安全监督管理信息,对食品安全状况进行综合分析,对经综合分析表明可能具有较高程度安全风险的食品,卫生部应当及时提出食品安全风险提示,并予以公布。

2001 年 12 月我国实施了修订的《中华人民共和国药品管理法》,该法分别对药品生产企业管理、经营企业管理、医疗机构的药剂管理、药品管理、药品包装管理、药品价格和广告管理、药品监督以及法律责任做出明确规定。

### 5. 商品质量监督管理、检验、认证等方面的法律法规

为适应社会主义市场经济和对外贸易发展的需要,加强商品质量监督管理与检验工作,保证商品质量,我国相继发布和实施了《中华人民共和国标准化法》、《中华人民共和国进出口商品检验法》(2002 年修订)以及《工业产品质量责任条例》、《产品质量监督试行办法》、《国家监督抽查产品质量的若干规定》、《全国产品质量仲裁检验暂行办法》、《进口商品安全质量许可证制度》、《产品质量认证管理条例》、《产品质量认证管理条例实施办法》、《产品免于质量监督检查工作实施细则》、《查处食品标签违法行为的规定》、《工业产品生产许可证试行条例》、《国务院关于进一步加强质量工作的决定》、《产品标识标注的规定》、《国家监督抽查工作守则》、《产品质量申诉处理办法》、《产品质量仲裁检验及产品质量鉴定管理办法》、《金银饰品标识管理规定》、《产品质量认证委员会管理办法》、《产品质量认证质量体系检查员和检验机构评审员管理办法》、《产品质量认证证书和认证标志管理办法》、《进出口商品认证管理办法》、《中华人民共和国认证认可条例》、《强制性产品

认证机构、检查机构和实验室管理办法》《认证证书和认证标志管理办法》《强制性产品认证管理规定》等一系列法律、法规。根据这些法律、法规,各行业和地方还制定了相应具体法规。

目前,我国已初步建立了国家认证认可制度、国家产品质量认证与监督检验制度、生产许可证制度,这对于解决商品质量问题和促进与国际市场接轨起到了重要的作用。

### 7.3.3　商品质量监督的种类及形式

**1. 商品质量监督的种类**

我国的商品质量监督有国家质量监督、社会质量监督和用户质量监督 3 种。

1)国家质量监督

国家质量监督是指国家授权指定第三方专门机构对商品质量进行公正的监督检查。根据国务院授权,国家质检总局承担了依法组织进出口商品法定检验和监督管理、管理产品质量监督工作、管理和指导质量监督检查、负责对国内外生产企业实施产品质量监控和强制检验的大部分质量监督职能;国家工商行政管理总局承担依法组织监督流通领域商品质量和查处假冒伪劣等违法行为的部分质量监督职能。

国家的质量监督是指国家授权,指定专门机构以公正的立场对商品质量进行的监督检查。这种国家法定的质量监督,以政府行政的形式,对可能危及人体健康和人身、财产安全的商品,影响国计民生的重要工业产品及用户、消费者组织反应有质量问题的商品,实行定期或经常监督抽查和检验,公开公布质量抽查检验结果,并根据国家有关法规及时处理质量问题,以维护社会经济生活的正常秩序和保护消费者的合法权益。

2)社会质量监督

商品的社会质量监督又可以细分为以下两种:

首先是社会团体的质量监督。这方面比较有影响的社会团体有中国消费者协会、质量管理协会用户委员会、中国质量万里行组委会等。它们根据消费者或用户对商品质量的反应,积极开展监督流通领域的某些商品和市场商品质量的社会活动。例如中国消费者协会依据《消费者权益保护法》,有义务参与有关行政部门对商品和服务的监督、检查;受理消费者投诉,并对投诉事项进行调查、调解;投诉事项涉及商品和服务质量问题的,可以提请鉴定部门鉴定,鉴定部门应当告知鉴定结论;就损害消费者合法权益的行为,支持受损害的消费者提起诉讼;就损害消费者合法权益的行为,通过大众传播媒体及时予以披露、批评。它们利用法律赋予的权利,代表广大消费者利益,在社会质量监督第一线发挥了不可替代的重要作用。

其次是新闻的质量监督。这是社会监督、群众监督的媒体形式,是将个别企业的不良质量行为和现象通过报纸、电台、电视台等舆论工具公布于众,由此形成一种强大的社会压力,促使被监督对象及主管部门积极迅速解决问题。新闻的质量监督在经济生活中的地位日益重要,作用也越来越大,但由于它不具有强制性,其监督的力度存在一定的局限性。

3)用户质量监督

例如,用户购买大型成套设备装置时,可以按合同规定,自己派人或者委托技术服务部门进驻承制单位,对设备或装置的制造全过程实行质量监督。发现制造单位违反合同规定而粗制滥造时,有权通知企业改正或暂停生产,及时把住质量关,以保证成套设备装置的质量。消费者也可以利用有关法律,通过交涉、投诉等合法手段,监督企业的质量行为,学会自我保护的方法。

**2. 商品质量监督的形式**

商品质量监督的形式种类很多,可以归纳为抽查型质量监督、评价型质量监督和仲裁型质量监督 3 种。

1)抽查型质量监督

抽查型质量监督是指国家质量监督机构通过对从市场或企业抽取的商品样品进行监督检验判定其质量,从而采取强制措施责成企业改进质量,直至达到商品标准要求的一种监督活动。抽查型质量监督形式,一般只抽检商品的实物质量,不检查企业的质量保证体系。抽查型质量监督的目的是,摸清一个时期产品(商品)质量状况,为国家加强对企业产品质量的宏观控制和指导提供依据,同时促进企业提高产品质量,以维持国家、企业和用户的利益。抽查型质量监督包括季度质量抽查、日常质量抽查和市场商品质量监督 3 种。抽查的主要对象是涉及人体健康和人身、财产安全的商品、影响国计民生的重要工业产品、重要的生产资料商品和消费者反映有质量问题的商品。抽查型质量监督的特点是,它是一种强制性的质量监督形式;抽查产品采用地点不限、随机抽样检查的方式;抽查检测数据科学、准确,对产品质量的判断、评价公正;抽查产品的质量检验结果公开;对抽查检验不合格的产品的单位限期整改。

2)评价型质量监督

评价型质量监督是指国家质量监督机构通过对企业的产品质量和质量保证体系进行检验和检查,考核合格后,以颁发产品质量证书、标志等方法确认和证明产品已经达到某一质量水平,并向社会提供质量评价信息,实行必要的事后监督,以检查产品质量和质量保证体系是否保持或提高的一种质量监督活动。评价型质量监督是国家干预产品质量、进行宏观管理的一种重要形式。产品质量认证、企业质量体系认证、环境标志产品认证、评选优质产品、产品统一检验制度和生产许可证发放等都属于这种形式。评价型质量监督是国家干预产品质量的手段之一,其目的是扶优限劣,鼓励生产企业生产更多的优质产品。它的特点是,按国家规定标准,对产品进行型式检验,以确定质量水平;对生产产品企业的生产条件、质量体系进行严格审查和评定;由政府或政府主管部门颁发相应证书;允许在产品上、包装上、出厂合格证和广告上使用、宣传相应的质量标志,如产品质量认证的方圆标志等;实行事后监督,使产品质量保持稳定和不断提高。

3)仲裁型质量监督

仲裁型质量监督是指质量监督检验机构通过对有质量争议的商品进行检验和质量调查,分清质量责任,做出公正处理,维护经济活动正常秩序的一种质量监督活动。仲裁型质量监督包括争议方委托的质量仲裁、司法机构和合同管理部门委托的仲裁检验机构和消费者质量投诉等。仲裁型质量监督的特点是,仲裁监督对象是有争议的商品;具有较强的法制性;根据监督检验的数据和全面调查情况,由受理仲裁的质量监督部门进行调查和裁决,质量责任由被诉方承担。质量仲裁工作的一般程序为:申请仲裁;受理立案;调查研究;抽样;检验;做出质量判断;做出最终裁决(由司法部门执行)。因为仲裁型质量监督具有较强的法制性,这项任务由质量监督管理部门承担,应选择那些经省级以上人民政府产品质量监督管理部门或其授权的部门审查认可的质量监督检验机构作为仲裁检验机构。

### 7.3.4 商品质量监督检验制度

**1. 国家监督抽查**(产品质量统一监督抽查)

国家监督抽查是经国务院批准,由国家质检总局,有关省、自治区、直辖市质量监督部门,组织对全国有关省、自治区、直辖市或有关行业内生产某一种或几种产品的所有行业,按照统一产品、统一部署、统一检验标准和检验方法、统一判定原则、统一汇总口径等"五个统一"的要求进行产品质量监督检查,属于抽查型质量监督形式。

（1）国家监督抽查的对象：那些量大面广、产品质量差、问题比较多的产品，以及直接关系到人身安全、健康的产品。

（2）国家监督抽查的工作程序：计划制定—方案设计—现场抽样—样品检验—结果反馈—数据汇总—公布结果—督促整改和复查。

（3）统检的具体做法：只对产品质量进行抽查检验；不仅对产品质量进行抽查检验，还要对生产企业的生产条件进行考核。

（4）国家监督抽查的特点：权威性、随机性、公正性、公平性。

**2. 定期监督检查**

定期监督检查主要是指地方（省、县、市）质量监督部门为监督本地区的产品质量的一种有效的质量监督形式。

定期监督检查一般由县级以上的地方质量监督部门制定《受检产品目录》，对本辖区的重要产品实施经常性、周期性、连续性的监督。这种监督检查计划性强、可比性强，能系统掌握受检产品质量动态，有利于了解产品质量状况和趋势，以加强质量宏观管理。

定期监督检查的工作程序是要首先确定《受检产品目录》，把握确定好受检产品、检验依据、受检企业、承检单位和检验周期 5 个环节。凡纳入该目录的企业必须接受监督管理，积极配合监督检查工作。各承检单位必须按规定的检验依据和检验周期，对受检企业进行抽样、检验和判定，并及时将检验结果报质量监督管理部门。

定期监督检查的结果要按月、季、年编制报表，报送上级质量监督管理部门和同级政府有关部门，对定期监督检查产品不合格的生产企业，要根据情况分别给予批评、警告、通报和限期整改，对经多次检查不合格又不认真整改的，对违反产品质量法律法规的，依法惩治。

**3. 市场商品质量监督抽查**

市场商品质量监督抽查是规范商业企业经营行为，维护规范市场流通秩序，保护消费者权益，准确掌握一般时期内市场上重要商品的实际质量状况，为政府实行宏观管理提供依据的一种行之有效的商品质量监督形式。

（1）市场商品质量监督抽查的对象：流通领域中的商品及其经销者的经销行为。

（2）流通领域商品质量监督管理工作由各级工商行政管理部门负责。

（3）市场商品质量监督抽查的场所包括：固定场地、设施，进行商品交易活动和提供商品服务消费的各类场所。

（4）市场商品质量监督抽查的范围：可能危害人体健康和人身、财产安全的商品；与人民群众衣、食、住、行密切相关的商品；消费者、有关组织投诉和反映问题比较集中的商品；工商行政管理机关认为需要抽查的商品。

（5）市场商品质量监督抽查的形式：有计划的市场商品质量监督抽查；日常的市场商品质量监督抽查（快速、灵活多变）。

## 7.4　商品质量仲裁

### 7.4.1　仲裁的概念及特征

**1. 仲裁的概念**

所谓仲裁（arbitration）又称公断，是指买卖双方在争议发生之前或发生之后，签订书面协议，自愿将争议提交双方所同意的第三者予以裁决，以解决争议的一种方式。

**2. 仲裁的特征**

1）仲裁不具有强制管辖权

这是仲裁中当事人自愿原则的最根本体现，也是自愿原则在仲裁过程中得以实现的最基本的保证，仲裁法规定仲裁必须要有书面的仲裁协议，仲裁协议可以是合同中写明的仲裁条款，也可以是单独书写的仲裁协议书（包括可以确认的其他书面方式）。仲裁协议的内容应当包括请求仲裁的意思表示，约定的仲裁事项，以及选定的仲裁委员会。

2）签订仲裁协议

仲裁协议具有法律效力，协议签订后一旦发生争议，当事人只能到协议规定的仲裁机关，将争议提交仲裁解决；任何一方当事人不得随意解除、变更已发生法律效力的仲裁协议；当事人应履行仲裁委员会依法所做出的裁决等。

3）程序简单，费用低廉

时间上的快捷性使得仲裁所需费用相对减少；仲裁无需多审级收费，使得仲裁费往往低于诉讼费；仲裁的自愿性、保密性使当事人之间通常没有激烈的对抗，且商业秘密不必公之于世，对当事人之间今后的商业机会影响较小。

4）仲裁具有终局性

《仲裁法》第9条规定"仲裁实行一裁终局的制度，裁决做出后，当事人就同一纠纷再申请仲裁或者向人民法院起诉的，仲裁委员会不予受理"。一裁终局的基本含义在于，裁决做出后，即产生法律效力，即使当事人对裁决不服，也不能就同一案件向法院提出起诉。所以一裁终局，不仅排除了中国沿用多年的一裁二审的可能性，同时也排除了一裁一复议和二裁终局的可能性。

**3. 仲裁检验特征**

（1）有资格出具仲裁检验报告的须是经过省级以上质量技术监督部门行政或其授权的部门考核合格的质检机构，并且其仲裁检验的产品范围限制在授权其检验的范围内。

（2）仲裁检验和一般检验一样，是"对实体的特征进行测量、检查、试验或度量并将结果与要求进行比较，以确定每项特征合格情况所进行的活动"，也就是说检验要有依据，并将结果和依据进行比较。

（3）仲裁检验是针对争议产品所做的检验，仲裁检验的目的是做出争议产品的质量判定，以作为解决产品质量纠纷的技术依据。因此，不是任何产品检验都可称为仲裁检验。

（4）仲裁检验必须由符合法定条件的申请人提出，如果仅由质量争议一方当事人提出申请，也不能称为仲裁检验。

**7.4.2 仲裁的原则及作用**

**1. 仲裁的原则**

1）自愿原则

自愿原则是仲裁制度中的基本原则，它是仲裁制度赖以存在与发展的基石，从仲裁这一解决纠纷的方式与发展过程看，之所以仲裁被民事经济纠纷的当事人普遍接受，正是由于它有别于诉讼的自主特征，归纳起来，自愿原则主要体现在仲裁制度中的以下几个环节。

（1）以仲裁的方式解决纠纷，出于当事人双方的共同意愿。解决民事经济纠纷的最具有效性、权威性的途径有两个，一个是诉讼，一个是仲裁。到法院打官司，只要纠纷的一方当事人依法提起诉讼即可，无需征询对方当事人的同意。仲裁则不然。将纠纷提交仲裁解决，必须基于

双方当事人的共同选择,没有这一共同选择,没有记载着双方共同意向的仲裁协议,任何一方仅凭自己单方面的愿望是不能将纠纷提请仲裁的。

(2)向哪个仲裁机构提请仲裁,由当事人双方协商选择。当事人约定仲裁机构不受地域和级别管辖的限制,可以任选他们所共同信任对纠纷处理较为方便的仲裁机构处理他们之间所发生的争议。这一点与诉讼及我国已往的仲裁制度截然不同。

(3)组成仲裁庭的仲裁员由当事人在仲裁员名册中自行选定,也可委托仲裁机构主任代为指定。

(4)在开庭和裁决的程序中,当事人还可以约定审理方式、开庭形式等有关的程序事项。例如:仲裁一般应当开庭进行,但如果当事人协议不开庭,仲裁庭也可以对案件进行书面审理;仲裁一般不公开进行,除涉及国家秘密的外,当事人协议公开的,也可以公开进行,裁决书应当写明争议事实及裁决理由,但如果当事人协议不愿写明的,可以不写,这些内容在诉讼活动中根本不可能由当事人确定的,而仲裁则赋予了当事人一系列的自治性的权利。

2)仲裁独立的原则

仲裁的独立,指的是从仲裁机构的设置到仲裁纠纷的整个过程,都具有依法的独立性。包括仲裁机构不隶属于行政机关;仲裁庭享有独立的仲裁权。仲裁的独立性,不仅仅限于仲裁独立于行政,在有关仲裁的组织体系中,仲裁协会、仲裁委员会与仲裁庭三者之间应存在着独立性。各仲裁委员会设在区级以上的中心城市,其相互间无高低之分,无上下级之分,相互独立,没有隶属关系。我国仲裁法所确立的仲裁独立的原则,是我国仲裁制度发展完善的一个里程碑。

3)公平合理解决纠纷的原则

根据事实,符合法律规定,公平合理解决纠纷的原则,是公正处理民事经济纠纷的根据保障,是解决当事人之间的争议所应当依据的基本准则。

(1)根据事实,就是在仲裁审理过程中,要全面、深入、客观地查清与案件有关的事实情况,包括纠纷的发生原因,发展过程,现实状况以及争议各方的争执所在。通过查明事实,分清是非曲直为适用法律打下良好的基础,以便确定当事人所应有的权利和承担的义务。

(2)符合法律规定,即仲裁庭在查清事实的基础上,应当根据法律的有关规定确认当事人的权利与义务,确定承担赔偿责任的方式以及赔偿数额的大小,而不能撇开法律,随心所欲。

(3)公平合理,首先是仲裁庭处理纠纷应当公平、公正、不偏不倚。仲裁员应当处于公正地位,无论仲裁员是由哪一方当事人选定的,他都不代表任何一方当事人的利益,而是公平地对待双方当事人,公正地处理纠纷。为了保证仲裁能够公正地进行,仲裁庭确定了较为完善的仲裁回避制度,以避免仲裁中不公正的情况的发生。其次,公正合理还意味着,在仲裁中所适用的法律对有关争议的处理未作明确规定时,可以参照在经济贸易活动中被人们普遍接受的作法,即经济贸易惯例或者行业惯例来判别责任。这与诉讼有着明显的区别。

**2. 商品质量仲裁协议的作用**

仲裁协议的作用具体包括了以下3点:①不得向法院起诉;②排除法院对有关案件的管辖权;③使仲裁机构取得对争议案件的管辖权。

上述3项作用的中心是第二条,即排除法院对争议案件的管辖权。因此,双方当事人不愿将争议提交法院审理时,就应在争议发生前在合同中规定出仲裁条款,在争议发生前在合同中规定出仲裁条款,以免未来发生争议由于达不成仲裁协议而不得不诉诸法庭。这反映出在买卖合同中订立仲裁条款的重要性。

**3. 产品质量的裁决**

1)仲裁裁决概念

仲裁裁决是指仲裁庭对当事人之间所争议的事项做出的裁决。

仲裁实行一裁终局制度,裁决自做出之日起发生法律效力。任何一方当事人不履行仲裁裁决的,另一方当事人可以向人民法院申请强制执行,受申请的人民法院应当执行。

根据我国参加的《纽约公约》的规定,我国仲裁机构做出的仲裁裁决,也可以在其他缔约国得到承认和执行,如果被执行人或者其财产不在中国境内的,当事人可以直接向有管辖权的外国法院申请承认和执行。

2)仲裁裁决的种类

(1)先行裁决。先行裁决是指在仲裁程序进行过程中,仲裁庭就已经查清的部分事实所做出的裁决。仲裁法第 55 条规定:仲裁庭仲裁纠纷时,其中一部分事实已经清楚,可以就该部分先行裁决。

(2)最终裁决。最终裁决即通常意义上的仲裁裁决,它是指仲裁庭在查明事实,分清责任的基础上,就当事人申请仲裁的全部争议事项做出的终局性判定。

(3)缺席裁决。缺席裁决是指仲裁庭在被申请人无正当理由不到庭或未经许可中途退庭情况下做出的裁决。仲裁法第 42 条第二款规定:被申请人经过书面通知,无正当理由而不到庭或未经许可中途退庭情况下做出的裁决。

(4)合意裁决。合意裁决即仲裁庭根据上访当事人达成协议的内容做出的仲裁裁决。它既包括根据当事人自行和解达成的协议而做出的仲裁裁决,也包括根据经仲裁庭调解双方达成的协议而做出的仲裁裁决。

# 本章小结

本章主要介绍了商品质量认证的发展历程;产品质量认证和认可的概念、种类、作用;产品质量认证的机构和几种主要的认证标志;质量管理体系认证的概念、优点;产品质量认证与质量管理体系认证的联系与区别;质量监督的概念、依据、种类和形式;质量仲裁的概念、依据、特征、原则等。

商品质量认证是对商品符合标准的一种证明活动,由可以充分信任的第三方证实某一经鉴定的产品或服务符合特定标准或其他技术规范的活动。质量认证按认证的约束性可分为强制性认证和自愿性认证;按认证的作用不同可分为合格认证和安全认证。目前我国针对强制性认证产品采用"3C"认证。具体的商品质量认证方式共有 8 种,其中第 5 种是最全面、最典型的一种认证方式。

把影响质量的技术、管理、人员和资源等因素都综合在一起,形成一个有机的整体;质量管理的各个过程以及每一过程所开展的活动都被看作组成质量管理体系的要素;这样相互关联、相互作用的在质量管理中起决定作用的一组要素称为质量管理体系。质量管理体系认证可证明企业具有向消费者提供长期稳定产品的能力,但不说明其生产的产品质量一定合格。

目前世界范围内假冒伪劣商品十分猖獗,因此要加强对产品质量的监督,主要有国家的质

量监督、社会的质量监督和用户的质量监督 3 种类型；质量监督的形式主要包括抽查型、评价型和仲裁型质量监督。

当买卖双方因产品质量问题存在分歧时，可进行质量仲裁。仲裁采取自愿性原则、仲裁独立的原则和根据事实，符合法律规定，公平合理解决纠纷的原则。如果仲裁不成功，则可提起诉讼。

## 关键术语

质量认证　　质量体系认证　　方圆认证　　3C 认证　　合格认证　　安全认证
强制性认证　　自愿性认证　　质量监督　　抽查型监督　　评价型监督　　仲裁型监督
质量仲裁

## 实训项目

1. 以手边商品为例，观察分析采用何种质量认证，并分析为何要采用质量认证。
2. 查阅资料，分析不同的政府机关负责哪些范围内的商品的质量监督工作。

## 思考题

1. 什么是质量认证？什么是质量监督？什么是质量仲裁？
2. 质量认证有哪些种类？
3. 质量认证的方式有哪 8 种？
4. 简述商品质量认证和质量体系认证的区别。
5. 简述商品质量监督的种类和型式。
6. 简述商品质量监督的原则。
7. 仲裁的原则有哪些？
8. 简述仲裁裁决的种类。

## 案例分析

### 滥用过期质量认证标志

据记者调查发现，很多食品包括酱油、陈醋、牛奶制品、瓶装水等，都是堂而皇之地将已过有效期的国家权威部门颁发的质量保证标志，打印在标签上，以此证明自身商品质量有保证，并招徕消费者。

"QS"、"国家免检标志"，是国家对某种产品质量稳定认可的认证标志，许多消费者在选择产品时，也冲着商品上标志的"QS"、"国家免检标志"选择。但记者日前走访市场却发现，商场、超市货架上摆卖的不少食品，其在标签上醒目标示的"QS"或"国家免检标志"，有效期已过,有些标志的有效期甚至已过了两三年。有关专家认为,对于已超过有效期的"QS"或"国家免检标志",商家不能再使用,否则将造成误导消费。而广东省质监局亦明确表示,国家免检标志有效期超过三个月后,就不能再使用。

（案例来源:作者根据相关资料进行改写。）

问题:

(1)为什么商家会在销售商品时还使用过期的质量认证标志?

(2)常见的质量认证标志违规使用情况有哪些? 如何避免?

# 第8章  商  品  检  验

## 学习要点

- 商品检验的概念以及检验的内容、功能、过程和创新等；
- 商品检验的目的、任务以及各种分类；
- 商品抽样的概念、原则、要求和方法；
- 商品检验的各种检验方法（感官检验方法、理化检验方法和生物学检验法）；
- 商品品级与分级的概念、商品质量等级的划分原则和方法。

## 引导案例

### 进口成套设备"化整为零"逃避检验

2010 年 5 月，某市 C 公司委托某货运代理有限公司申报进口一票货物，货物名称为焚烧炉用吸收管，属于非法检商品，报检后隔了一段时间，某市 C 公司向某市检验检疫局提出更改货物名称的申请，申请更改为成套设备，并出具通关单。事有蹊跷，检验检疫局执法人员于是到生产现场查看，这才发现进口的这批货物焚烧炉用吸收管，其实是大型成套设备的一个部件，整个进口成套设备都是分拆成部件，以部件的货物名称来申报的。从 HS 编码上来看，组成部件焚烧炉用吸收管的确是非法检，但是成套设备却是法定检验货物，将成套设备的部件拆开分别申报，对成套设备化整为零，改变了成套设备属于法定检验商品应当实施强制性检验的属性，行为性质违法，某市局经立案调查等行政处罚程序，对某市 C 公司进口法定检验商品不如实报检和不检验的违法行为实施了行政处罚罚款 20 余万元。

（案例来源：作者根据相关资料进行改写。）

## 8.1  商品检验概述

### 8.1.1  商品检验与商品鉴定的概念

目前，世界各国都普遍存在着商品以次充好，以假乱真的情况，这种现象不仅严重侵害了消费者的利益，破坏了企业的健康成长，更有损于一个国家的利益和国际信誉。因此，必须加强商品检验及鉴定工作。

**1. 商品检验的概念**

我国国家标准《质量管理体系基础和术语》(GB/T 19000—2008/ISO 9000：2005)中规定，检验是指"通过观察和判断，适时结合测量、试验或估量所进行的符合性评价"。

1)狭义的商品检验

商品检验是根据商品标准规定的各种商品质量的要求，运用一定的检验方法综合评定商品质量优劣、确定商品品级的活动。

2)广义的商品检验

商品检验是指商品的生产方、销售方或者第三方在一定条件下，借助一定的仪器、器具、试剂或检验者的感觉器官等手段和方法，按照合同、标准以及国内国际法律、法规，对商品的质量、规格、重量、数量以及包装等方面进行检验，并做出合格与否或通过验收与否的判定和等级判定的业务活动。通过商品检验可以维护买卖双方的合法权益，避免或解决各种风险损失和责任划分的争议，便于商品交接结算。

商品的质量检验是商品检验的中心内容，是评价商品质量优劣的最重要的方法和手段，是指根据各级商品标准规定的质量指标，来评价和确定商品质量优劣及商品品级的工作。

**2. 商品鉴定的概念**

商品鉴定是指评价商品质量的全部工作。消费者购买商品，本质上就是购买其功能/效用。而商品鉴定工作正是对商品是否满足消费的需要或是对其消费需要的满足程度进行分析和评价。具体的工作内容包括：研究商品的理化成分、结构、性质及其对商品质量的影响；设定商品的质量指标并采用恰当的检验手段和方法；检验商品质量并评价质量的高低等。商品鉴定是推行全面质量管理和企业间互相监督检查的重要手段，是制定商品标准、实行商品标准化的科学依据，是探索开发新产品、提高商品质量的有效途径，是维护消费者利益的可靠保证。

**3. 商品检验与商品鉴定两者间的关系**

从商品检验及商品鉴定的概念可知，商品鉴定是涉及评价商品质量有关的全部工作，而商品检验只是对商品质量的优劣做出科学的评价并判定其商品品级。所以说，商品鉴定的范围更为广泛，工作内容更丰富，而商品检验只是其中的一项具体的工作内容。二者之间一种包含与被包含的关系。

### 8.1.2 商品质量检验的内容、功能、过程及创新

**1. 商品质量检验的内容**

"商检法"规定，进出口商品实施检验的内容，包括商品的质量、规格、数量、重量、包装以及是否符合安全、卫生要求。检验的依据主要以买卖合同(包括信用证)中所规定的有关条款为准。

**2. 商品质量检验的功能**

1)鉴别功能

根据技术标准，产品图样、作业(工艺)规程或订货合同、技术协议的规定、采用相应的检测、检查方法观察、试验、测量产品的质量特性，判定产品质量是否符合规定的要求，这是质量检验的鉴别功能。鉴别是"把关"的前提，通过鉴别才能判断产品质量是否合格。不进行鉴别就不能确定产品的质量状况，也就难以实现质量"把关"。因此鉴别功能是质量检验各项功能的基础。

2)把关职能

把关是质量检验最基本的职能，也可称为质量保证职能。这一职能是质量检验出现时就已经存在的，无论是过去和现在，即使是生产自动化高度发展的将来，检验的手段和技术有所发展和变化，质量检验的把关作用，仍然是不可缺少的。企业的生产是一个复杂的过程，人、机、料、法、环(4M1E)等诸要素，都可能使生产状态发生变化，各个工序不可能处于绝对的稳定状态，质量特性的波动是客观存在的，要求每个工序都保证生产100%的合格品，实际上是不可能的。因此，通过检验实行把关职能，是完全必要的。随着生产技术的不断提高和管理工作的完善化，可以减少检验的工作量，但检验仍然必不可少。只有通过检验，实行严格把关，做到不合格的原材料不投产，不合格的半成品不转序，不合格品的零部件不组装，不合格的产品不出厂，才能真正保证产品的质量。

3)预防职能

现代质量检验区别于传统检验的重要之处，在于现代质量检验不单纯是起把关的作用，同时还起预防的作用。检验的预防作用主要表现在以下两个方面。

(1)通过工序能力的测定和控制图的使用起到预防作用。众所周知，无论是工序能力的测定或使用控制图，都需要通过产品检验取得一批或一组数据，进行统计处理后方能实现。这种检验的目的，不是为了判断一批或一组产品是否合格，而是为了计算工序能力的大小和反映生产过程的状态。如发现工序能力不足，或通过控制图表明生产过程出现了异常状态，则要及时采取技术组织措施，提高工序能力或消除生产过程的异常因素，预防不合格品的发生，事实证明，这种检验的预防作用是非常有效的。

(2)通过工序生产中的首检与巡检起预防作用。当一批产品处于初始加工状态时，一般应进行首件检验(首件检验不一定只检查一件)，当首件检验合格并得到认可时，方能正式成批投产。此外，当设备进行修理或重新进行调整后，也应进行首件检验，其目的都是为了预防大批出现不合格品。正式成批投产后，为了及时发现生产过程是否发生了变化，有无出现不合格品的可能，还要定期或不定期到现场进行巡回抽查(即巡检)，一旦发现问题，就应及时采取措施予以纠正，以预防不合格品的产生。

4)报告职能

报告职能也就是信息反馈的职能。这是为了使高层管理者和有关质量管理部门及时掌握生产过程中的质量状态，评价和分析质量体系的有效性。为了能做出正确的质量决策，了解产品质量的变化情况，必须把检验结果，用报告形式，特别是计算所得的指标，反馈给管理决策部门和有关管理部门，以便做出正确的判断和采取有效的决策措施。主要内容包括以下几个方面：①原材料、外购件、外协件进厂验收检验的情况和合格率指标；②产品出厂检验的合格率、返修率、报废率、降级率以及相应的金额损失；③按车间和分小组的平均合格率、返修率、报废率、相应的金额损失及排列图分析；④产品报废原因的排列图分析；⑤不合格品的处理情况报告；⑥重大质量问题的调查、分析和处理报告；⑦改进质量的建议报告；⑧检验人员工作情况报告等。

5)改进职能

质量检验参与质量改进工作，是充分发挥质量把关和预防作用的关键，也是检验部门参与质量管理的具体体现。质量检验人员一般都是由具有一定生产经验、业务熟练的工程技术人员或技术工人担任。他们熟悉生产现场，对生产中人、机、料、法、环等因素有比较清楚的了解。

因此对质量改进能提出更切实可行的建议和措施,这也是质量检验人员的优势所在。实践证明,特别是设计、工艺、检验和操作人员联合起来共同投入质量改进,能够取得更好的效果。

6)监督验证职能

质量监督和验证是市场经济和质量保证的客观要求,而这种监督和验证是以检验为基础的。从微观和宏观管理出发,质量监督主要分为以下 5 个方面:①自我监督。企业通过内部检验系统的正常运转,对原材料和外购件进行把关的质量监督;对产品设计质量的监督;对产品形成过程的质量监督;对产品进入流通领域的质量监督等。②用户监督。企业通过建立和完善用户满意度评价体系,定期对用户进行调查和访问,取得产品进入流通领域之后,用户对质量的直接评价。从而,为企业不断改进目标和策略提供科学依据。③社会监督。企业通过各种形式和渠道,积极参与和配合消费者的民间团体组织,对自身产品和服务质量进行评价,以真正体现企业的社会责任。④法律监督。市场经济就是法制经济。企业通过认真学习和遵守法律制度正确地约束自身的经营行为和维护自身的合法权益。同时,消费者以及全社会通过《产品质量法》、《食品卫生法》、《药品管理法》、《计量法》、《民法通则》、《经济合同法》、《民事诉讼法》、《行政诉讼法》、《刑法》、《反不正当竞争法》、《消费者权益保护法》、《仲裁法》等相关法律监督和规范社会各类质量行为,以保护国家和生产者、销售者以及广大消费者的合法权益。⑤国家监督。国家监督是指由国家授权,以第三方公正为立场的机构所进行的质量监督。例如,国家商检部门对进出口产品的质量标准所进行的检查监督等。此外,国家对主要工业产品,例如,包括食品、生活日用品等实行定期和不定期的抽查监督,起到监督企业经营行为、保护消费者合法权益,维护社会经济秩序的重要作用。

**3. 商品质量检验的过程**

商品质量检验的功能是通过商品质量检验过程实现的,商品质量检验的过程包括:定位(Define)、测量(Measure)、比较(Compare)、判断(Determine)、处置(Act)和改进(Improve)6个步骤。

定位(D):质量检验是多目标、多层次的系统,质量特性也因对象及产品的作用不同而呈现多元特点,因此质量检验的手段及相关资源的配备均与拟检验的目标相关,依据质量特性确定质量检验类型及实施方法。

测量(M):包括监视、实验、验证。即对产品质量特性进行具体的观察得到观测的结果。

比较(C):将所测量的结果与检验的依据进行对照。

判断(D):判断受检的质量特性是否符合要求,给出合格与否的结论。

处置(A):对于合格品予以放行、转序、出厂以及接受等。对于不合格品作出返修、返工、让步接收或报废处置,并及时反馈质量信息。

改进(I):分析检验结果的信息,评价产品实现过程,提出改进的方向和途径。

商品质量检验的上述过程构成一个完整的运行体系,即质量检验体系是质量管理体系的有机组成部分,从而实现检验所具备的鉴别、把关、预防、报告等功能。

**4. 商品质量检验的创新**

质量检验过程和职能随着产品质量概念的发展而变化,也随着技术发展的水平不断完善、改进和创新。

1)检验过程的集成化

随着生产过程的自动化、智能化的飞速发展,检验和测量技术的不断创新,检验过程的集

成化程度明显加强。自动生产、自动检验、自动判断及自动反馈可以在很短时间内一次完成，大大提高了生产效率。

由于受检对象的广泛性，除了对产品进行技术性的检验活动外，还对过程质量及体系质量等进行管理性的评价、审核活动。因此，检验、验证、监视、试验、审核及确认等活动的交叉互补，将是一种必然的发展趋势。

2）检验准则的国际化

经济的全球化、生产过程的跨国化，必然出现检验准则的国际化。广泛地采用国际标准及所涉及的法律法规，是提高国际竞争力的重要方面，因为标准水平决定产品的技术水平。

3）检验手段的现代化

作为检验手段的测量、监视和试验设备是一个国家技术水平的重要标志，是产品创新和技术创新的物质基础。其发展趋势可归纳为"六高、一长、三化"，即高性能、高准确度、高灵敏度、高稳定度、高可靠度、高复杂环境，长寿命和微型化、智能化、网络化。同时也必须看到，现代化检验设备本身不仅是检验过程的重要资源，而且其科学的选型、正确的使用、合理的维护等所构成的检测管理过程，也必须处于受控状态。管理过程的科学化是其手段现代化的重要补充，二者缺一不可。

4）检验功能从重点"把关"，向"预防"和"报告"功能转移

检验功能从重点"把关"，向"预防"和"报告"功能转移的背景是：一方面，组织开展的"合格供方"的评价及"质量信得过"供方活动，采购过程实施"少检"或"免检"；另一方面，从外协、外包等供方来说，与组织建立"共生共荣"的命运共同体是"供应链"管理的重要内容，也是自身发展的客观需要。同时，由于先进的制造技术的广泛应用，制造过程正朝着"零缺陷"的方向发展。总体来讲，从趋势上看，检验中的"把关"功能将逐步弱化，并且，由于产品的技术寿命日益缩短，技术创新对信息提出了更高的要求，信息的传递、反馈加速，自然也强化了"报告"和"预防"的功能。

5）提高检验人员的综合素质，优化人员结构

检验功能的转变、检验手段的现代化对检验人员提出了更高的要求。检验过程能否科学准确地实现预期的目标，关键在于检验人员的素质。从某种意义上讲，检验结果的观察和测量取决于检验人员的"感觉"。例如，用精密的千分尺测量一个零件，仪器的端面和零件接触的"密切程度"却要靠"感觉"决定，"感觉"不同，读数也不同。何况许多"高、精、尖"的监视、测量和试验设备，使用时对检验人员的技术及心理素质提出了传统质量检验人员无法比拟的要求。

随着质量的内涵不断地拓展和深化，从"符合性"、"适用性"到"顾客及相关方满意"。质量评价的主体在逐渐地发生变化。传统的检验"专检、互检及自检"（三检）体制与供方、顾客及相关方评价体制相结合，已成为一种趋势，以适应"供应链"的符合性检验体制及"检验人员"的结构多元化要求。

### 8.1.3  商品质量检验的目的与任务

**1. 商品质量检验的目的**

商品质量检验是为了维护用户或消费者利益，把好商品质量关，杜绝劣质原材料、半成品或制成品进入生产或流通领域，确保商品质量合格，最终实现商品的使用价值，这是商品检验的根本目的。

**2. 商品任务检验的任务**

（1）从商品的用途和使用条件出发，分析和研究商品的成分、结构、性质及其对商品质量影响，确定商品的使用价值。

（2）拟定商品质量指标和检验方法，运用各种科学的检测手段评定商品质量，并确定是否符合规定标准的要求。

（3）研究商品检验的科学方法和条件，不断提高商品检验的科学性、精确性、可靠性，使商品检验工作更科学化、现代化。

（4）探讨提高商品质量的途径和方向，促进商品质量的提高，并为选择适宜的包装、保管和运输方法提供依据。

### 8.1.4　商品检验的类型

用不同标准可以将商品检验分成以下几类：

**1. 按照检验方所处的位置和地位分类**

按照检验方所处的位置和地位不同，商品检验可以分为第一方检验（生产检验）、第二方检验（验收检验）和第三方检验。

1）第一方检验

第一方检验也叫自检或生产检验，是商品的生产方为了维护企业信誉，保证商品质量而对原材料、半成品和成品商品进行的检验活动，即及时发现不合格产品。对商业企业和生产企业来说，第一方检验是企业质量管理的职能之一，是企业质量体系的基本要素之一，是保证顾客买到质量可靠商品的关键。

2）第二方检验

第二方检验也叫买方检验或验收检验，是商品的购买方为了保证所购的商品满足合同或质量标准要求所进行的检验活动。对于工业、批发、零售用户来说，第二方检验既有利于及时发现问题，分清质量责任，又有利于维护自身及其顾客利益。

3）第三方检验

所谓的第三方是指处于买卖利益之外的第三方，而第三方检验是根据有关法律、合同或标准由公正、权威的非买卖当事人对商品所进行的检验活动。这种检验方式主要是为了协调买卖双方的矛盾，维护买卖双方的合法权益和国家权益，促使商品交换活动正常进行。由于第三方检验具有公正性和权威性，所以，检验结果能被国内外公认，具有法律效力。

**2. 按照检验对象的流向分类**

1）内销商品检验

内销商品检验是国内的商品经营者依据有关标准或合同要求对国内非进口商品所进行的检验活动。但目前我国商品经营者大多不具备对商品质量进行检查、鉴定的技术手段，需委托专业的检验机构或国家质检总局及其所属的质量监督管理机构与其认可的检验机构来进行商品检验。

内销商品检验主要有法定检验、企业自检和用户检验三种。

（1）法定检验是依据《产品质量法》和《消费者权益保护法》由国家的质量监督检验机构对内销的商品依据有关的标准和法规对商品所进行的检验活动。

（2）企业自检是生产企业和商业企业为了避免由于自身问题导致消费者利益受损问题的出现，而依据技术标准进行的自我检验，这也是企业的一种自我约束和控制手段，是企业承担

社会责任的表现。

（3）用户检验是消费者对自己购买的商品进行检验。这种检验方法要求用户具有一定的检验条件、技术和经验，对于大多数消费者来说是存在较大实施困难的。

---

【阅读材料 1】

### 酒鬼酒自查曾发现塑化剂"超标"

2012 年 11 月酒鬼酒塑化剂事件的爆发，距离中国酒协排查白酒中塑化剂的要求整整 17 个月。早在 2011 年 6 月，中国酒业协会白酒分会曾要求相关企业查清白酒中塑化剂的产生来源。

17 个月之后，酒鬼酒总经理夏心国接受新京报记者采访时表示，当时的确接到过中国酒业协会的相关通知，但排查工作没有落实到位。

据《21 世纪经济报道》报道，中国酒协的"整塑"通知是在 2011 年下达的，贵州等地 2012 年上半年掀起"整塑风暴"，该报记者 2012 年 5 月在贵州茅台镇看到，不少酒厂将塑料的接酒桶换成了不锈钢材质。

但由于酒鬼酒公司的基酒生产设备 2008 年前后已经更换成了不锈钢材质，对于这一次排查，公司方面并没有很严格。

"当年更换设备，不是因为塑化剂，那时也没有塑化剂的概念。"酒鬼酒公司分管生产的总经理助理赵湖说，中糖集团入主酒鬼酒公司不久，从五粮液集团聘请了一批高管，包括分管生产的副总经理曾盛全。当时曾盛全提出，担心塑料的接酒桶、输酒管等设备会在酒中产生异味，因此将这些设备全部换成了不锈钢制品。

夏心国也表示，由于主要的设备已经更换完成，所以公司一直觉得不会有太大的问题。据他透露，此次风波前，酒鬼酒也曾经做过一些"静态试验"，例如将一些塑料设备放在酒精中浸泡之后，测量塑化剂的含量。试验的结果为"有的含有一点塑化剂，有的超标了"，依据正是此前卫生部的标准。

这一结果公司方面没有太重视，"一方面我们觉得这些设备都是食品级的合格产品，另一方面，质检部门对于塑化剂的含量也没有强制标准。"夏心国说。

"我们不准备再做这种试验了。"夏心国表示，现在公司采用的是"笨办法"，把涉及塑料的部分全部换成不锈钢。

（材料来源：作者根据相关资料进行改写。）

---

2）进出口商品检验

进出口商品检验是经过第三者证明来保障对外贸易各方的合法权益。重要是由国家设立的检验鉴定机构或向政府注册的独立机构，依照有关法律、法规、合同规定、技术标准、国际贸易惯例和公约等对进出口商品的品质、规格、重要、数量、安全卫生性能、包装以及装运技术和装运条件等项目实施检验和鉴定。进出口商品检验的方法主要有法定检验、鉴定检验和监督管理检验。

（1）法定检验是为了维护国家的信誉和利益，根据国家法律法规对指定的重要进出口商品执行强制性检验，非经检验合格的产品不许出口或进口。

（2）鉴定检验与法定检验不同，不具有强制性，是对外贸易关系人自我申请质量监督检验机构依据合同、标准和国际条约的规定以及国际惯例的要求，对进出口商品的品质、数量、重量、包装、残损、载损、海损等实际情况作出检验，提供检验、鉴定结果与结论，提供有关数据，签发检验、鉴定证书或其他有关证明。

（3）监督管理检验是国家质检总局及其认可的进出口检验鉴定机构通过行政管理手段，对进出口商品所使用各种认证标志、进口安全质量许可、出口质量许可证件、卫生注册登记的证件的验查和对商品质量所实施的检验。

### 3. 按照检验方法分类

按照检验方法不同，可以分为感官检验法、理化检验法和生物学检验法。具体内容在 8.3 节详细讲述。

### 4. 按照检验时对样品的处理情况分类

1）破坏性检验

破坏性检验即为取得必要的质量信息，需将样品解剖、破坏来进行测定或试验的检验，它是只有将受检验样品破坏后才能进行检验，或者在检验过程中受检验样品被破坏或消耗的检验。进行破坏性检验后被检验样品完全丧失了原有的使用价值和功能。例如，纺织品、橡胶制品、塑料制品、皮革制品、纸张制品、食品等的各种力学和微生物学检验，金属材料的拉伸试验，电子设备的加速恶化试验均属破坏性试验。这些寿命试验、强度试验等往往都是破坏性检验。

2）非破坏性检验

非破坏性检验也称无损检验，是检验时产品不受到破坏，或虽然有损耗但对产品质量不发生实质性影响的检验，即指经测定、试验后的商品仍能使用的检验。例如，对零配件尺寸、重量的检验以及显示器屏幕有无坏点的检验均属于非破坏性检验。

随着检验技术的发展，破坏性检验日益减少，非破坏性检验的使用范围在不断扩大。破坏性检验只能采用抽样检验方式，其主要矛盾是如何实现可靠性和经济性的统一，也就是要寻求既保证一定的可靠性又使检验数量最少的抽检方案。

### 5. 按照受检商品的几率分类

1）全数检验

全数检验也称百分之百检验，是对被检批量商品逐个（件）地进行检验。这种方法虽然可以提供较多的商品质量信息，但是费时、费工，适用性差。仅限于检验较贵重、批量小、质量指标数量少、非破坏性的商品。

2）抽样检验

抽样检验是由样本质量状况统计推断受检批量商品整体质量合格与否的检验。具体操作是按照事先确定的抽样方案，从被检的整批商品中随机抽取商量样品商品，对样品进行逐一检验，将结果与标准或合同技术要求进行比较。这种方法如能保证抽样的可靠性，比全数检验的适用范围广，因为检验商品数量较少，省时省力，节约费用。但是提供的商品质量信息少，可能存在误判。其适用于批量大、价值较低、质量特性多、质量较稳定或检验时会破坏样品的检验。

图 8.1　国家免检产品标志

3）免检

免检是指对符合规定条件的产品免于政府部门实施的质量监督检查的活动。

产品免检条件：产品质量长期稳定，企业有完善的质量保证体系，市场占有率高，经济效益在本行业内排名前列，产品标准达到或严于国家标准要求，产品经省级以上质量技术监督部门连续 3 次以上监督检查均为合格，产品符合国家有关法律法规和国家产业政策。但对涉及安全、卫生及有特殊要求的商品不能申请免于检验。国家免检产品标志如图 8.1 所示。

---

**【阅读材料 2】**

### 三鹿砸了食品企业"免检"牌

据国家质检总局产品质量监督司副局长刘春燕按照免检条件，经国家质检总局审查批准三鹿牌婴幼儿配方乳粉、灭菌奶 2002 年获得免检资格，2005 年重新申报再次获得免检资格；三鹿牌乳粉 2003 年获得免检资格，2006 年重新申报再次获得免检资格。免检有效期为 3 年，到期以后要重新申请。

但是一场三鹿事故，让国家质检总局痛下决心，取消所有食品企业的免检资格。

2008 年 9 月 17 日，国家质检总局发布公告，从即日起，停止所有食品类生产企业获得的国家免检产品资格，相关企业要立即停止其国家免检资格的相关宣传活动，其生产的产品和印制的包装上已使用的国家免检标志不再有效。

（材料来源：作者根据相关资料进行改写。）

---

### 8.1.5　商品检验的意义、工作程序及管理制度

**1. 商品检验的意义**

（1）商品检验工作是使国际贸易活动能够顺利进行的重要环节，即商品检验是进出口货物交接过程中不可缺少的一个重要环节。

（2）商品检验是一个国家为保障国家安全、维护国民健康、保护动物、植物和环境而采取的技术法规和行政措施。

（3）为了加强对进出口商品的检验工作，我国颁布了《中华人民共和国进出口商品检验法》。该法规定，我国商检机构和国家商检部门应对进出口商品实施检验；凡未经检验的进口商品，不准销售、使用；凡未经检验合格的商品不准出口。

**2. 商品质量检验的工作程序**

1）商品质量检验的一般程序

商品质量检验的一般程序为：定标→抽样→检查→比较→判定→处理。定标是指检验前应根据合同或标准明确技术要求，掌握检验手段和方法以及商品合格判定原则，制定商品检验计划。抽样是按合同或标准规定的抽样方案随机抽取样品，使样本对商品批总体具有充分代表性（全数检验不存在抽样问题）。检查是在规定的环境条件下，用规定的试验设备和试验方法检测样品的质量特性。比较是将检查结果同技术要求比较，衡量其结果是否符合质量要求。判定是指依据比较的结果，判定样品合格数，进而由批合格判定原则判定商品批是否合格，并做出是否接收的结论。处理是对检验结果出具检验报告，反馈质量信息，并对不合格品及不合格批分别做出处理。

2)进出口商品检验工作流程

进出口商品检验工作流程为：受理报验→抽样制样→检验鉴定→签证放行。报验是指对外贸易关系人员向商检机关报请检验。报验时需填写"报验申请单"，填明申请检验、鉴定工作项目和要求，同时提交对外所签买卖合同，成交小样及其他必要的资料。商检机构接受报验之后，及时派人员赴货物堆存地点进行现场检验、鉴定。抽样时，要按照规定的方法和一定的比例，在货物的不同部位抽取一定数量的、能代表全批货物质量的样品(标本)供检验之用。商检机构接受报验之后，认真研究申报的检验项目，确定检验内容，仔细审核合同(信用证)对品质、规格、包装的规定，弄清检验的依据，确定检验标准、方法，然后抽样检验，仪器分析检验；物理检验；感官检验；微生物检验等。在出口方面，凡列入"种类表"内的出口商品，经商检合格后签发放行单(或在"出口货物报关单"上加盖放行章，以代替放行单)。凡合同、信用证规定由商检部门检验出证的，或国外要求签检验证书的，根据规定签发所需封面证书；不向国外提供证书的，只发行行单。"种类表"以外的出口商品，应由商检机构检验的，经检验合格发给证书或放行单后，方可出运。在进口方面，进口商品经检验后，分别签发"检验情况通知单"或"检验证书"，供对外结算或索赔用。凡由收、用货单位自行验收的进口商品，如发现问题，供以后对外索赔用。对于验收合格的，收、用货单位应在索赔有效期内把验收报告送商检机构销案。

**3. 质量检验的主要管理制度**

在质量管理中，加强质量检验的组织和管理工作是十分必要的。我国在长期管理实践中已经积累了一套行之有效的质量检验的管理原则和制度，主要有：

1)三检制

三检制就是实行操作者的自检、工人之间的互检和专职检验人员的专检相结合的一种检验制度。①自检。自检就是生产者对自己所生产的产品，按照图纸、工艺和合同中规定的技术标准自行进行检验，并作出产品是否合格的判断。这种检验充分体现了生产工人必须对自己生产的产品质量负责。通过自我检验，使生产者充分了解自己生产的产品在质量上存在的问题，并开动脑筋寻找出现问题的原因，进而采取改进措施，这也是工人参与质量管理的重要形式。②互检。互检就是生产工人相互之间进行检验。主要有下道工序对上道工序流转过来的半成品进行抽检；同一机床、同一工序轮班交接班时进行相互检验；小组质量员或班组长对本小组工人加工出来的产品进行抽检等。③专检。专检就是由专业检验人员进行的检验。专业检验是现代化大生产劳动分工的客观要求，它是自检和互检不能取代的。而且三检制必须以专业检验为主导，这是由于现代生产中，检验已成为专门的工种和技术，专职检验人员对产品的技术要求、工艺知识和检验技能，都比生产工人熟练，所用检测仪器也比较精密，检验结果比较可靠，检验效率也比较高；其次，由于生产工人有严格的生产定额，定额又同奖金挂钩，所以容易产生错检和漏检。那种以相信群众为借口，主张完全依靠自检，取消专检，是既不科学，也不符合实际的。

2)重点工序双岗制

重点工序双岗制就是指操作者在进行重点工序加工时，还同时应有检验人员在场，必要时应有技术负责人或用户的验收代表在场，监视工序必须按规定的程序和要求进行。这里所说的重点工序是指加工关键零部件或关键部位的工序，可以是作为下道工序加工基准的工序，也可以是工序过程的参数或结果无记录，不能保留客观证据，事后无法检验查证的工序。实行双

岗制的工序,在工序完成后,操作者、检验员或技术负责人和用户验收代表,应立即在工艺文件上签名,并尽可能将情况记录存档,以示负责和以后查询。

3)留名制

留名制是指在生产过程中,从原材料进厂到成品入库出厂,每完成一道工序,改变产品的一种状态,包括进行检验和交接、存放和运输,责任者都应该在工艺文件上签名,以示负责。特别是在成品出厂检验单上,检验员必须签名或加盖印章。这是一种重要的技术责任制。操作者签名表示按规定要求完成了这道工序,检验者签名表示该工序达到了规定的质量标准。签名后的记录文件应妥为保存,以便以后参考。

4)质量复查制

质量复查制是指有些生产重要产品的企业,为了保证交付产品的质量或参加试验的产品稳妥可靠、不带隐患,在产品检验入库后的出厂前,要请与产品设计、生产、试验及技术部门的人员进行复查。

5)追溯制

追溯制也叫跟踪管理,就是在生产过程中,每完成一个工序或一项工作,都要记录其检验结果及存在问题,记录操作者及检验者的姓名、时间、地点及情况分析,在产品的适当部位做出相应的质量状态标志。这些记录与带标志的产品同步流转。需要时,很容易搞清责任者的姓名、时间和地点,职责分明,查处有据,这可以极大加强职工的责任感。

6)质量统计和分析制

质量统计和分析就是指企业的车间和质量检验部门,根据上级要求和企业质量状况,对生产中各种质量指标进行统计汇总、计算和分析,并按期向厂部和上级有关部门上报,以反映生产中产品质量的变动规律和发展趋势,为质量管理和决策提供可靠的依据。统计和分析的统计指标主要有:品种抽查合格率、成品抽查合格率、品种一等品率、成品一等品率、主要零件主要项目合格率、成品装配的一次合格率、机械加工废品率、返修率等。

7)不合格品管理制

合格品管理不仅是质量检验也是整个质量管理工作的重要内容。对不合格品的管理要坚持"三不放过"原则,即:不查清不合格的原因不放过;不查清责任者不放过;不落实改进措施不放过。这一原则是质量检验工作的重要指导思想,坚持这种思想,才能真正发挥检验工作的把关和预防的作用。对不合格品的现场管理主要做好两项工作,一是对不合格品的标记工作,即凡是检验为不合格的产品、半成品或零部件,应当根据不合格品的类别,分别涂以不同的颜色或作出特殊标记,以示区别;二是对各种不合格品在涂上标记后应立即分区进行隔离存放,避免在生产中发生混乱。对不合格品的处理有以下方法:①报废;②返工;③返修;④原样使用,也称为直接回用。

8)质量检验考核制

在质量检验中,由于主客观因素的影响,产生检验误差是很难避免的,甚至是经常发生的。据国外资料介绍,检验人员对缺陷的漏检率有时可高达15%～20%。检验误差可分为:①技术性误差。它是指由于检验人员缺乏检验技能造成的误差。②情绪性误差。它是指由于检验人员马虎大意、工作不细心造成的检验误差。③程序性误差。它是指由于生产不均衡、加班突击及管理混乱所造成的误差。④明知故犯误差。它是指由于检验人员动机不良造成的检验误差。

测定和评价检验误差的方法主要有：①采用重复检查，是由检验人员对自己检查过的产品再检验一到两次，查明合格品中有多少不合格品及不合格品中有多少合格品。②复核检查：由技术水平较高的检验人员或技术人员，复核检验已检查过的一批合格品和不合格品。③改变检验条件：为了解检验是否正确，当检验人员检查一批产品后，可以用精度更高的检测手段进行重检，以发现检测工具造成检验误差的大小。④建立标准品。用标准品进行比较，以便发现被检查过的产品所存在的缺陷或误差。由于各企业对检验人员工作质量的考核办法各不相同，还没有统一的计算公式；又由于考核是同奖惩挂钩，各企业的情况各不相同，所以很难采用统一的考核制度。但在考核中一些共性的问题必须注意，就是质量检验部门和人员不能承包企业或车间的产品质量指标；再就是要正确区分检验人员和操作人员的责任界限。

## 8.2　商品的抽样与抽样检验

### 8.2.1　抽样

**1. 抽样的概念**

抽样又称取样或拣样。它是从欲研究的全部样品中抽取一部分样品单位的过程。其基本要求是要保证所抽取的样品单位对全部样品具有充分的代表性。

被研究商品应为同一来源、同质的商品，通常以一个订货合同为一批，若同质量差异较大或订货量很大或连续交货，也可分为若干批。组成被检批的基本单位称为单位商品。构成它的所有商品的集合叫总体，用 N 表示。总体的大小应由商品的特性和生产、流通条件决定。体积小、质量稳定的，总体可适当的大些；反之，应小些。从总体中按一定方式抽取出的一部分商品的集合叫样本。样本中所包含的单位商品的数量叫样本大小或样本量，用 n 表示。

**2. 抽样的原理和实践意义**

1）抽样的原理

抽样的理论基础是概率论和数理统计，随着各种抽样方法的出现，其具体应用更加广泛。在对商品检验的实际工作中，有些情况下，不可能对全部商品都进行检验，只能组织抽样检验，通过所取的部分被抽检商品的质量数据，进而推断全部商品的质量水平。至于所抽样商品的质量水平能否有效推断全部商品，就需要采用恰当的抽样方法选取出有代表性的部分商品构成样本，同时还要尽可能地减少抽样误差。

2）抽样检验的社会效果

通过对少数商品的质量检验，可以推断大部分或者说全部商品的质量情况，一方面可以减轻商品生产企业和消费者的检验工作所涉及的时间、费用和精力等；另一方面还能够通过少量产品的抽样检验结果反映大部分产品的实际质量情况。可以说是一举多得，有利提升商品质量检验的效率，同时有效商品买卖双方的共同利益。

3）抽样的基本规律

从居家过日子到国家重大经济决策都离不开抽样检验。所以抽样对现代社会有着不可估计的影响及作用，而抽样要正常的进行需遵循以下两大规律。

（1）随机原则：在完全排除主观上人为选择的前提下，使总体中每一个单位有相同被抽中的机会。

（2）大数规律：大量重复观察的结果的平均数几乎接近某个确定的数值。

**思考题**：一个新闻记者就市民关心的问题，在街头碰到谁调查谁，是不是遵循了随机原则？

### 8.2.2 抽样技术

抽样的目的是从被抽取样品单位的分析、研究结果来估计和推断全部样品特性，是科学实验、质量检验、社会调查普遍采用的一种经济有效的工作和研究方法。

总体内的所有个体具有相同的不为零的概率被抽入样本的机会。抽样分为概率抽样和非概率抽样。概率抽样划分为简单随机抽样、系统抽样、分层抽样、整群抽样等；非概率抽样分为偶遇抽样、判断抽样、配额抽样等。

**1. 概率抽样**

1）简单随机抽样

设一个总体个数为 N，如果通过逐个抽取的方法抽取一个样本，且每次抽取时，每一个个体被抽到的概率相等，这样的抽样方法为简单随机抽样。简单随机抽样对总体中的所有个体按完全符合随机原则的特定方法抽取样本，即抽样时不进行任何分组，排列，使总体中的任何个体都同样有被抽取的平等机会。

（1）总体较小时，采用抓阄、抽签法。

思考：如果要你从 3000 总体中抽取 100 个，用抽签法如何？

（2）总体较大时，采用随机数字法。

随机数字法的步骤：

①确定总体 N，并编号（N 的位数决定所有号码的位数，如 N＝1000，编号为 0001,0002······1000）

②随意指出随即表上其中一个同位数码——起点（如 0556）

③确定选择规则（上－下，左－右或其他规则），依次选择足够样本——规则一旦确定，就不变，碰到大于总体的随机数和重复的随机数，跳过（舍去）。

2）系统抽样

系统抽样分为直线等距抽样和循环等距抽样。直线等距抽样的间距 k 为整数，且每一列被选中的概率相同；循环等距抽样的间距 k 不为整数，所有单位有相同的中选概率 $1/k$。

等距抽样与简单随机抽样相比，样本分布更为均匀，抽样误差更小。

注意：等距抽样是以所有总体的随机排列为前提的，如果总体的排列出现有规律的分布时，会使等距抽样产生极大的误差，降低样本的代表性。

等距抽样最适用于同质性较高的总体，当所有总体内的个体类别之间的数目悬殊过大时，样本的代表性可能较差。在这种情况下应采用另一种分层抽样方法。

3）分层抽样

分层抽样是将总体 N 依照某一种或某几种特征分为几个子总体（层），然后从每一层中采取简单随机抽样或等距抽样方式抽取一个个子样本 n1,n2···将这些子样本合在一起即为总体样本 n。分层抽样的划分标准是各层子样本容量的确定方式。

4）整群抽样

将总体分成许多群，然后随机抽取若干群，并由这些群中的所有个体组成样本。这种方法抽样简便，但样本代表性差，抽样误差大。

**思考题**：有 20 箱手机外壳，每箱 50 个，共 1000 个，希望抽出 100 个外壳组成样本，分别采用以上 4 种抽样方法抽样。

**2. 非概率抽样**

1）偶遇抽样

偶遇抽样又称为方便抽样，调查者根据实际情况，以自己方便的形式抽取偶然遇到的人作为样本，或者仅仅选择那些离得最近的，最容易找到的人作为对象。此方法方便，花费的时间和精力较少，但它的代表性差，具有很大的偶然性。

2）判断抽样

判断抽样又称为立意抽样，调查者根据研究目的和自己主观经验来选择和确定调查对象。可用于商品出售前对市场的预测。但研究者的时间和设备有限，总体结构差异较大，无法确定总边界，且受主观影响很大。

3）配额抽样

按照调查对象的某种特征将总体中所有单位分成若干类或层，然后在各层中非随机抽取子样本，样本中各层所占的比例与它们在总体中所占的比例一样。

步骤：

（1）按研究需要决定对总体进行分层或分类的标准。

（2）按照标准将总体细分为若干层，确定不同特征的总体单位在总体中的比例。

（3）依据上述比例，决定样本单位在各层中的配额。

（4）在各层中自由地选择总体单位进行调查。

非概率抽样操作方便，省钱省力，统计上也比概率抽样简单，且能对调查总体和对象有较好的了解，但是总体的每个单位被选率是不同的，不具有代表性，可靠性差。为了保证样品和样本对整批商品质量状况的代表性，商品检验普遍采用概率抽样中的随机抽样方法。

### 8.2.3 抽样检验方法

抽样检验又称抽样检查，是从一批产品中随机抽取少量产品（样本）进行检验，据以判断该批产品是否合格的统计方法和理论。它与全面检验不同之处，在于后者需对整批产品逐个进行检验，把其中的不合格品拣出来，而抽样检验则根据样本中的产品的检验结果来推断整批产品的质量。如果推断结果认为该批产品符合预先规定的合格标准，就予以接收；否则就拒收。所以，经过抽样检验认为合格的一批产品中，还可能含有一些不合格品。采用抽样检验可以显著地节省工作量。在破坏性试验（如检验产品的寿命）以及散装产品（如矿产品、粮食）和连续产品（如棉布、电线）等检验中，也都只能采用抽样检验。抽样检验是统计质量管理的一个组成部分。

为了适应各种不同情况的需要，目前已经形成有多种不同特色的抽样检验方法。

**1. 计量抽样检验方法和计数抽样检验方法**

商品质量指标依其度量特性可分为计量指标和计数指标两类。按照商品质量指标的这种度量特性，商品质量检验的抽样检验方法也分成计量抽样检验和计数抽样检验两类。

1）计量抽样检验

它是定量地检验从批量中随机抽取的样本，利用样本特性值数据计算相应统计量，并与判定标准进行比较，以判断该批产品是否合格。具有样本较小、可充分利用质量信息等优点，但在管理上比较麻烦，需进行适当的计算，因此适用于单项质量指标的抽样检验。国际标准 ISO 3051:1990 和我国国家标准 GB 6378—2002 都属于这类方法标准。

2）计数抽样检验

它是从批量商品中抽取一定数量的样品（样本），检验其中每个样品的质量，然后统计合格

品数,再与规定的"合格判定数"比较,由此决定该批商品是否合格的方法。此方法的计数值质量数据不能连续取值,如不合格数、疵点数、缺陷数等。计数检查又可分为计件检查和计点检查,只记录不合格数(件或点),不记录检测后的具体测量数值。特别是有些质量特性本身很难用数值表示,例如产品的外形是否美观,食品的味道是否可口等,它们只能通过感观判断是否合格。具有使用简便并能用于检验商品有多项质量指标的优点;缺点是质量信息利用较差。国际标准 ISO 2859:1999 和我国国家 GB 2828—2003 都是此类方法标准。

**2. 调整型抽样检验方法和非调整型抽样检验方法**

抽样检验方法按照抽样的形式可分为调整型和非调整型两类。

1)调整型抽样检验

它是由正常、加严、放宽等不同抽样检验方案与转移规则联系在一起而组成的一个完整的抽样检验体系。根据连续若干批商品质量变化情况,按转移规则及时转换抽样检验方案,以维护买卖双方的利益。此方法适合于各批质量有联系的连续批商品的质量检验。

2)非调整型抽样检验

其单个抽样检验方案不考虑商品批的质量历史,使用中也没有转移规则,因此它比较容易为质检人员所掌握,但只对孤立批的质量检验为适宜。

**3. 一次、二次和多次抽样检验方法**

抽样检验方法按抽样检验的程序可分为一次、二次以及多次抽样检验方法。

1)一次抽样检验方法

一次抽样检验方法最简单,只需要抽样检验一个样本就可以做出该批商品是否合格的判断。

2)二次抽样检验方法

二次抽样检验方法先抽一个样本进行检验,若据此可判断该批商品是否合格,则终止检验。否则,再抽第二个样本,再次检验后,用两次结果综合在一起判断该批商品合格与否。

3)多次抽样检验

多次抽样检验方法的原理与二次抽样检验方法相似,每次抽取样本大小相同,即 $n_1=n_2=n_3=\cdots=n$,但抽样检验次数多,合格判定数与不合格判定数也多。

我国 GB 2828 和 GB 2829 都采用五次抽样检验方法,ISO 2859 采用七次抽样检验方法,但已接受我国提案准备修改。一次抽样检验方法虽然使用方便、应用广泛,但样本大,抽样检验工作量比较大。二次和多次抽样检验方法的平均检验样本小于一次抽样检验方法的样本,能节省费用,但管理复杂,需专门培训质检人员,因而管理费用增加,不适用于价值较低的商品。

**案例分析**

1936 年,美国进行总统选举,竞选的是民主党的罗斯福和共和党的兰登,罗斯福是当时在任的总统。美国权威的《文学摘要》杂志社,为了预测总统候选人谁能当选,采用了大规模的模拟选举,他们以电话簿上的地址和俱乐部成员名单上的地址发出 1000 万封信,收到回信 200 万封,这在调查历史上,样本容量这么大是少见的。杂志社花费了大量人力和物力,他们相信自己的调查统计结果,即兰登以 57% 对 43% 的比例获胜,并大力进行宣传。

最后选举结果却是,罗斯福以 62% 对 38% 的巨大优势获胜,连任总统。这个调查使《文学摘要》杂志社威信扫地,不久,只得关门停刊。

(案例来源:作者根据相关资料进行改写。)

**请思考:**试分析这次抽样调查失败的原因。

# 8.3　商品质量检验的方法

商品质量检验的方法,根据其检验所用的器具、原理和条件,主要可以分为感官检验法、理化检验法和生物学检验法三大类。

## 8.3.1　感官检验法

感官检验法又称"官能检验",就是依靠人的感觉器官来对产品的质量进行评价和判断。如对产品的形状、颜色、气味、伤痕、老化程度等,通常是依靠人的视觉、听觉、触觉和嗅觉等感觉器官进行检查,并判断质量的好坏或是否合格。

**1. 按照人的感觉器官的不同划分**

按照人的感觉器官的不同划分,感官检验分为视觉检验、嗅觉检验、味觉检验、触觉检验和听觉检验。

1)视觉检验

视觉检验是用视觉来检查商品的外形、结构、颜色、光泽,以及表面状态、疵点等质量特性。例如,感官鉴定烟叶的色泽组织;水果的色泽和果型;罐头容器的外观情况;粮谷色泽是否异常,异种粮粒的有无和多少等。

2)嗅觉检验

嗅觉检验是通过嗅觉检查商品的气味,分析质量进而评价商品质量的一种感官鉴别方法。例如,鱼一旦变质,就会产生一种难闻的腥臭味,猪肉变质就会有一种恶臭味;对熟食品的鉴别主要靠嗅觉来完成。

3)味觉检验

味觉检验是指通过人们的味觉器官对食物原料进行质量鉴别的感官鉴别方法,此法是建立在对食物原料滋味认识的基础之上的。基本味觉有酸、甜、苦、咸四种,其余都是混合的味觉。味觉常常同其他感觉,特别是与嗅觉、肤觉相联系。例如,辣觉就是热觉、痛觉和基本味觉的混合;茶叶的滋味鉴定;食品的风味和滋味优次等。

4)触觉检验

触觉检验是利用人的触觉感受器对于被检验商品轻轻作用的反应来评价商品质量。触觉检验主要用于检查纸张、塑料、纺织品以及食品的表面特性、强度、厚度、弹性、紧密程度、软硬等质量特性。触觉检验时,应注意环境条件的稳定和保持手指皮肤处于正常状态,并加强对检验人员的专门训练。例如,用手拉纤维后的感觉来鉴别纤维的优劣;用手摸棉籽鉴定棉籽的水分多少等。

5)听觉检验

听觉检验是凭借听觉来检查商品质量。例如,检查玻璃制品、瓷器、金属制品有无裂缝或其他内在缺陷;评价以声音作为重要指标的乐器、收录音机、音响装置等商品以及要求无噪音

的机电商品;评价食品的成熟度、新鲜度、冷冻程度等。

**2. 按照感官检验目的划分**

按照感官检验的不同进行划分,感官检验又可分为分析型感官检验与偏爱型感官检验。

1)分析型感官检验

分析型感官检验是以分析型感官检验法,又称Ⅰ型或A型感官检验法。它是以经过培训的评价员的感觉器官作为"仪器"来测定商品的质量特性或鉴别商品质量优劣,以及同种商品之间的差异等。这种检验法要求评价员对商品做出客观评价,尽量避免人的主观意愿对评价结果的影响,所以是一种客观评价方法。为此在进行检验时,必须保证以下三点:统一的标准评价尺度和评价基准物;规范化的试验条件;训练有素的评价员,评价员在经过适当的选择和训练后,应保持一定水平。例如,品酒师对酒种的鉴定,古董鉴定师对古玩、古文物的鉴定等都属于分析型感官检验。

2)偏爱型感官检验

偏爱型感官检验法,又称Ⅱ型或B型感官检验法。它是以未经训练的消费者,对商品的感觉来判断消费者对商品的偏爱程度,所以是一种主观评价方法。这种检验不像分析型那样需要统一的评价标准和条件,全凭评价者生理、心理的综合感觉而定,即其感觉程度和主观意识起着决定性作用,因而评价结果往往因人、因时、因地而异,并且允许有相反判断。例如,企业研发出几种不同口味的食品后,请普通消费者试吃,通过普通消费者对不同口味的喜好程度等,来为以后的销售做前期的市场调查。

---

**【实验】**

**饮料酒的视、嗅、味感官鉴定**

1. 实验目的

饮料酒具有色、香、味等风格各异的特点,一般多采用感官品评鉴定的方法来鉴别酒的质量。因为饮料酒不同风味的形成,是受着产地地理环境、水质、气候条件、设备条件、生产工艺、老窖贮存等因素的影响。在品评鉴定中,如果只采用理化鉴定,即仪器测定数据,分析指标含量的方法,是不能全面评价酒品质量的风味特点的。而感官鉴定的方法就是能全面综合反映酒品质量风格的好方法。

通过本实验,要进一步理解感官鉴定的意义、特点,并能掌握一些品评的一般方法。

2. 实验用品用具

透明酒杯、漱口杯、饮料酒样品:

白酒
- 酱香型——贵州茅台酒
- 浓香型——泸州老窖特曲
- 清香型——山西汾酒
- 兼香型——遵义董酒
- 米香型——桂林三花酒

黄酒类——绍兴黄酒

葡萄酒类——干红、干白、甜红、甜白、白兰地、味美思、大小香槟

啤酒类——淡色、棕色、黑色

配制酒——山西竹叶青

3. 实验内容及方法

饮料酒的感官要求(见表8.1)

表8.1 各类酒的感官要求表

| 名称 | 色泽 | 香气 | 滋味 |
|---|---|---|---|
| 白酒 | 无色透明,无悬浮物、无浑浊物和沉淀 | 具有本身特有的醇香 | 滋味纯正,没有任何外来的怪味 |
| 黄酒 | 颜色浅或金黄,清澈透明,光泽明亮,无悬浮物,无浑浊 | 具有黄酒特有的醇香 | 入口清爽,鲜甜甘美,味柔和无刺激性,不得有辛辣、酸涩等异味 |
| 果酒 | 酒液透明、无悬浮微粒、无沉淀,酒瓶内壁无附着物 | 具有果实原料的芳香和果酒的醇香 | 甜香爽口、醇厚、软润,不得有苦、酸、过涩等异味 |
| 配制酒 | 清亮透明,无悬浮物和沉淀物,色调柔和,日晒后不发生褪色、变色现象 | 有使人愉快的香气,闻后能识别其品种 | 酒味柔和,无怪味,无刺激性,酒精含量适中 |
| 啤酒 | 酒色透明,富有光泽,无失光现象,无小颗粒,黄色或咖啡色,泡沫洁白细腻持久 | 有显著的酒花香气 | 具有爽口的苦味 |

4. 检验方法

品酒——先看色泽,再闻香气,后尝滋味,并将感官鉴定结果做好记录,用温水漱口后再鉴别下一种样酒。品评酒的最佳时间是上午9~11点。

1)色泽鉴别

检验时,可取试管或透明杯一只,将酒注入后,于明亮处,观察酒体的色泽(颜色和透明度)。

2)香气鉴别

鉴别酒的香味时,可以将酒注入口杯内,边摇动,边用鼻闻。检验时应在洁净无杂味的房间内进行。鉴定者在鉴定时,不应吸烟和吃有刺激性的辛辣食物和味道浓烈的油腻荤腥食品。

白酒的香气可以分为溢香、喷香和留香三种。当鼻腔靠近酒杯上,白酒中的芳香物质就溢散于杯口附近,很容易使人闻到其香气,这叫溢香,也叫闻香。当酒液进入口腔后,香气即充满口腔,这叫喷香。留香是指酒虽下咽,口中还余留的香气。一般白酒都应该有一定的溢香,优质酒和名酒,不仅要求有明显溢香,还要求有较好的喷香和留香。鉴定香气时还要区别其香型是否典型。

我国的白酒根据国家标准可分为五种香型:

(1)酱香型——以贵州茅台为代表,又称"茅香型"。其风味特点是:酱香突出、优雅细致、酒体醇厚、回味悠长、清澈透明、色泽微黄。属于这种香型的酒还有四川古蔺郎酒,湖南常德武陵酒等。

(2)浓香型——以四川泸州老窖特曲为代表,又称"泸香型"或"窖香型"。特点是:窖香浓郁、清洌甘爽、绵柔醇厚、香味协调、尾净余长。浓香型白酒在我国白酒中占的比重最大。如名酒中的四川五粮液、安徽古井贡、江苏洋河大曲、四川剑南春、北京特曲、全兴大曲、杜康酒等。

（3）清香型——以山西杏花村汾酒为代表，又称"汾香型"。特点是：清香纯正、入口绵、落口甜、余味爽净。属于这种类型的酒有河南宝丰酒、山西六曲香、河北衡水老白干等。

（4）米香型——以桂林三花酒为代表，也称"蜜香型"。其风味特点是：蜜香清雅纯正、入口柔绵、落口甘冽、回味怡畅。小曲酒多属于米香型。

（5）兼香型——以贵州遵义的董酒为代表，也称"复香型"、"混合香型"或"其他香型"。指那些具有两种以上主体香型的白酒。特点是：绵柔、醇甜、味正、余长，这种酒的闻香、口香和回味香各有不同的香气，具有一酒多香的风格。如湖北白云边酒、陕西西凤酒、湖南白沙液都属于此类酒。

3）滋味鉴别

鉴定酒的滋味时，鉴定者先用清水漱口，品尝时不要饮得太多。入口后应在舌尖略停片刻，再转入口腔。

4）检验啤酒泡沫

泡沫是啤酒、香槟酒中特有的品质指标。鉴别时，可将酒瓶启开，并立即将酒注入玻璃杯中。注入时，瓶口应与杯口相接，然后观察杯中泡沫是否洁白细腻，一般是泡沫消失的时间越长越好。

总之，品酒的过程既是一个鉴别的过程，同时也是一个享受不同风味酒品的过程。所以一定要细品、慢咽。

5. 实验要求

列表报告实验结果。

### 8.3.2　理化检验法

理化检验法是在实验室的一定环境条件下，借助各种仪器、设备和试剂，运用物理、化学的方法来检测评价商品质量的一种方法。它主要用于检验商品的成分、结构、物理性质、化学性质、安全性、卫生性以及对环境的污染和破坏性等。

理化检验方法根据其原理可分为物理检验法、化学检验法。

**1. 物理检验法**

物理检验法是指以商品的各种物理性质及其变化为检验基础的方法。因其检验商品的性质和要求不同，采用的测试仪器和具体方法也不相同，通常分为一般物理检验法、光学检验法、热学检验法、力学检验法和电学检验法等。

1）一般物理检验法

一般物理检验也称为度量衡检验法，是通过各种量具、量仪、天平、称或专用仪器来测定商品的长度、细度、面积、质量（物体中所含物质的多少）、密度等一般物理特性的方法。

2）光学检验法

光学检验法是利用光学仪器（光学显微镜、折光仪、旋光仪等）来检验商品的方法。光学显微镜主要是用来观察、测量商品的细微结构，并根据这些形态结构特性，进一步鉴定商品的种类和使用性能。例如，折光仪用于测定液体的折光率，在中间产品的质量控制和成品的质量分析中有重要的作用，例如鉴定植物油的掺假或变质；旋光仪通过对旋光性物质（分子含有不对称碳原子的有机物，如蔗糖、薄荷脑等）的旋光度进行测定，可鉴定旋光物质的纯度；利用比色剂测定某些商品的颜色,确定其品质或等级等,这些都属于光学检验法。

3)热学检验法

热学检验法是使用热学仪器测定商品的热学特性的方法。这些特性包括熔点、凝固点、沸点、弹(塑)性等。玻璃和搪瓷制品、金属制品、化妆品、橡胶制品以及化工商品等,它们的热学性质都与商品的质量和品种有关。例如,某些石油产品的散点、滴点的测定就属于热学检验法。

4)力学检验法

力学检验法是通过各种力学仪器制定商品的力学(机械)性能的检验方法。这些性能包括抗压强度、抗弯曲程度、抗冲击力强度等。商品的力学(机械)性能与其耐用性有关。

5)电学检验法

电学检验法是利用电学仪器测定商品的电学特性的方法。通过商品的某些电学特性如电阻、电容等的测量,还可以间接测定商品的其他质量特性如吸湿性、材质的不均率等。

**2. 化学检验法**

化学检验法是用化学试剂和仪器对商品的化学成分及其含量进行测定,进而判定商品是否合格的方法。按照具体操作方法,它可分为化学分析法和仪器分析法两类。

1)化学分析法

以物质的化学反应为基础的分析方法称为化学分析法。化学分析历史悠久,是分析化学的基础,所以又称为经典化学分析法。主要的化学分析方法有两种:重量分析法和滴定分析法(容量分析法)。根据单质或化合物的重量,计算出在供试品中的含量的定量方法称为重量法。采用不同方法分离出供试品中的被测成分,称取重量,以计算其含量。按分离方法不同,重量分析分为沉淀重量法、挥发重量法和提取重量法。滴定分析法,是将一种已知准确浓度的试剂溶液,滴加到被测物质的溶液中,直到所加的试剂与被测物质按化学计量定量反应为止,根据试剂溶液的浓度和消耗的体积,计算被测物质的含量。

2)仪器分析法

仪器分析就是利用能直接或间接地表征物质的各种特性(如物理的、化学的、生理性质等)的实验现象,通过探头或传感器、放大器、分析转化器等转变成人可直接感受的已认识的关于物质成分、含量、分布或结构等信息的分析方法。也就是说,仪器分析是利用各种学科的基本原理,采用电学、光学、精密仪器制造、真空、计算机等先进技术探知物质化学特性的分析方法。因此仪器分析是体现学科交叉、科学与技术高度结合的一个综合性极强的科技分支。这类方法通常是测量光、电、磁、声、热等物理量而得到分析结果,而测量这些物理量,一般要使用比较复杂或特殊的仪器设备,故称为"仪器分析"。仪器分析除了可用于定性和定量分析外,还可用于结构、价态、状态分析,微区和薄层分析,微量及超痕量分析等,操作简便、快捷,但对某些成分灵敏度较低,不如化学分析法准确,且前处理费时,仪器价格较贵,对操作人员要求较高,从而使应用有一定的局限性。

### 8.3.3 生物学检验法

生物学检验法是食品类、医药类和日用工业品类商品等质量检验的常用方法之一,主要有微生物学检验法和生理学检验法。

1)微生物学检验法

微生物学检验法是利用显微镜观察法、培养法、分离法和形态观察法等,对商品中有害微

生物存在与否及其存在数量进行检验，并判定其是否超过允许限度。这些有害微生物包括大肠杆菌、致病性微生物等。它们直接危害人体健康或危及商品的安全储存。例如，利用压滴法与悬滴法在显微镜下观察微生物，用染色法（单染色法及复染色法）鉴别各种不同性质的细菌。

2）生理学检验法

生理学检验法用于检验食品商品的可消化率、发热量、维生素和矿物质对机体的作用以及食品和其他商品中某些成分的毒性等。此方法多使用活体动物进行试验。只有经过无毒害性试验后，视情况需要并经有关部门批准后，才能在人体上进行试验。

# 8.4 商 品 品 级

## 8.4.1 商品品级与商品分级

### 1. 商品品级

商品品级是根据商品质量确定商品的等级，它是表示商品质量高低程度的一种标志。

商品品级通常用等或级的顺序来表示商品质量的高低，例如：一等（级）、二等（级）、三等（级）或甲等（级）、乙等（级）、丙等（级）、丁等（级）。商品质量等级的确定主要依据商品的标准和实物指标的检测结果，由行业归口部门统一负责。优等品和一等品等级的确认，须有国家级检测中心、行业专职检验机构或受国家、行业委托的检验机构出具的实物质量水平的检验证明。合格品由企业检验判定。例如，我国的《工业产品质量分等导则》中明确规定了我国境内生产和销售的工业产品的实物质量，原则上按照国际先进水平、国际一般水平和国内一般水平分为三个档次，相应地划分为优等品、一等品和合格品三个等级。

### 2. 商品分级

商品分级是根据商品质量标准和实际质量检验结果，将同种商品区分为若干等级的工作。进行商品分级主要是为了科学的区分商品使用价值的高低。商品分级后不仅可以使生产部门根据商品的不同等级来选择适宜的原材料，还可以使消费者按照自己的意愿选择档次不同的消费品。其次，进行分级后，可促进企业生产部门不断地提高技术水平，改进商品的质量，且在商业上也能更好地贯彻优质优价政策，保护消费者的利益，限制劣质商品进入商业网，同时也便于商品的包装保管和调拨。所以，商品的分级也是商品检验的目的之一。

## 8.4.2 商品分级方法

商品分级的常用方法可归纳为百分记分法、限定记分法和限定缺陷法。

### 1. 百分记分法

百分记分法是按照商品的各项质量指标明确具体分数，重要的质量指标所占分数高，次要的质量指标所占分数低，其各项质量指标的分数总和为 100 分。如果某一项或几项质量指标达不到标准规定的要求，相应减分，总分数随之降低，则等级相应降低。这种方法在食品商品评级中被广泛采用。

### 2. 限定记分法

限定记分法是将商品的质量指标不符合质量标准的情况（各种质量缺陷）设定出一定的分数，由质量缺陷的分数总和来确定商品等级。商品的质量缺陷越多，分数总和越高，则商品的品级越低。该方法主要用于工业商品的分级。

**3. 限定缺陷法**

限定缺陷法是在商品标准中规定商品的每个质量等级所限定的质量缺陷种类、数量和不允许出现的质量缺陷。该方法也主要用于工业商品的分级。

# 本章小结

本章介绍了商品检验的概念、内容、功能、过程和创新；商品检验的目的、任务以及各种不同的商品检验类型；抽样的概念、原则、要求和方法；商品检验的各种检验方法和手段；商品品级与分析的概念、商品质量等级的划分方法等。

商品检验有广义和狭义之分，狭义的商品检验也称为品质检验，它是指根据商品标准规定的各种商品质量的要求，运用一定的检验方法综合评定商品质量优劣、确定商品品级的活动；广义的商品检验是指商品的生产方、销售方或者第三方在一定条件下，借助一定的仪器、器具、试剂或检验者的感觉器官等手段和方法，按照合同、标准以及国内国际法律、法规，对商品的质量、规格、重量、数量以及包装等方面的检验，并做出合格与否或通过验收与否的判定和等级判定的业务活动。

商品检验具有鉴别功能、把关职能、预防职能、报告职能、改进职能和监督验证职能。上述商品检验的功能是通过商品检验过程实现的，商品质量检验的过程包括：定位（Define）、测量（Measure）、比较（Compare）、判断（Determine）、处置（Act）和改进（Improve）6个步骤。商品检验从不同角度，用不同标准可以分成若干种类：按照检验方所处的位置和地位划分为第一方检验、第二方检验、第三方检验；按照检验的目的划分为监督性检验、公正性检验、仲裁性检验、评价性检验、委托性检验、企业生产管理检验和验收检验；按照检验对象的流向分为国内商品检验和进出口商品检验；按照检验方法分为感官检验法、理化学检验法和微生物检验法；按照检验时对样品的处理情况分为破坏性检验、非破坏性检验；按照受检商品的几率分为全数检验、抽样检验和免检。商品质量检验的一般程序为定标→抽样→检查→比较→判定→处理；进出口商品检验工作流程为受理报验→抽样制样→检验鉴定→签证放行。我国在长期管理实践中已经积累了一套行之有效的质量检验的管理原则和制度，主要有：三检制、重点工序双岗制、留名制、质量复查制、追溯制、质量统计和分析制、不合格品管理制和质量检验考核制。

商品检验方法具体划分为感官检验法、理化检验法和生物学检验法。感官检验法按检验器官不同，包括了触觉、视觉、味觉、听觉、嗅觉检验方法；按检验目的的不同，包括了评价型和偏爱型感官检验。理化检验法包括了物理检验法和化学检验法，其中物理检验法包括了一般物理检验、电学、热学、光学、力学检验等；化学检验法包括了化学分析法和化学仪器分析法；生物学检验包括了微生物学检验和生理学检验。

商品检验的目的也是为了划分商品的质量等级，具体可采用的分级方法有百分计分法、限定计分法和限定缺陷法。

## 关键术语

商品检验　　品质检验　　商品鉴定　　第一方检验　　第二方检验　　第三方检验
全数检验　　抽样检验　　免检　　感官检验法　　理化检验法　　品级　　分级

百分计分法　　限定计分法　　限定缺陷法

## 实训项目

1. 请分析购买商品时所采用的感官检验法是如何判断商品质量是否合格的。
2. 设计一个评价表,分别采用百分计分法、限定计分法和限定缺陷法进行商品分级。

## 思考题

1. 什么是狭义的商品检验和广义的商品检验? 二者有何区别?
2. 商品检验与商品鉴定有什么关系?
3. 商品检验的功能有哪些?
4. 商品质量检验有哪些种类?
5. 全数检验、抽样检验、破坏性检验和非破坏性检验分别适用于什么情况的检验?
6. 企业商品申请免检资格,需要哪些条件?
7. 简答商品检验的方法体系。
8. 商品抽样有哪些方法?
9. 商品分级有哪些方法?

## 案例分析

### 氯霉素事件

　　2001 年 11 月,欧盟在来自中国的褐虾中检验出氯霉素,由此确定中国动物饲料中含有欧盟禁用药物。欧盟因此发出全面禁止从中国进口动物源性食品的禁令,在欧盟对中国的动物源性食品下达禁令以后,石荷州根据德国消费部的通知,州环境部首先委托本州检疫人员,对从中国进口的动物源性食品开始抽样检测。2002 年 2 月 11 日和 13 日,检疫人员对约 400 吨蜂蜜开始了抽样检测。2 月 19 日,有了初步结果,在受检蜂蜜中发现抗生素残留物,为此,环境部立即通知了进口商和有关企业,让他们查封了这批蜂蜜。2 月 21 日,初步检测结果显示蜂蜜含有氯霉素,环境部立刻通知德国消费者部和联邦德国各个州的主管部门。2 月 25 日晚,正式检测结果显示,这 400 吨的来自中国的蜂蜜氯霉素的含量在每公斤 3.5 到 5.6 毫克之间。2 月 26 日,环境部立即把检测结果报告联邦德国消费部,消费部当天便告知欧盟。2 月 27 日,欧盟立即通知了所有欧盟成员国,这就是人们经常听说的提前预警系统。

（案例来源:作者根据相关资料进行改写。）

问题:

　　发达国家对食品的质量安全要求越来越严格,结合实际,谈谈自己对我国食品质量安全监管的意见和建议。

# 第 9 章 商品包装

💡 学习要点

- 商品包装的概念、构成要素及作用；
- 商品包装的功能、基本要求和分类；
- 商品包装标准化的内容和作用；
- 主要商品包装材料的特性及应用范围，以及选择包装材料的原则；
- 商品包装设计的内容及主要方法；
- 商品一般包装的主要技术；
- 防震包装等特殊包装技术。

## 引导案例

### 山姆森玻璃瓶——一个价值 600 万美元的玻璃瓶

说起可口可乐的玻璃瓶包装，至今仍为人们所称道。1898 年鲁特玻璃公司一位年轻的工人亚历山大·山姆森在同女友约会中，发现女友穿着一套筒型连衣裙，看起来非常美。约会结束后，他突发灵感，根据女友穿着这套裙子的形象设计出一个玻璃瓶。

经过反复的修改，亚历山大·山姆森不仅将瓶子设计得非常美观，很像一位亭亭玉立的少女，他还把瓶子的容量设计成刚好一杯水大小。瓶子试制出来之后，获得大众交口称赞。有经营意识的亚历山大·山姆森立即到专利局申请专利。

当时，可口可乐的决策者坎德勒在市场上看到了亚历山大·山姆森设计的玻璃瓶后，认为非常适合作为可口可乐的包装。于是他主动向亚历山大·山姆森提出购买这个瓶子的专利。经过一番讨价还价，最后可口可乐公司以 600 万美元的天价买下此专利。要知道在 100 多年前，600 万美元可是一项巨大的投资。然而实践证明可口可乐公司这一决策是非常成功的。

亚历山大·山姆森设计的瓶子不仅美观，而且使用非常安全，易握不易滑落。更令人叫绝的是，其瓶型的中下部是扭纹型的，如同少女所穿的条纹裙子；而瓶子的中段则圆满丰硕，体现少女的身材柔美。此外，由于瓶子的结构是中大下小，当它盛装可口可乐时，给人的感觉是分量很多的。采用亚历山大·山姆森设计的玻璃瓶作为可口可乐的包装以后，可口可乐的销量

飞速增长,在两年的时间内,销量翻了一倍。从此,采用山姆森玻璃瓶作为包装的可口可乐开始畅销美国,并迅速风靡世界。600万美元的投入,为可口可乐公司带来了数以亿计的回报。

（案例来源：作者根据相关资料进行改写。）

## 9.1　商品包装概述

### 9.1.1　商品包装的概念、重要性及构成要素

**1. 商品包装的概念**

根据中国国家标准《包装通用术语》的定义,"商品包装是指为在流通过程中保护产品,方便贮运,促进销售,按一定的技术方法而采用的容器、材料及辅助物等的总名称。也指为了达到上述目的而采用的容器、材料及辅助物的过程中施加一定技术方法等的操作活动。"

理解商品包装的含义,包括两方面意思：一方面是指盛装商品的容器而言,通常称作包装物,如箱、袋、筐、桶、瓶等;另一方面是指包装商品的过程,如充填、装箱、封口、裹包、捆扎等。商品包装具有从属性和商品性两种特性。包装是其内装物的附属品;商品包装是附属于内装商品的特殊商品,具有价值和使用价值;同时又是实现内装商品价值和使用价值的重要手段。

从现代商品包装的概念可知,商品包装本身是一种特殊的商品,它具有明确的价值和使用价值;另外,商品包装还是实现商品价值和使用的重要手段。商品包装的价值包含在商品的价值之中,它是通过商品的销售而实现的。良好优质的包装不但能够在流通过程中有效的防止商品质量降低,还能在消费过程中提升商品的价值,从而带来很好的经济效益。

**2. 商品包装的地位及重要性**

1)包装的地位

(1)包装与生产的关系：从产品的生产过程来讲,包装是产品生产的最后一道工序,产品经过包装,表示生产过程结束。

(2)包装与物流的关系：从物流来看,包装是物流的首要工作,产品只有完成合理的包装,才能具备物流的条件,包装是物流的始点。

因此我们认为,包装既是生产的终点,又是物流的始点。

2)包装的重要性

(1)包装不仅有助于防止盗窃和损坏,而且也有助于推销商品,使顾客得知产品信息,以上是从商品包装的主要功能来看的。

(2)包装还与生产有关,因为生产工人经常包装商品。包装的大小、形状和材料极大地影响着生产劳动效率,以上是从包装与生产的关系来看的。

(3)尽管包装不像运输一样昂贵,但包装成本占了综合物流成本的10%,所以从包装成本的角度来看,包装对于企业来讲,意义也很大。

**3. 商品包装的构成要素**

商品包装是根据所包装商品的特点、形态、数量以及特定的储运条件和销售需求,采用恰当的包装材料及包装技术,形成的具有技术和艺术双重特性的实体。包装材料、包装技术方法、包装结构造型及表面装潢这四大要素构成了商品包装的实体。其中,包装材料是构成包装的物质基础,要根据被包装商品的特点采用适合的包装材料,如饮料普遍采用透明塑料,这样可以有效保护商品,还可以给消费者直观的印象。包装技术方法是将商品通过充填、封口、装

箱、捆扎等工序将商品完成包装,从而利于商品的储运和销售。包装结构造型是将包装材料和包装技术方法按消费习惯和储运需求所形成的具体形式。包装装潢是运用绘画及文字等艺术性手段,对商品进行美化、宣传及介绍商品。以上四大要素完美结构,构成了商品包装实体。

**4. 商品包装的属性**

商品包装学是一门随着社会生产力发展和适应商品流通而发展起来的一门学科,它涉及管理科学、技术科学和艺术科学等多种学科。为了更好的研究商品包装学,就要从分析研究商品包装的使用价值这一角度入手。一方面是如何能够在商品储运和销售等流通环节中有效保护商品,防止其质量下降;另一方面是如何通过包装设计和装潢达到宣传、美化商品,并促进商品销售。为了实现上述的商品包装的目的和要求,要重点关注商品包装的两大属性,即社会属性和自然属性。

1)商品包装质量的社会属性

商品包装质量的社会属性主要从商品的市场特性这一角度来看的。俗话说"佛要金装,人要衣装",商品销售的好坏,在一定程度上是由商品包装质量以及包装装潢的水平来决定的。那些包装质量优良、装潢设计精美的商品能够更好的美化和宣传商品,从而诱发消费者的购买欲望,进而扩大商品的销售。因此,在进行包装设计时,应该从商品包装质量的社会属性角度出发,充分迎合消费者的购买心理,这样才能够增强商品在市场的竞争力。

2)商品包装质量的自然属性

商品包装质量的自然属性主要从商品包装本身的技术质量和各包装工序的技术要求角度来看的。是否采用恰当的包装材料,各包装工序是否高效优质,这都极大的影响商品本身的质量和消费者的消费感受。如充填精度的高低、封口质量的好坏等。

**5. 包装误区**

1)过于忽视包装

过去由于我国的企业对包装不够重视,包装技术落后,每年给国家造成的经济损失数以百亿计。可能受这种"酒香不怕巷子深"、"包子有肉不在褶上"的陈旧观念的影响,我国商品在过去普遍不重视包装。人参出口用麻袋、西湖龙井包的是塑料袋,"简装"、"裸装"使我国产品在国际竞争中吃了大亏。根据中国包装技术协会的统计,我国每年因包装不善造成的经济损失在 150 亿元以上,其中 70% 是由运输包装造成的。如水泥的破包率为 15%～20%,每年损失 300 万吨;玻璃的破损率平均为 20%,每年损失达 4.5 亿元。另据外贸部门的统计,由于出口商品包装落后,每年使国家至少减少 10% 的外汇收入。

2)只讲究包装,忽视产品质量

目前,有些企业通过商品包装搞形式主义,也就是过度重视包装,而没有下大力气去提升自己产品的质量,造成了本末倒置的问题。消费者由于对商品包装精美的直观印象而进行了选购,消费使用时才发现商品本身的质量问题。这样造成的结果,势必是这些华而不实的商品被消费者所抛弃,这样的企业也将最终失去市场。通过商品球模型已知,商品包装只是商品的有形附加物,它更多的是在商品质量本身优良的前提下,对商品质量进行保护并促进销售。但商品包装不应该喧宾夺主,企业还是应该更重视商品质量,在此基础上进行有效的商品包装。

3)包装过度

时过境迁,人们很快发现,我国商品在包装问题上矫枉过正,走向另一个极端:红木盒子里

的人参,镶金盒子里的燕窝,配有名表、美酒和好茶的月饼。根据研究,普通商品的包装成本占总成本的 3%～15% 时最为合理,而"豪华包装"的成本往往超过商品成本的 30%。

这种过度包装超过了所需的程度,形成了不必要的包装保护,表现出来的是包装的耗材过多、分量过重、体积过大、成本过高、装潢过于华丽、说词过于溢美等。目前,对商品进行过度包装的现象日趋严重,不少包装已经背离了其应有的功能。有的商品故意增加包装层数,在内包装和外包装间增加中包装,外观漂亮,名不副实;有的商品包装体积过大,实际产品很小,喧宾夺主;还有的商品采用过厚的衬垫材料,保护功能过剩,也属过度包装。

包装美观大方一点,有利于商品销售。适当的包装是必要的。但过度包装走向另一个极端,夸大包装的功能,误导消费观念,损害了消费者和社会的利益。

由于市场竞争的激烈,企业都在不断发掘新的竞争形式、竞争手段,包装已成为销售的积极参与者,逐步成为产品销售策略中的一大支柱。它衍生了产品的附加值,是促使产品商品化的动力。因此,作为生产企业来说,应该重视商品包装,但不能盲目,应该以商品本身的质量以及技术含量为主,同时进行适度包装。

综上所述,我国商品包装的发展历程可以概括为由于最初的包装技术落后背景下的忽视包装,过度包装大行其道,最后向适度包装转变。

### 6. 商品包装的发展史

包装是一个古老而现代的话题,也是人们自始至终在研究和探索的课题。从远古的原始社会、农耕时代,到科学技术十分发达的现代社会,包装随着人类的进化、商品的出现、生产的发展和科学技术的进步而逐渐发展,并不断地发生一次次重大突破。从总体上看,包装大致经历了原始包装、传统包装和现代包装 3 个发展阶段。

1)原始包装

人类使用包装的历史可以追溯到远古时期。早在距今一万年左右的原始社会后期,随着生产技术的提高,生产得到发展,有了剩余物品须贮存和进行交换,于是开始出现原始包装。最初,人们割藤捆扎猎获物,用植物的叶、贝壳、兽皮等包裹物品,这是原始包装发展的胚胎。以后随着劳动技能的提高,人们以植物纤维等制作最原始的篮、筐,用火煅烧石头、泥土制成泥壶、泥碗和泥罐等,用来盛装、保存食物、饮料及其他物品,使包装的方便运输、储存与保管功能得到初步完善。这是古代包装,即原始包装。

2)传统包装

约在公元前 5000 年,人类就开始进入青铜器时代。4000 多年前的中国夏代,中国人已能冶炼铜器,商周时期青铜冶炼技术进一步发展。春秋战国时期,人们掌握了铸铁炼钢技术和制漆涂漆技术,铁制容器、涂漆木制容器大量出现。在古代埃及,公元前 3000 年就开始吹制玻璃容器。因此,用陶瓷、玻璃、木材、金属加工各种包装容器已有千年的历史,其中许多技术经过不断完善发展,一直使用到今天。

早在汉代,公元前 105 年蔡伦发明了造纸术。公元 61 年,中国造纸术经高丽传至日本;13世纪传入欧洲,德国第一个建造了较大的造纸厂。11 世纪中叶,中国毕升发明了活字印刷术。15 世纪,欧洲开始出现了活版印刷,包装印刷及包装装潢业开始发展。16 世纪欧洲陶瓷工业开始发展;美国建成了玻璃工厂,开始生产各种玻璃容器。至此,以陶瓷、玻璃、木材、金属等为主要材料的包装工业开始发展,近代传统包装开始向现代包装过度。

3）现代包装

自 16 世纪以来，由于工业生产的迅速发展，特别是 19 世纪的欧洲产业革命，极大地推动了包装工业的发展，从而为现代包装工业和包装科技的产生和建立奠定了基础。

18 世纪末，法国科学家发明了灭菌法包装储存食品，导致 19 世纪初出现了玻璃食品罐头和马口铁食品罐头，使食品包装学得到迅速发展。进入 19 世纪，包装工业开始全面发展，1800年机制木箱出现，1814 年英国出现了第一台长网造纸机，1818 年镀锡金属罐出现，1856 年，美国发明了瓦楞纸，1860 年欧洲制成制袋机，1868 年美国发明了第一种合成塑料袋——赛璐珞，1890 年美国铁路货场运输委员会开始承认瓦楞纸箱正式作为运输包装容器。

进入 20 世纪，科技的发展日新月异，新材料、新技术不断出现，聚乙烯、纸、玻璃、铝箔、各种塑料、复合材料等包装材料被广泛应用，无菌包装、防震包装、防盗包装、保险包装、组合包装、复合包装等技术日益成熟，从多方面强化了包装的功能。

20 世纪中后期开始，国际贸易飞速发展，包装已为世界各国所重视，大约 90% 的商品需经过不同程度、不同类型的包装，包装已成为商品生产和流通过程中不可缺少的重要环节。目前，电子技术、激光技术、微波技术广泛应用于包装工业，包装设计实现了计算机辅助设计（CAD），包装生产也实现机械化与自动化生产。

包装工业和技术的发展，推动了包装科学研究和包装学的形成。包装学科涵盖物理、化学、生物、人文、艺术等多方面知识，属于交叉学科群中的综合科学，它有机地吸收、整合了不同学科的新理论、新材料、新技术和新工艺，从系统工程的观点来解决商品保护、储存、运输及促进销售等流通过程中的综合问题。包装学科的分类比较多样，通常将其分类为包装材料学、包装运输学、包装工艺学、包装设计学、包装管理学、包装装饰学、包装测试学、包装机械学等分学科。目前，中国已有 40 多所高校开办了包装工程专业，包装人才队伍日益壮大。

### 9.1.2 商品包装的功能

商品包装的功能主要是商品在生产、流通和消费等过程中的对商品的容纳、保护、方便储运和促销等功能。

**1. 容纳功能**

容纳功能是商品包装最基本的功能。对那些像液体、气体和粉状的商品，其本身并没有一定的集合形态，只有通过包装容器的容纳才会具有特定的商品形态，才能够方便对商品进行运输和销售。

**2. 保护功能**

保护功能是商品包装的最重要的功能。良好的包装可以有效避免商品在储运和销售过程中那些不利因素的影响，特别是防止商品发生各种理化、机械和生物学变化，从而防止商品质量的下降。

**3. 便利功能**

合理的产品包装能为流通过程中的装卸、运输、储存和销售带来很大方便。因此包装单元的尺寸、重量、形态必须为装卸、运输、储存和销售提供方便，以减轻人们的劳动强度，改善劳动条件，提高装卸、搬运效率。另外，要容易区分不同的商品并进行计算，包装及拆装要简便、快速，拆装的包装材料应容易处理。

**4. 促销功能**

包装特别是销售包装,是无声的推销员,良好的包装能起到美化产品、促进销售的作用。因此,销售包装必须通过装潢艺术吸引消费者,唤起消费者的购买欲望,达到促进产品销售的目的。

### 9.1.3　商品包装的基本要求

商品包装技术是指包装操作时所采用的技术和方法。从多个角度来考察,合理商品包装应满足多方面的要求,具体包括以下几方面。

**1. 适应各种流通条件的需要**

要确保商品在流通过程中的安全,商品包装应具有一定的强度,坚实、牢固、耐用。对于不同运输方式和运输工具,还应有选择地利用相应的包装容器和技术处理。包装要执行相应的适宜标准,使包装物的强度恰到好处地保护商品免受损伤,使其商品质量不受损伤。除了要在运输装卸时经得住冲击、震动之外,还要具有防潮、防燥、防水、防霉、防锈等功能。总之,整个包装应适应流通领域中的储存运输条件和强度要求。

**2. 适应商品特性**

商品包装必须根据商品的特性分别采用相应的材料与技术,使包装完全符合商品理化性质的要求。包装材料和包装容器应当安全无害,包装材料要尽量不去采用那些对人体或商品有害的物质。设计的包装容器的造型应该避免伤害消费者。包装的容量应该比较适当,以方便商品的零售为原则。商品包装物上的有关商品质量规格的标志或说明,要便于消费者的识别和辩论,做到准确清楚地反映内装商品的性状,实事求是的介绍,而不是言过其实,误导消费者。

**3. 适应标准化的要求**

商品包装必须推行标准化,即对商品包装的包装容(重)量、包装材料、结构造型、规格尺寸、印刷标志、名词术语、封装方法等加以统一规定,逐步形成系列化和通用化,以便有利于包装容器的生产,提高包装生产效率,简化包装容器的规格,节约原材料,降低成本,易于识别和计量,有利于保证包装质量和商品安全。

**4. 包装要"适量、适度"**

对销售包装而言,包装容器大小要与内装的商品相宜,包装费用,应与内装商品相吻合。预留空间过大、包装费用占商品总价值比例过高,都有损消费者利益,属于误导消费者的"过分包装"。

为了保护商品,避免商品在装卸、搬运、运输等环节中造成的损伤,所做的一些防震包装,不可避免的会增加包装体与商品之间空间的增加。但应该将其空闲的空间压缩到最低限度,否则会使消费者产生包装商品的容量很大的这种错觉,还会增加运输、储存过程空间的占用。因此,将包装的空闲容积率降到一个合理的限度是需要重视的问题。

**5. 商品包装要做到绿色、环保**

商品包装的绿色、环保要求要从两个方面认识:首先,材料、容器、技术本身应是对商品、对消费者而言,是安全的和卫生的。其次,包装的技法、材料容器等对环境而言,是安全的和绿色的,在选材料和制作上,遵循可持续发展原则,节能、低耗、高功能、防污染,可以持续性回收利用,或废弃之后能安全降解。

**6. 包装费用与内装商品相适应**

包装费用主要是指包装体本身的费用以及包装操作所涉及的费用,它也是构成商品成本的一个很主要的组成部分。因此,包装费用应该与商品的成本和价格相适应,将其控制在一个相对合理的范围内是十分必要的,这对有效降低商品成本,进而减轻消费者负担有着积极的意义。一般来说,普通商品的包装费用应该控制在商品售价的15%以内,但这并不是一个统一的标准,要考虑到不同商品的特点而定。

### 9.1.4 商品包装的分类

由于包装种类繁多,选用分类标志不同,分类方法也多种多样。根据选用的分类标志不同,常见商品包装分类方法有以下几种。

**1. 按包装在流通中的作用分类**

以包装在商品流通中的作用为分类标志,可分为运输包装和销售包装。

1)运输包装

运输包装是以运输为主要目的的包装。它具有保障商品安全、方便储运、加速交接、点检的作用。因此,运输包装必须有足够的防护性能,以防止运输中一切外力的损害,运输包装的形状、尺寸必须便于运输和装卸等作业,以及能够进行快速的判定和检验,如图9.1所示。

图9.1 运输包装

2)销售包装

销售包装的目的是为了促进商品的销售。这种包装的特点是外形美观,选用材料、结构形态、外表装潢应该具有美学功能,可以起到保护、美化、宣传商品,促进销售的效果。销售包装可以促进商品的销售,保护产品并能够美化、宣传产品。

常用的销售包装有以下几种。

(1)透明式包装:这种包装有全透明式和半透明式两种包装,如衬衫包装和一些食品包装等,如图9.2所示。

(2)悬挂式包装:这种包装的包装容器可以悬挂、手提,便于悬挂展销,如服装包装附有衣架,有些糖果袋包装有硬塑料手提孔等,如图9.3所示。

(3)开启式包装:这种包装用时开启,不用时闭合,卫生方便,如硬盒香烟的摇盖等,如图9.4所示。

(4)配套式包装:这种包装可以容纳两种以上的配套产品,如电子产品的配套包装,如图9.5所示。

图 9.2  透明式包装

图 9.3  悬挂式包装

图 9.4  开启式包装

图 9.5  配套式包装

**2. 按包装保护功能的顺序分类**

1）单个包装

第一次包装,是直接保护商品的包装,一般为商品的最小销售单位的包装形式,它连同商品一起到达消费者手中。

2）内包装

单个包装商品再次集合包装,成为较大的销售单位包装形式,如果商品体积较小,几个内包装还可以进行中包装,以方便流通运输、保管。

3）外包装

外包装一般是运输包装,主要目的是为了方便储存、运输。

**3. 按包装容器分类**

1）按包装容器的形状

按包装容器的形状划分,包装容器可分为包装袋、包装箱、包装盒、包装瓶和包装罐等。

2）按包装容器的抗变形能力划分

(1)软包装。软包装是指在充填或取出内装物后,容器形状可发生变化的包装。用纸、铝箔、纤维、塑料薄膜以及它们的复合物所制成的各种袋、盒、套、包封等均为软包装。

(2)硬包装。除去软包装之外的包装都属于包装,它是指在充填或取出内装物后,容器形状不会发生变化的包装。如用金属、玻璃制品等制成的包装均为硬包装。硬包装的抗变形能力较强。

---

### 印度包装业传统的硬质包装正转用软包装产品

印度包装工业生产总值为140亿美元,并以每年超过15%的速度增长。据悉,传统的硬质包装用户正大规模地转用软包装产品。复合产品诸如封口袋、复合软管以及四面体包装的生产每年以30%的速度增长。

目前,印度有600到700家左右的包装机械制造商,其中95%都属于中小型企业,分布于印度各地。德国和意大利曾经是印度主要的包装机械供应商,现在已被台湾、韩国和中国取代。据统计,印度的包装机械进口1.25亿美元,不过出口也在快速增长。

另据了解,印度每单位包装消费额少于15美元,而世界范围内的平均消费水平接近100美元。行业潜力巨大。

### 美国食品塑料包装由硬包装向软包装转变的速度正在加快

Frost Sullivan 最新公布的研究报告表明,美国食品塑料包装由硬包装向软包装转变的速度正在加快。但是,软包装充填系统的发展速度仍落后于硬包装,硬包装充填系统的效率几乎是软包装充填系统的6倍。食品塑料软包装是由单层或多层复合薄膜加工而成的,虽然2005年单层薄膜仍占主导地位,所占的市场份额在58%左右,但却处于下降趋势,年均下降速度为5%~10%,估计其主导地位很快就会被多层复合薄膜所取代。在多层复合薄膜中,3层、5层和7层薄膜的应用最广,3层薄膜占32%,5层和7层薄膜共占10%。

(材料来源:作者根据相关资料进行改写。)

---

3)按包装容器结构形式划分

(1)固定式包装,尺寸和外形是固定不变的,因此在不使用时会占用一定的空间,造成保管和返运时的不便。

(2)可拆卸折叠式包装,在不使用时则可拆卸或折叠存放,以减小体积,方便保管和返运。

**4. 按包装材料分类**

按商品包装所采用的包装材料作为主要依据进行分类,可分为:纸包装、塑料包装、金属包装、玻璃包装、陶瓷包装、木包装、纤维制品包装、复合材料包装和其他天然材料包装等。该部分内容将在9.2节重点介绍,在此不作赘述。

**5. 按商品包装的防护技术方法分类**

以商品包装的防护技术方法作为分类标志,可分为防水包装、防潮包装、防锈包装、防震包装、防雷包装、防虫包装、无菌包装、真空包装、充气包装、保鲜包装、防尘包装、防爆包装、防冻包装、防热包装等。该部分内容将在9.4节重点介绍,在此不作赘述。

**6. 按包装内容物分类**

以包装的内容物作为分类标志,可分为食品包装、土特产品包装、纺织品包装、医药品包装、化工商品包装、化学危险品包装、机电商品包装等。

### 9.1.5　商品包装的标准化

**1. 商品包装标准化的概念**

商品包装标准化是指在生产技术活动中,对所有制作的运输包装和销售包装的品种、规格、尺寸、参数、工艺、成分、性能等所做的统一规定,并且按照统一的技术标准对包装过程进行管理。产品包装标准是包装设计、生产、制造和检验包装产品质量的技术依据。目前,我国的产品包装标准主要包括建材、机械、电工、轻工、医疗器械、仪器仪表、中西药、食品、农畜水产、同电、军工等 14 大类。

商品包装标准化目的是使商品包装适用、牢固、美观,达到定型化、规格化和系列化。对同类或同种商品包装,需执行"七个统一",即:统一材料,统一规格、统一容量、统一标记、统一结构、统一封装方法和统一捆扎方法等。

**2. 商品包装标准化的作用**

包装标准化工作是提高产品包装质量,减少消耗和降低成本的重要手段,主要作用表现在以下几个方面。

1)包装标准化有利于包装工业的发展

包装标准化是有计划发展包装工业的重要手段,是保证国民经济各部门生产活动高度统一,协调发展的有利措施。商品质量与包装设计、包装材料或容量、包装工艺、包装机械等有着密切关系。由于商品种类繁多,形状各异,为了保证商品质量,减少事故的发生,根据各方面的需要,制定出行业标准及互相衔接标准,逐步形成包装标准化体系,有利于商品运输、装卸和贮存;有利于各部门、各生产单位有机地联系起来,协调相互关系,促进包装工业的发展。

2)包装标准化有利于提高生产效率,保证商品安全可靠

根据不同商品的特点,制定出相应的标准,使商品包装在尺寸、重量、结构、用材等方面都有统一的标准。使商品在运转过程中免受损失。同时也为商品贮存养护提供了良好条件,使商品质量得到保证。特别是运输危险品和有危险的商品时,由于包装比较适宜、妥当,减少了发热、撞击,因此运输安全也得到了保证。

3)包装标准化有利于合理利用资源、减少材料损耗、降低商品包装成本

包装标准化可使包装设计科学合理,包装型号规格统一。过去纸箱规格参差不齐,质量不好,实行包装标准化以来,纸箱统一简化为 27 种规格,降低半成品损耗千分之五。如沪、津两市,仅针织内衣包装实行标准化,一年就可降低包装费上百万元。

4)包装标准化有利于包装的回收复用,减少包装、运输、贮存费用

商品包装标准的统一,使各厂各地的包装容器,可以互通互用,便于就地组织包装回收复用,节省了回收空包装容器在地区间的往返运费,降低了包装贮存费用。

5)包装标准化便于识别和计量

标准化包装,简化了包装容器的规格,统一包装的容量。明确规定了标志与标志书写的部位,便于从事商品流通的工作人员识别和分类。同时,整齐划一的包装,每箱中或者每个容器中的重量一样,数量相同,对于商品使用计量非常方便。

6)包装标准化,对提高我国商品在国际市场上的竞争力,发展对外贸易有重要意义

当前,包装标准化已成为发展国际贸易的重要组成部分,包装标准化已成为国际交往中互相遵循的技术准则。国际间贸易往来都要求加速实行商品包装标准化、通用化、系列化。

### 3. 商品包装标准化的内容

当前,包装标准化已成为发展国际贸易的重要组成部分,包装标准化已成为国际交往中互相遵循的技术准则。国际间贸易往来都要求加速实行商品包装标准化、通用化、系列化。商品包装标准化的具体内容如下。

1)包装材料标准化

商品包装材料应尽量选择标准材料,少用或不用非标准材料,以保证材料质量和材料来源的稳定。要经常了解新材料的发展情况,结合企业生产的需要,有选择地采用。

包装材料主要有纸张、塑料、金属、木材、玻璃、纤维织物等。对这几大类包装材料的强度、伸长每平方米重量、耐破损程度、水分等技术指标应作标准规定,以保证包装材料制成包装容器后能够承受流通过程中各种损害商品的外力和其他条件。

2)包装容器标准化

包装容器的外形尺寸与运输车辆的内部尺寸和包装商品所占的有效仓库容积有关。因此应对包装外形尺寸作严格规定。运输包装的内尺寸和商品中包装的外尺寸也有类似的关系,因此对运输包装的内尺寸和商品中包装的外尺寸,也应作严格规定。为了节约包装材料和便于搬运、堆码,一般情况下,包装容器的长与宽之比为3：2,高与长相等。

3)包装工艺标准化

凡是包装箱、桶等,必须规定内装商品数量、排列顺序、合适的衬垫材料,并防止包装箱、桶内空隙太大,商品游动。如木箱包装箱,必须规定箱板的木质、箱板的厚度、装箱钉子的规格、相邻钉子距离,包角的技术要求及钉子不得钉在夹缝里等。纸箱必须规定如何封口,腰箍的材料,腰箍的松紧及牢固度等。布包则要规定针距及捆绳的松紧度等。回收复用的木箱、纸箱及其他包装箱也都必须制定标准。

4)装卸作业标准化

在车站、港口、码头、仓库等处装卸物时,都要制定装卸作业标准,要进行文明操作。机械化装卸要根据商品包装特点选用合适的机具,如集装袋、托盘等。工业、商业、交通运输部门交接货物时,要实行验收责任制,以做到责任分明。

5)集合包装标准化

集合包装既适合机械化装卸,又能保护商品安全。我国集合包装近几年有较快的发展,并制订了部分国家标准,其中,20吨以上的集装箱采用国际标准。托盘的标准应和集装箱的标准规定的尺寸相配套合。

6)包装检测标准化

包装产品在交付给使用方之前应该通过统一的检测。测试目标消费者对可以刺激其购买欲望的外包装的形状、规格、色彩、图案、文字说明、品牌标记等信息的反应情况,从而刺激其购买。产品包装测试专项研究指标可以包括区别性、传递信息性、吸引力及品牌形象。

## 9.2  商品包装材料

包装材料是指用于制造包装容器和构成产品包装的材料总称。了解和学习商品包装材料主要是为了研究材料结构和性能之间的关系,选择适当的材料使之适合于特定产品包装和消费者的需要,并便于在现代包装机械上用各种现代技术加工,研制开发新型的包装材料。

　　包装材料一般包括主要包装材料和辅助包装材料,常用的有木材、金属、塑料、纺织品、陶瓷、玻璃、草、竹、藤条、柳条等,其中尤以木材包装与金属材料最为复杂。

　　包装材料在包装厂中占有重要的地位,是发展包装技术、提高包装质量和降低包装成本的重要基础。因此,了解包装材料的性能、应用范围和发展趋势,对合理选用包装材料,扩大包装材料的来源,采用新的包装材料和加工新技术,创造新型包装容器与包装技法,提高包装技术水平与规律都具有重要而又深远的意义。

### 9.2.1　包装材料发展史

　　在火发明前,人类所用的包装材料为树叶、贝壳、竹筒、兽皮等。由于火的发明和使用,人们用火烘烤泥制容器,产生制陶业。后来,人们利用棉、麻等织物纤维进行纺织,几千年前,人们开始使用布作为包装材料。

　　在 4000 年前埃及人就已使用玻璃瓶。从公元前 1500 年的古墓中曾发现带有花纹图案的香水玻璃瓶。人们对金属的了解、研究和应用也已有几千年的历史。青铜及早期发现的金属是最早使用的金属包装材料。公元前 2 世纪,我国发明了纸,公元 105 年,蔡伦首先记载整理出造纸术。公元 8 世纪,阿拉伯人获取了造纸的秘密,而后经西班牙、法国传到了世界各地。早期的包装材料还包含木材,当时人们用木材制造木箱和木桶来盛装物品。

　　金属罐包装是英国人发明的。公元 1200 年,镀锡铁皮发明于捷克斯洛伐克的波希米亚。1620 年,德国南部的大公偷走了这个技术,镀锡铁皮才开始用于包装。1810 年,皮特杜兰德发明了用马口铁罐贮藏食品的技术。1799 年法国人发明了第一台长网抄纸机,1808 年英国人发明了圆网抄纸机并于 1817 年在美国使用。1841 年发明的金属软管首先作为艺术家们灌装颜料的包装容器。由于使用方便,它逐渐成为药品、化妆品、牙膏、刮面膏、涂抹食品、润滑剂、粘合剂、颜料、油墨、充填剂等家庭、医药和工业服务器的包装容器。1871 年美国人申请了瓦楞纸板专利,1894 年研制成功了第一只瓦楞纸盒,1902 年双瓦楞纸箱正式作为铁路运输包装箱。1892 年美国的欧洲移民威廉潘德发明的王冠盖可以说是玻璃瓶包装的一大革命。当时这种盖子的外形很像英国女王的王冠,所以"王冠盖"的名称一直保留至今。后来又出现了防盗盖、旋压盖、易拉盖、喷雾盖等。1900—1906 年间研究成功吹瓶机及发明了压—吹、吹—吹等制瓶技术。上世纪 50—60 年代,美国和瑞士分别研制成功缝焊罐,1968 年,日本又推出粘接罐,解决了无锡罐不能锡焊的问题。1953 年英国发明二片冲拔罐。19 世纪末铝的冶炼技术趋于完善,装上易开启的易拉盖的铝制二片罐用于包装。

### 9.2.2　包装材料应具备的性能

　　从现代包装功能来看,包装材料应具有以下几方面性能。

**1. 保护性能**

1)阻隔性

　　主要是为了保护内装物品不受外界因素的影响和渗入,而能够阻隔水分、水蒸气、气体、光、芳香、臭味以及热量的进出等。

2)机械保护性

　　主要是防止在商品的生产、装卸搬运、运输等环节中,不受外力的冲动、振动,并使商品在储存期间由于长时间堆码过程,能够承受一定的堆码强度等。

3)稳定性

　　主要包括耐化学性、耐油脂性、耐寒及耐低温性、耐老化性及尺寸的稳定性等。

**2. 加工操作性能**

1）机械加工性

包装材料的力学性能，具体来说有拉伸强度、伸长、刚性、撕裂强度等。

2）印刷适应性

印刷图案的附着性、耐磨性及印刷精度等。

3）密封、粘合性

具有良好的密封性能，用粘合剂进行粘合时的强度高、时间长等。

**3. 方便使用性能**

1）物流途中的方便性

运输、转运、装卸搬运过程中的方便性，能够便于机械进行装卸及各物流环节的有效衔接。

2）消费过程的方便性

便于消费者在使用前的开启，以及开封后的保存、再包装和存放等。

**4. 外观装饰性能**

针对不同商品进行包装时，应该采用相应的包装材料。因为不同包装材料的外观、纹理等会对消费者的消费心理产生一定的影响，同时根据不同包装材料的特点进行有针对性的加工装饰处理，会产生很好的视觉效果。

**5. 节省费用性能**

包装费用是商品生产成本的一部分，而包装材料的成本又是包装费用中很主要的构成。包装费用过高，就提高了商品的生产成本，售价随之提高。这既影响了产品的销售，又损害了消费者的利益。因此，选择包装材料时应该认真全面核算包装成本，既要达到包装效果，又要使包装成本最低，以降低产品售价，减轻消费者的负担。

**6. 易处理性能**

由于不同材料的物理和化学性能有很大的区别，为了更好地保护和促销商品，会采用一些特殊的包装技术进行处理，这样做会起到很好的包装功能，但不能忽视消费者开启包装的便捷性，因为要在销售包装上留有便于开启的切口。另外，还要注意包装使用后的回收和废弃处理，做到尽量减少对环境的污染。

### 9.2.3 主要包装材料及其特点和应用

**1. 纸和纸板**

1）纸及其优点

纸是由植物纤维缠绕或者粘结起来的软性薄片材料。在商业上纸一直由亚麻布、甘蔗渣、棉纤维和麦秸制造。现代纸大多数由木材纤维制造。

作为包装材料，纸有如下一些优点。

（1）可以根据不同等级进行生产，可制成不同的形状，尤其是纸盒或者纸箱。

（2）纸可以回收再利用，而且能够生物降解。

（3）易与其他材料层合制成复合包装材料。

（4）能制成具有不同透明等级的纸张。

2）纸的种类

（1）牛皮纸。牛皮纸具有很高的强度和拉力，有单光、双光、条纹、无纹等。主要用于包装纸、信封、纸袋等和印刷机滚筒包衬、25～50公斤的面粉、糖、水果和蔬菜包装等。为了满足强

度要求,通常使用多层牛皮纸。

牛皮纸通常呈黄褐色。半漂或全漂的牛皮纸浆呈淡褐色、奶油色或白色。定量 $80 \sim 120 g/m^2$。裂断长一般在 6 000 米以上。抗撕裂强度、破裂功和动态强度很高。多为卷筒纸,也有平板纸。采用硫酸盐针叶木浆为原料,经打浆,在长网造纸机上抄造而成。可用作水泥袋纸、信封纸、胶封纸装、沥青纸、电缆防护纸、绝缘纸等。

平板纸规格:787×1 092 毫米,850×1 168 毫米,787×1 190 毫米,857×1 120 毫米。印刷常用规格是:787×1 092 毫米,889×1 194 毫米。

牛皮纸被应用于化工、机械等各行业,在食品包装行业应用得特别广泛。

(2)文化用纸。文化用纸是由木屑和锯木厂残留物制成,这是森林产品行业的副产品。这些材料是通过制浆和压制成薄片,从而制成文化用纸。文化用纸用作书写纸、复印纸和打印纸。文化用纸之所以适用于上述目的是因为它有较长的纤维,且比其他纸种明亮。

(3)植物羊皮纸。羊皮纸由硫酸盐浆制得,经过浓硫酸处理,通过膨胀和部分溶解纤维,使之塑造成型。在纤维网中,羊皮纸关闭气孔并填补空隙,使表面比牛皮纸更完整,从而使纸张耐油,并具有更强的吸湿能力。用来包装黄油、奶酪和新鲜的鱼或肉。

(4)防油纸。防油纸由亚硫酸盐纸浆制成,亚硫酸盐纸浆中的纤维被捣碎得更彻底以生成更紧密的结构。它可耐油脂,尽管遇湿时耐油性丧失,但它广泛用于鱼、肉和乳制品的包装。

(5)薄玻璃纸。玻璃纸与防油纸类似,但由于更多得被压制,从而密度增大,产生一个紧密的结构和高光泽面。干燥时更能防水,一旦遇水则不失去防水性能。

(6)涂布纸。许多纸张是由蜡涂、干蜡(蜡趁热时渗透到其中)或上蜡(其中蜡是在纸浆的准备时加入)处理的。蜡提供保湿屏障,并允许纸张被加热密封。然而,简单的蜡涂层很容易因折叠或研磨食品而破损,但这可通过纸层之间涂蜡和(或)聚乙烯蜡层克服。涂蜡纸用于面包包装和谷类食品纸箱包装的内衬。

3)纸板

"纸"和"纸板"是不确定的术语,这与材料测量(厚度)有关,或者与材料的定量(重量)有关。国际标准化组织(ISO)规定:重量每平方米超过 250 克(每 1000 平方英尺 51 磅)材料,应称之为纸板。美国则是称超过 300 微米(0.012 英寸)的纸为纸板。

(1)纤维板。纤维板(厚度超过 0.11 毫米)是实心的或波纹状的。实心类型的纤维板外层是牛皮纸,内层是漂白的纸板。它具有抗压缩性能,并受较小程度的影响。小纤维板用单层板,带或不带箔层和低密度聚乙烯内层。

(2)瓦楞纸板。瓦楞纸板具有波纹内层,夹在挂面层之间。用于制造容器以运输产品至工厂、仓库、零售商店、办公室和家庭。用瓦楞纸板运输这些产品非常不错,因为它重量轻,结实,并且容易为所有产品定制适宜的尺寸。楞型描述了波浪形的纸板材料的结构,而这种材料构成了纸板的瓦楞。

①A 型楞。A 型楞,是原始的楞型,楞高是最高的,因此,与内外原纸粘合后,厚度最大。A 型楞最适于易碎的、脆弱物品的缓冲及堆码。

②B 型楞。B 型楞,瓦楞纸业所采用的第二种楞型,每英寸有较低的尺寸高度和更多的瓦楞。这意味着,中等接触和支持更多点的衬垫,提供了硬度、高品质印刷和模切的平整平面与良好的抗压性能。

③C 型楞。C 型楞介于 A 型楞与 B 型楞之间,并为食品提供缓冲、堆码和印刷性能。C 型

楞是目前使用最广泛的楞型。据估计,今天 80％的瓦楞纸箱是由 C 型楞纸板制作。

④E 型楞。E 型楞纸板楞数最多,这使得其具有最大的抗压性能和最平坦的表面以获得高品质的印刷性能。E 型楞的薄纸板(C 型楞厚度的四分之一)减少纸盒的大小,节省存储空间。由于它的超薄和优良的缓冲性能,E 型楞常常可以取代传统折叠纸箱或容器。

⑤F 型楞。现在,在瓦楞纸行业,一种新的楞型,F 型楞。最初在欧洲发展的新瓦楞的想法,是制作含较少纤维的包装。F 型楞可以减少包装中纤维的总量,从而制得更坚挺的纸盒,而有更少的固体废弃物埋入填埋场。

一般而言,较大的楞型提供更大的强度和缓冲,而较小的楞型有较好的印刷适性和折叠性。在同一块纸板内,不同的楞型可以被混合并相结合,以改变印刷适性、压缩强度、缓冲性能和纸板的总厚度。例如,C 型楞和 E 型楞组合的瓦楞纸板,既有 C 型楞的压缩性,又有 E 型楞纸板的光滑印刷表面。

(3)箱纸板。箱纸板是多层硬质纸材,用于制作各种颜色、形状和大小的盒子,包括谷物、鞋、糖果箱。箱纸板通常有六至八层。上层往往是由整齐的纸浆或其他优质再生纸制成。内层均采用低质量的纸张制成。

### 2. 塑料包装材料

塑料是一类具有可塑性的合成高分子材料。它与合成橡胶、合成纤维形成了当今日常生活不可缺少的三大合成材料。具体地说,塑料是以天然或合成树脂为主要成分,加入各种添加剂,在一定温度和压力等条件下可以压塑制成一定形状,在常温下保持形状不变的材料。

1)塑料包装材料的特点

(1)优点。

①物理性能优良。塑料具有一定的强度、弹性、抗拉、抗压、抗冲击、抗弯曲、耐折叠、耐摩擦、防潮、气体阻隔等性能。

②化学稳定性好。塑料具有耐酸碱、耐化学药剂、耐油脂、防锈蚀等性能。

③质量轻。塑料属于轻质材料,其密度约为金属的 1/5、玻璃的 1/2。

④易加工。塑料加工成型简单多样。塑料可制成薄膜、片材、带材,还可以编制布,用做发泡材料等。其成型方法有吹塑、挤压、注塑、铸塑、真空、发泡、吸塑、热收缩、拉伸以及应用多种新技术,可创造出适合不同产品需要的新型包装。

⑤塑料有优良的透明性和较光泽的表面,印刷和装饰性能良好,能起到宣传和美化商品的作用。

⑥节能。塑料属于节能材料,价格上具有一定的竞争力。

(2)缺点。

①强度不够。塑料的强度不如钢铁等金属材料。

②耐热性差。其耐热性较玻璃等材料要差很多。

③易老化。在外界因素的长期作用下容易发生老化。

④有异味。有些塑料带有异味,其内部低分子物质有可能渗入包装物当中。

⑤易脏及带静电。

⑥污染较大。有的塑料废弃物不易处理,燃烧时又会造成公害。

2)塑料包装材料的种类

(1)聚乙烯(PE)。聚乙烯树脂的机械性能变化范围很宽,但耐化学性相对统一。化学方程式遵循一定的模式。分子可能分支或直接导向直链。高度分支的材料更加灵活。

不同种类聚乙烯的物理性能,包括 LDPE、LLDPE 和 HDPE,使之成为具有多功能的食品包装材料。需要注意的是聚乙烯的化学性质,包括聚乙烯塑料生产中应用的单体和联合体、商业过程,聚乙烯生产中使用的添加剂,并在正常使用情况下从 PE 膜到食物的物质的迁移。由于其多功能的特性,易于制造和转化及相对低的成本,PE 已经达到了其主导地位。

(2)聚丙烯(PP)。单向拉伸聚丙烯(OPP)是光泽性良好的薄膜,具有优良的光学特性,较高的抗拉强度和抗穿刺性。对水分、气体和异味具有适中的透过性,且不受湿度变化的影响。它是热塑性塑料因此可以延伸,具有低摩擦性,这最大限度地减少了静电积聚,并使其适合高速灌装设备。

双向拉伸聚丙烯(BOPP)也有类似于 OPP 的性质,但强度更大。PP 和 OPP 用于瓶、罐、薯片、饼干包装和许多其他应用的蒸煮袋包装膜。

(3)聚偏二氯乙烯(PVDC)。PVDC 具有优异的氧气和水分阻隔性能,近年来包装对此材料的需求急剧增加,它拥有乙烯-乙烯醇共聚物(EVOH)所不及的许多优点,水分不会影响PVDC 的透氧率。聚偏二氯乙烯的成本高往往意味着它现在只用作涂层和吸塑包装。对PVDC 使用增长的主要威胁来自环保游说,其中提出:在食品接触应用中,由于 PVC 和 PVDC产品可能有致癌物迁移,这引起了人们关于 PVDC 使用的关注。

(4)聚对苯二甲酸乙二醇酯(PET)。PET 是一种高强度的透明薄膜,具有良好的光泽性和水分阻隔性能。在 70℃至 135℃的温度范围内均可,温度或湿度的变化能引起微小收缩。

3)塑料包装材料的应用范围

目前我国塑料制品主要有六大类:塑料纺织袋、塑料周转箱、塑料打包带及捆扎绳、塑料中空容器、塑料包装薄膜和泡沫塑料等。塑料包装主要应用于食品、药品、服装、饮料等多种商品的销售包装,亦可以作为运输包装的裹包之用。

**3. 木质包装材料**

1)木质包装材料的特点

(1)优点。

①分布广、便于取材。

②优良的强度/质量比、具有一定弹性,能承受冲击、振动、重压,是装载大型、重型物品的理想容器。

③便于加工、钉着性好。

④热胀冷缩比金属小,不生锈、可盛装化学药剂。

⑤可进一步加工成胶合板等板材,减轻重量,提高均匀性,改善外观,耐久性,从而防潮、防湿、抗菌及防腐。

⑥可回收、再利用。

(2)缺点。

吸水、易变形开裂、易腐败、易被虫蚁蛀蚀、有异味、不易机械化加工、价格高以及生长缓慢等。

2)木质包装材料的种类

现在市场上常见的木质包装板是利用木材、木质纤维、木质碎料或其他植物纤维为原料,加胶粘剂和其他添加剂制成的板材。木质人造板的主要品种有单板、胶合板、细木工板、纤维板和刨花板等。

①胶合板:胶合板是由三层以上单板胶合而成,共分阔叶树材胶合板和针叶树材胶合板两种。

②纤维板:纤维板是以木材、竹材或其他农作物茎杆等植物纤维加工而成的人造板。纤维板按性质不同分为硬质纤维板、半硬质纤维板和软质纤维板三种。

③刨花板:刨花板又称为碎料板,是用木质碎料为主要原料,施加胶合材料、添加剂经压制而成的薄型板的统称,按压制方法可分为挤压刨花板、平压刨花板两种。

④细木工板:芯板用木板拼接而成,两个表面为胶贴木质单板的实心板材,俗称大芯板。

⑤碎木板:是用木材加工的边角作余料,经切碎、干燥、挂胶、热压而成。

⑥木丝板:又名万利板,是利用木材的下脚料,经机器刨成细长木丝,经过化学溶液的浸透,然后掺和水泥,入模成型加压、凝固、干燥而成。

3)木质包装材料的应用范围

木材是一种优良的包装材料,长期以来,一直用于制作运输包装,适用于大型的或较笨重的机械、五金交电、自行车以及怕压、怕摔的仪器仪表等商品的外包装。

近年来木质包装虽有被其他材料替代的趋势,但仍在一定的范围内使用。随着包装工业的发展,木质包装在整个包装材料中的比重会越来越低。

**4. 玻璃包装材料**

1)玻璃包装材料的特点

(1)优点。

①保护性强。玻璃的保护性能优良,不透气、不透湿,有紫外线屏蔽性,化学稳定性高,无毒无异味,有一定强度,能有效地保护内装物品。

②玻璃的透明性好,易于造型,具有特殊的美化效果。

③适应性强。玻璃可制成品种规格多样,对产品商品化的适应性较强。

④玻璃的强化、轻量化技术以及复合技术已有一定发展,加强了对包装的适应性,尤其在一次性包装材料中,玻璃材料具有较强的竞争力。

⑤玻璃的原料资源丰富且便宜,价格比较稳定。

⑥玻璃易于回收再利用、再生,不会造成公害。

(2)缺点。

玻璃作为包装材料,存在着冲击强度低(脆)、碰撞时易破损、自身质量大、运输成本高、能耗大等缺点,限制了玻璃的应用。另外玻璃有一定耐热性,但不耐温度急剧变化。

2)玻璃包装材料的应用范围

(1)销售包装所用玻璃容器主要是玻璃瓶和平底杯式的玻璃罐,用于酒、饮料、食品、药品、化学药剂、化妆品和文化用品等。

(2)玻璃用于运输包装,主要是指存装化工产品,如强酸类的大型容器,其次是指玻璃纤维复合袋在存装化工产品和矿物粉料上的应用。

**5. 金属包装材料**

1)金属包装材料的特点

(1)优点。

①金属非常牢固、强度高、碰不碎、不透气、防潮、防光,能够有效地保护内装物品,热传导

性好,用于罐头食品可耐高温杀菌处理,保存期长,用于食品包装能满足卫生和安全要求,而且便于贮存、携带、运输和装卸。

②金属有良好的延展性,容易加工成型,制造工艺成熟,能连续化自动生产,其中钢板能镀上锌、锡、铬等,以提高其抗锈能力。

③金属表面有特殊光泽,是增加包装美观性的重要因素,加上印铁工艺的发展,便于将商品装潢得外表华丽、美观、适销。

④金属易再生利用。

(2)缺点。

成本较高、能量消耗大、比重大、流通中易产生变形、化学稳定性差、易锈蚀等因素都限制了金属在包装上的应用。

2)金属包装材料的种类

金属包装材料的种类主要有镀锡薄钢板(马口铁)、镀铬薄钢板(TES—CT)、镀锌薄钢板(白铁皮)、低碳薄钢板(黑铁皮)和铝合金薄板和铝箔等几种,各自的材料性能见表 9.1所示。

表 9.1　主要金属材料种类及性能

| 金属材料的种类 | 材料性能 |
| --- | --- |
| 镀锡薄钢板(马口铁) | 力学性能强、优良的成型性能和形状稳定性好、易于加工 |
| 镀铬薄钢板(TES—CT) | 对有机涂料的附着力好、加工成型性好、韧性差 |
| 镀锌薄钢板(白铁皮) | 耐腐蚀和密封性能良好 |
| 低碳薄钢板(黑铁皮) | 供应充分、成本低廉、加工性能好、制成容器有足够的强度和刚度 |
| 铝合金薄板和铝箔 | 耐腐蚀性好、安全卫生、导热率高、罐轻、印刷效果好、可回收重熔 |

3)金属包装材料的应用范围

金属包装材料主要应用于一些罐头、酒类及饮料等的包装,以及特殊的化学品的包装。

**6. 各种包装材料对比**

以上是主要的包装材料从特点、种类以及应用范围这几个角度做的一个介绍,现将以上内容归纳为表 9.2。

表 9.2　各种包装材料的存在形式及特点

| 材料 \ 项目 | 材料及存在形式 | 优点 | 缺点 |
| --- | --- | --- | --- |
| 金属包装材料 | 主要为铝材和钢材;<br>形式主要为薄板、金属箔、捆扎带、捆扎丝(绳)等 | ①金属牢固,防潮防光<br>②良好的延展性,且容易加工<br>③本身有良好的装潢效果<br>④易于再生使用 | ①成本高<br>②能耗大<br>③流通过程中易变形<br>④生锈 |

续表

| 材料 \ 项目 | 材料及存在形式 | 优点 | 缺点 |
|---|---|---|---|
| 玻璃包装材料 | 玻璃 形式主要为各种规格的玻璃瓶等 | ①保护性能好：不透气不透湿，有紫外线屏蔽性，化学性质稳定，耐风化，不变形，耐热耐酸耐磨。有一定强度 ②具有特殊真实传递商品信息效果 ③易加工，对商品的适应性强 ④无毒无异味，易于回收复用，一般无公害 ⑤资源丰富、价格便宜且稳定 ⑥技术水平仍有很大提高空间，在一次性使用的包装物中有较强的竞争力 | ①耐冲击的强度低，易碎 ②自身重量大 ③运输成本高 ④能耗高 |
| 木质包装材料 | 可制成胶合板 | ①有良好的重量/强度比，有一定强度 ②加工方便 ③加工成胶合板，外观好 | ①易潮 ②易变形开裂 ③易腐朽 ④易受虫蚁蛀蚀 ⑤资源限制，价格高 |
| 纸和纸板 | | ①成型性和折叠性良好，便于加工生产。 ②易达到卫生标准（食） ③便于印刷介绍美化商品 ④价格很低 ⑤自身重量轻 ⑥质地细腻均匀，耐磨耐冲击，无毒无味，不受温度影响，加工方便等 | ①气密性、防潮性、透明性差 ②受潮后强度降低 |
| 塑料包装材料 | 主要形式为薄膜、片材、管材、编织布、无纺布、发泡材料等 | ①良好的物理机械性能，有一定的强度，有弹性、耐折叠、耐磨、抗震动、防潮、气体阻漏 ②化学性质好，耐酸碱，耐化学试剂，耐油脂，防锈蚀，无毒 ③重量较轻 ④加工简单，对商品适应性强 ⑤透明性较好，印刷和装饰性良好 | 易产生公害，造成白色污染 |
| 复合包装材料 | 塑料和玻璃复合材料、塑料和金属箔复合材料、塑料和塑料复合材料、纸基复合材料、塑料基复合材料、金属基复合材料等 | 改进单一材料性能，发挥更多材料优点 | |

【阅读材料3】

## 世界卫生组织赞成 EPS 包装食品

发泡聚苯乙烯(简称 EPS)(塑料的一种)被用于水果和食品的运输与包装,通常比纸制餐具便宜得多,与等量纸制餐具相比,批发价要低两三倍。

柏林一研究所的报告说,他们对 EPS 和纸浆包装容器作了对比,认为从能源消耗、空气污染、全球变暖和水污染方面看,用纸浆代替 EPS 产品将多消耗 70% 的能源,生产过程中产生的空气污染多 31%,温室气体释放多 3 倍,水污染也会增加,而且因两者间重量的差异,还增加了运输的能源消耗。

15 年前,美国几个大城市,波特兰、纽约及新泽西州曾试图禁止使用聚苯乙烯材料作食品包装,如麦当劳汉堡包包装。但后来的研究显示,快餐食品塑料包装并不像某些评论家所说的那么可怕。这种包装实际上是保护资源的,而每 10 克纸杯容器要消耗 33 克木头。EPS 产品所产生的空气污染和水污染分别为纸板容器的 46% 和 42%。

与聚苯乙烯杯相比,生产纸杯大约需要 12 倍的蒸汽,36 倍的电力和两倍的冷却水。生产纸杯大约产生 580 倍废水需要治理。另外,纸杯的价格为聚苯乙烯的 2.5 倍。使用 EPS 容器将大大减少自然资源的消耗。世界卫生组织也赞成使用一次性发泡产品,因为它是健康安全的。

(材料来源:作者根据相关资料进行改写。)

### 9.2.4 商品包装材料的选择原则

**1. 对等性原则**

在选择包装材料时,首先应区分被包装物的品性,即把它们分为高、中、低三档。对于高档产品,如仪器、仪表等,本身价格较高,为确保安全流通,就应选用性能优良的包装材料。对于出口商品包装、化妆品包装,虽都不是高档商品,但为了满足消费者的心理要求,往往也需要采用高档包装材料。对于中档产品,除考虑美观外,还要多考虑经济性,其包装材料应与之对等。对于低档产品,一般是指人们消费量最大的一类,则应经济实惠,着眼于降低包装材料费和包装作业费,方便开箱作业,以经济性为第一考虑原则,可选用低档包装规格和包装材料。

**2. 适应性原则**

包装材料是用来包装产品的,产品必须通过流通才能到达消费者手中,而各种产品的流通条件并不相同,包装材料的选用应与流通条件相适应。流通条件包括气候、运输方式、流通对象与流通周期等。气候条件是指包装材料应适应流通区域的温度、湿度、温差等。对于气候条件恶劣的环境,包装材料的选用更需倍加注意。运输方式包括人力、汽车、火车、船舶、飞机等,它们对包装材料的性能要求不尽相同,如温湿条件、震动大小条件大不相同,因此包装材料必须适应各种运输方式的不同要求。流通对象是指包装产品的接受者,由于国家、地区、民族的不同,对包装材料的规格、色彩、图案等均有不同要求,必须使之相适应。流通周期是指商品到达消费者手中的预定期限,有些商品,如食品的保质期很短,有的可以较长,如日用品、服装等,其包装材料都要相应满足这些要求。

### 3. 协调性原则

包装材料应与该包装所承担的功能相协调。产品的包装一般分为个包装、中包装和外包装,它们对产品在流通中的作用各不相同。个包装也称小包装,它直接与商品接触,主要是保护商品的质量,多用软包装材料,如塑料薄膜、纸张、铝箔等。中包装是指将单个商品或个包装组成一个小的整体,它需要满足装潢与缓冲双重功能,主要采用纸板、加工纸等半硬性材料,并适应于印刷和装潢等。外包装也称大包装,是集中包装于一体的容器,主要是保护商品在流通的安全,便于装卸、运输,其包装材料首先应满足防震功能,并兼顾装潢的需要,多采用瓦楞纸板、木板、胶合板等硬性包装材料。

### 4. 美学性原则

产品的包装是否符合美学,在很大程度上决定一个产品的命运。从包装材料的选用来说,主要是考虑材料的颜色、透明度、挺度、种类等。颜色不同,效果大不一样。当然所用颜色还要符合销售对象的传统习惯。材料透明度好,使人一目了然,心情舒畅。挺度好,给人以美观大方之感,陈列效果好。材料种类不同,其美感差异甚大,如用玻璃纸和蜡纸包装糖果,其效果就大不一样。

在当今国际市场激烈竞争的情况下,商品包装的形状、图案、材料、色彩以及广告,都直接影响商品的销售。从包装的选用来说,主要考虑的因素有:材料的颜色、材料的挺度、材料的透明性以及价格等。

## 9.3 商品包装设计

### 9.3.1 商品包装设计概述

#### 1. 商品包装设计的概念

商品包装设计即指选用合适的包装材料,运用巧妙的工艺手段,为包装商品进行的容器结构造型和包装的美化装饰设计。包装设计不仅仅是艺术创造活动,也是市场营销活动,包装设计作为一种文化符号载体,它不仅体现着地域性特色,同时也起着传播文化特色的作用。

#### 2. 商品包装设计的基本要求

一个包装装潢设计人员,仅仅知道装潢知识是不够的,还要积累多方面的知识,其中包括市场方面的知识。也就是说,装潢设计人员要具备两个方面的能力,其一是装潢设计本身,其二是信息传达,也就是装饰能力和表达能力。

要正确地进行设计,以下8个因素是必须考虑的:

(1)是什么样的产品。

(2)产品的材料。

(3)商品的质量。

(4)有没有商品保证书。

(5)商品的产地。

(6)商品生产的年代。

(7)商品生产的方法和工艺。

(8)如何沟通消费者与商品之间的联系,增进消费者购买商品的信心。

### 9.3.2　商品包装设计的内容

**1. 包装设计的要素**

1）外形要素

外形要素就是商品包装展示面的外形,包括展示面的大小、尺寸和形状。日常生活中我们所见到的形态有 3 种,即自然形态,人造形态和偶发形态。但我们在研究产品的形态构成时,必须找到一种适用于任何性质的形态,即把共同的规律性的东西抽出来,称之为抽象形态。

形态构成就是外形要素,或称之为形态要素,就是以一定的方法、法则构成的各种千变万化的形态。形态是由点、线、面、体这几种要素构成的。包装的形态主要有:圆柱体类、长方体类、圆锥体类和各种形体以及有关形体的组合及因不同切割构成的各种形态。包装形态构成的新颖性对消费者的视觉引导起着十分重要的作用,奇特的视觉形态能给消费者留下深刻的印象。包装设计者必须熟悉形态要素本身的特性及其表情,并以此作为表现形式美的素材。考虑包装设计的外形要素时,还必须从形式美法则的角度去认识它。按照包装设计的形式美法则结合产品自身功能的特点,将各种因素有机、自然地结合起来,以求得完美统一的设计形象。

针对外形要素进行设计时,要注意形式美法则、对称与均衡法则、安定与轻巧法则、对比与调和法则、重复与呼应法则、节奏与韵律法则、比拟与联想法则、比例与尺度法则、统一与变化法则。

2）构图要素

(1)商标设计。商标是一种符号,是企业、机构、商品和各项设施的象征形象。商标是一项工艺美术,它涉及政治、经济、法制以及艺术等各个领域。商标的特点是由它的功能、形式决定的。它要将丰富的传达内容以更简洁、更概括的形式,在相对较小的空间里表现出来,同时需要观察者在较短的时间内理解其内在的含义。商标一般可分为文字商标、图形商标以及文字图形相结合的商标三种形式。一个成功的商标设计,应该是创意表现有机结合的产物。创意是根据设计要求,对某种理念进行综合、分析、归纳、概括,通过哲理的思考,化抽象为形象,将设计概念由抽象的评议表现逐步转化为具体的形象设计。

(2)图形设计。包装装潢的图形主要指产品的形象和其他辅助装饰形象等。图形作为设计的语言,就是要把形象的内在、外在的构成因素表现出来,以视觉形象的形式把信息传达给消费者。要达到此目的,图形设计的定位准确是非常关键的。定位的过程即是熟悉产品全部内容的过程,其中包括商品的性能、商标、品名的含义及同类产品的现状等诸多因素都要加以熟悉和研究。

(3)色彩设计。色彩设计在包装设计中占据重要的位置。色彩是美化和突出产品的重要因素。包装色彩的运用与整个画面设计的构思、构图是紧密联系着的。包装色彩要求平面化、匀整化,这是对色彩的过滤、提炼的高度概括。它以人们的联想和对色彩的认知习惯为依据,进行高度的夸张和变色是包装艺术的一种手段。同时,包装的色彩还必须受到工艺、材料、用途和销售地区等的限制。

(4)文字设计。文字是传达思想、交流感情和信息,表达某一主题内容的符号。商品包装上的牌号、品名、说明文字、广告文字以及生产厂家、公司或经销单位等,反映了包装的本质内容。设计包装时必须把这些文字作为包装整体设计的一部分来统筹考虑。包装装潢设计中的文字设计的要点有:文字内容简明、真实、生动、易读、易记;字体设计应反映商品的特点、性质、有独特性,并具备良好的识别性和审美功能;文字的编排与包装的整体设计风格应和谐。

### 3)材料要素

材料要素是商品包装所用材料表面的纹理和质感。它往往影响到商品包装的视觉效果。利用不同材料的表面变化或表面形状可以达到商品包装的最佳效果。包装用材料,无论是纸类材料、塑料材料、玻璃材料、金属材料、陶瓷材料、竹木材料以及其他复合材料,都有不同的质地肌理效果。运用不同材料,并妥善地加以组合配置,可给消费者以新奇、冰凉或豪华等不同的感觉。材料要素是包装设计的重要环节,它直接关系到包装的整体功能和经济成本、生产加工方式及包装废弃物的回收处理等多方面的问题。

### 2. 包装设计的基本任务

包装设计的基本任务是科学地、经济地完成产品包装的造型、结构和装潢设计。

#### 1)包装造型设计

包装造型设计又称形体设计,大多指包装容器的造型。它运用美学原则,通过形态、色彩等因素的变化,将具有包装功能和外观美的包装容器造型,以视觉形式表现出来。包装容器必须能可靠地保护产品,必须有优良的外观,还需具有相适应的经济性等。

#### 2)包装结构设计

包装结构设计是从包装的保护性、方便性、复用性等基本功能和生产实际条件出发,依据科学原理对包装的外部和内部结构进行具体考虑而得到的设计。一个优良的结构设计,应当以有效地保护商品为首要功能;其次应考虑使用、携带、陈列、装运等的方便性;另外还要尽量考虑能重复利用,能显示内装物等功能。

#### 3)包装装潢设计

包装装潢设计是以图案、文字、色彩、浮雕等艺术形式,突出产品的特色和形象,力求造型精巧、图案新颖、色彩明朗、文字鲜明,装饰和美化产品,以促进产品的销售。包装装潢是一门综合性科学,既是一门实用美术,又是一门工程技术,是工艺美术与工程技术的有机结合,并考虑市场学、消费经济学、消费心理学及其他学科。

一个优秀的包装设计,是包装造型设计、结构设计、装潢设计三者有机地统一,只有这样,才能充分地发挥包装设计的作用。而且,包装设计不仅涉及技术和艺术这两大学术领域,它还在各自领域内涉及许多其他相关学科。

### 3. 包装设计的展示面及整体设计

#### 1)主要展示面的设计

随着展销面积的不同,为了吸引消费者的视线,而决定其中的主要展示面设计。主要展示面是最多面对消费者的,以其定位的方法,推敲商标品名、商品形象、生产厂家等排放位置,让人一目了然。由于主要展示面的面积相对较小,同时本身就是商品形象,因此装潢的画面要迅速把商品介绍给消费者,采用文字和特写形象的手法直接表现出来。在同类商品中首先进入消费者视线的主要展示面常常出现醒目的牌名和商标并出现一个动人的景象,这些要根据商品的实际情况而定。有时可采用开天窗的方法,直接展示商品的形象,增加其宣传作用。在包装设计中。主要展示面起着传达商品信息的主导作用。

#### 2)包装整体设计

(1)一个纸盒包装,它的正面和反面成为主要展示面。但是如果侧面的宽度与主展示面相

等,也有时采用相同设计,成为完全一样的"主展示面",不管从什么角度观看时消费者都得到统一的感受。

(2)以正反面为主,侧面展现商品的成分、功能、重量和使用说明、保存期限、各主管部门的批号等说明性的文字。从形式要素和构成上,要有所联系又有所区别,产生节奏性的变化,并体现科学和质量的保证。

(3)以形象、文字、图形和色彩进行跨面排列,把几个面联系为一个主体,一个大的"主展面",而每个面的画面也是完整的。这种设计在商店的陈列时,利用不同面的组合,形成为一个大的广告画面,达到强烈的视觉效果及宣传作用。

(4)标贴的色彩设计离不开与容器的关系,离不开标贴之间的关系,离不开与顶盖的关系。追求标贴底色与容器色彩的一致性,突出牌名和图形。在女性化妆品白色的容器上,配上白色的标贴,以精致的线条边框,典雅的黑色字体,显得洁净高雅;而黑色的白兰地酒容器,配上黑色的标贴,强调标贴和容器的色彩对比,标贴底色运用金、银、白、黑和其他比较饱和的色彩与容器拉开明度及色相的对比,造成强烈、活泼的效果。直接把名称、商标印在容器上,也是一种方式。

(5)容器的标贴一般分为身标、胸标、腹标、颈标、肩标、顶标和盖马标等。一件容器上贴一至三个。标贴的形状多种多样,身标、胸标、腹标有扁形的、椭圆形的、长方形的,有根据容器形态所决定的形状,也有围绕着容器贴一圈的。标贴选用的数量、形状和大小与容器的形状有着很大关系。容器主要标贴一般指身标、胸标、腹标,三者按设计需要采用因为相对言其面积最大。

(6)包装整体设计,主要体现在外包装和容器的协调之上;外包装和瓶贴采用相同的设计,只是构图少许变动,两者大的色调形成对比,但在牌名等字体上又作呼应;外包装上出现容器的形象,而容器标贴上又重复外包装的部分设计。总而言之,包装设计要围绕一个主题思想,从整体入手,从大处着眼。

**4. 包装设计方法**

包装设计方法多样,常运用变形、挤压、叠置、重组、附加、装饰等特定的处理手法来体现其文化内涵,其具体的形象特征在包装的风格、样式、图形、色彩、文字、材质等各方面都能反映出来。

包装设计风格各异,设计形式多样,从原始纯朴的民俗民族包装到先锋前卫的现代创意包装,从风格俭朴的传统包装到风格华丽,甚至豪华过度的包装等。即便是同样的白酒酒瓶包装式样,也能设计成粗犷雄健或细腻柔美的两极化风格。各式包装都可以有大小、长短、宽窄的不同设计,以便于人们从中自由选择,从而导致了包装流行倾向的不确定、不明晰。

在包装的外形上,传统的包装方式和观念也受到了挑战和冲击,只看白酒包装,单从外观造型看,就有或全包、或透明、或半遮半掩、或繁复、或简约、或粗放、或狭长、或层层叠叠、或参差无序,充满了强烈的个性化和多元化。

而在包装结构上,由综合、清晰转向分解、模糊。解构了以传统立体构筑法设计成的鲜明结构,将平面造型与立体造型相结合,来重构包装各部分的结构,使之具有自由、松散、模糊、突变、运动等反常规的结构设计特征,从而形成一种全新的视觉效果。

包装色彩(含图形、字体的组合与变化)上存在着低纯度的自然柔和色与高纯度的艳丽刺激色的重叠并行。有的通过异想天开的互斥色彩,来显示包装生动活泼的趣味性和戏剧性。

此外,还通过在材料上运用层叠、组合、透明、肌理等设计处理,使色彩产生明暗有序渐变和无序变幻,为包装增添无限情趣。

在包装材料上,也呈现出了明显的多样性、丰富性特征,这集中体现在材料的原料种类、形态结构、质地肌理和相互之间的组合对比上。有些设计师还创造性地常运用变形、镂空、组合等处理手法来丰富材料的外观,赋予材料新的形象,强调材质设计的审美价值。

**5. 包装设计的注意事项**

包装设计,应当遵循适当、可靠、美观、经济的原则。由于产品的品种繁多,性能各有不同,要求也不一样,因此,在进行产品包装设计时所考虑的问题也不相同。一般要注意以下事项:

1)被包装产品的性能

被包装产品的性能,主要包括产品的物态、外形、强度、重量、结构、价值、危险性,这是进行包装设计时首先应考虑的问题。

(1)产品物态。主要有固态、液态、气态、混合等,不同的物态,其包装容器也不同。

(2)产品外形。主要有方形、圆柱形、多角形、异形等,其包装要根据产品外形特点进行包装设计,要求包装体积小、固定良好、存放稳定,且符合标准化要求。

(3)产品强度。对于强度低、易受损伤的产品,要充分考虑包装的防护性能,在包装外面应有明显的标记。

(4)产品重量。对于重量大的产品,要特别注意包装的强度,确保在流通中不受损坏。

(5)产品结构。不同产品,往往结构不同,有的不耐压,有的怕冲击等。只有对产品结构充分地了解,才能对不同产品进行合适的包装。

(6)产品价值。不同产品,价值差异很大,对价值高者应重点考虑。

(7)产品危险性。对易燃、易爆、有毒等具有危险性的产品,要确保安全,在包装外面应有注意事项和特定标记。

2)环境对产品的影响

产品在流通过程中,会遇到不同环境,它们对包装会产生不同影响,故应采取相应措施。

(1)气象条件。主要有阳光、温度、湿度、雨雪和空气等,它们对不同产品的影响也不同,这都需要针对不同气象条件分别加以考虑。

(2)装卸条件。应考虑是人工装卸还是机械装卸,以及装卸次数等条件。

(3)运输条件。产品在运输过程中,会受冲击、振动等作用,且不同的运输工具,对包装的影响也不同。主要应考虑产品固定与缓冲。

(4)贮存条件。贮存多用堆码,包装应考察其耐压强度。另外,贮存还分室内贮存和室外贮存,前者要注意防潮、防霉、防水等;后者要注意防雨雪、防阳光、防风等。

3)包装方式的选择

包装方式的选择对产品保护甚为重要,只有对产品性能及流通条件作全面了解,制定几种方案,进行经济评估,才能找到合适的包装方式。

(1)选择包装材料。根据产品性能选择与之相适应的包装材料来制作包装容器,同时选择合适的附属包装材料来包装产品。

(2)选择包装方法。根据对产品保护强度的要求,使用方便,便于机械装卸和运输等来选择适当的包装工艺和包装方法。

### 6. 包装设计的功能理念

#### 1）安全理念

确保商品和消费者的安全是包装设计最根本的出发点。在商品包装设计时,应当根据商品的属性来考虑储藏、运输、展销、携带及使用等方面的安全保护措施,不同商品可能需要不同的包装材料。目前,可供选用的材料包括金属、玻璃、陶瓷、塑料、卡纸等。在选择包装材料时,既要保证材料的抗震、抗压、抗拉、抗挤、抗磨性能,还要注意商品的防晒、防潮、防腐、防漏、防燃问题,确保商品在任何情况下都完好无损。

#### 2）促销理念

促进商品销售是包装设计最重要的功能理念之一。过去人们购买商品时主要依靠售货员的推销和介绍,而现在超市自选成为人们购买商品的最普遍途径。消费者在开架购物过程中,商品包装自然而然地充当着无声的广告或无声的推销员角色。如果商品包装设计能够吸引广大消费者的视线并充分激发其购买欲望,那么该包装设计才真正体现了促销理念。

#### 3）生产理念

包装设计在确保造型优美的同时,必须考虑该设计能否实现精确、快速、批量生产,能否利于工人快速、准确地加工、成型、装物和封合。在商品包装设计时,应当根据商品的属性、使用价值和消费群体等选择适当的包装材料,力求形式与内容的统一,并充分考虑节约生产加工时间,以加快商品流通速度。

#### 4）人性化理念

优秀的包装设计必须适应商品的储藏、运输、展销以及消费者的携带与开启等。为此,在商品包装设计时必须要使盒型结构的比例合理、结构严谨、造型精美,重点突出盒型的形态与材质美、对比与协调美、节奏与韵律美,力求达到盒型结构功能齐全、外形精美,从而适应生产、销售乃至使用。常见的商品包装结构主要有手提式、悬挂式、开放式、开窗式、封闭式或几种形式的组合等。

#### 5）艺术理念

优秀的包装设计还应当具有完美的艺术性。包装是直接美化商品的一门艺术。包装精美、艺术欣赏价值高的商品更容易从大堆商品中跳跃出来,给人以美的享受,从而赢得消费者的青睐。

#### 6）环保理念

现代社会环保意识已经成为世界大多数国家的共识。在生态环境保护潮流下,只有不污染环境、不损害人体健康的商品包装设计才可能成为消费者最终的选择。特别是在食品包装方面,更应当注重绿色包装。

#### 7）视觉传达理念

视觉传达的本质特点在于简单明了,过多的修饰内容只会造成互相干扰,使包装主题难以突出,不仅影响视觉冲击力,而且还可能误导消费者的思维。根据视觉传达规律,在商品包装设计过程中,应当尽量除去无谓的视觉元素,注重强化视觉主题,从而找出最具有创造性和表现力的视觉传达方式。

#### 8）可实现理念

包装设计不能只为了设计而设计,而要注重设计的可行性,有经验的设计师在设计时会考虑到包装的实现工艺,结合目前的包装工艺进行设计,这样就避免了设计很好但做不出来的尴尬,或者做出来超出成本预算的窘迫,所以设计师在进行设计时,要及时的和包装技术相关人员进行沟通。

9)可控制包装的成本

控制包装的成本,就看设计师如何在低成本的情况下,设计出好的效果,设计出的包装在制作过程中不超过预算,很多的设计师在这些方面是没有经验的,因为有很多的元素成本是不知道的,单单追求设计是不行的,所以设计师设计出的东西一定要把成本考虑进去,这样不仅为客户节省时间,也为设计师自己赚下人脉。

10)创新意识

很多设计师认为只有怪异的、个性的设计才算的上是创新,其实不是这样的,创新其实就是为了吸引眼球,最能吸引人的包装才是真正的创新。

### 9.3.3　商品包装设计的原则及应符合的相关规定

**1. 商品包装设计的原则**

一个好的包装应具有以下几点原则。

1)适用性(总原则)

(1)对被包装商品(特点)的适应性。

(2)对于流通环节要求的适应性。

(3)对于商品及其包装的最终使用者的适应性,因此在设计前要进行市场调查。

2)安全性

(1)保证内装商品的完好无损和原有质量。

(2)考虑接触商品包装的人员的安全,不会造成伤害,因此要根据商品的特征选用特定的材料。

3)方便性

便于储运、销售,便于消费者使用、携带和启闭,便于识别(具有比较鲜明的识别标志,要有独特的风格)。

4)美观性

通过精美的图案装潢以及相应的结构与色彩的设计,以此激发人们的购买欲望、美化人们的生活。

5)促销性

注意包装的整体设计效果、做到画面与造型统一,图案、文字、色彩与商品内容相称,鲜明地标明商标的名称和注册商标的样式,其形状要易读、易辨、易记。

在商品包装设计中,色彩的运用十分重要,这是因为不同的色彩能引起人们不同的视觉反映,从而引起不同的心理活动。例如,黑色、红色、橙色给人以重的感觉,绿色、蓝色给人以轻的感觉,所以笨重的物品采取浅色包装,会使人觉得轻巧、大方;分量轻的物品采用浓重颜色的包装,给人以庄重结实的感觉。美国色彩研究中心曾作过一个试验,研究人员将煮好的咖啡分别装在红、黄、绿三种颜色的咖啡杯内,让十几个人品尝比较。结果品尝者们一致认为咖啡的味道不同——绿色杯内的咖啡酸,红色杯内的咖啡味美,黄色杯内的咖啡味淡。在系列试验的基础上专家们得出结论,

包装的颜色能左右人们对商品的看法。另外,需要指出的是,包装的色彩图案要考虑各民族不同的偏好和禁忌,特别是进入国际市场的商品更应如此。

6)经济性——适度包装

在保证包装获得所要求的功能的条件下,应选择价格相对低廉的包装材料;在不影响包装质量的前提下,应采用经济、简单的生产工艺以降低包装成本;在满足强度要求的前提下,应选用数量较小、质量较轻的包装材料,尽可能减少包装重量、缩小包装体积,实现包装规格标准化,减少流通费用。

7)标准化

尽可能地做到商品包装的标准化,采用物流基础模数进行模数化设计,以利于流通过程中的搬运装卸、运输、储存等物流环节的操作,以及不同运输方式和工具间的转移和衔接,同时也应该利于盘点和检验。

8)环境友好性

尽可能减少包装对环境的影响,包装应该便于回收和再利用或者便于降解,减少对环境的污染。

**2. 国际市场对商品包装的要求**

当今国际市场商品竞争的诸多因素中,商品质量、价格、包装设计是三个主要因素。国外一位研究市场销售的专家曾说:"通往市场的道路中,包装设计是最重要的一条。包装对整体形象的促进作用并不亚于广告。"国际市场对商品的包装总体要求是一要符合标准,二要招徕顾客。具体的要求有以下几方面:

(1)名称易记。包装上的产品名称要易懂、易念、易记。

(2)外形醒目。要使消费者从包装外表就能对产品的特征了如指掌。

(3)印刷简明,包装要吸引人。包装印刷要力求简明。那些在超级市场上出售的商品,由于是顾客自己从货架上挑选,因此它们的包装就要吸引人,让顾客从货架旁边走过时能留意到它,想把它从货架上拿下来看看。

(4)体现信誉。包装要充分体现产品的信誉,使消费者透过产品的包装增加对产品的依赖。

(5)颜色悦目。一般来说,欧洲人喜欢红色和黄色。在超级市场上销售的高档商品,多采用欧洲流行色,即淡雅或接近白色的色彩。

(6)有地区标志。包装应有产品地区标志或图案,使人容易识别。

(7)有环保意识。国际上现在普遍重视环境保护工作。为此国际上有许多关于包装材料的新的具体规定,总的趋势是逐步用纸和玻璃取代塑料、塑胶等材料。如德国规定中国出口到德国的食品包装用瓦楞纸箱。

**3. 世界各国对进口商品包装的规定**

1)禁用标志图案

阿拉伯国家规定进口商品的包装禁用六角星图案,因为六角星与以色列国旗中的图案相似,阿拉伯国家对有六角星图案的东西非常反感和忌讳。

德国对进口商品的包装禁用类似纳粹和军团符号标志。

利比亚对进口商品的包装禁止使用猪的图案和女性人体图案。

另外,也要考虑各国在数字上的禁忌,如日本忌讳 4 这个数字,其程度不亚于西方人忌讳 13。出口日本的产品不能以 4 为包装单位。4 个杯子一套、4 瓶酒一箱在日本是不受欢迎的。

2)对容器结构的规定

美国食品药物局规定,所有医疗健身及美容药品都要具备能防止掺假、掺毒等防污能力的包装。美国环境保护局规定,为了防止儿童误服药品、化工品,凡属于防毒包装条例和消费者安全委员会管辖的产品,必须使用保护儿童安全盖。美国加利福尼亚、弗吉尼亚等 11 个州以及欧洲共同体负责环境和消费部门规定,可拉离的拉环式易拉罐,也不能在市场上销售,目前已趋于研制不能拉离的掀扭式、胶带式易拉罐。

根据美国药物调查局调查,在人体吸收的全部铅中,有 14% 来自马口铁罐焊锡料,因此,要求今后 5 年内焊缝含铅量减少 50%。我国香港卫生条例规定,固体食物的最高铅含量不得超过 6ppm(6%),液体食物含铅量不得超过 1ppm。

欧洲共同体规定,接触食物的氯乙烯容器及材料,其氯乙烯单位的最大容器规定为每公斤 1 毫克成品含量,转移到食品中的最大值是每公斤 0.01 毫克。

3)使用文种的规定

加拿大政府规定进口商品必须英法文对照。

销往香港的食品标签,必须用中文,但食品名称及成分,须同时用英文注明。

希腊政府正式公布,凡出口到希腊的产品包装上必须要用希腊文字写明公司名称,代理商名称及产品质量、数量等项目。

销往法国的产品装箱单及商业发票须用法文,包括标志说明,不以法文书写的应附译文。

销往阿拉伯地区的食品、饮料,必须用阿拉伯文说明。

4)禁用的包装材料

美国规定,为防止植物病虫害的传播,禁止使用稻草做包装材料,如被海关发现,必须当场销毁,并支付由此产生的一切费用。

新西兰农业检疫所规定,进口商品包装严禁使用以下材料:干草、稻草、麦草、谷壳或糠、生苔物、土壤、泥灰、用过的旧麻袋及其他材料。

菲律宾卫生部和海关规定,凡进口的货物禁止用麻袋和麻袋制品及稻草、草席等材料包装。

美国、加拿大、澳大利亚、新西兰、巴西以及欧盟 15 国从 1998 年起相继颁布法令,对来自中国的木质包装(包括托盘材料)在进口时必须附带中国出入境检验检疫机关出具的证书,证明木质包装已经过熏蒸处理或防腐处理,否则到港后就地拆除烧毁。

美国海关加大对违反木质包装材料进口规定的处罚力度。

5)港口规定

沙特阿拉伯港务局规定,所有运往该国港埠的建材类海运包装,凡装集装箱的,必须先组装托盘,以适应堆高机的装卸,且每件重量不得超过 2 吨。

沙特阿拉伯港口规定,凡运往该港的袋装货物,每袋重量不得超过 50 公斤,否则不提供仓储便利,除非这些袋装货物附有托盘或具有可供机械提货和卸货的悬吊装置。

伊朗港口颁布的进口货物包装规定,药品、化工品、食品、茶叶等商品,分别要求以托盘形式,或体积不少于 1 立方米或重量 1 吨的集装箱包装,否则不准进口卸货。

叙利亚规定油脂产品每件净重不得超过 10 公斤。

# 9.4　商品包装技术

### 9.4.1　一般包装技术

最常见的包装技术有充填、装箱、裹包、封口和捆扎。

**1. 充填技术**

将产品按要求的数量装入包装容器的操作称为充填。充填是包装过程的中间工序,在此之前是容器准备工序(如容器的成型加工、清洗消毒、按序排列等),在此之后是封口、贴标、打印等辅助工序。在充填过程中,精密地计量内装物品是很重要的。

1)固体充填物的充填方法

固体充填物按其形态可分为粉末、颗粒和块状三类;按其黏度可分为非黏性、半黏性和黏性三类。

非黏性充填如大米、砂糖、干果等。它们可以自由流动,倾倒在水平面上可以自然堆积成圆锥形的堆,容易充填在容器内。半黏性充填物,如面粉、奶粉、洗衣粉等,充填时易在储料斗中搭桥或积成拱状,致使充填困难,需要采用特殊装置。黏性充填物,如红糖粉、某些化工原料,充填较为困难。它们不仅自身结团,而且易黏在料斗壁上面,有些本来松散的粉末或颗粒式充填物,当温度上升或受潮后也会变成黏性的。因此,充填过程中必须控制环境的温度和湿度。

充填精度是指对装入容器的内装物标定量的误差范围。它关系着企业和消费者的利益。精度低时,容易产生充填不足或过量。前者将会引起消费者不满,影响企业信誉;后者将会损失内装物,减少企业收入。另外,精度要求越高,所需要设备的价格就越高。所以,要根据实际情况合理地选择最佳充填精度。

固体充填物的充填方法有称量充填法和容积充填法和计数充填法三种。称量充填法就是以重量来计量充填物料的数量;另一类是容积充填法,就是以容积来计算充填物料的数量;第三类是计数充填法,这一类通常用于集合包装,固体物料的块状、颗粒状的物料的充填,是以块状、颗粒状的固体物料的数量或包装单件的数量来计量的方法。

2)液体物品的充填方法

液体物品的充填,又称为灌装。按充填原理分为重力灌装、等压灌装、机械压力灌装和真空灌装四大类。

重力灌装是靠液体自重进行灌装,只适用于灌装低粘度不含气体的液体,如牛奶、葡萄酒等。等压灌装,生产时采用加压的方法使液体内含有一定气体,而在灌装时为了减少气体的溢出和灌装的顺利进行,必须先在空瓶中充气,使瓶内气压与储液缸内的压力相等,然后再进行液体灌装,靠液体自重流入瓶中而灌装,适用于含气液体,如啤酒、汽水等。机械压力灌装是对粘度大的半流体充填物,如牙膏、香脂、油墨等,采用机械压力进行充填的方法,贮液缸内的压力高于瓶中的压力,液体靠压差流入瓶内,高速生产线多采用这种方法。真空灌装是将容器中的空气抽出后,在瓶中的压力低于大气压力下进行灌装液体的方法,如灌装果汁、酒精等,这种灌装机结构简单,效率较高,对物料的粘度适应范围较广。

**2. 装箱技术**

箱作为包装容器,通常用于运输包装,属于外包装。箱与盒的形状相似,习惯上小的称盒,大的称箱,它们之间没有明显界限,只不过是盒的结构强度较差,需另加一些措施(例如盒内配置夹衬、隔板等)以增强盒内部的定位及缓冲隔振的效果。

装箱技术是指对于已完成小包装的产品,为了使其在运输过程中不受损坏,便于储运而将小包装的产品按一定方式装入箱内,并把箱口封好的技术。

箱的种类和形式很多,按制箱材料可分为:木板箱、胶合板箱、纤维板箱、硬纸板箱、瓦楞纸箱、钙塑瓦楞箱和塑料周转箱等。其中供长时间贮存,在大范围内运输用的,以瓦楞纸箱为最多;供临时性贮存,在小范围内流通的,以塑料周转箱为最多。它们都具有重量轻,成本低的优点。装箱与装盒的方法相似,但装箱的产品较重,体积也大,还有一些防震、加固和隔离等附件,箱坯尺寸大,堆叠起来也较重,因此装箱的工序多,所用的设备也复杂。

1)装箱按操作方式分为手工操作、半自动或全自动机械操作两种方式

(1)手工操作装箱,是先把箱坯撑开成筒状,然后把一个开口处的翼片和盖片依次折叠并封合作为箱底;产品从另一开口处装入,必要时先后放入防震、加固等材料;最后封箱。用粘胶带封箱可用手工进行,如有生产线或产量较大时,宜采用封箱贴条机。用捆扎带封箱,一般均用捆扎机,较用手工捆扎时可节省接头箍和塑料带,且效率较高。

(2)半自动与全自动操作装箱,是靠装箱机器完成的,这类机器的动作多数为间歇运动方式,有的高速全自动装箱机也有采用连续运动方式的。半自动操作装箱,取箱坯、开箱、封底均为手工操作。

2)装箱按方法分有装入式装箱法、套入式装箱法和裹包式装箱法

(1)装入式装箱法,是产品可以沿铅垂方向装入直立的箱内,所用的机器称为立式装箱机;产品也可以沿水平方向装入横卧的箱内或侧面开口的箱内,所用机器称为卧式装箱机。其中,铅垂方向装箱通常适用于圆形的和非圆形的玻璃、塑料、金属和纤维板制成的包装容器包装的产品,分散的或成组的包装件均可。广泛用于各种商品,如饮料、酒类、食品、玻璃用具、石油化工产品和日用化学品等。水平方向装箱适合于装填形状对称的产品(圆形、方形等)。水平装入式装箱过程如图9.6所示。

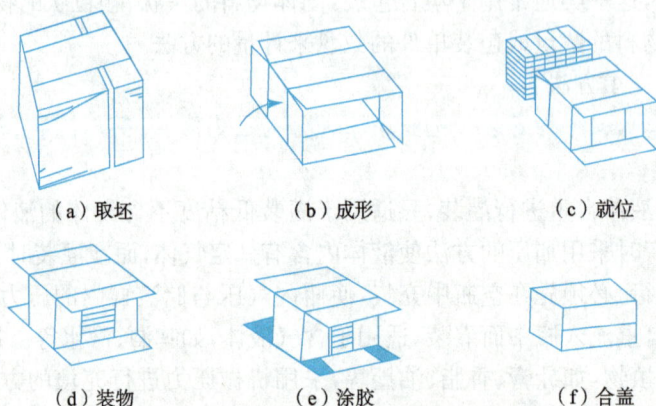

(a)取坯　　　(b)成形　　　(c)就位

(d)装物　　　(e)涂胶　　　(f)合盖

图9.6　水平装箱过程示意图

(2)套入式装箱法,这种装箱方法适合包装重量大,体积大和较贵重的大件物品,如电冰箱、洗衣机等。这类产品如果采用上述方法装箱,无论是上下移动或水平移动,既费能量又容易出事故。为此,采用套入式,其特点是纸箱采用两件式,一件比产品高一些,箱坯撑开后先将上口封住,下口没有翼片和盖片;另一件是浅盘式的盖,开口向上也没有翼片和盖片,长宽尺寸

略小于高的那一件,可以插入其中形成一个倒置的箱盖。装箱时,先将浅盘式的盖放在装箱台板上,里面放置防震垫,再将高的那一件纸箱从上部套入,直到把浅盘插入其中。最后用塑料带捆扎。还有一种套入式装箱方法,将直立贮存架上的箱坯取出后撑开成筒状,当成组的产品送至装箱位置时,将箱筒自上而下套在产品上,然后封底及封箱。套入式装箱过程见图9.7。

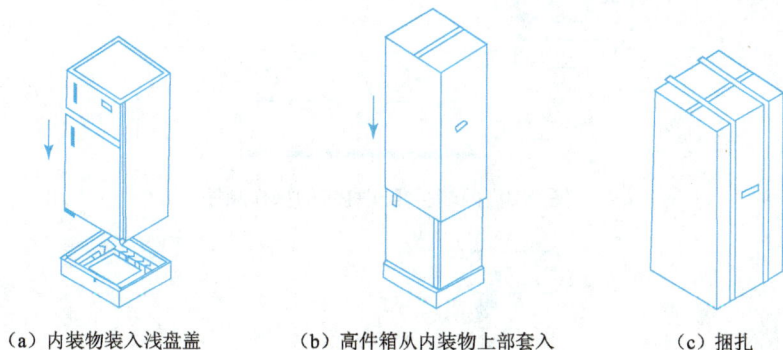

（a）内装物装入浅盘盖　　　　（b）高件箱从内装物上部套入　　　　（c）捆扎

图 9.7　套入式装箱过程示意图

（3）裹包式装箱法,是在装箱时,先把堆积在纸板仓上压好痕和切好角（很多装箱机具有压痕和切角功能）的单张纸板取出,并预折成直角形,然后将堆码好的物料用推料板推到纸板的某一位置,接着按纸板上的压痕进行制箱裹包,再经涂胶和封箱后送出。

除以上的装箱方法外,还有一种特殊的装箱方式,称箱装袋（bag-in-box）。箱装袋顾名思义,就是在瓦楞纸箱内装一个塑料或复合材料的袋子。袋上有灌袋口,可以装封口盖或带管的阀门。一般为手工装箱,将空袋先装在空箱内,灌满料液后,将袋上的盖或阀门旋紧,然后封箱。灌满后的袋,形状和容积正好填满箱的空间。取用时,不必开封,只需将露在箱外的放液盖或阀门开启即可,如婴儿食品等。因此,很受家庭、快餐店和饭店的欢迎。

### 3. 裹包技术

裹包是用一层或者多层柔性材料包覆产品或包装件的操作。它主要用于销售包装,也有时用于运输包装,如用收缩或拉伸薄膜将托盘与货物裹包在一起。

裹包的特点是:用料省,操作简便,用手工和机器操作均可;低、中、高速都有;可适应许多种不同形状,不同性质的产品包装。

1）裹包方法

裹包的方法很多,按裹包形式可分为两类:折叠式裹包和扭结式裹包;按操作方式可分为三类:手工操作、半自动操作和全自动操作。

（1）折叠式裹包方法。

这是裹包中用得最多的一种方法,包装件整齐美观。折叠式裹包的基本方式是:从卷筒材料上切下一定长度的一段,或者预先切好材料堆集在贮料架内,然后将材料裹在被包物品上,用搭接方式包成筒状,再折叠两端并封紧。根据产品的性质和形状、表面装饰和机械化的需要,可改变接缝的位置和开口端折叠的形式与方向。图9.8为两端折角式裹包的操作顺序。

（2）扭结式裹包方法。

扭结式裹包就是用一定长度的包装材料将产品裹包成圆筒形,搭接接缝也不需要粘结或热封,然后将开口端的部分向规定的方向扭转形成扭结。要求包装材料有一定的撕裂强度与可塑性,以防止扭断和回弹松开。如图9.9为双端扭结式裹包顺序。

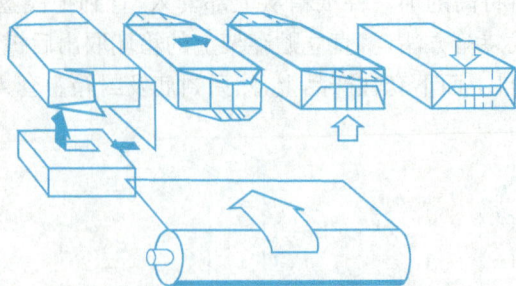

图9.8　两端折角式裹包的操作顺序

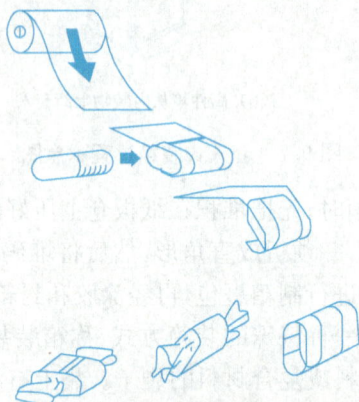

图9.9　双端扭结式裹包顺序

从很早开始,糖果就采用这种方法包装,直到现在有的块糖仍在使用。此法无论是手工操作,还是机器操作,动作都很简单,而且易于拆开。糖果的最大消费者是儿童,即使2～3岁的幼儿也很容易将糖纸剥开;另一方面,只要是小块糖果,无论是什么形状(球形、圆柱形、方形、椭球形……)都可以裹包。

2)柔性包装材料的选择

柔性包装材料包括各种软性的袋、包装内衬物、裹包用的材料以及防震材料(部分)等。包装从生产、销售直到使用,要经过储运、货架陈列以及在用户手中存放,会遇到严寒或酷暑;各种振动、冲击和挤压以及干燥、潮湿的气候;还有微生物和虫类的破坏。要保证商品的质量,主要靠包装材料,其重要性是显而易见的。软性包装材料是其中的一大类,也是平常用得最多的一类。

**4. 封口技术**

在产品装入包装容器后,为了使产品得以密封保存,保持产品质量,避免产品损耗,需要对包装容器进行封口,这种操作称之为封口技术。

封口技术包括以下两种方法。

1)黏合方法

黏合是指用黏合剂将相邻两层包装材料表面结合在一起的方法。它工艺简单、生产率高、结合力大、密封性好、适用性广,已用于纸、布、木材、塑料、金属等各种材料的黏合。

2)用封闭物封口方法

用于瓶、罐类包装件的封闭物主要是盖和塞。

用于袋包装件的封闭物主要是夹子,带环的套,按钮带和扣紧条等。

用于纸盒纸箱的封闭物主要是胶带黏合,除此之外还有卡钉钉合。

**5. 捆扎技术**

捆扎是将产品或包装件用适当的材料扎紧、固定或增强的操作。它是用挠性捆扎原件(或另加附件)将多件无包装或有包装的货物捆在一起,起集装货物、固定货物和加固包装容器的作用。可防止货件移动、碰撞、翻倒或塌垛,还能起防盗、装饰的作用。

捆扎材料主要包括钢带、聚酯带、聚丙烯带、尼龙带和麻绳等。

捆扎方法不论用手工还是机器捆扎,操作过程都相同。首先将捆扎带绕于包装件或货物上;再用工具或机器将带拉紧;然后将带的两端重叠连接。绕带几乎全是沿物品的高度方向进行,也就是铅垂方向。小纸箱绕一道,或平行绕两道,也可绕成十字形的两道,较重较大的包装件或货物,沿宽度方向绕 2～3 道,必要时再沿长度方向绕一道。重型包装件可绕成"♯"字形,绕 4 道或更多。捆扎带两端的连接方式有两种:一种是用铁皮箍压出几道牙痕连接,用于钢带捆扎重型木箱或货物,也可在手工捆扎塑料带时用。因牙痕不切开,故对接头强度不削弱。另一种是用热粘合连接:在用机器捆扎塑料时广泛采用。当捆扎时,经过绕带、拉紧过程后,用加热器将塑料带加热熔化一端,然后压紧冷却,即完成连接。

捆扎工具与设备包括手动捆扎工具、半自动捆扎机和全自动捆扎机以及特殊用途捆扎机。手动捆扎工具,有人力的、气动的和电动的;有设计成整体的,有拉紧机构和接头机构可组合的,价格便宜,操作简单,便于移动使用。最适合产量小,不考虑捆扎速度,以及需要移动使用的场合。半自动捆扎机,需要由操作者将包装件放在适当的位置上,并启动机器,即可捆扎一道,然后移动位置再捆另一道。除此以外,从绕带、拉紧、接头和切断工序都是自动完成的。全自动捆扎机,全部捆扎工序都是根据规定的程序自动完成的。总之,用手动捆扎工具、半自动和全自动捆扎机,完全可以满足不同批量和各种包装要求的捆扎作业。

### 9.4.2　防护包装技术

**1. 防震包装技术**

防震包装是为了减缓内装物受到的冲击和振动,保护其免受损坏而采取一定防护措施的包装。如用一些缓冲材料包衬内装物,或将内装物用弹簧悬吊在包装容器里等。防震包装的目的是克服冲击和震动对内装物的影响。克服冲击所采取的措施称为缓冲,克服震动所采取的措施称为防震或隔震,所用的材料为防震缓冲材料。

防震包装方法应该根据内装物的形状、特性、流通过程中的环境条件、缓冲材料的特性等因素综合选定。防震包装方法一般分为三大类:全面防震包装、部分防震包装、悬浮式(或悬吊式)防震包装。

1)全面防震包装方法

全面防震包装是将内装物的四周全部用防震缓冲材料包裹,对内装物全面保护的方法。常见的全面防震包装方法有:充填法、盒装法、现场发泡法。

(1)充填法。

充填法是采用丝状、粒状和片状的防震缓冲材料,填满内包装容器和外包装容器的所有空间。这种防震缓冲材料不需要预先加工,适用于小批量形状不规则的产品的包装。若产品形状复杂且有较多的凸出部分,还可以采用双层防震方法,即除了在内包装容器和外包装容器间填充缓冲材料外,在内装物和内包装容器之间也填充缓冲材料。

(2)盒装法。

小型、轻质产品往往用聚苯乙烯泡沫按产品外形预制成模型盒进行包装,如各种小型电器测量仪表等。这种全面防震包装方法称为盒装法。

(3)现场发泡法。

现场发泡法是将内装物置入直接发泡的聚氨酯泡沫塑料中进行全面防震包装的一种方法,如图9.10所示。这种方法适用性广,使用方便,但需要配置相应的设备和原料。现场发泡法所用设备主要是由喷枪和盛异氰酸脂以及装多元醇树脂的容器组成。调至一定的温度和压力,盛异氰酸脂以及装多元醇树脂混合后,由单管道通向喷枪,并由喷枪头喷出,约10秒后,喷出的倾倒物即自行发泡膨胀,不到40秒的时间即可发泡膨胀到原体积的100多倍。一分钟后,聚氨酯变成硬性或半硬性的泡沫体,将内装物全部包住,从而起到完全保护内装物的作用。现场发泡包装的程序是:用喷枪将化合物喷入包装箱底部,待其发泡膨胀至面包状;然后,在面包状泡沫体上覆盖一层聚乙烯薄膜,并将内装物放在其上,再在内装物上面覆盖一层聚乙烯薄膜;最后,喷入聚氨酯化合进行发泡,装盖封口。

2)部分防震包装方法

部分防震包装是对内装物的拐角或局部位置使用防震材料的一种防震包装方法。主要包装材料有泡沫塑料防震垫(以棱衬垫和侧衬垫较多)、充气塑料防震垫和橡胶弹簧等。该方法能够根据内装物结构特点、重量、缓冲材料的特性以及最佳防震效果等来确定缓冲面积,因而材料花费合理,适于大批量产品的包装,设计衬垫时要标准化,尽量减少模具的数量。

另一种方式是针对较大和较重的内装物设置的缓冲台。这种内装物在流通过程中受特定方向的外力作用,所以针对外力作用方向,用金属弹簧、橡胶、泡沫衬垫等做成防震台基进行部分缓冲。

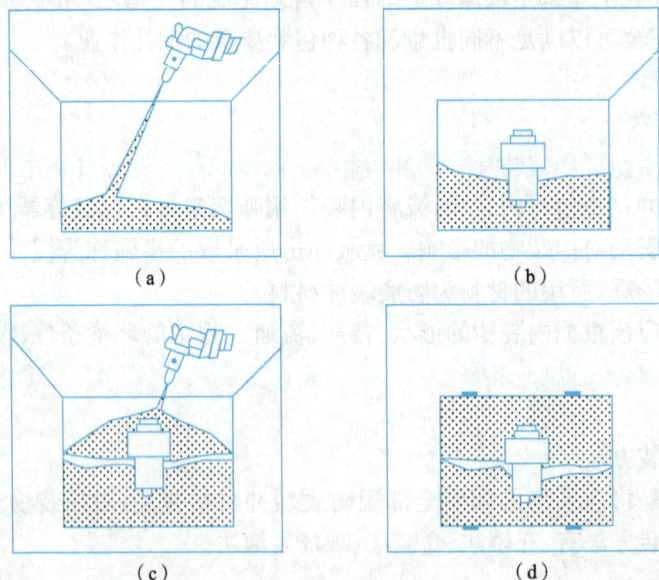

（a）　　　　　　　　　　（b）

（c）　　　　　　　　　　（d）

注:图(a)在纸箱底部喷上一层适量的泡沫;(b)在泡沫上覆盖一层聚乙烯塑料薄膜,将产品轻轻置入,使正在膨胀的泡沫塑料把内装物紧紧包住;(c)在内装物上部覆盖一层聚乙烯塑料薄膜,然后再喷上一层适量的泡沫塑料;(d)把纸箱盖住,然后捆扎。

图9.10　现场发泡全面防震包装示意图

3)悬浮式(或悬吊式)防震包装方法

对于贵重、易损的高级精密内装物,为了有效地保证在流通过程中不受损伤,有时采用坚固的外包装容器,将内装物用弹簧、吊环、绳子等高弹性的缓冲材料悬吊在其中,不与四壁接触的一种包装方法,这就是悬浮式(或悬吊式)防震包装方法。

**2. 防水包装技术**

防水包装是防止因水浸入包装件而影响内装物品质的一种包装方法。如用防水材料衬垫包装容器内侧,或在包装容器外部涂刷防水材料等。

防水包装材料应具有良好的耐水性能。常用的防水包装材料有:聚乙烯低发泡防水阻隔薄膜、复合薄膜、油纸等。用于最外部的防水包装材料除要求有一定的强度和耐水性外,还应具有防老化、防污染、防虫咬、防疫病等性能。辅助材料有:防水胶黏带、防水黏结剂等。

**3. 防潮包装技术**

防潮包装是为防止因潮气浸入包装件而影响内装物品质的一种包装方法。如用防潮包装材料密封产品或在包装容器内加入适量干燥剂以及吸收残存潮气,也可将密封窗口抽成真空等。

具体的防潮包装方法有:

(1)采用透湿度为零或接近零的金属或非金属将产品包装后加密封。其中,不加干燥剂的包装采用真空包装、充气包装等。加干燥剂的包装,一般选用硅胶和蒙脱石作干燥剂。

(2)采用较低透水蒸汽性的柔性材料,将产品加干燥剂包装,并密封。主要有以下几种类型。

①单一柔性薄膜加干燥剂包装。

②复合薄膜加干燥剂包装。

③多层包装,采用不同的较低透水蒸汽性材料进行包装。

**4. 防锈包装技术**

防锈包装是为防止金属制品表面在流通过程中发生化学变化而引起锈蚀所采取一定防护措施的包装。防锈包装步骤主要有清洁、干燥、防锈和包装。具体来说就是要首先清洗产品,除去表面的尘埃、油脂残留物,汗迹及其他异物;然后金属表面清洗后,立即进行干燥去湿;金属表面在清洗、干燥后,进行防锈处理;最后产品金属表面在清洗、干燥、防锈后,进行包装。

防锈工艺方式包括:涂层防护封存、干燥剂法、除氧封存法、惰性气体保护法、真空防护法和气相防锈技术等。如在产品表面涂刷防锈油(脂)或用气相防锈塑料薄膜或气相防锈纸包封产品等。

气相防锈技术就是在包装容器或封存空间放置一定量的气相防锈剂或涂有气相防锈剂的气相防锈纸和气相塑料薄膜,其防锈剂不断缓慢挥发出防锈气体,形成一定的蒸气压,充满封存空间,甚至装备元件的缝隙,有效地抑制金属部件锈蚀。

**5. 防霉包装技术**

防霉包装是为了防止内装物长霉影响质量而采取一定防护措施的包装。如对内装物进行防潮包装,降低包装容器内的相对湿度,对内装物和包装材料进行防霉处理等。

在设计防霉包装时应注意选用不易被霉菌利用的材料。包装材料的耐霉程度可分为下列三种:耐霉材料,此类材料大部分类人工合成材料,不能给霉菌提供营养物质;半耐霉材料,此类材料应用最广,由耐霉与不耐霉物质混合组成,耐霉性能不稳定,其耐霉程度主要取决于组成物质、添加剂以及混合组成时的生产工艺,例如以木粉为填料的热压塑料件、环氧漆、聚乙烯膜、聚氯乙烯制品和人工合成橡胶等;非耐霉材料,此类材料大都是天然有机材料及其制成品,能提供霉菌生长的养料,如纸张、木材、棉纺织品、天然橡胶、皮革以及含有这些材料的制品等。

防霉包装的具体方法有:

1)化学药剂防霉包装

化学药剂防霉包装是指使用化学药剂处理包装材料和包装物,抑制微生物的生长和繁殖的一种包装。在用防霉剂处理易霉材料时,要注意选用合适的防霉剂与防霉处理工艺,因为不同防霉工艺的防霉有效时间不同。防霉剂应选择高效、低毒、价廉、易购的药品,如多菌灵、托布津等。

2)气相防霉包装

气相防霉包装是指使具有挥发性的防霉剂产生气体直接与微生物接触,杀死或抑制其生长系列的包装。因此,要求包装材料或包装容器的透气率要小,密封性能好。常用的气相防霉剂有多聚甲醛、环氧乙烷等。

3)气调防霉包装

气调防霉包装必须是密封包装,通过改变容器内空气的成分,如抽真空、充惰性气体、除氧造成低氧条件,从而抑制微生物的生长繁殖。目前常用的方法是在包装容器中充入二氧化碳和氮气。其技术关键是包装容器的密封性要好。

### 9.4.3 其他包装技术

#### 1. 收缩包装与拉伸包装

1)收缩包装

用收缩薄膜裹包物品或包装件,然后对薄膜进行适当热处理,使薄膜收缩紧贴于物品或内包装件的包装技术,称之为收缩包装。

2)拉伸包装

拉伸包装是由收缩包装发展而来的。靠机械装置在常温下将弹性薄膜围绕待包装件,在一定张力下拉伸紧裹,并在其末端进行封口的一种包装技术。多用于托盘货物的裹包。

#### 2. 充气包装与真空包装

1)充气包装

将产品装入气密性容器,用氮或二氧化碳等气体置换包装容器中原有空气的一种包装方法。

2)真空包装

将产品装入气密性容器,抽去容器内部的空气,使气密后的容器内达到预定的真空度的一种包装方法。

#### 3. 泡罩包装与贴体包装

1)泡罩包装

泡罩包装是将产品封合在用透明塑料形成的泡罩与底板(用纸板、塑料薄膜或薄片、铝箔或它们的复合材料制成)之间的一种包装方法。

2)贴体包装

贴体包装是将产品放在能透气的、用纸板或塑料薄片(膜)制成的底板上,上面覆盖加热软

化的塑料薄片,通过底板抽真空,使薄片(膜)紧密地包贴产品,其四周封合在底板上的一种包装方法。

**4. 集合包装**

集合包装是将一定数量的包装件或产品,装入具有一定规格、强度和长期周转使用的更大包装容器内,形成一个合适的搬运单元的一种包装技术。

集合包装具有以下优点:有利于实现产品装卸、运输的机械化作业;有利于加快流通各环节的作业速度;有利于产品运输的安全;节约包装费用,降低运输成本;促进包装规格标准化。集合包装器具主要有集装箱、托盘、集装袋等。

## 本章小结

本章介绍了商品包装的概念、构成要素及作用;商品包装的功能、基本要求和分类;商品包装标准化的内容和作用;主要商品包装材料的特性及应用范围,以及选择包装材料的原则;商品包装设计的内容及主要方法;商品一般包装的主要技术和防震包装等特殊包装技术。

商品包装的概念简单概括为包装物及相应的包装操作活动。商品包装在经济生活中具有重要意义,在生产、流通和消费中具有保护功能、容纳功能、便利功能和促销功能。以包装在商品流通过程中的作用分类,分为销售包装和运输包装。销售包装起着直接保护商品、宣传和促进商品销售的作用;运输包装的主要功能是保护商品,方便运输、装卸和储存。包装的主要材料有纸和纸板、金属、塑料、玻璃陶瓷、竹木、纤维制品、复合材料等。每种材料各有特点和适宜性。

商品包装一般需要经过充填、装箱、封口、裹包和捆扎等环节。针对不同的各类商品,应该采取相应的特殊包装技术,如防震包装、防潮包装、防水包装、防锈包装和防霉包装等。除此之外,还可以采取贴体包装技法、泡罩包装技法、收缩包装技法、拉伸包装技法、真空包装技法、充气包装技法、吸氧剂包装技法等。

### 关键术语

商品包装　　包装材料　　包装技术　　包装装潢　　包装标志　　销售包装　　运输包装　集合包装　过度包装　充填　装箱　封口　裹包　捆扎　防震包装真空包装

### 实训项目

1. 通过调查,分析说明为什么说"商品包装是无形的推销员"?

2. 就所熟悉的某一商品的销售包装,试从其色彩、图案、文字等方面进行分析,说明其成功或不足之处。

## 思考题

1. 什么是商品包装？商品包装的构成要素包括哪些？
2. 商品包装具有哪些基本功能？
3. 简答商品包装的分类。
4. 简述不同包装材料的特点及适用范围。
5. 商品包装的基本环节包括哪些？
6. 防震包装都有哪些具体的包装方式？

## 案例分析

### "美丽垃圾"：过度包装下的浮华泡沫

"最怕过节，小区每天的垃圾几车都运不完，大多是各种各样漂亮的包装盒、包装袋，留着没用，扔了可惜，在垃圾车里还特别占地方。"南京一家高档公寓的清洁工杨师傅近日向记者抱怨。

"我一层一层打开来，它千呼万唤不出来。"在省级机关工作的李翔先生出差回来，大包小包拎了一大摞。一进家门，就开始拆那盒包装精美的茶叶：第一层是巨大的纸盒，上面描龙画凤，写意山水，两根带子金光闪闪，扣板上捆扎着两块火红的绸缎；打开纸盒，里面是一层厚厚的泡沫板，上面敷着5层绢纸，一幅幅书法作品映入眼帘；泡沫板中央的小小空格中，躺着两个精美的小铁盒，黄缎包裹，包扎绳上紧扣着几颗亮光闪闪的水晶珠；打开铁盒子，是一个棉质布袋，里面是一个锡纸袋，再里面是几包真空包装的塑料袋，再里面是茶叶。为了揭开"庐山真面目"，李先生竟花了10分钟，而拆开来的包装物撒满一地。

这不是一个笑话，而是现实生活中过度包装的真实案例。如此用心包装的高档礼品，送礼的有面子，收礼的在那一刻大概也很受用，只是打开礼品后，心里难免五味杂陈。李翔的同事笑他"没经验"，"与其大包小包拎回一堆美丽垃圾，不如当场就拆了，取珠扔椟，轻装上阵。"

南京师范大学朱教授对记者说，最近几年，总感觉垃圾桶不够用，一观察，原来都是包装盒惹的祸。一件普通衬衫，也要用多层硬壳包装，朋友送的一瓶酒，盒子的规模是瓶子的好几倍。端午节时，亲友互赠粽子，都是硕大精美的礼品盒，垃圾桶不胜负荷。"有时，索性把礼品盒当成垃圾桶，也算是发挥它的余热"，朱教授苦笑。不光是食品，朱教授发现，过度包装已遍布商品的各个领域。前几天，他因多媒体教学需要购买一个U盘，尽管包装盒比月饼盒小不少，但空隙率毫不逊色。在700立方厘米的包装盒中放了一只体积约为5立方厘米的U盘，而这个空间可以放下139只同样大小的U盘！

南京龙江小区清洁工马阿姨对过度包装最有感受。她每天在各楼层清理垃圾箱，发现各种包装废弃物几乎占了垃圾的一大半，"有硬纸板、塑料纸、实木、铁制品、玻璃制品，还有仿金箔、红绸、黄缎，硬盒上还描金绘彩。"马阿姨说，粗略估计每个垃圾箱各种包装盒就有50斤左右，基本上都白白扔掉了，就连废品贩子也很少回收，因为利润太低，连旧报纸都不如。

有调查数据称，中国已成为世界上"过度包装"最严重的国家，每年全国城市固体废弃物

中,包装物占 30%,每年废弃价值达 4 000 亿元。"过度包装"已不再是一种经济现象,而是一种社会和文化现象,当我们购买到的商品已到了"椟贵于珠"的地步,我们不得不问:我们的消费观念究竟出了什么问题? 我们的文化心理究竟出了什么问题?

(案例来源:作者根据相关资料进行改写。)

问题:

(1)商品过度包装,意味着顾客要花更多的钱,顾客不是傻子,为什么这些商品仍然能进入千家万户?

(2)如何扭转这种"过度包装"盛行的局面?

# 第 10 章　商 品 储 运

## 引导案例

### 超市生鲜食品的冷藏养护

生鲜食品的冷藏养护是指鲜蛋、蔬菜、水果、速冻食品(如水饺、汤圆等)储存在商品高温冷藏仓库中(又称冷风库)，库温一般控制在－1℃～5℃之间。生鲜食品入库前做好仓间消毒。仓间消毒采用紫外线、抗霉剂、消毒剂 3 种。达到仓间内每平方厘米内微生物孢子数不超过100 个。对于冷库内使用的工具、设备及操作人员穿带的工作服、工作帽等，可用紫外线辐射杀菌消毒，也可用 10％～20％的漂白粉溶液或 2％的热碱水或双氧水消毒。

**一、鲜蛋的冷藏养护**

进库要合理堆垛，否则就会缩短贮存时间、降低蛋的品质。蛋箱、蛋篓之间要保持空隙，码垛不宜过大过高，一般不超过 2～3 千克，高度要低于风道口 0.3 米，要留缝通风，墙距 0.3 米，垛距 0.2 米，保持温度均衡。鲜蛋不能同水分高、湿度大、有异味的商品同仓间堆放。特别是一、二类蛋要专仓间专储。满仓后即封仓。每个堆垛要挂货卡，严格控制温湿度是鲜蛋储存中质量好坏的关键，最佳仓间温度为－1℃～1.5℃，±0.5℃。相对湿度为 85％～88％为宜，±2％。仓库温度过高，会缩短鲜蛋储存期和降低鲜蛋的品质；温度过低，会使鲜蛋冻裂。相对湿度过高会导致鲜蛋霉变；过低会增加干耗。为有效控制温湿度，必须做到：

1. 每次进仓库鲜蛋数量不宜过大，一般不超过仓容量的 5％。
2. 仓库温差不得超过 2℃。
3. 冷风机冲霜每周 2 次，时间不宜过长。
4. 仓间温度在－1.5℃时，即可关闭制冷机。

5. 应定时换入新鲜空气,换入每昼夜相当于 2～4 个仓间容积。

6. 定期抽查和翻箱,一般每十天抽查 2％～3％。

7. 压缩机房应每隔 2 小时对仓间温度检查一次。

**二、果蔬的冷藏养护**

1. 降温。进仓后要采取逐步降温的方法,因为果蔬摘后,商品还存在一定的热量,如这时未经冷却而直接进入仓间,易给商品产生病害,达不到保质的目的。

2. 温度调节。果蔬进仓后,将继续发展成熟。其外界原因有三:

(1)温度:温度高,会加快商品成熟及衰老,如果存放在适宜温度里,能减慢其成熟,使物质消耗降到最低水平,延长储藏时间。

(2)氧气:空气中的含氧量是 21％,适当降低含氧量,会抑制商品的成熟或衰老。

(3)二氧化碳:适当提高仓间二氧化碳的含量,也可抑制商品成熟和衰老,延长贮藏时间。

3. 湿度调节。果蔬中含有大量的水分,但在储存过程中,水分将逐渐蒸发,大部分果蔬的干耗超过 5％时,就会出现枯萎等现象,鲜度明显下降。特别是水果,当干耗超过 5％以后,就不能恢复原状。另一方面,如储存环境的空气湿度过低,也会加速鲜果的枯萎,降低其价值。因此,果蔬储存的仓库,调节湿度很重要。一般应掌握在 90％的湿度为宜。湿度过高,果蔬易腐烂。

4. 堆垛。果蔬的堆垛不论是采取箱装或筐装,最好用"骑缝式"的方法,垛与垛、垛与墙、垛与顶之间应有一定距离,便于冷风流通。

(案例来源:作者根据相关资料进行改写。)

# 10.1　商品储运概述

商品储运是商品储存和商品运输的合称;是商品流通中的两个必不可少的中间环节;是商品收购和商品销售的根本保证。只有商品储运,才能使商品生产不断进行;只有商品储运,才能使商品市场供应得到保证。商品从生产到消费,在时间和空间上都存在较大的间隔和距离。例如,农副产品多数为季节生产,常年销售;有些商品是常年均衡生产,但消费相对集中在某个季节;有些商品集中生产,分散消费;有些商品只在某时间和空间进行储存和运输,才能保证商品流通不致中断和社会再生产的持续进行。另外,为了应付不可预见的自然灾害和战争,也需要储存一定量的某些必备商品。

## 10.1.1　商品储存

商品储存是指商品离开生产过程但尚未进入消费过程的间隔时间内的停留,也就是在流通领域中的停留存放过程,又称商品储备。

**1. 商品储存的原则与方式**

1)商品储存的原则

商品储存是商品流通中的重要环节,是商品经销部门吸收待销商品的重要手段,它对调节社会生产和消费的矛盾,促进商品生产和流通,保证市场供应具有十分重要的意义。商品储存应坚持以下原则。

(1)确保生产稳定原则,如企业原材料的储存量应能满足生产的正常需要。

(2)确保市场供应原则,通常商业企业的储存量应与市场需求量相一致,并与商品的销售量保持一定的比例。

(3)确保商品质量的原则,商品在储存过程中会发生各种物理和化学变化,甚至发生质量变化。因此,商品储存应以确保商品质量为重要前提。

(4)经济核算原则,要综合考虑资金占用、储存费用和商品利润等问题,从而确定合理的储存量,过多会增加资金占用,并加重储存成本。

2)商品储存的方式

一般按商品的储存性质分为季节性储存、周转性储存和储备性储存三种。

(1)季节性储存,由生产季节与消费时间不一致引起,包括全年生产季节性消费、季节性生产全年消费和季节性生产消费三种情形。

(2)周转性储存,是指流通企业为维持正常经营而进行的储存。其储存量取决于企业的经营能力、资金实力和管理水平等。

(3)储备性储存,又叫国家储备,是指防备灾荒、战争或其他应急而进行的物资储备,一般是涉及国计民生的物资,如粮食、棉花、石油、药品、战备物资等。

**2. 商品储存的方法**

为使储存中的商品得到安全保证并减少费用开支,对储存商品仓库的布局、库房的设计、库房内部布置、仓库和库房的管理,以及商品的保养维护,必须进行商品储存科学化标准管理。为实现商品储存科学化,我国已在多种商品标准中规定有储存的技术内容,也制定和实施了一些储存技术标准和储存管理标准。如 GB 8559—87《苹果冷藏技术》、GB 8853—88《番茄冷藏技术》、GB 8867—88《蒜薹简易气调贮存技术》、GB 9829—88《水果蔬菜—冷库中物理条件—定义和测量》、GB 9830—88《水果蔬菜—冷藏后的催熟》、GB 10547—89《柑橘储藏》、ZBX 08002—87《果品冷库管理规范》以及《商品储藏养护技术规范》等。

对商品储存标准,单独制定的较少,多包含在较完整的商品标准中。其内容主要是规定了商品储存时的一些特殊要求,如储存场所、储存条件、储存放置方法和储存期限等。

1)储存条件

储存条件主要是指商品储存环境的温度和湿度条件。温度一般指储存商品仓库库房内的温度,以摄氏温度表示;湿度一般指储存商品仓库库房房内的湿度,以相对湿度表示。表 10.1 列举了常规商品最佳储存环境的温湿度要求。

表 10.1 常规商品最佳储存环境的温湿度要求

| 商品 | 温度(℃) | 相对湿度(%RH) | 商品 | 温度(℃) | 相对湿度(%RH) |
|---|---|---|---|---|---|
| 鱼肉罐头 | −5~25 | ≤75 | 棉织品 | ≤35 | ≤75 |
| 青菜罐头 | 0~25 | ≤75 | 毛织品 | ≤30 | ≤75 |
| 糖浆罐头 | −10~25 | ≤75 | 丝织品 | ≤35 | ≤75 |
| 糖水罐头 | −5~15 | ≤75 | 麻织品 | ≤35 | ≤75 |
| 炼乳罐头 | −5~15 | ≤75 | 涤纶织品 | ≤35 | ≤80 |
| 白酒 | ≤30 | ≤75 | 锦纶织品 | ≤35 | ≤80 |
| 卷烟 | ≤25 | 55—70 | 晴纶织品 | ≤35 | ≤80 |
| 食糖 | ≤30 | ≤70 | 氯纶织品 | ≤35 | ≤80 |

续表

| 商品 | 温度(℃) | 相对湿度(%RH) | 商品 | 温度(℃) | 相对湿度(%RH) |
|---|---|---|---|---|---|
| 橡胶制品 | ≤25 | ≤80 | 毛皮 | ≤30 | ≤75 |
| 人造革制品 | −10～25 | ≤75 | 毛皮制品 | ≤30 | ≤75 |
| 玻璃制品 | ≤35 | ≤80 | 皮革制品 | ≤30 | ≤75 |
| 金属制品 | ≤35 | ≤75 | 乳胶制品 | −10～25 | ≤80 |

2)储存场所

储存场所是对商品储存地点的要求。从不同的商品维护、保管和仓储的需要出发,可分为普通仓库、专用仓库和特种仓库。

(1)普通仓库。

普通仓库用以储存一般、没有特殊要求的商品,其设备与库房建造都比较简单,适用范围较广。这类仓库备有一般性的保管场所和设施,按照通常的货物装卸和搬运方法进行作业。

(2)专用仓库。

专业仓库是专门用以储存某一类商品的仓库,或是某类商品数量较多,或是由于商品本身的特殊性质,如对温度的特殊要求,或易于对与之共同储存的商品产生不良影响,因此,要专库储存。

(3)特种仓库。

特种仓库用以储存具有特殊性能的,要求特别保管条件的商品,如危险品、石油、冷藏品等。这类仓库必须配备有防火、防爆、防虫等专门设备,其建筑构造、安全设施都与一般仓库不同。例如冷冻仓库可人为地调节温度和湿度,用来加工和保管食品、工业原料、生物制品以及医药品等。石油仓库是接受、保管、配给石油和石油产品的仓库。由于石油具有易燃易爆等特性,这类仓库被指定为危险品仓库。化学危险品仓库负责保管化学工业原料、化学药品、农药以及医药品。为了安全起见,根据商品的特性和状态以及受外部因素影响的危险程度进行分类,分别储藏。(周万森.仓储配送管理.北京:北京大学出版社,2005.)"

3)储存放置方法

储存放置方法主要是对储存商品放置方法的要求,如苫垫、堆码等。

(1)苫垫。

苫垫是指对货垛铺垫和苫盖,以减少自然环境中的阳光、雨雪、刮风、尘土等对货物的侵蚀、损害,并使商品由于自身理化性质所造成的自然损耗尽可能减少,保护商品在储运期间的质量。常用的苫垫材料有:帆布、芦席、竹席、塑料膜、铁皮、铁瓦、玻璃瓦、塑料瓦等。苫垫需要满足货物遮阳、避雨、挡风、防尘的要求。

(2)堆码。

堆码是指商品存放的具体形式,常见的主要有散堆法、垛堆法、架堆法和托盘码法。散堆法适用于露天存放的没有包装的大宗商品,如煤炭、矿石、黄沙等,也适用于库内的少量存放的谷物、碎料等散装货物。垛堆法适用于有一定形状或经过包装的商品,如各种包装箱、包装袋等。这种方法较灵活,能充分利用仓容、做到货垛整理,方便作业和保管。架堆法适用于小件、品种规格复杂、数量较少、包装简易或脆弱易损不便堆垛的商品,货架存放需要使用专用的货架设备。托盘码法是利用托盘直接进行商品存放的方法。托盘又有平托盘、箱式托盘和立柱托盘多种。

4)储存期限

储存期限是指商品储存期间的长短,有保质期和保存期两种表示方法。保质期是厂家向消费者作出的保证,保证在标注时间内商品的质量是最佳的,但并不意味着过了时限,产品就一定会发生质量变化。如超过保质期的食品,如果色、香、味没有改变,仍然可以食用。但保存期则是硬性规定,是指在标注条件下,商品可用的最终日期。超过了这个期限,质量会发生变化,不再适合使用,更不能用以出售。

### 10.1.2 商品运输

**1. 商品运输的合理性**

1)合理运输的概念

合理运输是指在有利于购销业务开展的情况下,充分利用各种运输方式,选择合理的运输路线和运输工具,以最短的路线、最少的环节、最快的速度和最小的劳动消耗,安全优质地完成商品运输任务。合理运输是相对概念,它不仅是对运输里程作为单纯的几何线条的比较,还涉及如何对运输体系中各种运输方式的合理统筹安排,使各种运输方式得到有效的综合利用,它是以如何充分发挥国家统一交通运输网的作用为基本出发点。

2)合理运输的意义

开展商品的合理运输,可以提高商品运输的经济效益,对企业、对整个国民经济的发展都具有重要的意义。

(1)商品合理运输有利于加速社会再生产的进程,促进国民经济的发展。把商品迅速地、合理地从生产地运往销售地,可以缩短商品的在途时间,从而使商品及时地得以销售,生产企业也才能及时收到所需的各种原材料和物资,使产、供、销之间,地区之间,城乡之间密切地联系起来,加速整个社会的再生产进程,促进整个国民经济的发展。

(2)商品合理运输有利于保证市场供应,及时满足人民物质和文化生活的需要,缩短商品的流通里程和时间,减少商品的流通环节。市场的繁荣又进一步调动人们的劳动积极性,并促进社会安定团结,为经济建设创造良好的环境。

(3)商品合理运输有利于改善企业经营管理,提高经济效益,为国家建设提供更多积累。开展商品合理运输,可以降低运输费用,减少在途商品的资金占用,减少利息支出。合理运输在节约费用的同时,又提高资金的利用率和企业的经济效益。

(4)商品合理运输有利于促进运输业的发展。组织商品合理运输,可以充分、合理利用各种运输工具、发挥各种运输方式的优越性,促进运输工具、运输技术的发展和进步,促进运输企业管理的改革,所有这些均有利于推动整个运输业的发展。

**2. 合理运输的原则**

1)及时

及时就是按照商品生产和销售的规律,不失时机地用最短的里程、最快的速度、最少的时间,迅速地把商品从产地运到销地,及时满足市场的需要。

2)准确

准确就是要求商品运输的全过程中,做到货物不短缺,不溢余,不窜货,准确无误地完成商品运输任务。运输过程中出现差错,既延误时间,又浪费财力和运力,还影响运输企业的信誉。

3）安全

安全就是要求在商品运输的全过程中不发生货物霉烂、耗损、丢失和爆炸、燃烧、中毒等事故，切实保证人身、设备、货物和运输工具的安全。

4）经济

经济是指商品运输的全过程中应尽可能节约运费。为此，应选择合理的运输路线，减少不必要的运输环节，充分使用运输工具，有效地利用运力、人力、物力和财力，降低商品的运杂费用，提高商品运输的经济效益。运费是评价商品运输合理性的重要标准之一。

**3. 商品运输的方法**

商品在具体的运输过程中，往往有多条运输路线和多种运输方式，商品运输的合理程度，直接关系到商品流通和流通费用。这就要求合理地组织商品运输，以提高经济效益。

1）商品运输标准

为了做好商品运输工作，保证商品质量，减少或避免商品损失，节约运输费用，在商品运输上要执行商品运输标准。商品运输标准主要规定对该商品运输时的特殊要求，即商品的运输工具、运输条件以及运输中的注意事项等。商品运输标准一般包含在比较完整的商品标准中，单独制定的运输标准，特别是具体商品的运输标准更少。表 10.2 反映了按照不同标准对商品运输方式进行的分类。

表 10.2　商品运输的主要方式分类

| 划分依据 | 分　类 |
| --- | --- |
| 按运输设备和运输工具的不同 | 铁路、公路、水路、航空、管道 |
| 按运输线路的性质不同 | 干线运输、支线运输、二次运输、厂内运输 |
| 按运输作用的不同 | 集货运输、配送运输 |
| 按途中是否换载 | 直达运输、中转运输 |
| 按运输领域的不同 | 生产领域运输、生活领域运输 |

（1）运输工具。

运输工具是指该商品运输时使用的运输工具。如按 GB 337—84《浓硝酸》标准规定，浓硝酸可装于陶瓷坛内运输外，散装者必须装在铝制槽车内进行运输。其中按照运输设备及运输工具不同，将商品运输分为公路运输、铁路运输、水路运输、航空运输和管道运输。

①公路运输。公路运输主要指使用汽车在公路上进行货客运输的一种方式。公路运输主要承担近距离、小批量的货运和水运、铁路运输难以到达地区的长途、大批量货运。由于公路运输有很强的灵活性，近年来，在有铁路、水运的地区也开始使用公路运输。公路运输的优点是灵活性强，建设期短，投资较低，对收到站设施要求不高。公路运输可以采取"门到门"运输形式，即从发货者门口直到收货者门口，而不需转运或反复装卸搬运，也可作为其他运输方式的衔接手段。其经济里程一般在 200 公里以内。

②铁路运输。铁路运输是使用铁路列车运送客货的一种运输方式。铁路运输主要承担长距离、大批量的货运。在没有水运条件的地区，几乎所有大批量货物都依靠铁路运输。铁路运输优点是速度快，不受自然条件限制，载运量大，运输成本较低。缺点是灵活性差，只能在固定线路上实现运输，需要有其他运输手段加以配合和衔接。铁路运输经济里程一般在 200 公里以上。

③水路运输。水路运输是使用船舶运送客货的一种运输方式。水运主要承担大批量、长

距离的运输。在内河及沿海,水运也常作为小型运输工具使用,担任补充及衔接大批量干线运输的任务。水运的主要优点是成本低,能进行大批量、远距离的运输。但水运也有显而易见的缺点,如运输速度慢,受港口、水位、季节、气候影响较大,因而一年中中断运输的时间较长。水运有四种形式,即沿海运输、近海运输、远洋运输、内河运输。

④航空运输。航空运输是使用飞机或其他航空器进行运输的一种形式。航空运输的单位成本很高,因此,主要适合运载的货物有两类,一类是价值高、运费承担能力强的货物,如贵重设备的零部件、高档产品等;另一类是紧急需要的物资,如救灾抢险物资等。航空运输的主要优点是速度快,不受地形的限制。在火车、汽车都达不到的地区也可依靠航空运输,因而有其重要意义。

⑤管道运输。管道运输是利用管道输送气体、液体和粉状固体的一种运输方式。其运输形式是靠物体在管道内顺着压力方向循序渐进移动实现的。和其他运输方式的重要区别在于,管道设备是静止不动的。由于采用密封设备,管道运输的主要优点是在运输过程中可避免散失、丢失等损失,也不存在其他运输设备本身在运输过程中消耗动力所形成的无效运输问题。另外,运输量大,适合于量大且连续不断运送的物资。

各种运输工具还有很详细的划分,如火车中的货车就有棚车、通风车、敞车、罐车、冷藏车、砂石车、长大货物车、特种车和其他各种货车之分。对运输工具的选择,必须充分考虑商品的性质。如怕湿、易燃和较贵重的商品,适用棚车装运;需要通风和易腐性商品,适用通风车装运;冷冻商品,适用冷藏车装运;不怕潮湿商品,可用敞车装运;液体商品,适用罐车装运。各类运输工具如表 10.3 所示。

表 10.3 商品运输的主要工具

| 铁路运输工具 | | 公路运输工具 | 水路运输工具 | 航空运输工具 |
|---|---|---|---|---|
| 铁路机车 | 铁路车辆 | 普通货车 | 集装箱船 | 货机 |
| | | 厢式货车 | 散装船 | 客货机 |
| 蒸汽机车 | 平车 | 专用车辆 | 油船 | |
| 内燃机车 | 敞车 | 自卸车 | 液化气船 | |
| 电力机车 | 棚车 | 牵引车和挂车 | 滚装船 | |
| | 罐车 | | 载驳船 | |
| | 漏斗车 | | 冷藏船 | |
| | 保温及冷藏车 | | | |
| | 特种车 | | | |

(2)运输条件。

运输条件是规定运输工具的清洁状况、能否与某些物质接触、温度、湿度等。如按GB 12517·2—1990《糖果验收规则、标志、包装、运输、储存》标准规定,运输工具必须干燥、清洁、平整、无异味。商品运输条件的确定取决于商品的性质。

鲜鱼、肉、活家禽、家畜、水果和蔬菜等鲜活易腐商品,火柴、赛璐珞制品、猎枪子弹、鞭炮、烧碱、硫酸等易燃、易爆、易腐蚀和有毒害的危险品,食糖、糖果、茶叶、香皂等易溶化、易串味的商品,在运输时都不能与一般商品混装。食糖、糖果等易溶商品,纤纺织品、鞋帽、服装、纸张等多孔性商品,在运输中应防止受潮。火柴、鞭炮等易燃、易爆商品,在运输中应防止日晒或与热源接触。

(3)运输中的注意事项。

运输中的注意事项是指运输中值得注意的问题,如不得随意抛扔,不得倒置等。按GB 5609—1985《卷烟包装与贮运》标准的规定,卷烟在运输中应防晒、防潮、防挤压、防剧烈

震动。

2)合理运输的主要方法

组织商品合理运输的措施很多,如按经济区域组织商品流通,发挥中心城市的作用;分区产销平衡合理运输;选择最短的运输路线,减少不必要的中间环节;选择合理的运输方式;在法定范围内提高车、船的载重量等。当然,在这些措施中可以应用数学方法进行推导、计算和优选。

(1)按商品的自然流向组织运输。

商品的自然流向是指商品生产地向消费地运送的流通方向。商品按自然流向进行流通的组织形式有以下几种:

①实行分区产销平衡,组织合理运输,即根据商品的产销分布情况和交通运输条件,在产销平衡的基础上,按照近产地的原则,规划商品的基本流向和流通范围,划分商品的调运区域,绘制商品合理流向图,并据此选择合理的运输路线和运输方式。

要正确划分商品供销区域,切实掌握各种商品的产量和产地分布、销地分布、商品需求量、历史上的产销关系、交通条件等。凡生产比较集中、销售范围较广、品种规格比较简单和运量较大的商品,可以以产地为中心,划分若干销售区域组织合理运输;凡是产地分散、消费区域相对比较集中、品种规格比较简单和运量较大的商品,可以以消费地为中心,划分若干供给区域组织合理运输。

②按经济区域组织合理运输。所谓经济区域,是指由生产布局、地理位置、交通运输条件、供求关系以及消费习惯等因素形成经济联系的地域范围。经济区域的形成有三种情况:一是以生产城市为中心的经济区域;二是以交通枢纽为中心的经济区域;三是以生产城市和交通枢纽同时为中心的经济区域。按照经济区域组织商品流通,不受行政区划的限制,按照商品的自然流向,对分居两个以上行政区划管辖的地方,划入同一经济区域内组织商品流通。这种按经济区域组织的商品流通,打破了行政区划,按商品自然流向的跨区收购、跨区进货,可以避免迂回、倒流等不合理运输,从而缩短运输距离,降低运输费用,加速商品流通,减少商品在途时间,具有显著的社会效益和经济效益。

(2)选择最短的运输路线,减少中间环节。

开展商品的直达、直线运输。直达运输是指在组织商品运输过程中,越过中间的某些环节,把商品从产地或起运地直接运到销地或用户单位。直线运输是指商品在运输过程中,有多种运输路线存在时,只选择路线最短、费用最低的运输路线,使商品运输直线化。直达运输可以减少运输环节,直线运输可以缩短运输里程。在实际运输工作中,为了收到双重的经济效果,往往将直达运输和直线运输结合起来,统称直达直线运输。

开展商品"四就"直拨运输,这是指商品在调运时,可以越过批发仓库和装卸搬运环节,采取就工厂(产地)、就车站(码头)、就仓库、就车(船)过载等方法,直接把商品运到收货地。

组织联运,即是用两种以上运输方式,联合完成客、货运输任务的一种运输形式。联运可以减少托运手续,节约运费开支,综合运用各种运力以提高运输效率,有利于企业的经营管理。联运的形式很多,目前我国开展的联运有铁水干线货物联运、海江河联运、干支联运、百杂货干线联运、国际联运等。

(3)选用经济合理的运输方式和方法。

各种运输方式都有各自的特点,并提供与这些特点相适应的运输服务。合理的运输方式和方法主要有:

①充分利用水运。水运的最大优势在于它的运量大、能耗小、成本低、投资少。在组织商品运输时应从整体利益出发,宜水则水,宜陆则陆,综合利用。在运量分配上,凡有水运的地方应优先安排水运,充分发挥水运的能力,提高水运量在总运量中的比重,促进各种运输方式之间的合理分工,以适应合理运输的需要。

②开展集装箱运输。集装箱运输是根据货物特征和运输任务的需要,设计一种特殊容器用来集装货物,再用车(船)进行运送。集装箱运输具有安全、迅速、简便、高效等特点,它的经济效益十分明显,是一种现代化的运输方式。

③提高运输工具的使用效率。一是提高整车发运比重,这意味着在商品发运中要集零为整,组织轻重配装,用同样多的车辆装运更多的商品,这不仅能加速商品的运输,降低运输费用,而且能充分发挥运输工具的使用效率,节约运力。

(4)组织双程运输,消除空驶。

双程运输是指运送的货物到达目的地后,卸空再将新的货物由原车(船)运回的一种方式。双程运输对消除车(船)空驶,节约运力,提高运输工具的使用效率有重大意义。

【阅读材料】
### 危险化学品的运输

第三十五条　国家对危险化学品的运输实行资质认定制度;未经资质认定,不得运输危险化学品。

危险化学品运输企业必须具备的条件由国务院交通部门规定。

第三十六条　用于危险化学品运输工具的槽罐以及其他容器,必须依照本条例第二十一条的规定,由专业生产企业定点生产,并经检测、检验合格,方可使用。

质检部门应当对前款规定的专业生产企业定点生产的槽罐以及其他容器的产品质量进行定期的或者不定期的检查。

第三十七条　危险化学品运输企业,应当对其驾驶员、船员、装卸管理人员、押运人员进行有关安全知识培训;驾驶员、船员、装卸管理人员、押运人员必须掌握危险化学品运输的安全知识,并经所在地区的市级人民政府交通部门考核合格(船员经海事管理机构考核合格),取得上岗资格证,方可上岗作业。危险化学品的装卸作业必须在装卸管理人员的现场指挥下进行。

运输危险化学品的驾驶员、船员、装卸人员和押运人员必须了解所运载的危险化学品的性质、危害特性、包装容器的使用特性和发生意外时的应急措施。运输危险化学品,必须配备必要的应急处理器材和防护用品。

第三十八条　通过公路运输危险化学品的,托运人只能委托有危险化学品运输资质的运输企业承运。

第三十九条　通过公路运输剧毒化学品的,托运人应当向目的地的县级人民政府公安部门申请办理剧毒化学品公路运输通行证。

办理剧毒化学品公路运输通行证,托运人应当向公安部门提交有关危险化学品的品名、数量、运输始发地和目的地、运输路线、运输单位、驾驶人员、押运人员、经营单位和购买单位资质情况的材料。

剧毒化学品公路运输通行证的式样和具体申领办法由国务院公安部门制定。

第四十条　禁止利用内河以及其他封闭水域等航运渠道运输剧毒化学品以及国务院交通部门规定禁止运输的其他危险化学品。

利用内河以及其他封闭水域等航运渠道运输前款规定以外的危险化学品的，只能委托有危险化学品运输资质的水运企业承运，并按照国务院交通部门的规定办理手续，接受有关交通部门（港口部门、海事管理机构，下同）的监督管理。

运输危险化学品的船舶及其配载的容器必须按照国家关于船舶检验的规范进行生产，并经海事管理机构认可的船舶检验机构检验合格，方可投入使用。

第四十一条　托运人托运危险化学品，应当向承运人说明运输的危险化学品的品名、数量、危害、应急措施等情况。

运输危险化学品需要添加抑制剂或者稳定剂的，托运人交付托运时应当添加抑制剂或者稳定剂，并告知承运人。

托运人不得在托运的普通货物中夹带危险化学品，不得将危险化学品匿报或者谎报为普通货物托运。

第四十二条　运输、装卸危险化学品，应当依照有关法律、法规、规章的规定和国家标准的要求并按照危险化学品的危险特性，采取必要的安全防护措施。

运输危险化学品的槽罐以及其他容器必须封口严密，能够承受正常运输条件下产生的内部压力和外部压力，保证危险化学品在运输中不因温度、湿度或者压力的变化而发生任何渗（洒）漏。

第四十三条　通过公路运输危险化学品，必须配备押运人员，并随时处于押运人员的监管之下，不得超装、超载，不得进入危险化学品运输车辆禁止通行的区域；确需进入禁止通行区域的，应当事先向当地公安部门报告，由公安部门为其指定行车时间和路线，运输车辆必须遵守公安部门规定的行车时间和路线。

危险化学品运输车辆禁止通行区域，由设区的市级人民政府公安部门划定，并设置明显的标志。

运输危险化学品途中需要停车住宿或者遇有无法正常运输的情况时，应当向当地公安部门报告。

第四十四条　剧毒化学品在公路运输途中发生被盗、丢失、流散、泄漏等情况时，承运人及押运人员必须立即向当地公安部门报告，并采取一切可能的警示措施。公安部门接到报告后，应当立即向其他有关部门通报情况；有关部门应当采取必要的安全措施。

第四十五条　任何单位和个人不得邮寄或者在邮件内夹带危险化学品，不得将危险化学品匿报或者谎报为普通物品邮寄。

第四十六条　通过铁路、航空运输危险化学品的，按照国务院铁路、民航部门的有关规定执行。

（材料来源：作者根据相关资料进行改写。）

## 10.2 商品储运的质量变化

### 10.2.1 商品的质量变化

商品在储运期间，由于商品本身的性能特点，以及外界因素的影响，会发生物理的、化学的、生理生化的或生物学的变化，使商品质量随之改变。充分了解商品质量变化的规律及影响质量变化的因素，对确保商品安全，防止、减少商品劣变或损失有十分重要的作用。

**1. 商品的物理变化**

商品的物理变化是指仅改变商品的外部形态而不改变商品性质的变化。其结果不是数量的损失，就是质量的降低，甚至失去使用价值。商品常发生的物理变化主要有挥发、溶化、熔化、渗漏与粘结、串味、脆裂与干缩、破碎、散落与变形等。

1）挥发

挥发是低沸点的液体商品或经液化的气体商品在空气中经汽化而散发到空气中的现象。常见的易挥发商品有汽油、酒精、白酒、苯、香精、香水、印刷油墨、液氨、液氮、化学试剂中的各种溶剂等。挥发的速度与商品中易挥发成分的沸点、气温的高低、空气流速以及与它们接触的空气表面积等因素有关。液体商品的挥发不仅会降低商品的有效成分，增加商品损耗，降低商品质量，有些燃点很低的商品还可能引起燃烧或爆炸；有些商品挥发的气体有毒性或麻醉性，容易造成大气污染，对人体有害；一些商品受到气温升高的影响，体积膨胀，使包装内部压力增大，可能发生爆破。

2）溶化

溶化是指某些具有较强吸湿性的商品，吸收空气中水分至一定程度后溶解的现象。商品溶化后，商品本身的性质并没有发生变化，但由于形态改变，给储存、运输及销售部门带来很大的不方便。影响商品溶化的因素，主要是商品的吸湿性和水溶性、与空气接触表面积、空气的温度和相对湿度等。气温和相对湿度越高，这类商品越容易溶化。常见的易溶化商品有食糖、食盐、明矾、硼酸、尿素、氯化钙、硝酸铵、烧碱等。

3）熔化

熔化是指低熔点的商品受热后发生软化乃至化为液体的变化现象。商品熔化，有的会造成商品流失、粘连包装、沾污其他商品；有的因产生熔解热而体积膨胀，使包装爆破；有的因商品软化而使货垛倒塌。日光直射、气温较高是导致熔化的外界因素，而商品本身的熔点、商品中杂质种类和含量高低是商品熔化的内在因素。熔点越低、杂质含量越高，越容易熔化。常见易熔化的商品有：香脂、发蜡、蜡烛、复写纸、蜡纸、圆珠笔芯、松香、萘、硝酸锌、油膏、胶囊、糖衣片等。

4）渗漏与粘结

渗漏是指液体商品因包装容器不严、包装质量不合格、包装内液体因受热或结冰膨胀等原因而使包装破裂所发生的外漏现象。商品的渗漏与包装材料性能、包装容器结构及包装技术的优劣有关，还与仓储温度变化有关。如金属包装焊接不严，受潮锈蚀；有些包装耐腐蚀性差；有的液体商品因气温升高、体积膨胀而使包装内部压力增大胀破包装容器；有的液体商品在低温或严寒季节结冰，也会发生体积膨胀引起包装破裂而造成商品损失。

5）串味

串味是指吸附性较强的商品吸附其他气体、异味，从而改变本来气味的变化现象。具有吸附性、易串味的商品，主要是因为它们的成分中含有胶体物质，以及具有疏松、多孔性的组织结

构。商品的串味,与其表面状况、与异味物质接触面积的大小、接触时间的长短,以及环境中异味的浓度有关。常见易被串味的商品有:大米、面粉、木耳、食糖、茶叶、卷烟、饼干等。常见的易引起其他商品串味的商品有汽油、煤油、腌鱼腌肉、樟脑、肥皂、农药等。

6)脆裂与干缩

在干燥空气中若严重失水,会使某些吸湿性商品如纸张、皮革及其制品、木制品(如乐器、家具等)、糕点、水果、蔬菜等发生脆裂与干缩现象,从而导致商品质量严重下降。但是空气过于潮湿也会引起商品湿涨变形,所以储运这类商品,应防止日晒、风吹,并控制环境的相对湿度,使其含水量保持在合理范围内。

7)破碎、散落与变形

破碎、散落与变形是指商品在外力作用下所发生的形态上的改变。商品的破碎主要是脆性较大的商品,如玻璃、陶瓷、搪瓷制品等因包装不良在搬运过程中,受到碰撞、挤压和抛掷而破碎、掉瓷、变形等。商品的散落主要是粉状商品因包装物强度低或包装不严而造成的脱落散开。商品的变形主要是塑性较大的商品,如铝制品、皮革、塑料、橡胶制品等由于受到强烈的外力撞击或长期重压,商品失去回弹性能,从而发生形态改变。

**2. 商品的化学变化**

商品的化学变化与物理变化有本质的区别,商品的化学变化是指构成物质的分子发生了变化,商品的外表形状和商品的本质都发生了改变,并生成了新物质且不能恢复原状的变化现象。若商品发生化学变化,严重时会使商品完全丧失使用价值。常见的化学变化有氧化、水解与分解、化合与聚合、裂解、老化与风化、曝光、腐蚀等。

1)氧化

氧化是指商品与空气中的氧或其他能放出氧的物质接触,发生的与氧相结合的化学变化。商品发生氧化,不仅会降低商品的质量,有时还会在氧化过程中,产生热量,发生自燃,甚至会发生爆炸事故。商品容易发生氧化的品种比较多,如某些化工原料、纤维制品、橡胶制品、油脂类商品等。又如棉、麻、丝、毛等纤维制品,长期受阳光照射会发生变色,也是由于织品中的纤维被氧化的结果。

2)水解与分解

水解是指某些商品在一定条件下,遇水所发生分解的现象。如硅酸盐和肥皂,其水解产物是酸和碱,这样就同原来商品具有不同的性质。另外,在高分子有机物中的纤维素和蛋白质在相应酶的作用下发生水解后,能使其链接断裂,强度降低。

分解是指某些性质不稳定的商品,在光、电、热、酸、碱及潮湿空气的作用下,由一种物质生成两种或两种以上物质的变化现象。商品发生分解反应后,不仅使其数量减少、质量降低,有的还会在反应过程中产生一定的热量和可燃气体,从而引起事故。如用于漂白或杀菌的双氧水,在常温下缓慢分解,在高温下则迅速分解为氧气和水,失去效用。

3)化合与聚合

化合是指商品在储存期间,在外界条件的影响下,两种或两种以上的物质相互作用,而生成一种新物质的反应。化合反应通常不是单一存在于化学反应中,而是两种反应(分解、化合)依次先后发生。如果不了解这种情况,就会给保管和养护此类商品造成损失。

聚合是指某些商品在外界条件的影响下,能使同种分子相互聚合而结合成一种更大分子的现象。例如,由于桐油中含有高度不饱和脂肪酸,在阳光、氧和温度的作用下,能发生聚合反应,生成 B 型桐油块,浮在其表面,而使桐油失去使用价值。

4)裂解、老化与风化

裂解是指高分子有机物(如棉、麻、丝、毛、橡胶、塑料、合成纤维等),在日光、氧、高温条件的作用下,发生分子链断裂、分子量降低,从而使其强度降低,机械性能变差,产生发软、发黏等现象。例如,天然橡胶在日光、氧和一定温度的作用下,就会发生分子链断裂,分子结构被破坏,使橡胶制品出现发软、发黏而变质。

老化是指含有高分子有机物成分的商品(如橡胶、塑料、合成纤维等)在光、氧、热等因素的作用,性能逐渐变坏的现象。易老化是高分子材料存在的一个严重缺陷。老化的原因主要是高分子物在外界条件作用下,分子链发生了降解和交联等变化。而商品发生老化后,能破坏其化学结构,改变其物理性能,使机械性能降低,出现变硬发脆,变软发粘等现象,使商品失去使用价值。如合成纤维品发生老化后,会变色,强度降低,严重时能逐渐变质脆化。

风化是指含结晶水的商品,在一定温度和干燥空气中,失去结晶水而使晶体崩解,变成非结晶状态的无水物质的现象。

5)曝光

曝光是指某些商品见光后,引起变质或变色的现象。例如,石碳酸(苯酚)为白色结晶体,见光即变成红色或淡红色;相机用的胶片见光后即成为废品;漂白粉储存场所不当,在易受日光、热或二氧化碳影响的库房里,就能逐渐发生变化,而降低氯的有效成分。

6)腐蚀

腐蚀是指物质接触周围的介质(如酸、碱、氧气及腐蚀性气体等),其表面受到破坏的变化现象。金属腐蚀就是其中的一种,通常在干燥的空气中,金属腐蚀能在商品表面形成很薄的氧化膜,对制品质量无显著影响,有时还能起到保护作用。但在潮湿的空气中,金属制品通过表面吸附、毛细管(表面裂纹和结构缝隙)凝聚,特别是结露作用,可在金属表面形成水膜。水膜溶解表面的水溶性沾附物或沉淀物(多为盐类)和空气中的二氧化碳、二氧化硫等可溶性气体,形成具有导电性的电解液。金属制品接触这种电解液后,引起电化学反应,反应中金属原子成为离子不断进入电解液而被溶解,这种腐蚀称为电化学腐蚀。电化学腐蚀先在金属表面造成不规则的凹洞、斑点和溃疡,然后使破坏掉的金属转变为金属氧化物或氢氧化物而附于金属表面,最后或快或慢地往里深入腐蚀,所以它是金属商品的主要破坏形式。

**3. 商品的生理生化变化**

商品的生理生化变化是指有生命活动的有机商品在储存过程中,为维持自身的生命活动所进行的一系列变化。如粮食、水果、蔬菜、鲜蛋等有机商品在储运过程中,受到外界条件的影响,往往会发生商品的呼吸、后熟、胚胎发育和发芽等现象。

1)呼吸作用

呼吸作用是指有机体商品在生命过程中,由于氧和酶的作用,体内有机物质被分解,并产生热量的一种缓慢的生物氧化过程,是粮食、水果、蔬菜等有生命商品生理活动的主要标志。呼吸作用可分为有氧呼吸和缺氧呼吸两种类型。不论是有氧呼吸还是缺氧呼吸,都要消耗营养物质,降低食品的质量。有氧呼吸热的产生和积累,往往使食品腐败变质。同时,有机体分解出来的水分,又有利于有害微生物生长繁殖,使商品的霉变加速。缺氧呼吸则会产生酒精积累,引起有机体细胞中毒,造成生理病害,缩短商品储存时间。对于一些鲜活商品,缺氧呼吸往往比有氧呼吸要消耗更多的营养物质。若能保持正常的呼吸作用,有机体商品本身会具有一

定的抗病性和耐储性。

2）后熟作用

对于许多植物性鲜活商品,如水果、蔬菜类,为了确保其在储运过程中不发生劣变,一般在成熟前采摘,脱离母体后,其生理活动仍在继续,进入消费领域时达到食用成熟度,这一过程称为后熟。瓜果、蔬菜等的后熟作用,能改进其色、香、味以及硬脆等食用性能。但当后熟作用完成后,则容易发生腐烂变质,难以继续储藏,甚至失去食用价值。

3）胚胎发育

胚胎发育主要指鲜蛋的胚胎发育。在鲜蛋的贮存过程中,当温度和供氧条件适宜时,胚胎会发育成血丝蛋、血环蛋。经过胚胎发育的禽蛋,其新鲜度和食用价值大大降低。为抑制鲜蛋的胚胎发育,应加强温湿度管理,最好是低温储藏或停止供氧。

4）发芽和抽苔

发芽和抽苔是指粮食、水果、蔬菜等有机性商品在储存时经过休眠期后的一种继续生长的生理活动。发芽和抽苔的商品为供应商品萌发、生长的需要,商品中的营养物质被消耗,从而降低了商品的营养价值和品质。如马铃薯发芽不仅降低了商品的营养价值,而且产生有损人体健康的茄苷。通常商品发芽还伴随发热发霉现象。

5）成熟与自溶

成熟和自溶是肉类商品所具有的一种生理现象,当肉的酸度达到最低 PH 值时,肉的僵直程度也达到了最高点,肉中的水解酶开始活化并分解肌肉中蛋白质、三磷酸腺苷等,使肉逐渐变软,生成某些鲜味成分,酸度降低,肌肉持水性增加。成熟的肉柔软且有弹性,有汁液、光泽,容易煮烂,风味鲜美。当肉的成熟作用完成后,就进入自溶阶段,在自溶酶的作用下,肌肉中的复合有机化合物被分解成分子量低的物质。自溶作用是肉质变坏的开始,不仅弹性降低,色泽变暗,而且肉的风味变劣,甚至有不佳的气味出现。成熟和自溶过程的快慢与环境温度有关,降低温度可延缓过程的进行。

**4. 商品的生物学变化**

有机商品在储运中如被微生物污染,发生腐败、霉变或发酵等微生物学变化。商品霉腐变质是细菌、霉菌和酵母菌生长繁殖而导致商品成分分解的结果。商品的生物学变化即是由微生物、仓库害虫以及鼠类等生物所造成的商品质量的变化。

1）霉变

霉变是霉菌在商品上生长繁殖而导致的商品变质现象。霉菌主要靠孢子进行无性繁殖。空气中含有大量肉眼看不见的霉菌孢子,它们飘落到商品表面只要温湿度适宜,并且商品中含有它们所需的营养物质,就会在商品上生长、繁殖,并不断吸取营养物质,使商品原有的成分不断地被分解,结构和外观发生一系列变化。同时微生物在生长、繁殖过程中不断排出排泄物,使商品着色,产生霉味、毒素,从而使商品变质、发脆、强度降低等。

霉菌生长所需的营养物质有含碳酸物质、含氮物质、水分和无机盐等。含碳物质如糖类、有机酸、醇类和脂类等,是霉菌能量的主要来源。含氮物质如蛋白质、氨基酸、硝酸盐、铵盐等,是霉菌生命活动所不可少的。水分占霉菌体重的 $70\%\sim80\%$,具有溶解营养物质、吸收代谢热和调节细胞温度的功能。无机盐则为霉菌提供其生命活动所必须的硫、磷、镁、钾、钙、铁等元素。具有上述营养物质的商品种类很多,如粮食及其加工制品、水果、蔬菜及干制品、茶叶、卷烟、皮革制品、纸张、纺织品、鞋帽、服装等,所以它们非常容易发生霉变。

2）腐败

腐败主要是腐败细菌作用于食品中的蛋白质而发生的分解反应。腐败细菌通过其分泌的蛋白质酶,首先把蛋白质分解为氨基酸,除吸收部分外,余下的被进一步分解成多种有酸臭味和有毒素的低分子化合物,并分解出硫化氢、氨气等。在蛋白质分解的同时,动物性食品中的其他营养成分也在分解,从而出现各种腐败产物和气味。植物性食品中富含蛋白质的豆制品也会发生腐败,但因其含有植物脂肪而与动物蛋白质的腐败现象和气味有所不同。

引起商品霉变和腐败的微生物总称为霉腐微生物。它们大部分属于中温型,适宜于25℃～37℃的温度,在10℃以下或45℃以上则难以生长。霉腐微生物属于好氧性微生物,其细胞的呼吸作用需在有氧条件下进行。它们在日光曝晒和紫外线照射下会死亡。储运中采用低温或将湿度控制在65℃以下或造成低氧环境,都能取得防止商品霉腐的效果。不同类型微生物对温度的要求如表10.4所示。

表10.4　不同类型的微生物对温度的要求

| 类型 | 最低限 | 最适温度 | 最高限 |
|---|---|---|---|
| 低温性微生物 | 0℃ | 5℃～10℃ | 20℃～30℃ |
| 中温性微生物 | 5℃ | 25℃～37℃ | 45℃～50℃ |
| 高温性微生物 | 30℃ | 50℃～60℃ | 70℃～80℃ |

3）发酵

发酵是在微生物酶的作用下,食品中的糖类、蛋白质发生的分解反应。食品储藏中常见的发酵有酒精发酵、醋酸发酵、乳酸发酵和酪酸发酵等。酒精发酵是指含糖分的食品(如水果、蔬菜、果汁、果酱、果蔬罐头等)在储藏中产生不正常的酒味。水果、蔬菜在严重缺氧的条件下,由于缺氧呼吸,也会产生酒味,这时它们的质量已发生变化。醋酸发酵是指果酒、啤酒、黄酒等的发酵。乳酸发酵是指乳酸在储藏过程中的发酵现象。它不仅能使食品风味变劣,而且会造成蛋白质凝固、沉淀等变化。酪酸发酵是指食品中的糖在酪酸菌作用下产生酪酸的过程,会给食品带来令人讨厌的气味。如鲜奶、奶酪、豌豆等食品变质时就有这种酪酸气味。

4）虫蚀、鼠咬

商品在储运过程中,经常遭受仓库害虫的蛀蚀或老鼠的咬损,使商品体及其包装受到损坏,甚至完全丧失使用价值。除食品商品能提供仓库害虫和老鼠生活活动所需的营养物质外,很多用动、植物材料制成的工业品商品,如毛皮制品、皮革制品、丝毛织品、纸及纸制品、纤维制品等,都含有蛋白质、脂肪、淀粉、纤维素等仓库害虫所喜食的成分。纤维制品常成为老鼠觅取做窝的材料;而竹木制品、皮箱甚至聚氯乙烯制品等也成为老鼠咬啮的对象。为有效防止商品储运中的虫蚀、鼠咬现象,应掌握害虫及鼠类的生活习性,做到预防为主,搞好运输工具及仓储环境的清洁卫生,加强日常管理,断绝虫、鼠来源。一旦发现虫蚀、鼠咬现象,应立即采用措施杀虫、灭鼠,以减少储存商品的质量损失。

### 10.2.2　影响储运商品质量变化的因素

商品在储运过程中之所以发生质量变化,既与商品自身的成分、结构和性质有关,又与外界环境条件有关,特别是所有商品的质量变化几乎都与空气温湿度有密切关系。为保养维护好商品质量,就需要明确和掌握商品质量变化的规律。通常引起储运商品质量变化的因素有内因和外因两种,内因是变化的根据,外因是变化的条件。

**1. 影响储运商品质量变化的内因**

1）商品的化学性质

商品的化学性质是指商品的形态、结构以及商品在光、热、氧、酸、碱、温度、湿度等作用下，发生改变商品本质相关的性质。与商品储存紧密相关的物品的化学性质包括：商品的化学稳定性、商品的毒性、腐蚀性、燃烧性、爆炸性等。不同的化学成分及其不同的含量，既影响商品的基本性质，又影响商品抵抗外界自然因素侵蚀的能力。

（1）商品的化学稳定性。商品的化学稳定性是指商品受外界因素作用，在一定范围内，不易发生分解、氧化或其他变化的性质。化学稳定性不高的商品容易丧失使用性能。商品的稳定性是相对的，稳定性的大小与其成分、结构及外界条件有关。

（2）商品的毒性。商品的毒性是指某些商品能破坏有机体生理功能的性质。具有毒性的商品，主要是用作医药、农药以及化工商品等。有的商品本身有毒，有的蒸气有毒，有的本身虽无毒，但分解化合后，产生有毒成分等。

（3）商品的腐蚀性。商品的腐蚀性是指某些商品能对其他物质发生破坏性的化学性质。具有腐蚀性的商品，本身具有氧化性和吸水性，因此，不能把这类商品与棉、麻、丝、毛织品以及纸张、皮革制品等同仓库储存，也不能与金属制品同仓库储存。

（4）商品的燃烧性。有些商品性质活泼，发生剧烈化学反应时常伴有热、光同时发生的性质，这一现象称为商品的燃烧性。具有这一性质的商品称为易燃商品。常见的易燃商品有红磷、火柴、松香、汽油、乙醇、丙酮等低分子有机物。

（5）商品的爆炸性。爆炸是物质由一种状态迅速变化为另一种状态，并在瞬间以机械功的形式放出大量能量的现象。能够发生爆炸的商品要专库储存，并应有严格的管理制度和办法。

2）商品的物理性质

商品的物理性质是由其组织结构所决定的。物理性质主要是指商品的吸湿性、导热性、耐热性、透气性与透水性等。

（1）吸湿性。吸湿性是指商品吸收和放出水分的特性。商品吸湿性的大小、吸湿速度的快慢，直接影响该商品含水量的增减，对商品质量的影响极大，是许多物品在储存期间发生质量变化的重要原因之一。

（2）导热性。导热性是指物体传递热能的性质。商品的导热性与其成分和组织结构有密切关系，商品结构不同，其导热性也不一样。同时商品表面的色泽与其导热性也有一定的关系。

（3）耐热性。耐热性是指商品耐温度变化而不致被破坏或显著降低强度的性质。商品的耐热性，除与其成分、结构和不均匀性有关外，也与其导热性、膨胀系数有密切关系。导热性大而膨胀系数小的物品，耐热性良好，反之则差。

（4）透气性与透水性。商品能被水蒸气透过的性质称为透气性，商品能被水透过的性质叫透水性。这两种性质在本质上都是指水的透过性能，所不同的是前者指气体水分子的透过，后者是指液体水的透过。商品透气、透水性的大小，主要取决于商品的组织结构和化学成分。结构松弛、化学成分含有亲水基因，其透气、透水性都大。

3）商品的机械及工艺性质

商品的机械性质是指商品形态、结构在外力作用下的反应。商品的这种性质与其质量关系极为密切，是体现适用性、坚固耐久性和外观的重要内容，它包括商品的弹性、可塑性、强力、韧性、脆性等。这些商品的机械性质对商品的外形及结构变化有很大的影响。而商品的工艺性质是指其加工程度(毛坯、半毛坯、成品)和加工精度等。不同的加工程度和加工精度的产品,在同等条件下,其变化的程度是不一样的。

4)商品的结构形态

商品的种类繁多,各种商品又有各种不同形态的结构,要求用不同的包装盛装。如气态商品,分子运动快、间距大、多用钢瓶盛装,其形态随盛器而变;而液态商品,分子运动比气态慢,间距比气态小,其形态随盛器而变;只有固态物品,有一定外形。

虽然物品形态各异,但是概括起来可分为外观形态和内部结构两大类。

(1)商品的外观形态。商品的外观形态多种多样,所以在保管时应根据其体形结构合理安排仓容,科学地进行堆码,以保证商品质量的完好。

(2)商品的内部结构。商品的内部结构是指构成商品原材料的成分结构,属于商品体内的分子及原子结构,是人的肉眼看不到的结构,必须借助于各种仪器来进行分析观察。商品的微观结构对商品性质往往影响极大,有些分子的组成和分子量虽然完全相同,但由于结构不同,其性质就有很大差别。

## 2. 影响储运商品质量变化的外因

商品储运过程中的质量变化主要是商品内部运动或生理活动的结果,但与商品储运的外界因素也有紧密联系。了解商品储运环境,掌握外界因素对商品质量变化的影响,如氧、日光、微生物、害虫及空气的温度、湿度等,才能有利于适当控制商品在储运过程中发生的质量变化。

1)空气中的氧

空气中含有21%左右的氧气。氧能和许多商品发生作用,对商品质量变化影响很大。如氧可以加速金属商品锈蚀;氧是好氧型微生物活动的必备条件,易使有机体商品发生霉腐;氧是害虫赖以生存的基础,是仓库害虫发育的必备条件;氧是助燃剂,不利于危险品的安全储存;在油脂的酸败、鲜活商品的分解、变质中,氧都是积极参与者。因此,在商品储运过程中,对于受氧气影响较大的商品,要采取各种方法(如浸泡、密封、充氮等),隔绝氧气对商品的影响。

2)日光

日光中含有热量、红外线、紫外线等。它对商品起着正反两个方面的作用:一方面,日光能够加速受潮商品的水分蒸发,杀死杀伤微生物和商品害虫,在一定程度上有利于商品的保护;另一方面,某些商品在日光的直接照射下,又会发生破坏作用。如日光能使酒类浑浊、使油脂加速酸败、使纸张发黄变脆、布匹褪色、药品变质等。因此,要根据各种不同商品的特征,注意避免或减少日光的照射。

3)微生物

微生物在生命活动过程中会分泌各种酶,利用它们把商品中的蛋白质、糖类、脂肪、有机酸等物质分解为简单的物质加以吸收利用,从而使商品受到破坏、变质,丧失其使用价值。同时,微生物异化作用中,在细胞内分解氧化营养物质,会产生各种腐败性物质排出,使商品产生腐臭味和色斑霉点,影响商品外观,还会加速高分子商品的老化。微生物的活动,需要一定的温度和湿度。没有水分,它是无法生活下去的;没有适宜的温度,它也不能生长繁殖。掌握这些规律,就可以根据商品的含水量,采取不同的温湿度调节措施,防止微生物的生长,以利于商品储运。

4)空气温度

空气温度是指空气的冷热程度,简称气温。气温是影响储运商品质量变化的重要因素,温度能直接影响物质微粒的运动速度。一般商品在常温或常温以下,都比较稳定;高温则能够促

进商品的挥发、渗漏、熔化等物理变化和化学变化；而低温又容易引起某些商品的冻结、沉淀等变化；温度忽高忽低则会影响商品的稳定性。此外，温度适宜时，又会给微生物和仓虫的生长繁殖创造有利条件，加速商品的腐败变质和虫蛀。因此，控制和调节仓储商品的温度是保护商品质量的重要工作内容之一。

5）空气湿度

空气的干湿程度称为空气的湿度。空气湿度的改变，能引起商品的含水量、化学成分、外形或体态结构等发生变化。空气湿度下降，将使商品因放出水分而降低含水量，减轻重量。如水果、蔬菜、肥皂等会发生萎蔫或干缩变形；纸张、皮革、竹木制品等失水过多，会发生干裂或脆损。空气湿度增高，商品吸收水分使含水量和重量相应增加。如食糖、食盐、化肥等易溶性商品发生结块、膨胀或进一步溶化；金属制品生锈；纺织品、卷烟、竹木制品等发生霉变或虫蛀等。所以在商品储运过程中湿度适宜，才可以保持商品的正常含水量，保护商品质量。

6）卫生条件与仓库害虫

卫生条件是保证储运商品免于变质腐败的重要条件之一。卫生条件不良，不仅使灰尘、油垢、垃圾、腥臭等污染商品造成某些外观疵点和感染异味，而且还为微生物、仓库害虫等创造活动场所。仓库害虫不仅蛀食各种商品和包装，破坏商品的组织结构，有些仓虫还能危害塑料、化纤等化工合成商品。仓虫在危害商品的过程中，吐丝结茧、做窝繁殖，排泄各种代谢废物沾污商品，影响商品的质量和外观。因此商品储运过程中，一定要搞好储运环境的卫生，保持商品本身的卫生，防止商品之间的感染。

7）有害气体

大气中的有害气体，主要来自煤、石油、天然气、煤气等燃料燃放出的烟尘和工业生产过程中的粉尘、废气。对空气的污染，主要是二氧化碳、二氧化硫、硫化氢、氯化氢和氮氧化物等气体。商品储存在有害气体浓度大的空气中，质量变化明显。如二氧化硫气体溶解很大，溶于水中能生成亚硫酸，当它遇到含水量较大的商品时，能强烈地腐蚀商品中的有机物。在金属电化学腐蚀中，二氧化硫也是构成腐蚀电池的重要介质之一。所以在商品储运过程中要注意改进商品包装技术，减少有害气体对商品质量的影响。

# 10.3　商品储运的质量管理

商品在储运过程中，由于其物理机械性质、化学性质、生理生化性质和生物学性质等在各种外界因素的作用下发生变化，进而导致各种形式的商品耗损和质量裂变现象的出现。商品在储运过程中，发生耗损和质量裂变现象的根本原因在于商品本身的成分及其性质。但必须明确，这种现象只有通过一定的外界因素的作用才会发生。因此，在储运商品质量管理工作中，必须事先采取各种切实的措施，将能够影响储运商品质量的各种外界因素尽可能加以排出或控制在最低水平。

## 10.3.1　储存商品的质量管理

商品在储存过程中发生的质量变化，其根本原因在于商品本身的成分及性质，但是这种质量变化只有通过仓库内外一定的环境因素作用才会发生。在商品质量的养护管理工作中，要事先采取种种措施，把能够影响商品质量的各种外界因素尽可能排除或控制在最低水平。加强商品在储存期间的质量管理，必须贯彻"预防为主"的指导思想，从商品入库到商品出库实施全过程管理和全员管理,力求做到保持商品质量基本不变。对已经出现质量劣变的商品,有必要采取一定的补救措施,但是这只能是一种辅助手段。

### 1. 入库验收

入库验收除弄清接货的商品种类、品种、规格、数量及包装外,更重要的是要检查商品的质量和包装是否发生变化,如包装有无玷污、残破、损伤,有无水湿受潮痕迹,内部商品有无霉变、腐蚀、蛀虫、鼠咬和其他物理、化学、生理生化变化,以便及时采取防止措施。

例如,对入库检查发现含水量超过安全水分标准的商品,应采取拆包通风晾晒或吸潮等措施;对虫蛀的商品,应立即用化学药剂杀虫;对霉变的商品,应采取化学药剂除霉或晾晒除霉等措施;对锈蚀的金属制品,应先进行除锈处理,然后再涂防锈油进行防锈处理;对发生老化或储存寿命已到期的商品,则不再入库,应及时处理和销售等。商品入库作业的基本流程如图10.1所示。

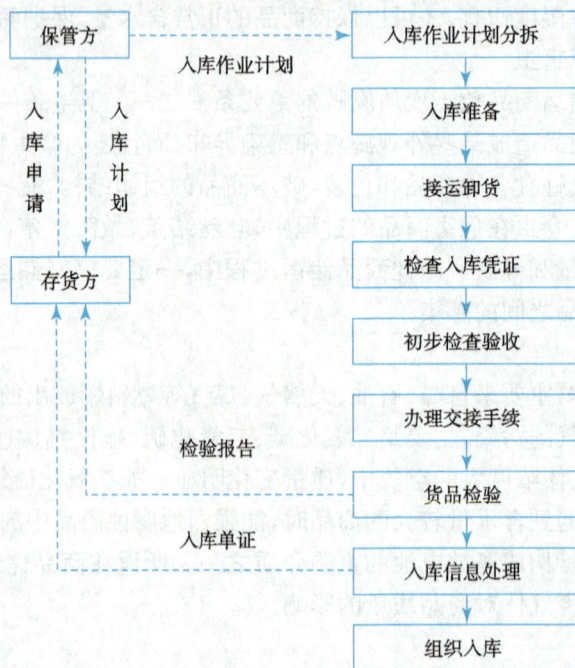

图 10.1  入库验收流程图

【阅读材料】

## 油品储存过程中的质量管理

石油商品在储运和保管中,经常发生质量变化。因此,在保管过程中应采取措施,延缓其变化速度,确保出库商品质量合格。

### 一、减少轻组分蒸发和延缓氧化变质

油品,特别是汽油、溶剂油等,蒸发性较强。由于蒸发,除大量轻组分损失外,油品质量也随着降低。同时,油品在长期储存中还会氧化,使油质变坏。例如,汽油、柴油的胶质增多;润滑油的酸值增大;润滑脂的游离碱变小或产生游离酸等。减少油品轻组分蒸发和氧化变质的主要措施有如下几种。

1. 降低温度,减少温差

由于温度高蒸发量大,氧化速度也加剧。所以要选择用阴凉地点存放油品,尽量减少或防止阳光暴晒,还要在油罐外喷涂银灰色或浅色的涂层,以反射阳光,降低油温。为减少油品与空气接触面积,减少蒸发,应多用罐装,少用桶装。在炎热季节宜喷水降温。有条件尽量使用地下、半地下或山洞库储存油品,以降低储存的温度,延缓氧化,减少油品胶质增长的倾向。

2. 饱和储存,减少气体空间

油罐上部气体空间容积越大,油品越易蒸发损失和氧化。为此,装油容器除根据油温变化,留出必要的膨胀空间(即安全容量)外,尽可能装满。对储存期较长且装油量不满的容器中的油品,要适时倒装合并。

3. 减少不必要的倒装

每倒装一次油品,就会增加一次蒸发损耗机会。倒装时还会增加油品与空气接触,加速氧化。

4. 减少与铜和其他金属接触

各种金属特别是铜,能诱发油品氧化变质。试验证明,铜能使汽油氧化生胶的速度增大 6 倍。因此,油罐内部不要用铜制零部件。油罐内壁涂刷防锈层,能较好地避免金属对油品氧化所起的催化作用(涂层还能防止金属氧化锈蚀),减缓油品变质的进程。

5. 减少与空气接触,尽可能密封储存

密封储存油品,具有降低蒸发损失,保证油品清洁,延缓氧化变质,减轻容器锈蚀等优点。密封储存对于润滑油较为适宜,以减少与空气接触和防止污染物侵入。

**二、防止混入水杂造成油品变质**

油品中的水质,绝大部分是在运输、装卸、储存过程中混入的。在全部储存变质的油品中,由于混入水杂而致质量不合格的占其中绝大部分。防止混入水杂,是搞好质量管理的主要工作。防止混入水杂必须注意以下几点。

1. 保持储油容器清洁干净

往油罐内卸油或罐桶前,必须认真检查罐、桶内部,清除水杂和污染物质,做到不清洁不罐装。各种储油罐内壁应涂刷防腐涂层,减少铁锈落入油中。一般使用生漆、呋喃树脂或环氧树脂等涂料,效果较好。

2. 加强听装、桶装油品的管理

桶装油品要配齐胶圈,拧紧桶盖,尽量入库存放。露天存放的要卧放或斜放,应避免在风沙、雨雪或空气中尘埃较多的条件下露天罐装作业,以防止水杂侵入。雨雪后及时清扫桶上的水和雪,定期擦净桶面尘土,并经常抽检桶底油样,如有水杂应及时抽掉。

听装油品以及变压器油、电容器油、溶剂油、醇型制动液、各种高档润滑油、润滑酯等严禁露天存放。

3. 定期检查储油罐底部状况和清洗储油容器

油品储存的时间越长,氧化产生的沉积物越多,对油品质量的影响越严重。因此,必须每年检查一次,以判断是否需要清洗。要求各种油罐的清洗周期是:轻质油和润滑油罐 3 年清洗一次;柴油油罐 2.5 年清洗一次。

4. 定期抽检库存油品,确保油品质量

为确保油品质量,防止在保管过程中质量变化,要定期对库存油品抽样化验。桶装油品每半年复验一次,罐存油品可根据其周转情况每3~12月复验一次。对于易变质、稳定性差、存放周期长的商品,都应缩短复验周期。

### 三、防止混油或容器污染变质

不同性质的油品不能相混,否则会使油品质量下降,严重时会使油品变质。特别是各种中高档润滑油,含有多种特殊作用的添加剂,当加有不同体系添加剂的油品相混时,就会影响它的使用性能,甚至会使添加剂沉淀变质。润滑油中混入轻质油,会降低闪点和粘度;食品机械油脂混入其他润滑油脂,会造成食品污染;溶剂油中混入车用汽油会增加毒性。因此,为防止各种油品相混或污染,应采取如下措施。

首先,为了防止散装油品在卸收、输传、罐装、发运等过程中发生污染,应根据油品的不同性质,将各管线、油泵分组专用,不同性质的油品,不要混用。如必须混用时,要清除管线中的余油,在管线最低位置用真空泵抽取余油或用过滤后的压缩空气清扫,有条件的也可用蒸汽清扫,再用拟输送的油品冲洗几分钟,放出油头,并经检查确认清洁后方可使用。

其次,油桶、油罐车、油罐、油船等容器改装别种油品时,应进行刷洗、干燥。罐装与容器中原残存品种相同的油料,可根据具体情况简化刷洗手续,但必须确认容器合乎要求,才能重复罐装,以保证油品质量。用使用过的油桶、油罐、油罐车、油船罐装中高档润滑油时,必须进行特别刷洗,即用溶剂或适宜的洗油刷洗,必要时用蒸汽吹扫,要求达到无杂质、水分、油垢和纤维,并无明显铁锈,目视或用抹布擦拭检查不呈现锈皮、锈渣及黑色油污,方准装入。

(材料来源:作者根据相关资料进行改写。)

### 2. 储存场所和堆码的管理

各种商品性质不同,对储存场所和堆码的要求也不同,因此应根据储存的特性来选择合理的储存场所和堆码方式及高度。例如,怕热易融化、挥发、变质或易燃的商品,应存放在温度较低的阴凉处所;既怕热,又怕冻,且需要湿度大的商品,应存放在冬暖夏凉的楼下库房中;怕潮易霉和易生锈的商品,应存放在比较干燥的库房里,同时做好下垫隔潮工作和选择通风的空心堆垛方式。还有,性能互相抵触或易串味的商品不能混存,化学危险品更要严格按有关部门的规定分区类选择储存场所,并应分类储存。

货垛的垛型与高度,应根据各种商品的性能和包装材料,结合季节气候等情况妥善堆码。含水率较高的易霉商品,热天应码通风垛;容易渗透的商品,应码间隔式的行列垛。此外,库内商品堆码应留出适当的距离,俗称"五距",即:

顶距,平顶楼库顶距50厘米以上,人字形屋顶以不超过横梁为准。

灯距,照明灯要安装防爆灯,灯头与商品的平行距离不少于50厘米。

墙距,外墙50厘米,内墙30厘米。

柱距,一般留10~20厘米。

垛距,通常留10厘米;对易燃商品还应留出适当防火距离。

**3. 在库检查**

商品在储存期间,由于不利的环境因素作用,质量会发生变化,如不能及时发现和处理,就会造成严重损失。因此对于库存商品,要作定期或不定期的质量、数量、保管条件、计量工具、安全等方面的质量检查。检查时间和方法应根据商品的性能及其变化规律,结合季节、纯粹环境和时间等因素掌握。

1)查质量

查质量是检查商品质量有无变化,包括受潮、玷污、锈蚀、发霉、干裂、虫蛀、鼠咬,甚至变质等情况;检查有无超过保质期限和长期积压现象;检查技术证件是否齐全,是否证物相符;必要时,还要进行技术检验。

2)查数量

查数量是检查商品的数量是否准确;账卡的记载是否准确,核对账卡物是否一致。

3)查保管条件

查保管条件是检查堆码是否合理稳固;苫垫是否严密;库房是否漏水;门窗通风洞是否良好;库内温湿度是否符合要求;库房内外是否清洁卫生;保管条件是否与各种商品的保管要求相符合等。

4)查计量工具

查计量工具是检查计量工具是否准确;使用和养护是否合理,如皮尺、磅秤等。

5)查安全

查安全是检查各种安全措施和消防设施设备、器材是否符合安全要求等。

**4. 环境卫生管理**

商品储存环境卫生的好坏,也影响商品在储存期间的质量。储存环境卫生差,不仅会使商品被灰尘、油污、垃圾玷污,影响商品外观,而且往往引起微生物、害虫和鼠类的滋生繁衍,进而危害储存期商品。因此,应常清扫,保持仓库内外环境清洁,必要时使用药剂消毒杀菌、杀虫灭鼠,以确保商品安全。

**5. 温湿度管理**

影响储存商品质量变化因素很多,其中最主要的是空气的温度和湿度。可以这样说,商品储存中所有的质量变化都与温湿度有关,例如温度过高,会使易熔性商品和热塑性商品变软发粘或熔化,加快商品的分解、水解、氧化、老化、腐蚀等质量劣化过程的进行;温度过低,又会使某些怕冻商品出现冻结、聚合、沉淀等现象。相对湿度偏大且延续时间过长,容易造成金属制品生锈,动植物材料品生霉;反之相对湿度偏小,环境过于干燥,会使商品体内水分大量蒸发,使某些商品干缩或脆裂。因此,特性不同的商品,应有其不同的储存温湿度范围。在商品储存过程中,必须根据商品的特性、质量变化规律以及本地区气候情况与库内温湿度的关系,加强库内温湿度的管理,采取各种措施,创造商品储存适宜的温湿度环境。

控制和调节库内温湿度的办法很多,实践证明,采用密封、通风和吸湿或加湿相结合的方法,是温湿相结合的方法,是温湿度管理的有效措施。

1)密封

密封就是利用密封材料(如塑料薄膜)对库房或商品严密封闭,从而消除外界环境的不良因素影响,保证商品安全储存的方法。密封的方式有多种多样,可采取整库、整垛、整架、整箱、整件密封方式,还可与内包装结合逐件密封。密封不仅能达到防潮、防热、防干裂、防冻、防溶化等目的,而且可以收到防霉、防蛀、防老化、防腐蚀等多方面的效果。密封是仓库温湿度管理工作的基础,没有密封措施,就无法运用通风、吸湿或加湿等方法调节温湿度。

2)通风

通风是利用空气自然流动规律或借助机械形成的空气定向流动,有目的地使仓库内外空气部分或全部交流,从而调节库内温湿度的方法。自然通风要根据各种商品的性质及其对温湿度的要求,对比库内外温湿度的实际情况和变化趋势,有计划地进行。所以,通风时机的选择非常重要。例如,怕湿不怕热的商品与库温关系不大,只要库外气温高于库内气温,库外绝对湿度低于库内绝对湿度,就可以通风。通风还应与密封、吸湿等方法结合使用。

3)吸湿或加湿

当库内相对湿度过高,不适宜商品储存,而库外相对湿度也过大,如梅雨季节或阴雨,不宜通风降湿时,可以在密封库内,用吸湿剂吸湿、去湿机吸湿或加热等方法,降低库内相对湿度。若库内相对湿度过低,而库外相对湿度也不高,对于易干缩、脆裂商品来说,应采用蒸汽、直接喷水使其自然蒸发等加湿措施,使库内相对湿度增加。

**6. 出库管理**

商品的出库应坚持凭证出库、及时、准确和方便的基本要求。商品出库时要检查品名、规格、数量与出库凭证是否相符,包装不牢或破损以及标签脱落或不清的,应修复后交付货主。为了避免商品储存期过长而发生变质的危险性,出货同种商品时,要贯彻"先进先出"的原则。易燃、易爆等商品出库时,应根据公安部门的有关规定办理手续。商品出库工作程序如图10.2所示。

**10.3.2 运输商品的质量管理**

商品运输也可以看成是移动的商品储存。商品运输过程质量管理的任务与商品储存过程质量管理的任务是一致的,都要尽可能防止或降低商品损耗和质量劣变。只是前者除了与后者有共性之处外,还有某些特殊性。合理运输的基本原则是"及时、准确、安全、经济",同样运输商品的质量管理也要遵循"及时、准确、安全、经济"的基本原则。

**1. 及时的原则**

所谓及时原则是商品在运输过程中力求及时发运,用最少时间到达指定地点,确保商品质量。具体措施如下:

1)缩短在途时间,加快运输各环节速度

在商品运输过程中,商品往往在途时间过长,经过环节过多,装载次数过频,不可避免的存在着迂回、重复和对流等不合理运输现象,从而增加了运输中商品损耗和质量劣变的机会。为了保障运输商品的质量和降低运输费用,须缩短商品在途的时间,减少商品流通的周转环节,加快运输环节的速度。可采用"直线直达"方式,把商品从产地直接运往销地,实现商品运输直线化,不仅缩短商品在途时间,还可以减少运输环境对商品质量的不利影响;同时,在运输各环节中提高装卸效率,简化验收交付手续,加快商品集结和送达速度,也有利于保证运输商品的质量。

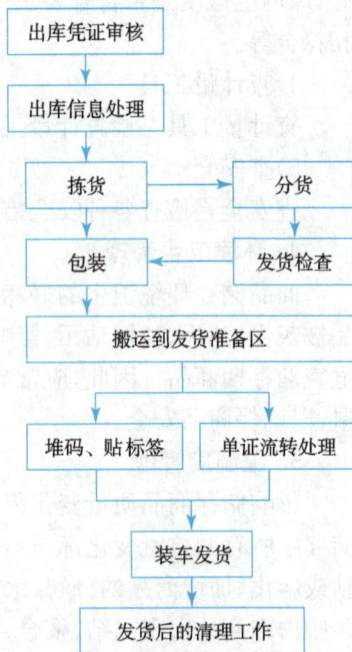

图 10.2　出库管理流程图

2)合理选用先进运输工具

运输工具是商品运输中不可或缺的部分,随着时代的变化和科学技术的进步,运输工具的种类越来越多,集装箱作为一种现代化的运输工具,其便捷性在于装卸机械化,运输手续简便化,既保证了运输的安全性,又简短了商品运输的时间,还能够隔绝外界环境的不良影响,为商品运输提供了优良环境。

**2. 准确的原则**

所谓准确原则是在商品运输过程中保证把商品准确无误地送到消费者手中,切实防止各种事故发生,避免商品短缺。任何一件商品从生产者交货到达消费者手中,中间需要经过若干环节,只要稍有疏忽,就容易发生差错事故。

准确原则要求运输商品发货件数准确,规格正确;地点无误,按时送达;建立健全各级岗位责任制,极大地降低差错事故率。商业运输工作要认真做到不错,不乱,不差,正确无误地把商品运送到目的地。

**3. 安全原则**

所谓安全原则是在商品运输过程中除了发生各种不可抗拒的灾害外,其质量和数量必须保证完整无损。具体措施如下:

1)合理选择商品的运输包装

众所周知,对于易碎怕震商品,包装应选择缓冲材料,对于怕潮、易霉变、易生锈商品,应选用防潮包装,这样有利于提高商品运输的完好效率。因此,为了避免商品运输过程中受到各种环境因素的作用而出现商品散落、毁坏、溢出、破损或变质现象,需结合运输商品的特性合理选择运输包装。同时,为保证商品在运输过程中的安全性,还需做好运输商品包装的防护工作,如防破损、防潮、防虫蛀、防污染、防渗漏、防死亡等,具体防护措施如表 10.5 所示。

表 10.5　运输包装防护措施

| | 防护措施 |
|---|---|
| 防破损 | 在包装时应衬以富有弹性的缓冲材料,还应适当调整包装件的体积和重量。 |
| 防潮 | 在包装内壁衬垫防潮材料,在包装内装入吸潮剂,在包装外涂上防潮油漆,封口处用胶纸封严。大多数商品都要防潮措施。 |
| 防虫蛀 | 皮毛制品、毛织品等可采用驱虫剂防虫,而粮食、油料等则应注意干燥。 |
| 防污染 | 商品包装在运输中发生破损,易造成污染,应加固商品包装,防止包装破损。 |
| 防渗漏 | 运输液体商品,应注意防止渗漏,包装容器应加固结实。 |
| 防死亡 | 包装容器要适合,头(只)数不能过多,要有较好的通风、通气条件。运输路途远,时间长,还要定时喂食。 |

2)合理选择运输路线、工具和方式

合理选择商品的运输路线、工具和方式,主要是为了缩短商品的在途时间,减少在途中各种意外因素对商品质量的不利影响,减少商品的损失,提高运输商品的安全性。

3)反对野蛮装卸,提倡文明运输

商品在运输过程中必不可少的要经过多次装卸搬运,如果装卸搬运操作不当,很容易给商品造成损失。所以,为确保运输商品质量,要求运输人员树立"商品安全质量第一"意识,建立健全各种规章制度,明确责任,落实检查和奖惩措施。在商品装卸搬运过程中严格执行操作规范,参照商品标识上的注意事项轻装轻卸,反对野蛮装卸,减少人为损失。

#### 4. 经济原则

经济原则就是以最经济合理的方法调运商品,降低运输成本。降低运输成本的主要方法是节约运输费用。节约费用的主要途径则是开展合理运输,即选择最经济合理的运输线路和运输方式,尽可能减少运输环节,缩短运输里程,力求花最少的费用,把商品运到消费地。此外,还应提高物流公司运输设备和运输工具的利用率,加强对运输设备和运输工具保养,提高劳动生产率,有效地利用一切运输设备,节约人力、物力、财力,努力降低商品流通费用,从而取得更大的经济效益。

# 本章小结

商品储运是商品流通过程中的一个重要环节,是保证商品流通的必要条件。商品储存是指商品离开生产过程但尚未进入消费过程的间隔时间内的停留,也就是在流通领域中的停留存放过程,又称商品储备。商品储存的主要内容如储存场所、储存条件、储存放置方法和储存期限等。合理运输是指在有利于购销业务开展的情况下,充分利用各种运输方式,选择合理的运输路线和运输工具,以最短的路线、最少的环节、最快的速度和最小的劳动消耗,安全优质地完成商品运输任务。商品在具体的运输过程中,往往有多条运输路线和多种运输方式,商品运输的合理程度,直接关系到商品流通和流通费用。这就要求合理地组织商品运输,以提高经济效益。

商品在储运期间,由于商品本身的性能特点,以及外界因素的影响,会发生物理的、化学的、生理生化的或生物学的变化,使商品质量随之改变。充分了解商品质量变化的规律及影响质量变化的因素,对确保商品安全,防止、减少商品劣变或损失有十分重要的作用。商品储运过程中的质量变化主要是商品内部运动或生理活动的结果,但与商品储运的外界因素也有紧密联系。了解商品储运环境,掌握外界因素对商品质量变化的影响,如氧、日光、微生物、害虫及空气的温度、湿度等,才能有利于适当控制商品在储运过程中发生的质量变化。

在对储存商品的质量进行管理时,要认真贯彻"以防为主、防治结合"的养护工作方针,一定要抓好养护工作中的商品入库验收工作、储存场所和堆码的管理、商品的在库检查和仓库温湿度管理、环境卫生管理、商品出库管理几个重要环节的管理及其养护措施。运输商品的质量管理必须遵循"及时、准确、安全、经济"的基本原则,尽可能防止或降低商品损耗和质量裂变。

### 关键术语

商品储运　　商品储存　　商品运输　　合理运输　　储存场所　　商品的物理变化
商品的化学变化　　商品的生理生化变化　　商品的生物学变化　　商品堆码　　温湿度

### 实训项目

1. 深入运输企业,分析不同的运输方式对商品质量的影响,具体采用哪些措施来维护商品质量?

2. 深入仓储中心和配送中心,了解商品质量在储运环节的影响因素以及采用哪些措施来维护仓储期间的商品质量。

3. 查阅资料,了解什么是"先入先出",如何实现"先入先出"。

## 思考题

1. 论述商品储运的重要意义。
2. 商品储运的方法有哪些?
3. 商品在储运过程中主要会发生哪些质量变化?
4. 储运商品的质量变化受哪些环境条件的影响?
5. 论述储存商品的质量管理。
6. 论述运输商品的质量管理。
7. 结合自己的生活经验,介绍商品在储运期间的质量变化事例。

## 案例分析

**【案例 1】**　人们所熟悉的烟酒、糖茶、服装鞋帽、医药、化妆品、家用电器以及节日燃放的烟花爆竹等,有的怕潮、怕冻、怕热,还有的易燃、易爆。影响储存商品质量变化的因素很多,其中一个重要的因素是空气的温度。有的商品怕热,例如:油毡、复写纸、各种橡胶制品及蜡等,如果储存温度超过要求(30～35℃)就会发粘、熔化或变质。有的商品怕冻,如:医药针剂、口服液、墨水、乳胶、水果等,则会因库存温度过低冻结、沉淀或失效。例如:苹果贮藏在 1℃ 比在 4～5℃ 贮藏时寿命要延长一倍。但贮藏温度过低,可引起果实冻结或生理失调,也会缩短贮藏寿命。影响储存商品质量变化的另外一个重要因素是空气的湿度。

由于商品本身含有一定的水分,如果空气相对湿度超过 75%,吸湿性的商品就会从空气中吸收大量的水分而使含水量增加,这样就会影响到商品的质量。如食盐、麦乳精、洗衣粉等出现潮解、结块,服装、药材、糕点等生霉、变质,金属生锈。但空气相对湿度过小(低于 30%),也会使一些商品的水分蒸发,从而影响商品质量。如:皮革、香皂、木器家具、竹制品等的开裂,甚至失去使用价值。

(案例来源:作者根据相关资料进行改写。)

**【案例 2】**　在德国,食品、农产品的保鲜非常讲究科学性和合理性。无论是肉类、鱼类,还是蔬菜、水果,从产地或加工厂到销售点,只要进入流通领域,这些食品就始终在一个符合产品保质要求的冷藏链的通道中运行。而且这些保鲜通道都是由计算机控制的全自动设备,如冷藏保鲜库全部采用风冷式,风机在计算机的控制下调节库温,使叶菜类在这种冷藏环境中能存放 2～5 天。

对香蕉产品,则有一整套完全自动化的后熟系统,香蕉从非洲通过船舶和铁路运到批发市场时是半熟的,批发市场则要根据客户、零售商的订货需要进行后熟处理。在这套温控后熟设备中,除了温度控制外,还可使用气体催熟剂,使后熟控制在 3～7 天,具体时间完全掌握在批发商的手中。

在瓜果蔬菜方面,只要是块类不易压坏的均用小网袋包装,对易损坏产品则用透气性良好的硬纸箱包装。叶菜类一般平行堆放在箱内,少量的产品则采用盒装,且包装盒都具有良好的透气性。对肉类则通过冷冻、真空和充气等包装形式保鲜。在肉类制品加工上,原料肉每500千克装一个大冷藏真空包装袋后再装入塑料周转箱内,到了超市或零售店后则改用切片真空包装或充气包装。

(案例来源:作者根据相关资料进行改写。)

**问题:**

(1)结合案例 1 总结商品会发生哪些质量变化?

(2)结合案例 1 和 2 分析,影响商品发生质量变化的因素有哪些?

(3)结合案例 2 分析如何进行储存商品的质量管理?

# 第11章　商品资源与环境

## 学习要点

- 了解商品与资源、环境保护的关系；
- 领会自然资源的特性、面临的问题和保护的重要性；
- 理解可持续发展战略的重要性和措施；
- 培养保护自然资源与环境的意识。

## 引导案例

### 一杯橙汁的代价

德国乌珀塔尔研究院运用工业代谢分析法研究橙汁的工业代谢。其结果却显示出一个令人震惊的信息。

德国是世界上人均橙汁消费量最高的国家，每人每年消费 21 升橙汁。德国消费的橙汁 80% 以上来自世界最主要的橙汁生产国巴西。橙汁从巴西运到德国要经过 12 000 公里的长途运输。为了运输的经济性，橙汁要浓缩成原来状态的 8% 的总量，然后在 −18 ℃ 的条件下冷藏。这就消耗了大量的能源和水，但更为重要的消耗发生在橙汁的生产过程中。

橙汁生产需要投入两大原料：水和石油。石油主要用于生产蒸汽，用于橙汁浓缩加工，就巴西而言，一半的能源来自蔗渣，另一半来自矿物燃料，生产 1 吨的橙汁，相当于需要 8.1 千克石油。包括运输与冷藏在内，每吨橙汁约需要 100 千克石油。

水的消耗同样不可小视。在德国，每饮用一杯橙汁，需要不少于 22 杯水，这些水主要用于浓缩过程中产生蒸汽和运到德国后稀释浓缩橙汁。

这其中还不包括为了取得生产橙汁所需要的石油和水而需要消耗的能源与原料。不过，即使这样，在德国生产 1 升橙汁需要至少 25 千克的其他物质消耗。如果要做到全面分析，就应该把这些也包括进去，同样也应该把生产杀虫剂所耗用的原料与能源也包括进去，同样也应该包括橙汁运输分销过程中用于适应航空与铁路运输需要的大量的小规格的包装物料以及最终由此产生的大量废料。关于这些方面的代谢分析还处在不断发展和完善之中。

不过，能量流和物质流也并不是生态效益的唯一尺度，所用的农耕地面积同样是一个十分重要的因素。就德国而言,每人每年喝掉21升橙汁,生产这21升橙汁相当于需要24平方米土地。换言之,德国每年消费的橙汁总量,需要巴西的150 000公顷良田,超过德国自身用于果园种植面积的3倍多。如果地球上所有居民都像德国人那样消费橙汁,那么,我们就需要130 000平方公里的橙树园,相当于瑞士这样的小国家土地面积的3倍以上。

(案例来源:作者根据相关资料进行改写。)

## 11.1 资源与资源保护

### 11.1.1 资源的概念与分类

**1. 资源的概念**

资源是人类生存和发展的物质基础。人类生活和生产所需要的生活资料和生产资料都离不开资源。通常所说的资源主要是指自然资源,即一切能以任何方式为人类提供福利的、未经劳动加工而被人类在自然界所发现的物质及能量,如水源、空气、能源、矿物、土壤、动植物及自然景观等。

资源不同于商品,其根本区别在于:资源只有经过劳动加工才能转化为商品。尚未开发的资源仅仅具有潜在的使用价值和经济价值,只有通过生产活动将其开发并转化为市场所需的商品,资源才真正具有使用价值和价值。

**2. 自然资源的分类**

(1)按照自然资源的存在条件及其特征,可分为地下资源和地表资源。前者存在于地壳之中,主要包括矿物资源和能源等,也称地壳资源;后者存在于生物圈中,主要包括土地资源、水资源、生物资源、气候资源等,也称生物圈资源。

(2)按照自然资源所在的地理位置和地貌类型,可分为陆地资源(山地、丘陵、平原、水体等)、海洋资源、大气资源等。

(3)按照自然资源在经济部门中的地位,可分为农业资源、工业资源、交通资源及旅游资源等。

(4)按照自然资源的用途及其利用方式,可分为作为生活资料的资源和作为劳动资料来源的资源。前者包括植物界中的各种天然食品,森林、草原中的各种动物以及海洋、河流及湖泊中的各种水产品等;后者包括矿产原料、燃料及木材等。

(5)按照自然资源本身的固有特征,可将自然资源分为再生性资源和非再生性资源。前者具有可更新、持续利用性和退化及耗竭性;后者具有有限性,应尽可能节约使用。

### 11.1.2 自然资源的特性及保护

**1. 自然资源的特性**

自然资源虽然种类较多,有着各自的特征,但是各种资源之间也存在着一系列共同的特性,对这些共性及个性的研究有助于合理开发、利用和保护资源,更好地协调人与环境和资源的平衡关系。从不同角度分析,自然资源有着不用的特性。

(1)从区域的角度分析,自然资源具有地域性、整体性和综合性。地域性是指自然资源都有一定的地域分布,其分布规律也存在很大差异,在研究和开发自然资源时应贯彻因地制宜的原则;整体性是指一个地域的自然资源是一个完整的系统,系统中的资源之间存在着相互联系和相互制约的关系,一种资源或整个系统资源的变化都会对其他资源及周围环境产生影响;综

合性是指对资源的综合利用,通过对资源的地域性和整体性的分析研究,对资源进行效益管理,做到最大限度地利用和节约资源。

(2)从资源生成角度分析,自然资源具有变动性与稳定性、层次性和共同性。变动性与稳定性是指如果把资源看成是一个生态系统,这个系统是不断运动和变化的,但在某一个阶段系统内各要素又保持相对的稳定,这种稳定有助于保持资源生态系统的稳定性,有利于资源的管理;层次性是指从资源的地域性来看,自然资源研究的空间范围具有局部的地带、地区、国家或洲乃至全球的层次范围,这种同一资源层次性的分布,便于各层次间进行横向交流、传递有关资源的利用和保护信息;共同性是指大部分资源都具有多种功能和多种用途,不同的部门可以共用一种资源,对多用途的资源,在开发时要依据生态效益、经济效益和社会效益相统一的原则,择优利用,最大限度地发挥资源的作用。

(3)从人类开发利用角度分析,自然资源具有有限性、稀缺性、竞争性、选择性和增值性。有限性是指自然资源是有限的,并随着人口的不断增长,矛盾日益加剧;稀缺性是指资源随着人类的逐渐耗用而减少,如果不能及时进行更新和补充,就会变得稀缺,即使是可再生资源,随着人口的增长,也会出现潜在的稀缺特征,这就要求人类珍惜任何一种资源;竞争性是指由于资源的稀缺,引起资源利用上的竞争性,这就要求人类在开发利用资源的过程中,重点保护竞争激烈的资源,避免资源的枯竭;选择性表现在人与资源的相互选择上,随着时间的推移,两者互补和相互适应的双向选择行为逐渐走向优化;增值性是指资源由于人类的开发而使其价值增加。

**2. 资源的保护**

世界人口的急剧增长,带来了对资源消费需求的迅猛增加,加上人类对资源的不合理开发和使用,使得资源面临枯竭的威胁,生态环境遭到严重破坏,具体表现为森林面积减少、土地沙漠化、水资源危机、粮食短缺、生物物种不断灭绝、矿产资源耗竭等。人类为缓解这些资源问题,制定出相关对策,使得资源得到有效保护。

(1)保护和扩展森林资源的主要对策。森林是人类生存所需的生活资料和劳动资料的供应者之一。在整个生态系统中,森林起着涵养水源、调节气候、保持水土、防风固沙、净化环境的重要作用。但目前全世界约有 80% 的原始森林资源遭到了不同程度的毁坏,一方面是由于环境污染造成的森林死亡;另一方面是人口的急剧增加导致人类对粮食的需求增长,从而使得大面积的森林被开垦成农田;再者就是人口的增长带来了木材的大量需求。据统计数据表明,最近 10 年中消失的树木比过去 1000 年消失的还多,现在每分钟就有 25 公顷热带森林被砍伐。因此,必须重视对森林资源的保护。我国采取的主要对策有:

①端正思想,充分认识到我国的森林资源危机。

②做好调查设计,使森林的经营和利用有着科学的依据。

③确定发展目标,积极造林育林,尽快扭转森林资源下降趋势,坚持不懈地开展全国植树活动。

④强化森林保护,把森林保护纳入法律法规。

⑤加速培养森林业人才,做到科学育林。

⑥保证林业建设资金,做到以林养林。

(2)合理利用和保护土地的主要政策。土地是人类赖以生存和繁衍的基础,人类所需的食物能量的 98% 是直接或间接来源于土地生长的作物和牧草。长期以来,人类为了生存和发展,毁林开荒,破坏植被,造成水土大量流失,加快了土地沙漠化的速度。现在,采取必要的措施保护土地,已经迫在眉睫。我国采取的主要对策有:

①保护耕地,严格控制城乡建设用地,改造中低产田,适当提高复种指数。

②防治土地退化、沙化和水土流失。

③防治土地污染和破坏,控制和治理工业"三废"的污染,合理使用农药和化肥。

④坚持土地管理,做好土地资源的调研、评价和规划工作。

(3)保护水资源的对策。地球上的总水量约为 14 亿立方千米,其中海水占 96.5%,而用以维持地球生物和人类生存发展的淡水只占 3.5%,其中又有 77.2%被封闭在两极冰川之中。人口的增长及水资源的污染,使我国和世界许多国家都出现了严重的水资源危机。我国保护水资源的对策主要有:

①建立有效的管水机构,加强对水资源的研究和监测。

②实行有利于节水的产业政策和投资政策。

③运用积极手段促进节约用水,推广合理利用水资源的经验和技术。

④强化水资源的法制建设,实施工业废水和城市污水的集中处理,贯彻"谁污染谁治理"的原则。

⑤提高全民的节水意识。

(4)挽救生物的途径。地球上的生物是人类赖以生存和发展的各种生命资源的总汇,是未来农业、医学和工业发展的生命资源基础。但是,生物生存环境的丧失和改变,空气和水的污染,特别是热带雨林的大量砍伐以及过度的海洋捕捞和陆地猎获使得生物物种的多样性在世界范围内持续不断地遭到破坏。据估计,地球上共存在过 5 亿个物种,现在只有 3 000 多万,其余的都已灭绝。挽救生物物种已经引起了世界范围的普通重视。其主要途径为:

①加强宣传保护生物多样性的重要性,把它列为一项重要的研究课题。

②大力建设现代化的保存物种的基因库。

③加强对保护区、植物园、动物园和水族馆的管理。

④加强立法和执法。

⑤注意控制野生动物的贸易。

(5)合理开发利用矿产资源的措施。矿产资源是在漫长的地质历史时期形成的。近年来,世界采矿量的迅速增加,使得矿产资源的储存量大幅度减少,有的已趋向枯竭。所以,必须采取有效措施减缓消耗。其主要途径有:利用科学技术开发新的能源,研制濒临枯竭资源的代替品,开展金属矿产品的回收利用,合理利用,力求节约,避免滥用。

## 11.2 环境与环境保护

### 11.2.1 商品、人和环境

**1. 自然环境的概念**

在这里,环境指的是自然环境,是指影响人类生存和发展的各种天然的和经过人工改造的自然因素的总和,包括大气、水、海洋、土地、矿藏、森林、草原、野生生物、自然遗迹、人文遗迹、自然保护区、风景名胜区、城市和乡村等。这些因素除自然因素外,还包括社会因素,因此,广义的环境概念实质上包含了自然环境和社会环境的概念。

人们通常所说的环境,大多数情况下,是指狭义的环境,即自然环境。

**2. 自然环境及其组成**

自然环境一般是指除人类以外的地球上其他生命物体和非生命物体的总体,也称为生态环境。它虽然受人类活动的影响,但总的来说,仍按自然规律发展着。

自然环境按照组成可以分为大气圈、水圈、岩石土壤圈和生物圈。人类和一切生物活动在地球表层,即生物圈,其范围包括约 11 千米厚度的地壳和约 15 千米以内的大气层,在这个范围内有空气、水、土壤和岩石,它们为生命活动提供了必要的物质条件。生物和人类是地壳物质发展到一定阶段的产物,并构成了不可分割的系统。这种生物群落与其周围的无机环境构成的整体称为生态系统,也称生态环境。它是生命界和非生命界之间相互作用所产生的一种稳定系统,并在漫长的发展过程中形成了一定的结构,建立了动态的平衡。如果生态平衡在人为外界压力下破坏,就可能发生一系列灾难性的变化,使人类生活环境急剧恶化,如气候异常、水土流失、物种减少、土壤沙化等。

**3. 自然环境的主要特性**

自然环境要素之间具有相互作用、相互制约、相互联系的特性。自然环境的特性主要有:

(1)最小限制性。最小限制性是指整个自然环境系统的质量不会由各环境因素的平均状况来决定,而是取决于各要素中那个与最优状态差距最大的要素,受其控制,因而自然环境质量的优劣取决于各要素中处于"最低状态"的那个要素。因此在改善环境质量时必须循着由差到优的顺序,依次改造每个要素,才能使其均衡地达到最优状态。

(2)整体效应性。整体效应性也称为结构性。结构性是指自然环境的整体性大于该环境各要素的个体和,也就是说,自然环境的性质不等于组成该环境各要素之和,不具有加和性,而是比"和"更复杂、更丰富。因此在研究环境问题时,必须从整体观念出发,不仅要考虑各个环境要素的单独作用,还要考虑它们相互作用所产生的整体效应。

**4. 可持续发展中的三大要素**

商品是人类利用自然和改造自然的结果,其目的是满足人类自身的生存与发展。环境是人类生存与发展的外部因素的总和。所以,商品、人、环境是可持续发展系统中的三大要素,人是这一系统中第一位的、起关键作用的因素。

最初人类生活在平衡的生态环境中,随着商品经济的出现和发展,大量的自然资源被开发利用,生产了大量的商品。但是人类的这种活动很多时候忽略了对自然环境的合理开发利用,在商品的生产和消费过程中,生态环境收到了不同程度的破坏,造成自然生态平衡的失调。自然资源的日益减少和环境污染程度的加剧,已经威胁到人类生存发展的物质基础和人类的自身健康。人类目前面临的最大问题是:资源、环境、人口和发展。所以,要正确处理它们之间的互为依存、互为影响的关系,以求得适当、健全、符合生态条件的发展。

**5. 可持续发展是转变增长方式的必然选择**

长期以来,我国主要沿用以大量资源消耗和粗放型商品生产经营为特征的传统发展战略,重发展数量和速度,轻发展效益和质量;重外延扩大再生产,轻内涵扩大再生产。这种发展战略既违反自然规律,也违背市场经济发展规律,造成了严重的环境污染和生态破坏,成为制约经济、社会发展的重要因素。进入新世纪以来,我国已针对经济、社会发展中的现实问题,又进一步提出了实现积极与社会、环境协调和可持续发展的模式。

**知识扩展阅读**

### 中国碳排放权交易合法性急需解决

在应对全球气候变化的大背景下,如何以合理的成本减排温室气体成为世界各国面临的问题。"十二五"规划纲要提出,逐步建立碳排放交易市场。碳减排对经济增长的影响有哪些?作为较低成本的减排措施,国外碳排放交易市场的经验给中国哪些启示?

**一、碳减排对经济增长的影响有多大?**

一国或一个地区在经济发展中一般会先后出现碳排放强度、人均排放强度和排放总量峰值。目前,部分发达经济体已经迈过了排放强度、人均排放和排放总量峰值,而发展中国家均没有到达人均排放峰值。从发达经济体的工业化过程来看,碳排放强度峰值到人均排放峰值的时间大致为 55 年。后发国家的碳排放强度一般要低于先发经济体的碳排放强度,这也是后发优势的一种体现。

实现温室气体减排目标需要巨额投资。有关研究表明,将升温幅度控制在 2 ℃以内,最乐观的情形下到 2030 年全球每年减排成本为 2 000 亿~3 500 亿欧元。据麦肯锡估计,在油价为 60 美元/桶的情况下,到 2020 年每年需要的增量投资约为 5 300 亿欧元,2030 年达到每年 8 100 亿欧元。

麦肯锡的研究还表明,中国未来每年 1% 的 GDP 要用于减排技术研发和产业化。当"十二五"单位 GDP 能耗下降目标设定为 15%、20% 和 25% 时,节能减排技术的投资将分别达到 1.9 万亿元、3.4 万亿元和 5.2 万亿元。因此,在制定阶段性能源强度和减排目标时,要充分考虑成本因素。

尽管如此,我国也有众多的机遇,例如:潜在的市场巨大,可以使得减排技术规模化应用时的低成本成为可能;我国建立新企业新设备的成本要比在发达国家改造更新旧企业旧设备的成本低;资金相对充裕,可以满足资本密集型的低碳技术在推广过程中的投资需求;在政策引导下,原本投向高碳技术的资金可以转向投入低碳技术,减少额外投资需求。

**二、国外在降低碳减排成本方面有哪些经验?**

建立碳排放权交易市场,是发达国家用较低的成本减排温室气体的一种市场化措施。欧盟国家利用这一措施取得明显成效,欧盟碳市场已发展成为世界最大的碳市场。

碳市场是政策性市场。首先要有交易品种,其次应通过申报、登记、注册等一系列程序,交易过程必须被记录,交易价格有底线,交易必须得到有效监管。国外均通过立法规定碳市场的交易品种及其分配、交易规则、参与主体条件以及与其他市场联系等,以规范碳市场发展。

欧盟国家碳排放权按照公平原则和透明程序分配给成员国且是强制性的,启动了现货交易、期货交易和期权交易;发展中国家卖给发达国家的碳减排额度是基于单个项目的;欧盟碳市场上排放权价格与煤炭和天然气价格有一定关联,这些做法和经验值得我国借鉴。

碳市场有一级市场和二级市场之分,一级市场的信用额度一般由国家免费分配,一些国家规定其中的一部分也可以通过拍卖取得。

对欧盟碳市场试点阶段的评估,发现三个教训。第一,排放数据准确对设定控制的总量,实现减排目标十分必要。第二,计划必须有足够的实施时间以影响企业的投资决策。第三,额

度分配方法对政府和行业管理均产生重要影响。一般来说,免费分配可使项目参与者创造或转移大量财富,而拍卖则可能形成政府的财政收入,用于降低低收入人群税负、支持低碳技术研发等多种用途。

### 三、国内碳排放权交易的法律依据缺位,中国建立碳市场的切入点是什么?

从国外经验看,在弄清二氧化碳排放情况的基础上,政府依法进行碳减排指标分解并下达给企业,是碳市场建立和运行的前提。如果没有总量控制约束,企业向大气层排放二氧化碳是免费使用全球性的"公共资源"。只有实行排放总量控制才使得二氧化碳排放权成为稀缺资源,市场才能够成立。在我国"十二五"规划纲要确立了碳减排指标具有约束性的条件下,迫切需要将约束性指标分解并下达给企业,使之成为政府对企业完成减排指标情况的考核依据。

目前,我国已有北京、上海、天津等数量众多的交易所,但大多"有场无市",处于入不敷出的状态。应开展进行必要的试点,发现已有排放权交易市场、碳交易所在运行过程中的存在问题,以便调整相关政策,为碳市场的建立和发展创造条件。

为了促进碳市场的健康发展,需要建立的规章制度有:准入制度、管理制度、信息报告制度、监督制度等。建立我国的碳市场,应先解决碳排放权交易的合法性问题。我国的《行政许可法》第九条规定,行政许可不能转让;虽然第十二条规定了涉及国家安全、公共安全、特殊行业、生态环境保护以及法律、行政法规规定可以设定行政许可的事项。换句话说,我国建立碳市场尚没有法律依据。因此,短期可出台排污权交易管理办法;长期来看,应开展应对气候变化的相关法律研究,在相关立法中规定碳市场的合法性,以使碳市场的建立和运行有法可依。

(资料来源:作者根据相关资料进行改写。)

### 11.2.2　商品与环境污染

所谓环境污染是指人为或自然因素,使环境的组成成分、状态发生了变化,扰乱并破坏了生态系统与人们正常的生活条件,并对人体健康产生了直接、间接或潜在的影响。自然环境污染是指有害物质对大气、水质、土壤和生物的污染。使环境免受破坏的措施和活动叫做环境保护。环境污染的种类和范围比较多,具体表现为以下几个方面:

**1. 商品对自然环境的污染**

自然环境污染的原因可以分为三个方面,即化学的、物理的和生物的。化学污染主要是指某些有害的有机、无机化合物被引入环境,或由于化学反应而发生破坏作用。如商品生产和消费中排放的有毒化学物质镉、铅、汞、砷、多酚联苯等;物理污染主要是指粉尘、固体废弃物、放射线、噪声等对环境的破坏;生物污染主要是指各种病菌、有毒霉菌对环境的侵袭。

商品从生产开始,经过流通,最后进入消费,这些环节都可能对环境造成污染。

(1)商品生产性环境破坏。这是造成环境破坏的主要原因。工业生产中形成的废水、废气、废渣未经处理或者处理不当就排放到环境中,就会造成空气、水域、土壤、食品等的污染。农业生产中大量使用农药、化肥和饲料,也可造成农产品、畜产品及野生动植物农药、不利于人体的化学成分残留的增加,并通过生物链聚集对人类形成危害。

(2)商品流通性环境污染。在商品流通中,由于储存保管不当,运输中遭受意外事故,使得易燃、易爆等化学危险品散失到空气中,水中和土壤中,造成环境污染。

(3)商品消费性环境污染。商品消费可以产生大量的污染物,如生活垃圾、包装废弃物、生活污水、洗涤污水等都可能对环境产生污染,甚至还会引起疾病的传播和流行。

**2. 商品对生态环境的污染**

自然环境中的各种生态系统对某些外来化学物质有一定的自净能力，可能形成良性循环。当少量污染物进入环境时，不至于发生较明显的影响。但当污染物数量超过一定限度，就会发生生态系统的恶性循环，导致生态平衡失调，如食物链中断、物种毁灭、气候异常等。这种污染的危害需要很长时间才能表现出来，其后果往往是灾难性的，而且防治措施也很难在短时期奏效。

**3. 自然环境对商品的污染**

商品对自然环境的污染主要针对的是非食品污染（工业品商品），而自然环境对商品的污染主要指对食品商品的污染。主要是食品在生产、加工、运输、储藏、销售、烹饪等各环节中，混入了有害于人体健康的微生物或化学毒物。按其受污染性质不同可分为生物性污染和化学性污染。

### 11.2.3 防治商品的环境污染

**1. 商品对空气的污染及其防治**

空气是人类及生物生存的重要外部环境因素。各种机体从空气中吸入生命活动所需的氧气，在代谢过程中排除二氧化碳，以维持生命活动。空气是否清洁和无毒害成分，对人体健康有着很大影响。同时，大气是各种气候现象的活动场所，气候的正常与否受大气污染程度的制约。所以，空气的质量状况和大气环境的变迁直接影响人类的生存和发展。

在正常情况下，大气是清洁的。然而人类不断从事商品生产活动，特别是现代工业的发展，向大气中排放各种物质，致使大气增加新的成分，超过了环境所能允许的极限，对人类和动植物产生不良的影响。

（1）商品生产过程的空气污染及防治。从事商品生产的各种企业是大气污染的重要源头。从原料进厂到成品出厂都可能排放有害气体和物质，造成空气污染。如生产过程中排放到空气中的二氧化碳过量，引起气温升高，形成所谓"温室效应"，冰箱使用的氟利昂不慎泄露，形成臭氧空洞，导致紫外线加强，其结果是全球气候异常，海平面上升，土地淹没，土地盐碱化；再比如生产过程中排放到空气中的二氧化氮和二氧化硫与空气中的水汽形成硝酸和硫酸，并以酸雾和酸雨的形式毁灭森林资源、农作物和历史建筑，并可直接对人体造成伤害；还有各种有毒气体可以引起人体急性中毒和慢性中毒，引起呼吸道疾病和癌症。

为控制我国酸雨和二氧化硫污染不断恶化的趋势，1998 年 1 月 12 日国务院正式批复了我国酸雨控制区和二氧化硫污染控制区。其控制措施是：严禁新建煤层含硫量大于 3％的矿井，建成的生产煤层含硫量大于 3％的矿井，逐步实行限产和关停；新建、改造含硫量大于 1.5％的煤矿，应当建设煤炭洗选设施；禁止在大中城市城区及近郊区新建燃煤火电厂；现有燃煤含硫量大于 1％的电厂，要在 2010 年前分期分批建成脱硫设施或其他具有相应效果的减排二氧化硫的措施；并制定规划、强化监督管理、推行二氧化硫污染防治技术和经济政策。完善酸雨和二氧化硫监测网络、开展科技研究、积极进行宣传培训等方面提出具体计划，以实现控制目标。

除了以上防治措施，还有很多防治商品工业污染的方法，如以合理的工业布局来减少对城市的污染；绿化造林，利用植物吸附有毒物质和净化空气；改善燃料种类，使用无污染能源；改进生产工艺，取代有害物质。综合利用、变废为宝、化害为利是防治空气污染的最积极有效的措施。废和宝是对立统一的，弃之为废，用之为宝，比如石油化工厂在生产石化商品的过程中，

产生的二氧化碳和含氨废水经过处理,可以制成硫酸氢铵化肥。

(2)机动车的空气污染及防治。近年来,我国机动车的增幅巨大,其尾气排放已成为城市大气污染的主要来源之一。

汽车尾气中含有大量的有害气体,如一氧化碳、碳氢化合物、氮氧化合物、二氧化硫及微粒(铅化物、碳烟、油雾)等。碳氢化合物和氮氧化合物经过太阳紫外线照射形成二次污染,即光化学烟雾,这种浅蓝色的烟雾可以使人患红眼病,刺激呼吸系统,诱发癌症;长期吸入氧化剂会加速人的衰老;废气中的四亿个四平基铅,对人体中枢神经系统有巨大危害;一氧化碳与人体红血球中的血红蛋白结合,使血液的输氧功能下降,致使人体缺氧、中毒甚至死亡。

防治机动车空气污染的主要途径有:制定严格的排放标准;控制新污染源;加强对在用车排气污染的监控和治理,落实汽油无铅化工作,推广使用清洁燃料汽车;制定税收政策,引导有利于污染控制的机动车生产和消费;制定有利于防治汽车排气污染的交通管理政策等。

(3)电冰箱的空气污染及防治。制冷工业、家庭用电冰箱和泡沫塑料工业等都广泛使用氯氟烃化学品。电冰箱制冷剂——氟利昂在并线滚坏时,就会进入大气,破坏臭氧层。臭氧保护伞的破坏,使阳光紫外线辐射强度增加,引起人的皮肤癌,使人体免疫功能下降。气温升高,南极冰层溶化,海平面升高等。

控制小号臭氧层物质的生产和使用,保护臭氧层已成为全球性的行动。1985 年签署的《保护臭氧层维也纳公约》、1987 年制定的《关于消耗臭氧层物质的蒙特利尔议定书》以及建立的帮助发展中国家履约的多边基金,为降低氟利昂的生产和消费起到了积极作用。我国自1991 年 6 月加入了《关于消耗臭氧层物质的蒙特利尔议定书》,并制定实施了《中国逐步淘汰消耗臭氧层物质国家方案》,并先后颁布了近 30 项有关保护臭氧层物质的政策措施。

(4)商品造成的室内空气污染及防治。室内吸烟是造成室内污染的重要来源,吸烟产生的烟雾中含有大量的氮氧化合物、尼古丁,它们都有致癌、致命的作用;厨房内中国式烹饪方法,诸如油炸、爆炒、熏烤等也会产生氮氧化合物、醛类等有害物质,并刺激呼吸系统和眼睛;室内所用的绝缘材料,装潢用的油漆、粘合剂,塑料制品中的添加剂,织物中的纤维助剂,合成材料中的有毒单体都会发挥出有毒成分,造成室内空气污染;有些玻璃幕墙(如茶色的)含有一定量金属钴成分,它是一种放射性元素,在阳光的照射下,更容易使人受到放射性污染。另外,清洁剂、杀虫剂等日用品也是室内空气中有机蒸汽的主要来源,这些物质都会造成人体的慢性中毒。

开展戒烟活动和良好的通风是解决室内污染最简单、最有效的方法;同时,加强对装饰材料的检测,使之符合国家环保标准的要求。

**2. 商品对水体的污染及防治**

水是一种极为重要的物质,它在自然界环境中具有决定性的意义。不仅一切形式的生命需要水,而且大量的物理、化学作用也需要水的参与。没有水,就没有生命,水是自然资源的重要组成部分,也是人类宝贵的天然财富。

"水体"是指河流、湖泊、沼泽、水库、地下水、冰川、海洋等地表储存水的总称。水体污染是指进入水体的污染物超过了水体自然净化能力,使水质变坏,水的利用受到影响的现象。水体的人为污染主要包括三个方面:工业废水、生活污水和农业退水。污染物主要分为化学性污染和物理性污染。与商品有关的水体污染主要包括商品生产过程中的水体污染和商品消费中的水体污染。

（1）商品生产过程中的水体污染及防治。生产企业在生产过程中排放的生产废水、污水、废液等统称为工业废水。工业废水如果不经过特殊处理，直接排放到河流、地下、海洋就会造成水体污染。冶金、建材、化工、酸碱行业主要排放含有无机物的废水；食品、塑料、石化、毛皮、合成材料等行业主要排放含有有机物的废水。

水体的酸污染主要来自电镀、制酸、农药厂的废水。这些酸可严重腐蚀管道、船舶，排入农田会影响农作物生长。水体的碱污染主要来自造纸厂、化纤、印染、制革厂的废水。这种废水会使农作物枯死，土壤发生盐碱化；废水中无机盐增加会导致水的硬度提高，水垢增加，不利于食品工业用水和生活用水；废水中的有机和无机毒物会引起人体急性和慢性中毒，并能在自然环境中积累，在生物体内不断富集，影响生态环境，对任何生物危害都很大；耗氧性污染物在水中分解时，需要消耗水中大量氧气，不利于水生动植物的生长；污水中的有机氮经过微生物的分解，可转化为硝酸盐，硝酸盐还原生成亚硝酸盐后，在人体中可与仲胺作用生成亚硝胺，这是一种强烈的致癌物质。

防治工业废水污染的主要途径有：改进工艺和技术；对废水进行综合利用和回收处理；无法回收的废水需进行无害化处理；改变商品成分；调整工业布局等。

（2）商品消费中的水体污染及防治。商品消费中的水体污染主要是合成洗涤剂的大量使用，并以生活污水形式排放到环境中。合成洗涤剂主要由表面活性物质和洗涤助剂组成，表面活性剂是一种带有亲水性和亲油基，能降低表面张力的物质。早期使用的是支链型的烷基苯磺酸钠，它的发泡力很强，即使是 $1\ \mu mol/L$ 的溶液也能发泡，在自然环境中生物降解困难，使河道泡沫泛滥，危害鱼类，影响水稻生长。目前改用直链型的烷基苯磺酸钠，生物降解快，发泡污染易消失，泡沫污染问题基本得到解决。

合成洗涤剂的主要助剂是三聚磷酸钠，它可作为植物和藻类的营养物质，排放到湖泊、水库、内海等水流缓慢的水体中，海藻大量出现，可在表面水层形成一片"水花"，内海水面往往带有红褐色，又称"赤潮"。富营养化水体的水质不断恶化，藻类带有恶臭，有的还能在代谢过程中产生有毒物质，致使鱼类丧失了生存空间而窒息死亡。防治这种水体污染的最有效方法是找到一种替代品，它既具有聚磷酸盐的洗涤功能又不会造成江河湖海的富营养化。

### 3. 固体废弃物的污染防治

（1）固体废弃物的污染。被丢弃的固体和泥沙状物质，包括从废水中、废气中分离出来的固体颗粒，简称废物。废物是某一过程或某一方面没有使用价值的物质。其主要来源于人类的生产和消费活动。人们在开发资源和制造产品的过程中，必然产生废物；任何产品经过使用和消费后都会变成废物。

固体废物的种类很多，按来源可以分为矿业固体废物、工业固体废物、城市垃圾、农业固体废物和放射性固体废物五类。这些废物可以对水体、大气和土壤造成污染。如固体废弃物进入水体，会影响水生生物的生存和水资源的利用；投弃海洋的废物在一定海域造成生物死区；废弃物堆或垃圾填地，经雨水浸淋，渗出液和滤渣会污染土地、河川、湖泊和地下水等；固体废弃物堆中的矿尾、粉煤灰、干污泥和垃圾中的尘粒会随风飘扬，遇到大风，会吹到很远的地方，许多固体废物本身或者在焚化时，会散发霉味和臭味；固体废弃物及其渗出液和滤渣中含的有害物质会改变土质和土壤结构，会影响土壤中微生物的活动，有碍植物根系生长或在植物体内蓄积。

固体废物的危害也是多方面的，许多固体废物中所含的有毒物质和病原体，除通过生物传

播外,还可以通过水、大气为媒介传播和扩散,危害人体健康,如英国 1394 年几度流行鼠疫,都同垃圾处置不当有关;美国德克萨斯州一个公司的废物沙坑,由于废酸和含油废物处置不当,使周围 26 口水井水质变坏,发出恶臭,人饮用后出现喉咙痛和头痛等病症。固体废弃物消极排弃还会占有大量土地,发生和农业生产争地的矛盾。

(2)固体废弃物的处理与利用。对不同类型的废弃物的处理方法不同,如对于不溶解、不飞扬、不发散臭气或毒气的块状和颗粒状废物可以一般堆存;含水量高的粉尘、污泥等可以围隔堆存;大型块体以外任何形状的废物(城市垃圾、废屑等)可以进行填埋;对于那些经焚化后可以缩小体积或减轻重量的有机废物、垃圾等可以通过焚化处理;对于微生物能够降解的有机废弃物可以利用微生物来进行降解。

固体废弃物变废为宝,既可以减轻污染,又可以为社会增加财富。如可以利用矿物废料做建筑材料、道路工程材料、填垫材料、冶金、化工和轻工等工业原料;从含碳、油或其他有机物质的废物中回收能源;利用含有土壤、植物所需要的元素或化合物的废物做土壤改良剂和肥料等。

为了更好地利用废物资源,防治固体废弃物污染,可以采取有力措施来实施管理,如改革生产工艺,少排废物;发展物质循环利用工艺;把固体废物纳入资源管理范围;制定固体废物的管理法规等。

## 11.3　商品的环境影响与生命周期评价

### 11.3.1　商品的环境影响

**1. 商品的环境影响的概念**

商品的环境影响,是指商品的活动(行为)可能引起的生态环境系统的任何改变。

商品的活动,一般是指商品设计、生产、包装、运输、储存、销售、使用或者消费以及废弃物处置等活动。不同商品的同一项活动或者同一商品的不同项活动,对环境的影响也不相同。在研究某项商品活动对环境的影响时,首先应该注意那些受到重大影响的环境要素的质量参数(也称环境因子)的变化,如火力发电的电力生产时引起的周围大气中二氧化硫的浓度增加。

**2. 商品的环境影响的特征**

商品(活动)的环境影响是多种多样的。虽然各种影响的性质不同,但是有某些共同特征。

(1)单一环境影响。一项拟议或正在进行的商品活动对环境产生的影响是十分复杂的。人们在进行环境影响分析时,一般是通过影响识别,将该项活动所产生的复杂影响分解成很多单一的环境影响;然后分别地和互相联系地进行研究,在这基础上再进行综合。单一影响限于单一的环境因子变化,这种变化是由商品活动的特定活动所引起的。

(2)单一环境影响的性质。单一环境影响可以是好的或是不好的,分别以"+"或"-"表示。

单一环境影响可以是明显的或显著的,也可以是潜在的、可能发生的。有时潜在的影响往往比明显的影响严重。

单一环境影响,有些是可逆的,有些是不可逆的。一般可逆影响是可以恢复的,不可逆影响是不可恢复的。

各种影响之间是相互联系、可以转化的。

### 11.3.2 商品的生命周期评价

**1. 商品（产品）生命周期的概念**

商品（产品）的生命周期是指商品（产品）系统从原材料采购与生产、商品制造、使用，直到最后废弃处置的全过程，即商品"从摇篮到坟墓"的生命过程。

**2. 商品生命周期评价的概念和特点**

1）商品生命周期评价的概念

联合国环境规划署将生命周期评价定义为："评价一个商品系统生命周期整个阶段——从原材料的提取和加工，到产品生产、包装、市场营销、产品使用和产品维护，直至再循环和最终废物处置的环境影响的工具"。

国际标准化组织对生命周期评价的定义是："汇总和评估一个产品（或服务）的体系在其整个生命周期期间的所有投入及产出对环境造成的潜在影响的方法。"

虽然不同机构对于生命周期评价的定义存在不同的描述，但目前国际机构已经趋向于采用比较一致的框架和内容，其总体核心是：生命周期评价是对贯穿商品生命全过程——从获取原料、生产、使用直至最终处置的环境因素及其潜在影响的研究。

2）商品生命周期评价的特点

（1）它是一种全过程评价：涉及商品（产品）从原料采集、加工、产品制造、使用消费、回收利用到废弃处理的全生命周期过程。

（2）它是一种系统评价：以系统的思维方式去研究产品或服务在整个生命周期中对环境的影响。

（3）它是一种环境影响评价：强调评价产品或服务在生命周期各阶段对环境的影响，包括能源利用、原材料利用、排放污染物等。它与"全面污染预防、全程控制"的目标相一致，是在产品层次实现可持续发展的重要管理工具。

**3. 商品生命周期评价的基本框架**

ISO 14040 对生命周期评价的基本框架做出了规范。生命周期评价包括 4 个阶段，即目标和范围的确定、清单分析、影响评估和解释。

这 4 个阶段是相互独立的，也是相互联系的，可以完成所有阶段的工作，也可以完成部分阶段的工作。

（1）确定目标和界定范围。这一阶段的工作主要是明确生命周期评价的应用目标，确定研究深度，界定研究范围，选择研究方向，使对所考察的商品有一个全面的认识，这些工作常需要与技术、经济和社会等方面的专家共同商讨决定。

此外还要明确对数据的需求，对原始数据的质量要求以及数据分摊方法，也要预先确定最终研究报告的类型和格式。

（2）清单分析。清单分析的任务就是要收集这些数据，并通过一些计算给出该商品系统各种输入和输出，作为下一步影响评价的依据。

输入的资源包括物料和能源，输出的除了商品，还有向大气、水体和土壤的废物。当所研究的商品系统是一个包含多种商品的复杂系统时，物料和能源以及向环境的排放需要按照一定方法分担到不同的商品中去。在计算能源时要考虑使用的各种形式的燃料和电力能源的转化和分配效率以及与该能源相关的输入和输出。

随着数据收集工作的进行，对该商品系统的认识有所深化，就可能提出一些新的数据要求

和限制。为了满足研究的目标,数据收集的方法也会作些改变,有时也会对原来确定的目标和界定的范围进行修改。

(3)影响评估。影响评估是运用清单分析的结果对商品生命周期各个阶段所涉及的所有潜在的重大的环境影响进行评估。评估的过程是将清单分析的数据与具体的环境影响联系起来,进一步分析这些影响。研究的深度、环境影响的类别以及评价方法的选择均取决于生命周期评价研究的目的和范围。

(4)解释。生命周期解释是清单分析与影响评估二者结合的生命周期分析阶段,其目的在于分析结果,得出结论,解释局限性,提出建议,且以一种易于理解、完整的、一致的方式来汇报生命周期解释结果。

## 11.4　商品的生态设计

### 11.4.1　生态设计的概念

生态设计是 20 世纪 90 年代出现的关于商品(产品)设计的一个新概念,有时也称为环境设计,或绿色设计,或生命周期设计。名称不同,但含义大体一致。

生态设计是以节省资源和保护环境为指导思想的一种新的工业设计方法。它要求在设计新商品时,从材料的选择、商品的结构功能、生产加工过程、包装和运输方式、商品的使用乃至废弃后的处理等,都必须考虑节省资源和保护环境两个因素。

具体而言,商品生态设计要求在商品整个生命周期内考虑自然资源、能源的节约,污染预防,无毒性,可拆卸性,可回收性,可重复利用性,可再生性等,同时满足环境要求的同时,确保商品的基本功能、质量、使用寿命和经济性等。

### 11.4.2　生态设计的主要内容

**1. 生态设计的材料选择**

生态设计要求商品设计人员要改变传统选材程序和步骤,选材时不仅要考虑商品的使用条件和性能,而且应考虑环境的约束准则,了解材料对环境的影响,选材时应考虑以下要求:

(1)无毒、无害。材料使用过程中要对人体无毒,对环境无害。

(2)废弃后可生物降解或被光降解。

(3)易回收,易处理,可再用。

(4)低能耗,低成本。

(5)易加工,污染小。

(6)减少所用材料种类。设计时应尽量避免采用多种不同材料,以可以将来回收再利用,例如,惠而浦的德国包装工程师把用于包装的材料从 20 种减少到 4 种,处理废物的成本下降了 50% 以上,材料成本也减少了,性能得到了改善。又如,从 1985 年起,瑞士最大的百货公司米古罗斯开了声势浩大的简化包装箱运动,在各国的商品流通领域引起了强烈反响。

**2. 商品的可回收性设计**

可回收性设计是在商品设计初期充分考虑其零件或材料的回收可能性、回收价值的大小、回收处理方法、回收处理加工性等与回收性有关的一系列问题,最终达到零件材料资源、能源的最大化利用,并对环境污染为最小的设计思想和方法。

可回收性设计主要包括以下几方面主要内容:可回收材料及其标准、可回收工艺与方法、可回收性经济评价和可回收性结构设计。

### 3. 商品的可拆卸性设计

可拆卸性是生态商品(产品)设计的主要内容之一。它要求在商品设计的初期阶段就将可拆卸性作为结构设计的一个评价准则,使所设计的结构易于拆卸,维护方便,并在产品报废后可重用部分能充分有效地回收和再使用,以达到节约资源和能源、保护环境的目的。可拆卸性要求在商品结构设计时改变传统的连接方式代之以易于拆卸的连接方式。

### 4. 生态商品的成本分析

由于在商品设计初期就必须考虑商品的可回收、再利用等性能,因此成本分析时,必须考虑原材料的替代成本,商品拆卸、重复利用成本,特殊商品的环境成本等。

对企业来说,是否支出环保费用,也会形成商品成本上的差异,同样的环境项目在各国或地区间的实际费用,也会形成企业间成本的差异。因此,在每一设计决策时都应进行生态商品成本分析,以便设计出的产品绿色程度好且总体成本低。

### 5. 生态商品设计数据库

生态商品设计数据库是一个庞大复杂的数据库。该数据库对生态商品的设计过程起着举足轻重的作用。该数据库应包括商品生命周期中与环境、经济等有关的全程数据,如材料成分、各种材料对环境的影响值、材料自然降解周期、人工降解时间、费用、制造、装配、销售、使用过程中所产生的废物数量及其对环境的影响值、环境评估所需的各种判断标准等。

## 11.5 环境管理体系标准

### 11.5.1 ISO 14000 系列标准的构成情况

#### 1. ISO 14000 系列标准的基本构成

环境管理标准体系由 6 个子系统构成。按标准性质可将 6 个子系统分为 3 个类别。

①基本标准子系统——术语标准。

②基本应用子系统——环境管理体系、规范、原理、应用指南。

③支持技术子系统——环境审核和环境监测、环境标志、环境表现评价、生命周期评定。

按标准的功能可将 6 个子系统分成 2 个类别。

①评价组织——环境管理体系、环境行为评价、环境审核和环境监测。

②评价产品——生命周期评估、环境标志、产品标准中的环境因素。

目前国际标准化组织主要按标准性质分类来制定 ISO 14000 系列标准。

#### 2. 环境质量体系要素和运行

按照 ISO 14000 系列标准要求建立的环境管理体系由环境方针,环境计划,实施、运行,检查和纠正措施,管理评审 5 个一级要素组成,具体描述了环境管理体系建立及通过有计划地评审和持续改进,螺旋上升循环,保持体系不断完善和提高的过程。

### 11.5.2 ISO 14000 与 ISO 9000 的关系

国际标准化组织从 20 世纪 80 年代初着手准备制定三套管理标准:一是质量管理和质量保证系列标准,标准编号在 ISO 9000 区间内;二是环境管理体系系列标准,标准编号在 ISO 14000 区间内;三是职业安全与卫生管理体系系列标准,目前正在讨论,尚无实质性进展。

制定任何标准都是为了适应科学技术和社会经济的发展。ISO 9000 和 ISO 14000 系列

标准是质量管理及环境管理活动标准化、国际化,这既是现代科学和生产技术发展的必然结果,也是国际贸易中消除技术壁垒的有效手段。

**1. 标准的不同点**

1)产生背景的差异

ISO 9000 系列标准提供了组织活动、产品生产和服务过程的质量保证要求。20 世纪 80 年代以来,一些国家利用各自国家的技术法规、标准和合格评定程序的差异构筑了贸易技术壁垒,为此关贸总协定东京回合通过了《世界贸易组织技术壁垒协议》(GATT/TBT),要求缔约国积极使用国际标准作为克服贸易技术壁垒的有效手段。为响应《世界贸易组织技术壁垒协议》,国际标准化组织发布了 ISO 9000 质量管理和质量保证系列标准,一方面帮助企业建立质量管理和质量保证体系,另一方面也使各国的质量管理和质量保证活动统一在国际标准化基础上。1987 年 ISO 9000 系列标准发布以来在国际上引起很大的反响,并得到了世界各国业界的普遍承认。

ISO 14000 系列标准针对组织活动、产品生产和服务过程中的环境问题,提出了控制环境影响、改善环境行为的基本要求,ISO 14000 是国际标准化组织响应全球环境运动而采取的标准化行动。

2)服务对象不同

ISO 9000 系列标准的服务对象是组织,以其产品和服务质量是否满足市场期望和顾客需求来证实自己的质量保证能力。ISO 14000 系列标准服务于职工、顾客、政府、合同方、社区等利益相关方的需要,内容侧重于组织活动、产品生产和服务过程对环境的影响是否满足经济增长、人类可持续发展等社会需求,向社会几个相关方提供遵守环境法律法规及污染预防的承诺来证实自己不断改善环境的行为。

3)技术要求背景不同

不同的组织活动、产品和服务有不同的质量保证技术标准,ISO 9000 标准中没有提供共同的质量评价技术准则。ISO 14000 系列标准针对组织活动、产品和服务过程中的环境问题,不管组织性质和规模有何差异,评价准则都是统一的,要求有相同的环境技术背景。ISO 14001 标准条款中明确提出:组织在建立环境管理体系时,要对环境保护法律法规及其他要求作出承诺,核心是排放物及所造成的环境影响符合各国的环境法规和技术标准。

4)政府的作用不同

ISO 9000 是满足顾客需要的市场行为。ISO 14000 设计遵守环境法律法规的承诺及满足社会对环境保护和污染预防的需要。因此,政府在实施 ISO 14000 标准中起着不可替代的作用,是重要的利益相关方。不少国家在引进和实施 ISO 14000 环境管理体系标准时都考虑了与本国环境保护执法工作的联系,有的国家甚至酝酿将 ISO 14000 的一些要素变为若干行业的强制性要求。

**2. 标准的相似点**

ISO 14001 标准的引言中指出:"本标准与 ISO 9000 系列质量标准遵守共同管理体系原则,组织可选取一个与 ISO 9000 系列相关的现行管理体系作为其环境管理体系的基础。"但管理体系会因要素、目的、相关方不同而有内涵的差异。质量管理体系是针对顾客的需要,而环境管理体系是针对众多相关方的需要和社会对环境保护的需要。

总结两套标准有以下相似点。

（1）ISO 9000 和 ISO 14000 系列标准有相同的管理思想，都强调组织应通过实施标准，建立一套完整有效的文件化管理体系来规范质量行为和环境行为，通过管理体系的运行和改进，对组织活动过程及服务进行控制和优化，达到节约资源、减少污染或改进质量的预期目的。

（2）ISO 9000 和 ISO 14000 系列标准运行模式都是遵循"规划（策划）—实施—验证—改进"螺旋式上升的 PDCA 管理模式。

（3）ISO 9000 和 ISO 14000 系列标准中的质量管理和环境管理都是组织全面管理的一部分。两套标准都强调管理体系不必独立于现行的全面管理，而是要把质量保证或环境管理体系和组织原有的全面管理有机地融合在一起，这就需要在组织的全面管理机构设置中，符合质量保证和环境管理体系的要求，明确职责，制定相应的文件化管理程序，加强预防和审核。

## 本章小结

认识商品、环境、人之间的关系，要从环境的构成开始。环境包括自然环境和社会环境。商品的生产和消费都会对环境造成一定的污染，如空气、水体和土壤等，因而从环境保护的角度出发，我们要构建商品与可持续发展之间的良性循环，贯彻环境管理 ISO 14000 系列标准，推行绿色产品认证制度，熟悉固体废弃物的处置方法。

## 关键术语

自然资源　　自然环境　　温室效应　　环境标志　　绿色食品　　有机食品　　绿色包装

## 实训项目

1. 利用互联网，输入"清洁生产"和"新型工业化"关键词，了解清洁生产的概念、法规和实施现状，并提交一份报告。
2. 通过一些测试手段，分析当地空气污染的原因，并找出相关对策。
3. 通过互联网查询有关"赤潮"或"绿潮"的事件，并写出分析报告。

## 思考题

1. 自然资源如何分类？它有哪些特性？
2. 面对自然资源的不断减少，人类应如何采取措施加以保护？
3. 生态环境是什么？商品是如何污染环境的？
4. 为什么要推行使用无磷洗涤用品，而禁止使用含磷的洗涤用品？
5. 固体废弃物会对环境产生哪些影响？

## 案例分析

### 伊克斯托克海上油井喷油事故

1979 年 6 月 3 日,在墨西哥湾尤卡坦兰岛海岸外的伊克斯托克,那儿的石油钻井发生了喷油事故。并闭油流的种种尝试均告失败,情况已到了失去控制的地步。及至 8 月初,一条长640 千米的黏稠原油膜向北漂往美国德克萨斯州的东南海岸。在这次世界历史上最严重的喷油事故中,估计有 8 亿升以上的油被喷掉了。

控制浮油以防止它到达海岸的种种努力,受到了两个因素的阻碍:第一,风向一直在改变;第二,原油相当重,沉在海面下。这给跟踪油的流向,使油渗过海上拦油栅底部,以此来控制浮油的方法带来了困难。到 8 月 7 日,浮油膜约长 800 千米。

据环境专家估计,每年约有 35 亿升油被释放到世界各地的海洋里。在大多数年份里,最大的犯罪者是油轮。他们将油舱内剩油洗到海里,另一种情况是在失事时漏油。

伊克斯托克海上油井喷油事故造成的损失非常大。它给绝大多数墨西哥和一些美国海滩造成了破坏,尽管对泄漏原油进行了驱散,但仍然导致大量的鸟类死亡。驱散原油殃及了虾、乌贼和某些鱼类种群,渔业生产遭受的打击也非常严重。在未风化原油集中的海域,依靠在水中呼吸的有机体大量死亡。在更为广阔的海域,它们遭到污染,无法再作为食品食用。在更为广阔的领域,而且在更长时间内,消费者都拒绝购买这类产品。

(案例来源:作者根据相关资料进行改写。)

**问题:**

根据这段文字,谈谈对环境污染的认识及应该采取怎样的措施。

# 第 12 章　新产品开发

💡 **学习要点**

- 了解新产品、新服务的概念及类别；
- 理解新产品开发、新服务开发的原则；
- 理解新产品开发和新服务开发的程序；
- 了解新商品开发失败及失败原因；
- 了解新产品开发周期。

📘 **引导案例**

## 将客户的需求融入新产品开发中

位于美国缅因州的 L. L. Bean 公司是世界著名的生产和销售服装及户外运动装备的企业。1912 年,怀着崇敬大自然的简朴信念,创始人 L. L. Bean 开办了这个家族企业。到 20 世纪 90 年代,该公司已经发展到 10 亿美元资产,连续 30 多年年年增长率都超过了 20%。

以顾客为中心,为顾客着想,倾听顾客意见,这些源于创始人的企业理念始终主导着公司的行为,也贯穿于新产品开发的过程中。

当公司准备开发一项新产品时,首先要做的就是了解顾客真实感受。其产品开发小组由公司不同部门人员组成,并向真正有大量类似产品使用经历的顾客介绍情况。这些顾客是根据其户外活动经历、使用产品次数和坦率程度挑选出来的。选定对象以后,产品开发小组两人一组分头出发,对这些顾客进行访谈。每支面谈队伍都会使用同样一组广泛的开放式问题来探究户外活动者的世界,目的是想知道各种户外活动的环境到底是什么样子的。

例如该公司要开发新的狩猎长靴,产品开发小组就要选定那些经常狩猎的人,设计一些问题,使其能够详细描述狩猎活动的感觉和环境,进而了解他们对狩猎长靴的感觉和希望。通过在狩猎者家中或者具体的狩猎场所访谈,可以获得狩猎者的真实想法,而不是问题者的想法,小组人员的工作更多的是聆听。结束面谈以后,小组会尽快详细回顾并整理出面谈内容,因为这时会谈的场景和内容在脑海还保持着清晰的记忆,能很快找出那些关键的、印象深刻的描述。这样通过面谈 20 位狩猎者,产品开发小组获得了丰富的狩猎者的经历资料。

此后,整个开发团队进入封锁阶段,集中精力研究顾客需求,努力将顾客的语言翻译成一连串关于新的狩猎长靴要满足的需求。队员们依据所收集的丰富材料,在白板上贴上数百个及时贴的便条,每个便条都是一个需求陈述。但太多的需求可能导致产品无法设计出来,于是团队采取投票的方式,要求按重要性排列成组,直至整个团队逐渐达成共识。最后,形成数量有限的几个需求组,团队成员讨论每一组需求新的陈述。通过大量细致的工作,团队将每组的内容转化成一个陈述。这个流程进一步将需求的数目减少到大约 12 个。

三天的封闭会议结束的时候,开发团队提交出一份列有最终顾客需求的总结报告,该报告详细描述了最终的各种顾客需求是如何从顾客实际生活或者需要中提炼出来的,进一步明确了团队对顾客需求的共识,并用来指导设计团队对新狩猎长靴的设计。

然后就是将需求转化为设计思想的过程。开发团队在召开一系列的头脑风暴会议时,这份报告就成为需求解决方案的参考手册。团队对每个需求进行任务处理。大家纷纷展开自己的想象力和创造力,提出一份列有各种创意的清单。通过反复讨论,新产品的原型基本呈现,包括了许多设计者起初完全没有想到的产品特征。

L. L. Bean 公司通过完全融入顾客中去,倾听顾客意见,把看到的和听到的转换成顾客需求,并最终转入产品设计中,使新产品获得市场成功。正如哈佛商学院教授大卫·戈尔文所说:"要设身处地地从顾客的角度考虑,坚持要求他们告诉你真正的事实,使他们的意见和经验成为新产品设计和营销的基础。"

（案例来源：作者根据相关资料进行改写。）

商品开发是新产品开发和服务开发的总称。国外把商品开发称为"新产品与服务开发"(new product and service development)。商品学认为,商品开发的本质是商品使用价值的延伸、升级和创造。

新产品或新服务是企业生存和发展的基础。随着市场竞争的日益激烈,企业在经过价格战的磨炼之后,越来越认识到新产品或新服务开发的重要性。商品开发是企业生产经营管理的重要研究内容,目的在于通过研究和开发满足市场需要的新产品和新服务,保持企业在竞争中的优势,同时也为企业创造良好的经济效益。

# 12.1　商 品 信 息

## 12.1.1　商品信息概述

**1. 商品信息的概念**

商品信息是指能够被接收者接收,并满足其某种特殊需要,有关商品及其生产、流通或消费的消息、情报、数据或知识等的总称。

**2. 商品信息的特性**

商品信息除具有信息的一般属性外,还具有以下特征。

(1)商品信息具有使用价值和价值。人们获取商品信息的目的,在于利用它认识和改造世界。商品信息的有用性在于它能启迪思想,解除疑问,增长知识,提高商品管理决策水平和生产经营效率及效益,因而具有使用价值。商品信息的搜集、加工、传递和交流,要消耗人的劳动,从而可以交换和转让,所以也具有价值。商品信息是人类的一种资源和财富。

(2)商品信息具有多信源、多信宿、多通道、多层次特征。在市场经济条件下,商品的生产、流通、消费各个环节是通过市场密切联系的,我国市场又是多买方、多卖方、多渠道、多功能的开放市场,这就决定了商品信息的多信源、多信宿、多通道和多层次的特征。每个商品生产和经营企业,在市场中总是以买方和卖方身份交替出现,它们既是信息的接收者,也是信息的发出者。国家机关、财政、银行、物价、税收、工商管理、技术监督等宏观控制部门,常常是商品信息的义务发布者。报纸、杂志、广播、电视等大众媒体也不断地发布最新商品信息,以指导商品的生产、经营与消费,其公开传播的商品信息已占总量的80%以上。利用计算机网络技术,进而形成全球性、全国性商品信息网络系统,已呈星火燎原之势。

(3)商品信息具有时效性、活跃性和流动性。随着我国社会主义市场经济体制的建立和逐步完善,价值规律开始客观地发挥作用,市场竞争不可避免。企业要想在市场竞争中取胜,获得主动权,就必须及早掌握可靠的商品信息,在市场竞争日益激烈的情况下,市场情况瞬息万变,商品信息生成速度快,数量大,活动极为频繁,时效性极强,且有流动性、随机性特点。商品信息的及时、准确、适用和传递有序,对企业的预测与决策十分重要,但这却是企业内部难以有效控制的,因此,在同类企业、相关企业之间、企业与政府之间、企业与用户之间必须建立有效的商品信息网络系统,以便为企业科学的决策提供有效的外部市场信息。

(4)商品信息具有多级流动性。信息源(国家、厂家、商家、消费者或用户)输出的商品信息被信宿接收后。信宿再将该信息作用结果用信息形式反馈给信息源,然后信息源根据这种反馈信息进行必要的调节与控制。控制的基础是信息,一切信息传递都是为了实现有效控制,而任何控制又都需要通过反馈才能实现。没有反馈,就没有自动调节;没有反馈,就无法实现控制。例如,从宏观经济管理来看,一个管理过程实质上是:信息输入→宏观决策→信息控制→反馈输入这样一个信息循环过程。但宏观经济管理仅有简单的双向信息流动是不够的,事实上在商品生产企业→商品流通企业→消费者或用户之间就存在着多级信息输入和信息反馈,其信息流动始终是以商品市场为核心进行的。因此,这里有一个大的系统管理和多级递阶控制与反馈的问题。

## 12.1.2 商品信息的分类

根据不同的管理目的和需要,可以把商品信息按照来源、内容、发生时间和表现形式等不同标志进有分类。

### 1. 按照来源分类

商品信息可以分为原始信息和加工信息两类。原始信息是指未经加工的,有关商品生产、流通、消费活动的原始数据单据和记录,又称一次信息,它是最基本、最经常的信息;对原始信息按生产经营者或消费者、用户的既定目标和要求,进一步加工整理后,就成为加工信息,也可称为二次信息或三次信息,二次信息是在转换一次信息过程中产生的信息,如信息索引、各种统计报表、经济合同等。三次信息是对二次信息再加工后的信息,通常以综述、报道、分析报告等形式表现出来。

商品信息也可分为内部信息和外部信息两类。内部信息是指企业内部商品生产或流通方面的有关资料和数据,主要由计划、会计、统计、技术、质检、销售等业务部门收集储存。外部信息是从企业外部环境传递到企业的各种商品信息,例如各国和本国政府的有关法律、法规和政策;国内外市场供求情况;同类商品的比较;同行业竞争情况等信息。

商品信息还可分为宏观信息和微观信息两类。宏观信息是指反映商品活动状态和方式全貌的信息,如各种商品总的供求状况、质量水平、产业政策和产业结构的变化、消费结构的改

变、社会商品购买力等,这种信息的综合性强,反映商品的经济活动总量,主要为国家和地方的宏观决策与控制服务。微观信息是反映单个企业或个别商品的生产经营情况的信息。它们数量大,时效性强,主要用于企业的微观决策与管理活动。

**2. 按照内容分类**

商品信息可分为商品供求信息、商品技术信息、商品管理信息、商品生产经营环境信息和商品消费信息等。

(1)商品供求信息,是商品供给信息、价格信息、流通渠道信息以及商品需求信息的总和,商品供给信息包括商品质量、品种、规格、式样,花色,数量,服务方式;新技术、新材料。新工艺的应用情况;新商品的技术现状和发展趋势;商品的包装、商标、使用说明;消费者对商品的印象和评价;商品广告等。商品价格信息包括商品的出厂、批发、零售价格;商品定价标准;商品之间的比价、地区差价、季节差价;消费者对商品价格变动的反应等。流通渠道信息包括商品包装、储存、运输情况;商品分销渠道、方式;批发商、零售商的销售情况;消费者或用户对零售商,代销商的印象;推销方式和售后服务等。商品价格信息和流通渠道信息都直接影响市场商品供求的变化。商品需求信息包括某种商品现有和潜在的购买人数;购买者的欲望和动机以及习惯;购买方式;同类商品销售数量;同类企业的同类商品的市场占有率;消费者对同类商品不同品级、质量等级、档次、包装的偏好、评价和建议;某类商品的消费者类型(年龄、性别、民族,职业等)分布;收入和消费水平分布等。

(2)商品技术信息,包括新发明和专利技术;商品新结构的设计或新配方;先进工艺流程;新设备、新技术和新材料;新商品研制开发等。

(3)商品管理信息,依据企业管理活动的三个环节——计划决策、组织指挥与控制监督,又可分为决策信息、作业信息和控制信息。决策信息是在企业的生产经营活动中,企业为确定商品生产经营目标、方针和计划所需得到的信息。决策信息主要来自企业外部环境,如国家有关政策、法令;商品产销的中长期预测;同行业竞争策略等。但只有将外部信息同内部信息结合起来,才能科学地制定企业生产经营管理的战略计划。作业信息是指日常企业内部各环节间的信息流动及各环节业务活动所必需的信息,如生产车间的作业计划执行情况;销售活动中的每日销量变化等。控制信息是企业管理者按预定目标控制企业活动,协调各生产经营环节,以克服企业活动的偏差,保证企业正常运营的信息。

(4)商品生产经营环境信息,是指由于外部影响商品生产经营的各种因素变化而形成的信息。它包括政治环境信息,如国家重大方针、政策的变化;法律、法令、经济计划的颁布;国际间的政治和军事冲突等。经济环境信息,如人口、收入的变化;物价水平和消费水平的变动;整个国民经济结构的调整;国际间的经济或贸易制裁等。社会文化环境信息,如教育程度、文化水平、职业构成、风俗习惯等。

(5)商品消费信息,包括商品生产经营者对商品(尤其是新商品)消费的科学指导;保护消费者合法权益的法律、法规;商品的质量抽查公报;商品改进措施和建议等。

**3. 按发生时间分类**

商品信息分为历史信息、实时信息和预测信息。

(1)历史信息,是对已发生过的商品及其运动事实的描述和评价,如某类商品的发展史、品种沿革、升级换代情况;生产工艺的变革等。掌握商品历史信息,对于了解过去,指导现在的商品生产经营活动,预测未来商品及其生产经营的发展,具有重要意义。

(2)实时信息,又称现状信息,是一定时点正在发生的商品运动状态和方式的反映,如正在生产、流通或消费过程中的商品情况;正在制定或实施的有关商品及其生产、流通、消费活动的有关方针、政策及法律、法规等。这种信息的时效性很强,必须善于捕捉和利用。

(3)预测信息,又称未来信息,是指对商品未来运动状态和方式的预测预报。它根据预测时间的长短,又分为近期、中期或长期预测信息三种。时间长短的划分并没有一定标准,应根据所研究对象的变化速度、影响深远程度和作用范围来确定。通常,近期预测信息为 1 年或 1 年以下,中期预测信息为 1 年至 4 年,长期预测信息为 5 年至 10 年或者更长。由于距现实的时间越长,因素的可控性越差,特别是科学技术进步迅速,所以近期预测信息准确性较高,而中期、长期预测往往只能描述其发展方向,预报时间越长,准确性就越差。

#### 4. 按表现形式分类

商品信息可分为文件信息、声像信息和实物信息。文件信息一般有商品标准、商品法规、商品情报资料、市场行情资料,以及各种经济合同、简讯、报告等。声像信息有录音、录像、磁盘、光盘、电视、广播、传真、电话等。实物信息有客商来样加工的实物样品、商品展览、展销、商品陈列、时装设计大赛与时装表演等。

### 12.1.3 商品信息的重要作用

商品信息对商品生产、经营和消费活动的不断深入发展具有重要作用。

#### 1. 商品信息也是商品

商品信息是从原始信息经过处理、概括、汇总和提炼而形成的有用信息,它本身凝结了人们的劳动。商品信息不仅具有使用价值,而且还可以通过信息市场进行交换,是一种特殊形式的软商品。

#### 2. 商品信息的指导性

商品信息可以提高人们对商品本质和规律的认识,减少人们活动的盲目性。准确的商品信息使人们可以有的放矢地发展商品生产和扩大商品经营,促进公平合理的商品市场竞争,保持商品的旺盛生产力。

#### 3. 商品信息是管理活动的核心

商品质量管理工作的成效取决于对商品信息掌握与利用的程度。商品质量管理活动包括三个环节:计划决策、指导指挥和控制监督,即决策过程、实践过程和控制过程。商品信息是商品质量管理活动对象之一。在企业管理的过程中要有大量内部、外部信息输入、处理、输出和反馈。信息流的反馈可以纠正计划、决策的偏差,及时发现问题并解决问题。商品信息可以反映商品经营和消费的动态,有利于企业做出正确的生产和经营决策,提高经营管理水平。商品信息还有利于生产企业的技术改造,提高商品质量,促进新产品开发,提高商品市场竞争力。

#### 4. 商品信息是联系的纽带

商品信息的联系纽带作用,具体体现在商品信息是生产和商业经营的耳目,是各类企业进行决策的依据,亦是商品质量提高和品种发展并带来良好社会经济效益的保证。市场经济愈发达,商品信息网就愈丰富,从而有力地促进社会经济协调发展。

## 12.2　商　品　预　测

### 12.2.1　商品预测的概念

商品预测是指系统地研究市场经济和商品科学技术发展的历史和现状,找出支配商品演变和发展变化的内在规律,全面地估量科学技术和市场环境条件变化的影响,从而科学地预测未来商品发展状况的本质和必然趋势。

商品预测的准确程度取决于以下三个方面的因素:要有对商品发展客观规律性的认识和商品学的知识;要依靠大量准确、可靠的商品信息;要借助于现代科学技术手段。

商品预测是提高企业管理水平的重要条件。企业要明确其生产经营方向、范围,正确决定其发展规模和投资方向,必须进行全面而科学的商品预测,以克服企业生产经营管理的盲目性,加强目的性,提高企业管理水平,实现经济效益。

### 12.2.2　商品预测的分类

**1. 按预测时间分**

(1)短期预测。短期预测期限一般为 1 年或 1 年以内,如商品季销售量预测,服装季节、年度、款式变化预测等。

(2)中期预测。中期预测期限一般为 1～3 年,如产品经济寿命周期分析、商品需求前景预测。

(3)长期预测。长期预测期限一般在 3～5 年或更长,如商品升级换代的可能性、商品发展战略预测、消费结构的远期构成分析、商品造成环境污染的远期预测。

**2. 按商品预测的内容分**

(1)商品消费需求预测。商品消费需要是以购买力作为保证的个人和社会学需求的表现形式。需求预测的主要内容有:商品消费需求影响因素(经济、技术、人口等)、需求量、需求品种、商品质量要求的侧重点和特点、消费结构变化、消费心理等。

(2)商品市场预测。它主要包括商品市场供求关系、商品市场竞争能力、商品市场占有率、商品市场寿命周期、商品销售状况、商品价格变动趋势等预测。

(3)商品科学技术预测。它主要包括与商品有关的基础科学理论的突破性研究成果,新技术、新工艺、新材料的研究成果及其推广应用前景,商品品质发展、新产品开发、商品品种的升级换代等问题的预测。

**3. 按预测方法分**

(1)定性分析方法。利用直观资料,依靠有经验和专业知识的人员进行综合分析和逻辑判断,对商品发展的未来状况做出估计。

(2)时间序列分析方法。按时间顺序运用历史的数据和信息对商品的发展趋势和变化动态进行外延推算和估计。

(3)因果分析法。根据事情之间的相互依存关系,应用数理统计方法,从商品发展状态和方式的已知因素推断未知因素。

### 12.2.3　商品预测的过程

商品预测过程包括根据计划或决策的要求制定预测目标;通过调查研究成果或科学实验数据,在掌握各种资料的基础上,进行去伪存真的汇总、整理;根据商品发展规律和其他影响因素之间的本质联系进行分析、判断、估计和预测。商品预测的具体过程如下。

**1. 规定预测目标**

在进行商品预测之前要明确规定预测所要达到的目标、预测期限、判断预测的重要性和预测成本。

**2. 收集筛选资料**

信息资料是进行预测的重要依据,通过调查研究,收集预测范围内的各种信息和相关因素的资料。在收集过程中还要分析、筛选、整理出对预测有实用价值的资料和信息。

**3. 选定预测模型**

预测模型是对预测事情过去和现在发展规律的模型,是以往成功预测经验的总结。应注意的是对不同的目标要采取相应的模型,预测模型选择是否恰当,对预测的准确性有很大的影响。

**4. 预测的计算分析**

预测模型确定以后,要把各种数据代入计算、分析、比较、讨论,并提出可能出现的影响,修改模型调整参数,反复计算、验证。

**5. 写出预测的论证报告**

预测报告是对预测结果的可行性、可能性提出书面的论证报告。要做到数据准确、论证可靠、建议可行,并把报告作为今后工作备查的档案保存。

**6. 预测结果的判断**

对于预测报告中的建议和设想要进行各种形式的判断和评价,以提高预测的科学性。

**7. 分析预测误差**

找出原因改进预测模型,预测结果在经过实践和时间的检验之后,要对预测理论误差与实际误差进行比较分析,找出产出误差的原因,及时改进预测模型。

## 12.3 新产品的概念和分类

现代社会竞争的实质是产品之间的竞争。企业间包括产品、时间、价格、信息、人才、技术、资源等的多种竞争,最终都以商品竞争为目的。企业要在激烈的竞争中立于不败之地,就要在更新观念、严格管理的同时,不断开发新产品,采用商品开发战略,走质量效益型道路,全面推动企业的改革和发展。

所谓商品开发战略,就是以市场需求为向导,运用现代科技最新成果,对传统产品进行改造和开发,从而形成新的工业生产力,提高企业经济效益的一种经营策略。

### 12.3.1 新产品的概念

新产品是指与老产品相比,在产品结构、性能、材质等方面(或仅一方面)具有新的改进的产品。新产品是一个相对的概念,在不同的时间、地点和条件下具有不同的含义。为了加强对新产品的管理,我国政府根据管理上的需要,对新产品的条件、范围作了相应的规定。

作为新产品必须同时满足以下四个条件:

(1)产品在结构、性能、材质和技术特征等某一方面或几方面比老产品有显著改进和提高,或有独创性。

(2)具有先进性、实用性,能提高经济效益,有推广价值。

(3)在一个省、市、自治区范围内第一次试制成功。

(4)经过有关部门鉴定确认的产品。产品的结构、性能没有改变,而只是在花色、外观、表面装饰、包装装潢等方面有改进提高的,不能算作新产品。

新产品具有相对性、时间性和空间性等特性。相对性是相对于老产品而言的,即除了开发新产品外,还包括改进老产品;时间性是指某个新产品只存在于一个特定的时间;空间性是相对于一个地区而言的,即必须是在一个省、直辖市、自治区范围内第一次试制成功的产品,并经有关部门鉴定确认。

### 12.3.2　新产品分类

为了便于对新产品进行分析研究,可以从多个角度进行分类。

**1. 按新产品创新程序分类**

(1)全新新产品。是指利用全新的技术和原理生产出来的产品。

(2)改进新产品。是指在原有产品的技术和原理的基础上,采用相应的改进技术,使外观、性能有一定进步的新产品。

(3)换代新产品。采用新技术、新结构、新方法或新材料在原有技术基础上有较大突破的新产品。

**2. 按新产品所在地的特征分类**

(1)地区或企业新产品。指在国内其他地区或企业已经生产但本地区或本企业初次生产和销售的产品。

(2)国内新产品。指在国外已经试制成功但国内尚属首次生产和销售的产品。

(3)国际新产品。指在世界范围内首次研制成功并投入生产和销售的产品。

**3. 按新产品的开发方式分类**

(1)技术引进新产品。是直接引进市场上已有的成熟技术制造的产品,这样可以避开自身开发能力较弱的难点。

(2)独立开发新产品。是指从用户所需要的产品功能出发,探索能够满足功能需求的原理和结构,结合新技术、新材料的研究独立开发制造的产品。

(3)混合开发的产品。是指在新产品的开发过程中,既有直接引进的部分,又有独立开发的部分,将两者有机结合在一起而制造出的新产品。

## 12.4　新产品开发的模式和程序

### 12.4.1　新产品开发的模式

**1. 创造型开发模式**

这种模式就是企业在基础理论研究和应用技术的基础上,独立研究设计、生产新产品。这一开发模式中需要灵感、想象力、水平思考、转换构想等创造性的精神活动,是从"无"到"有"的巨大跳跃,因而被称作"创造型开发模式"。

运用这种开发模式开发新产品,一般能研制出具有一定先进水平的全新商品,他们能创造出巨大的市场,甚至可以改变人们的生活方式,从而取得经济效益和社会效益。但另一方面,创造型开发的成功率低,开发商品风险较大,开发周期较长,需要较多的资金投入和雄厚的技术力量。更有一些创造型开发是完全徒劳无功,仅形成了技术模型,却无法加以商品化。在各国,每年都有成千上万件专利,进入商品的只占百分之几,这点或许能在一定程度上说明创造型开发的困难程度。

**2. 发展型开发模式**

这种模式就是企业运用现有的成熟技术进行新产品的研究开发。在创造型开发构成技术模型后,发展型开发就可能会产生一连串令人惊异的成果。发展型开发并非单纯的模仿,而是将技术模型所具有的潜在可能性做最大的伸展,是技术开发过程中不可缺少的一环。

与创造型开发模式相比,发展型开发模式成功率较高,开发成本也相对较低,开发周期也较短,概括地说,就是产品化接近度较高。因此,发展型开发对一般企业来说,是最宜采用的模式,实际上,也是企业应用最多的模式。

选择商品开发模式是新产品开发的重要环节。日本是运用和实践技术创新最有效的国家。从 20 世纪 50 年代开始,它以"技术立国"为本,主要采取引进、消化和吸收外来技术的方针,加以综合和提高,即所谓的发展型开发,逐渐形成自己能占有国际市场份额的一些产业,影响较大的产业如家电、汽车、新材料等领域,甚至占据国际市场主导地位,为创造型开发奠定了基础。

在这一基础上,直到 20 世纪 70 年代日本才开始加强创造型研究开发工作,采取从中间某个阶段的发展型开发和从创造型的研究开发两者并举的策略。这对我国的企业有可供借鉴之处。

### 12.4.2　商品开发的程序

商品开发是一项系统工程,它既要求准确预测市场需求、盈利水平和一定的发展前景,又要根据实际条件,克服设计、生产上的诸多困难,达到技术先进和经济效益的统一。因此,必须按照一定的步骤进行。

**1. 明确目标**

这一阶段最为关键,它决定企业商品开发的方向、战略和主题。任务主要是调查、收集情报,经过分析对比、技术预测、创意设想、方案论证,形成初步的目标开发方案等。

**2. 设计、试制**

根据第一阶段选定的新产品开发方案,构思新商品的具体设计方案。有时,一个新产品创意可以发展成几种产品设计方案。企业开发部门可根据新产品未来市场的潜在容量、投资盈利率、生产能力和对企业设备、资源的充分利用等标准,对每个具体设计方案进行具体分析、评价,衡量出每个商品设计方案的潜在价值。最后,经过综合分析,选出一种最佳的商品设计方案,并根据此方案采用相应的工艺和设备,生产出样品。这是新商品开发的一个重要阶段,它一般包括样品制造、包装的研制、品牌的设计、样品的鉴定评估等过程。

**3. 试销、改进**

新产品的样品通过鉴定后,制造出一定数量的试制品,投放到有代表性的小范围市场进行试销,让消费者试用,并进行小批量试制鉴定,以检查这种新产品的市场效应,验证企业能否产出质量稳定的合格品以及在技术工艺、生产条件及商品水平上是否达到标准要求,然后再决定是否大批量生产和投放市场。如果这种新产品的试销市场呈现高试用率和高购买率,就表明这种新产品可以继续发展下去;如果试销市场呈现高试用率和低购买率,就表明消费者对这种新产品不满意,必须改进完善;如果试销市场呈现低试用率和高购买率,这表明这种新产品很有前途,但应扩大宣传;如果试用率和购买率都很低,这表明这种新产品应该放弃继续研发。

**4. 产品商品化**

这是新产品开发中由产品转变为商品的重要步骤。通过试销,收集反馈信息,全面完善新产品。在生产方面,建立有关生产管理制度和系统,确定产量。在销售方面,主要力量集中在宣传新产品,扩大新产品的影响,完善有效的推销计划,全力开拓新市场。

从逻辑上讲,商品开发是按照以上的程序进行,但实际工作中,阶段界限不一定要那么明确,各阶段的工作任务会交叉和重复。

开发出来的新产品符合下列要求,就可以认为新产品的开发是成功的:一是经有关部门鉴定和消费者评价,证明新产品具备了设计方案中所规定的各项指标;二是在正常使用条件下,可以安全地发挥其功能,满足使用要求。

### 12.4.3 商品开发的构思创造

商品开发过程是从寻求创意开始的。所谓创意,就是开发新产品的设想。虽然并不是所有的设想或创意都可变成产品,但寻求尽可能多的创意却可以为开发新产品提供较多的机会。所以,现代企业都非常重视商品创意的开发。

**1. 新产品创意的来源**

(1)来自消费者的创意:消费者的需要是新产品创意的出发点。据一项调查显示,80%的企业认为,消费者是其新产品创意的主要来源。只有适合消费者需要的新产品才能卖出去。在商品经济社会,商品概念的外延逐渐变宽,消费者的一个愿望获得满足后,转而追求下一个愿望。企业在消费者形形色色的愿望中获得启示,从而产生创意,进行商品的改良和新产品的开发,这是企业创造畅销圣品的基本手段之一。

(2)来自营销人员的商品创意:企业的营销人员是最接近消费者的人,而且处于市场竞争第一线,最了解消费者的所需所求和不满,也最清楚竞争产品优势在哪里,因此,他们所提供的创意在技术、生产和资金方面的可行性可能较低。

(3)来自专业科研人员的商品创意:专业科研人员具有比较丰富的专业理论和技术知识,并具有丰富的实践经验。在科学技术突飞猛进的今天,专业科研人员越来越成为新产品开发创意的重要来源,而且随着经济的发展和技术的创新,在高科技领域,一种科学和专门性知识已经无法充分应付所需。企业也必须进行各部门之间的综合研究开发,根据不同部门所掌握和了解的不同方面的知识与信息,开发出高科技和高附加值的产品。

(4)来自竞争者的商品创意:分析竞争者产品的成功之道,可以产生商品创意。所以企业应重视通过经销商、供应商和销售人员来了解竞争产品的销售情况和消费者对它们的评价反映,从中获得启发。

除以上几种来源以外,企业还可以从大学、咨询公司、科研机构、行业协会、有关的报刊等寻求有用的商品开发的构想创意。

**2. 寻求商品创意的方法**

在商品开发中,有创造型的全新产品,但更多的是发展型的改进、换代产品,是把已有的发明、知识和技术按市场需求进行重新组合,以获得具有新功能、新用途、新材料的商品。因此,一些源于创意工程中的各种创造技法,也被借鉴引进到产品开发的构想创意中来。

(1)组合法:它把商品分解为要素、特性和信息,采用形态学的方法,使之在空间、平面和信息市场中交构、组合,形成丰富的思路。

①功能组合:是新产品构思中应用最广泛的一种方式。它可以在原有功能的基础上,增加

辅助功能、特殊功能;也可以把两种以上产品巧妙地组合,使一物多用。

②系列组合:系列产品实质上是商品要素(功能、用途、结构、原理、形状、规格、材料、成分等)某种目标的系列组合,把商品的某个要素扩展,从纵向或横向进行系统构思,就会形成系列产品,从而满足不同层次消费者多样化的需求。

③配套组合:它与系列组合不同的是将不同功能、用途并且分别独立的商品配套在一起,其出发点或目的是为了某个特定的服务目标提供尽可能的方便。商品的成套化、系列化是企业产品发展的方向,也是新产品的构思创意的大思路。

④强制组合:它把随意的、没有任何联系的东西强制地联系在一起,进行大跨度的隔行、隔业的组合,这样可以产生一系列超越一般常识的、异乎寻常的新创意。

⑤情趣组合:它是把人的希望、爱好、祝愿、友谊、幽默等富有人之常情、生活之趣的内容通过造型、附加等方法组合到商品中去,使人们在消费时也得到情和趣。

(2)变换法:即从改良商品的目标出发,侧重于商品结构、要素的置换和调整。

①多向变换:就是选择产品的各种要素,采用增加、缩减、置换、颠倒、改变的变化手法进行多角度、多层次或多途径的变换,以形成新的商品。

②逆转变换:它采用逆向思维的形式,一反常规来创造新商品。在商品要素的变换上,思路朝着相反的方向或者相去甚远的侧面去考虑,如目标、对象、形状、结构、功能、特性、过程等方面的逆向分析和逆向联想。

(3)借用法:是从外界的事物中获取启示,然后借用到新的对象中去。

①模仿:模仿是人类创造活动必不可少的初级阶段,也是新产品产生的第一步。通过仿制,可以启发思路、减少弯路、节省资金,使产品迅速达到当时水平和进入市场。

②移植改良:是把某项产品或某个领域的技术成果(包括款式、结构、功能、材料、零部件等)通过组合或者推广,应用到另外的产品或领域中去,在消化、融通、改良的基础上,形成新的产品。

③类比启发:把需要解决的问题同其他的事物进行比较,提取有价值思路的方法。类比法在发明创造中占有很重要的地位,世界上许许多多的发明都是受其他事物的启发,触类旁通而创造出来的。

(4)列举法:它也是人们创造构思常用的方法,列举的目的是为了明确目标、弄清问题,找到解决问题的关键。有时提出有价值的问题本身就构成伟大的发现。将有关的各种因素、项目、问题罗列出来,以至穷尽,然后选择突破点,针对明确目标进行改革,从而获得创造发明的成果。

①需求列举:是对某一商品提出种种需求和希望,经过归纳,达到改变、扩大或增加原有商品功能与用途的目的。列举要尽可能广泛、多样,要把现在生产的、将要改进的、打算开发的各种需求和希望都列举出来。需求和希望可以不受原有物品的束缚,根据开发者的意愿,提出各种新的设想。

②缺点列举:对已生产的商品,一方面要注意搜集市场消费者的反映;另一方面还要善于和同类商品相比,寻找不足之处。这种千方百计寻求自己商品的缺点并且具体罗列出来的方法,叫做缺点列举,从列举现有事物的缺点入手,通过改良达到革新的目的。

# 12.5 提高新产品开发的成功率

## 12.5.1 新产品开发失败率的历史借鉴

企业的成功和发展离不开新产品,新产品市场是一个激烈竞争的市场,谁的新产品在竞争中获胜,谁就占领了动态变化的市场。能否提高新产品开发的成功率,减少失败率,这对企业的成功和发展至关重要。然而,由于种种原因不是所有已投入市场的新产品都能为市场所接受,迅速成长并较长期地满足企业的经营目标。恰恰相反,有相当比例的新产品在激烈的市场竞争中,在投入市场初期便夭折,有的甚至在开发过程中就不得不停止开发。这就是说新产品开发存在着风险,有时风险还很大。新产品开发的失败,除消耗企业的一定资源以外,有的还会影响企业已建立起来的良好声誉。事实上,任何探索未来的行动都不同程度地存在着风险,新产品开发也不例外。问题是,企业如何从新产品开发失败的教训中寻求历史借鉴,找出新产品开发的成功率,使企业稳步地向前发展。

新产品开发的失败率究竟有多高,不同的资料来源给出了不同的答案,而且数值变化范围很大,失败率大体上在10%~90%之间。

据国外资料统计,1983年美国全国工业会议发布的统计资料指出,大约30%已投入市场的新产品未取得成功。布诺尔和罗斯在美国哈佛工商评论上发表了《食品工业产品革新》这篇有广泛影响的论文,其中报道说,22%的新食品在试销后便停止开发,在投入市场的新产品中又有17%被迅速撤出。

我国资料统计,工业新产品开发失败率为80%~90%。

表12.1是雷克尔对31份新产品开发的资料经过分析,对7个新产品开发失败率研究最有代表性的研究资料结果。

**表12.1 新产品失败率的统计**

| 著者或咨询公司 | 新产品 | 失败率 |
| --- | --- | --- |
| 布兹·阿隆和哈密尔顿 | 消费品 | 32% |
| 巴诺尔和罗斯 | 食品 | 27% |
| 库奇雷恩 | 综合 | 30% |
| 格拉享 | 综合 | 41% |
| 格雷夫/尼尔申 | 食品 | 12% |
| 霍布金斯和贝尼 | 消费品 | 40% |
| 曼斯菲尔德 | 工业 | 26% |

这份统计资料说明,工业新产品开发约有26%不成功,而消费新产品约30%~35%未达到开发者所拟定的开发目标。

世界第4位的国际广告公司经理马瑟·英克提出的新产品开发失败率也值得重视。他对西方各主要市场过去30年来各类新产品的开发投放进行了调查,发现大约每25个新产品设想中只有1个真正成为进入市场的商品,其他24个产品设想都中途停止了开发,而且在投入市场的新产品中,经营状况不佳的仍然占很高的比例。他还发现,当前世界技术有很大的进步,企业的市场营销技能也普遍提高,但新产品开发的失败率同25年前比几乎是一样的。

尽管新产品开发失败率比成功率高,企业还是不得不努力去开发新产品,而且投入的资金也越来越大。对于新产品开发来说,唯一可以选择的道路是寻求一种能降低风险、增大成功可能性的策略和方式。

### 12.5.2 新产品开发失败的原因

引起新产品开发失败的因素,除工程技术因素之外,主要可归纳为市场营销因素、产品质量因素和价格因素3个方面。已经上市未达到开发目标的新产品统计数据见表12.2。其中,市场营销因素4项在进入市场以前就遭受失败的新产品约有80%左右出自市场营销方面的错误,而真正由于生产和技术原因造成失败的仅占20%左右。

表 12.2　新产品开发失败的原因

| 因素 | 原因 | 失败率 |
|---|---|---|
| 市场营销因素 | 市场分析不当 | 32% |
|  | 新产品投放时机不当 | 10% |
|  | 企业之间竞争的阻力 | 8% |
|  | 企业销售力量、分销与促销组织的不好 | 13% |
| 产品质量因素 | 新产品质量不过关 | 23% |
| 价格因素 | 新产品成本超过预期值 | 14% |

根据上面已经上市和未上市的新产品开发失败的统计数据分析,企业新产品开发不是一项纯属企业工程技术范畴的问题。新产品开发是否成功,在很大程度上取决于企业能否合理和有效地运用市场营销观念和技巧。而且,随着科学技术的迅猛发展,市场上新产品竞争会愈演愈烈,市场营销的观念和技巧就显得更加重要。

### 12.5.3 增强市场营销观念,搞好企业经营管理

鉴于上面的历史借鉴和新产品开发失败的原因分析,为提高新产品开发的成功率,应当注意下列问题。

**1. 决策过程**

企业的高层领导人必须增强市场营销观念。新产品的开发决策要有足够的宏观和微观调查研究。企业高层领导人决不要"拍脑门"独自欣赏自己的决策,不顾一切地投入力量进行开发。

**2. 开发过程管理**

(1)对新产品的开发过程进行有效地组织并实施有机的管理。

(2)在不影响产品质量和使用效果的情况下,尽量降低成本,避免造成新产品成本造价过高。

**3. 投放市场规模**

对新产品的投放市场规模要认真地调查研究,搞好市场预测,避免投放过大,造成产品积压损失。相反,投放不足会得不到应得的回报。

**4. 新产品计划**

要有完备的产品定位、市场细分、开发预算和新产品定价计划。

**5. 消费者利益**

投放市场的新产品要在质量上、性能上、使用上同老产品有明显改进,使消费者在比较新

老产品之后,从产品本身的使用价值上得到明显的利益。

### 6. 市场竞争

企业必须对新产品市场竞争的激烈程度进行充分的估计,从中找出本企业的特色,在错综复杂的环境中求得取胜之路。

新产品开发涉及有关企业管理的各个方面,而企业领导人的决策是新产品开发成功与否的首要原因,其对新产品开发的成败至关重要。

## 12.6　缩短新产品开发周期

### 12.6.1　新产品开发周期

新产品开发周期,是指以市场需求为出发点,经过调查、决策研究、筛选、新产品计划、试制、正式生产等阶级,以满足市场需求为归宿,并进而产生更新的新产品开发需求的过程。企业要占领市场,就要寻求市场空白点,也就是抓住那些显在或潜在尚无竞争者涉足的空间领域,这就必须不断地进行超前的新产品开发。新产品的开发决定企业生存和发展,而缩短新产品开发周期,又可以使企业捷足先登占领市场。缩短新产品开发周期,是减少新产品开发费用的需要;是我国经济建设迅速发展以及人民生活不断提高的需要;是发展出口贸易的需要;更是增强和提高企业生存和发展能力的需要。总之,缩短新产品开发周期是我国国民经济发展中一项重要战略任务。

目前,我国新产品开发工作,无论是理论上,还是实践上,都远远落后于西方发达的资本主义国家,主要表现为开发周期长,资金耗费大,对新产品开发的整个过程管理混乱,新产品开发成功率低,而开发的新产品其技术水平也很低。1979 年机械部系统共有新产品 26 295 种。其中,属于国际 20 世纪 70 年代水平的仅占 5%,属于 20 世纪 60 年代水平的占 35%,而属于 20世纪 50 年代或更早水平的占 60%;电子工业达到 20 世纪 70 年代末、80 年代初水平的产品不过 15%。而在西方发达的资本主义国家,随着科学技术的不断进步,工业生产水平的不断提高,新技术革命使新产品开发周期和产品寿命周期越来越短。表 12.3 列出了几种产品的开发周期年限。

表 12.3　新产品开发周期年限

| 发明名称 | 发明年份 | 出产品年份 | 开发周期年限 |
| --- | --- | --- | --- |
| 照相术 | 1727 | 1889 | 112 |
| 水泥 | 1756 | 1844 | 88 |
| 电影原理 | 1832 | 1896 | 64 |
| 收音机 | 1867 | 1906 | 39 |
| 电子管 | 1884 | 1915 | 31 |
| 飞机 | 1897 | 1911 | 14 |
| 电视机 | 1922 | 1934 | 12 |
| 晶体管 | 1948 | 1953 | 5 |
| 太阳能电池 | 1953 | 1955 | 2 |
| 激光 | 1954 | 1955 | 1 |

为适应新技术革命的需要和人们对新产品需求的快节奏变化,新产品开发的前提是要缩短新产品开发的周期。而新产品开发周期的缩短,又会促使产品寿命周期的缩短,这已形成规律。新产品开发周期与寿命周期二者互相促进,互为依存。

世界性的新技术革命,加快了产品的更新换代,新技术已作为一种生产力在国民经济中占主导地位。目前,世界上机械产品的平均更新周期普遍低于其平均服役周期。前苏联的重型机械、电子机械、运输机械工业平均更新周期为 5.3 年,美国同行业为 5 年,而机床产品为 5.7 年,轻工和食品机械周期为 4.5 年。另外,据统计,美国 20 世纪 70 年代的食品工业中 70% 是近 10 年的新产品,医药产品的 50% 是近 5 年研制的。就机电产品而言,美国每隔 20 年全部更新一轮。由此可见,我国必须加快新产品开发的速度,缩短新产品开发周期,以适应新技术革命的需要,否则是无出路的。我国必须赶上世界性新技术革命带来的缩短新产品开发周期和产品寿命周期的步伐,使我国开发的新产品能打入国际市场,并占有一席之地。

### 12.6.2　新产品开发亟待解决的问题

改革开放以来,我国的新产品开发和应用已得到足够重视,新产品开发工作取得了很大成绩,国家从税收、价格、信贷等多方面给予新产品开发优惠待遇,鼓励企业试制新产品。企业也越来越在技术上和管理上重视新产品开发工作。但是,我国新产品开发的速度还不适应国内外迅速发展的市场经济的需求,还存在着许多亟待解决的问题。

**1. 新产品开发周期过长**

新科技革命浪潮正日益强烈地冲击着当今世界,改变着各国的生产方式、生活方式,强烈影响着社会、经济、文化、技术等各个领域。新产品一浪接着一浪地冲击着改革开放的大市场,产品不断换型和更新换代,全新产品也不断问世。如果不能把握新产品的开发周期去适应市场的快节奏变化,新产品开放周期太长,致使开发出来的新产品成为过时产品,不但不满足市场需求,反而造成严重的人力、物力浪费。

**2. 有些高新技术新产品得不到推广和应用**

在开发出的高新技术新产品中,有一些由于找不到需求市场而不能及时得到推广和应用,耽误上市时间,新产品变成了老产品。

**3. 中小企业缺乏新产品开发资金**

企业采用新技术,开发新产品,需要花费一定的资金。新产品的开发属于探索性的,往往没有资金来源,而且往往不能肯定取得经济收益,甚至还有失败的可能性。在企业经费不足的情况下,很难给新产品开发投入很大的资金。

**4. 缺乏"中试"所需的足够设备和原材料投入**

当新产品试制成功需要转入"中试"(中型试验)进行小批量或批量生产时,更需要足够的资金来购置设备和原材料、安装和调试以及试生产等,但由于缺乏资金而不能进行,导致科研成果不能尽快转化为生产力。

**5. 企业缺乏配套的技术人才,难以形成新产品攻关力量**

我国的专业技术人员大多集中在高校和科研单位,而一般企业技术力量单薄,大多分布在各个生产线上,人员分散难以集中,形不成新产品的攻关力量。

**6. 不少技术人员不了解市场,不少管理人员不懂技术**

在当前市场经济的大潮中,任何产品必须适应市场及其发展趋势,新产品的选择必须与市场相适应,设计制造的新产品才能满足市场的需求。但是,我国不少技术人员不注意了解市

场,缺乏社会科学知识,选题不对路子,即使试制成功也无市场需求。另外,不少管理人员虽然了解市场,但又缺乏自然科学知识,很难参加新产品的开发研制工作。

**7. 有些产品重复开发,多头开发,既浪费人力,又浪费物力**

由于缺乏新产品开发的系统管理和科技情报,特别是缺乏高层次的系统管理,导致企业对产品的重复开发和多头开发。

### 12.6.3　缩短新产品开发周期的方法

影响新产品开发的因素很多,其中以宏观政策、技术力量、经济条件和管理工作等最为重要。缩短新产品开发周期可以从以下几方面考虑。

**1. 实行倾斜的价格和税收政策**

在市场经济条件下,按市场法则对新产品开发实行按质论价、优质优价、低质低价的价格政策,是促进技术进步,提高产品质量,增加商品品质,提高经济效益的重要手段。因此,可实行三级价格。

(1)一级增值的鼓励价格:在新产品生产初期,由于成本高,产品比较先进,故应规定较高的价格,使生产单位有较高盈利率。

(2)二级保值的正常价格:当产品已大批生产,成本降低以后,再适当降低价格,使生产单位获中等盈利率。

(3)三级贬值的惩罚价格:当产品已落后,进入衰退期或又出现其他新产品,价格就进一步降低,使企业继续生产该产品无利可图。

这三级价格政策对促进企业积极采用新技术、新工艺,开发新产品,不断提高产品质量,提高社会经济效益,有着十分重要的意义。

税收是国家财政收入的主要来源,也是国家用于调节市场经济、干预企业生产经营活动的杠杆。为了鼓励企业多采用新技术,开发新产品,应对高新科技产品提供更优惠的税收政策。

**2. 吸引外资、实行鼓励技术进步的引进政策**

加大吸引外资、利用外资和引进技术改造企业,解决我国缺少先进技术设备和资金不足的困难,这对于我国工业上质量、上品种、上水平、降低消耗、提高效益将起到有力的推动作用;对于改造现有企业,迅速提高技术进步的起点,缩小与国际水平的差距,增强自力更生的能力,将起到强大的促进作用。对消化后的"创新产品"施行优惠政策,通过消化吸收开发出来的新科技成果,应由"改进型"向"全新型"拓展,要积极在国内进行有偿转让,推广、消化、吸收以引进技术开发的新产品。

**3. 要从政策上扶持高校、科研和企业联合的进一步发展**

为了进一步促进高校、科研和企业联合的发展,需要制定必要的政策,加强生产与科研的结合。要帮助引导企业进一步地应用先进的科学技术,促使产业部门以外的科技队伍有更多的机会面向经济建设主战场。国外一般产品开发费用占销售额的10%,我国新产品开发费用只占销售额的2%,应当适当提高,起码应提高到5%~7%,建立"科技发展基金",解决企业新产品开发费用问题。

**4. 在经济上保证开发新产品的资金来源**

应从财政、税收、银行、信贷等方面推行一系列的更宽松的规定和措施,为企业的产品更新换代提供可靠的资金渠道。如允许企业把新产品试制费分期分批摊入成本;享受银行发放技术开发低息贷款或贴息贷款;享受国家、省计划安排的重要新产品试制的补助费;从折旧基金中划拨一定比例统筹安排,企业留利中一定要有一定比例用于新产品开发等。

**5. 搞好新产品开发的管理工作**

技术和管理是经济发展的两个"车轮",缺一不可。管理是一种管理资源,也是一种生产力。企业要更加重视科研和新产品开发的管理,这将是企业的发展趋势。

(1)推行新产品开发的招标、投标和承包制。招标、投标、承包是一个整体,它能按照经济规律鼓励竞争和择优支持的原则,达到提高企业的社会经济效益的目的,新产品的开发工作也应该实行这种行之有效的措施。这样做有利于克服现行管理工作的弊端,打破行业界限,改变条块分割的状况,促进横向联合,推动企业技术进步,强化企业的技术吸引和开发能力,达到提高企业的管理素质和增强企业活力的目的。

(2)实行奖励企业开发新产品、采用新技术的政策。世界上一些发达国家都把鼓励开发新产品、新技术作为重大国策,采取了一系列方针、政策和办法。其中有一项重要决策,就是奖励政策,鼓励和调动科技人员的积极性,加快发展新产品,采用新技术,提高产品质量步伐。企业应建立"新产品开发奖励基金",对新产品开发或缩短新产品开发周期做出贡献者,按其贡献的大小给予一定奖励。

(3)重视智力投资,加速人才培养。新产品是采用新技术、新材料、新设备、新工艺和新构思的产物。因此,要对职工有计划地进行轮训、培训和进修等形式的教育,重视同国内外有关企业的横向关系,以获得更多情报信息,抓好人员的技术储备,迎接新的挑战,使企业的技术人员和管理人员向既懂技术又懂经济,既懂自然科学又懂社会科学的方向发展。

## 12.7 新产品开发的意义与评价

### 12.7.1 新产品开发的意义

产品开发是商品使用价值的拓宽、提高和创造,是社会财富的丰富和发展。产品开发是社会发展、技术进步的必然结果,是人们生活水平提高、生活质量改善的客观要求。产品开发对于企业、产业和整个国家的发展具有重要意义。

**1. 产品开发是企业生存和发展的客观需要**

美国著名的管理学家杜拉克认为:任何企业有两个而且仅仅有两个基本功能,就是贯彻营销观点和创新产品,而且创新产品是营销观点的核心思想。纵观国内外占领市场的成功企业,毫无例外地将研究开发产品列为首要地位。日本、美国的优秀企业把3%~5%的销售额用于研究产品开发,集中10%~15%的优秀人才从事研究产品开发。

随着我国社会主义市场经济的发展,每个企业都不可避免地要在竞争中经受考验,企业的竞争力最终表现为商品的竞争力,而商品的竞争力在很大程度上取决于企业的应变能力,即根据市场动向和消费者的需求及时调整商品结构、推陈出新的能力。因此,企业的产品开发能力,是决定企业兴衰存亡的重要因素之一。

企业在生产第一代产品时,就要研制第二代、设计第三代、构思第四代。只有把产品开发作为企业经常性的主要任务来抓,不断开发新的产品,才能在激烈的竞争中处于有利的地位。

**2. 产品开发是企业提高经济效益的重要途径**

拥有成功的新产品,对企业的形象、声誉乃至销售利润都至关重要。缺乏新产品使企业形象变得呆板落后,缺乏活力。只有不断开发、并适时地推出新产品,才能在广大消费者中树立

"领导时代新潮流"的企业形象,使企业的经济效益随之提高。同时,产品开发融科技、市场、改革、创新为一体,它可以解决企业的效益低下、产品滞销等问题,使企业转到以提高经济效益为中心的轨道上来。

**3. 产品开发可引导和满足社会的消费需求**

对企业而言,必须永远追求的目标之一,就是经常唤起消费者新的需求,满足消费者的各种需求,这就需要企业不断开发新产品,提高商品质量,来引导市场、满足消费。

随着社会的发展,消费者的消费观念、消费结构、消费水平都有所变化,这都会引起消费需求的变化,而产生新的需求。人们对商品的需求是多元化的、广泛的,永远不会停留在一个水平线上。消费者对商品的品种质量等要求越来越高,商品的个性化、差异性越来越受到消费者的重视。这就给生产企业提出了更高的要求,企业只有不断地进行商品开发,探索市场需求,才能满足各种不断出现的社会需求,满足不同消费层次的消费需求。

### 12.7.2　新产品开发的评价

产品开发一方面有成功的可能性,一方面又面临着失败风险的挑战。为了提高产品开发的成功率,就要在各个阶段里进行不同内容的评价。通过全面深入的评价来确定产品的开发目标、设计方案,实施样式试制和商业化,及时校正目标,减少失误。

**1. 产品开发评价的主要内容**

(1)市场评价:它是商品开发评价中最重要的一部分,也是进行技术评价和经济评价的基础。它主要包括产品的独创性和新颖性、价格、性能,预期的市场规模、占有率,产品的竞争特点,市场的稳定性等。

(2)技术评价:它也是商品开发评价中的另一重要方面,在方案的选择、设计、审查、样品鉴定、试制生产中,都涉及技术评价。其中最重要的是事前技术的预测、技术可行性评价以及产品各项技术性能。

(3)经济评价:是指用经济计算的方法,对方案的经济可行性进行评定。它主要对产品开发进行费用和效率分析,选择投入少、产出多、周期短、见效快的最优方案。它是一种定量性评价,要求参数恰当、数据客观准确。

(4)社会评价:它是指产品开发项目对社会的贡献程度,主要包括是否符合国家经济发展政策,对环境有无危害,满足社会需求的程度等。它直接关系到企业的发展方向和企业的声誉。

在实际工作中,以上内容是综合采用的,它要根据不同的评价时期和不同的评价对象,做到既突出重点,又兼顾全面。

**2. 产品开发阶段评价的特点**

评价贯穿在整个产品开发过程中,但各个阶段都有其各自的特点。

(1)产品可行性评价:是确定产品开发目标方案,对项目进行可行性研究的评价。着重考虑新产品的开发方案中的重大问题,如开发目标的市场前景、风险如何,技术是否先进,开发能力大小,开发费用高低等,是以预测为特点的可行性研究,宏观性强,带有方向性。

(2)产品实施评价:是从设计到生产各个环节的评价,检查、了解开发项目实施过程中达到的目标或计划进展情况。它以产品评价为特点,微观且具体。

(3)产品效益评价:是检验开发效益的评价,研究开发成果是否已经达到目标,以及开发效率或效果等。它主要对新产品的使用效果、利润、用户意见和市场需求进行了解、考核,为进一步改进产品质量提供依据。它以效益评价为特点,对开发过程本身进行评价。

## 本章小结

商品信息对商品生产、经营和消费活动的不断深入发展具有重要作用。

商品预测是指系统地研究市场经济和商品科学技术发展的历史和现状,找出支配商品演变和发展变化的内在规律,根据事物之间的相互依存关系,应用数理统计方法,从商品发展状态和方式的已知因素推断未知因素。

我国规定,在结构、材质、工艺等某一方面或几个方面对老产品有明显改变,或采用新技术原理、新设计构思,从而显著提高产品的性能或扩大了使用功能的上市产品称之为新产品。新产品按更新的程度、按层级、按商品出现的连续性进行分类。

能否提高新产品开发的成功率,减少失败率,这对企业的成功和发展至关重要。

新产品开发决定企业生存和发展,而缩短新产品开发周期,又可以使企业捷足先登占领市场。

## 关键术语

商品信息　　商品预测　　新产品

## 实训项目

按商品更新的程度区分某种新产品的类型。

## 思考题

1. 商品信息的特征是什么?
2. 商品信息如何分类?
3. 商品预测有哪些种类?
4. 试论提高新产品开发的成功率。
5. 试论缩短新产品开发周期。

## 案例分析

### 为梦想而来——沃尔沃(VOLVO) 公司的产品线战略

很多中国人有一个梦想:拥有一辆属于自己的车。这一梦想在如潮鼎沸的北京第六届国际汽车展上又一次膨胀起来。而在这其中瑞典沃尔沃(VOLVO)卡车公司,也把技术与舒适的优越性在它首推的三款豪华安全的 VOLVO FM12 新系列卡车中体现得淋漓尽致,让我们

真实的感受到可以与轿车媲美的全新卡车的未来。

VOLVO 卡车公司源自瑞典 VOLVO 集团公司，其缔造者是 Assar Gabrielsson 出生于 1891 年的 Gabrielsson 曾经是个经营禽蛋贸易的进口商。当汽车工业在欧洲兴起时，他也梦想着有一天能够制造并拥有一家属于自己的汽车厂。1928 年，Gabrielsson 终于把梦想付诸行动，在瑞典的哥德堡创建了 VOLVO 汽车制造公司。

历史上的 VOLVO 是个产品多元的汽车制造公司，除了出产蜚声世界的 VOLVO 轿车外，也生产卡车、客车、建筑设备用车等，甚至还生产工业用发动机和航空组件等产品。然而进入 90 年代后，随着世界汽车工业发展，使得轿车生产越来越向诸如奔驰、福特等几个少数超大轿车生产公司集中，并逐步占领了世界轿车市场的绝大部分市场份额时，VOLVO 公司从企业未来发展战略出发，适时做出了重大的改革，将原来生产轿车的股权全部出让给了美国福特公司。资产重组后，使得 VOLVO 卡车公司成了产品更加专业化的制造厂商，并着力开拓卡车系列产品、世界卡车系列产品和世界卡车市场。

72 年的发展历程和企业战略的不断调整，使 VOLVO 卡车公司已成长为一家实力雄厚的跨国公司，它所生产的卡车不仅有从 8 吨到 100 吨的全部系列，而且从拖斗、翻斗、油罐、平板、搅拌、垃圾到消防车各类车型一应俱全。其最新一代的顶尖产品 FM 系列卡车，更是因采用了第七代直列式六缸涡轮增压冷柴油发动机而具有超强的省油优势，其有效能量转换率高达 45%，大大高于自然进气发动机的 35%。驾驶室的流线型使风阻降低了 10%～20%，变速箱及后桥机油的寿命可延长至 40 * 10 * 4KM。发动机功率从 250 匹欧标马力应有尽有，并全部达到了欧洲 II 排放标准，其中 420 马力的 FM12 可配置有承载全车总量为 100 吨的能力。遍布全世界的约 1500 个授权服务中心，不仅拥有丰富产品经营和经过专业训练的工作人员，制备了全套的维修手册，而且还以卡车特殊工具和原装零部件存货，来保证所有的客户都能得到满意的维护与服务。

VOLVO 一直认为：驾驶员生产效率的高低是决定一个运输公司竞争力强弱的最关键因素。因此，VOLVO 设计和生产是建立在给予驾驶员一个能发挥最高产出的工具的基础之上，并将力量、安全和舒适三大理念贯穿于始终。从以驾驶员舒适度为第一原则出发，按照人体工程学原理合理布置设计和生产的 FM 系列卡车，驾驶室宽敞明亮，仪表盘呈弧形，使所有控制系统键均处于驾驶员伸手可及的位置。能对综合情况做出及时的反映。这种"以人为本"的设计理念，让人机配合达到了水乳交融的程度。

VOLVO 将安全奉为永远高尚的理念，让其一切产品永远站在安全的最前列，把设计、生产、使用、试验和再进步等各方面完全融入到第一个产品中，FM 系列的三点舒适型安全带使驾驶员及乘客既安全又无被绑住感，仪表盘在发生事故受到压力时可塌陷，能最大程度地保护驾驶员。FM 驾驶室四点悬浮式底盘，使其舒适性与固定式单悬浮式的卡车有着天壤之别，室内低噪声可与任何最豪华的小轿车相媲美，输换气系统均匀散布，使新鲜适宜的空气弥漫于各个角落，宽大的前车窗给驾驶员提供了令所有竞争者望而兴叹的优良视野。亲身驾驶 FM 系列卡车的人都说："真比开最豪华的轿车还享受，""有了 FM，我宁愿不开轿车了。"而 VOLVO 最为独到的理念就是每个客户购买的既是卡车又不是卡车，那是为每一个客户提供一部优良的赚钱工具或机器。或许 VOLVO 卡车公司大中华地区首席代表沃夫·诺曼先生所说的"我们 VOLVO 的卡车只有帮助客户实现了这一最终目标时，他们才能继续是 VOLVO 的客户，最能体现 VOLVO 梦想的全部。"

作为一个拥有国际著名品牌的企业,VOLVO卡车公司对于品牌塑造和理解并不繁琐晦涩,那就是:为消费者提供物有所值的产品。没有太多的语言修饰,更没有高深的理论阐释,似乎简单的有些让人不可思议,但现实的成功往往就是来自一次简单的瞬间梦想!

(案例来源:作者根据相关资料进行改写。)

**问题:**

(1)沃尔沃公司为什么放弃轿车生产线?

(2)沃尔沃公司为什么仍保留原品牌?

(3)沃尔沃公司卡车产品线延长有何意义?

(4)沃尔沃公司卡车产品轿车化有何意义?

# 参 考 文 献

[1] 万融．商品学概论．4版．北京：中国人民大学出版社，2010．

[2] 胡东帆．商品学概论．2版．大连：东北财经大学出版社，2011．

[3] 刘安莉，高懿．新编商品学概论．北京：对外经济贸易大学出版社，2002．

[4] 中国标准化研究院．GB/T 7635.1—2002《全国主要产品分类与代码第1部分：可运输产品》国家标准实施指南．北京：中国标准出版社，2004．

[5] 中国物品编码中心．商品条码应用指南．北京：中国农业科技出版社，1994．

[6] 郑文超，崔鸿富．条码技术指南．北京：中国标准出版社，2003．

[7] 张公绪，孙静．新编质量管理学．2版．北京：高等教育出版社，2003．

[8] 骆珣．项目管理．北京：机械工业出版社，2008．

[9] 龚益鸣．现代质量管理学．北京：清华大学出版社，2003．

[10] 于启武．质量管理学．北京：首都经济贸易大学出版社，2003．

[11] 曾赛星．项目管理．北京：北京师范大学出版社，2007．

[12] 李岩，夏玉宇．商品检验概论．北京：化学工业出版社，2003．

[13] 刘耀威．中国进出口商品检验大全．北京：对外经济贸易大学出版社，1997．

[14] 程国全，王转，张庆华．物流技术与装备．北京：高等教育出版社，2008．

[15] 张理．包装学．北京：清华大学出版社，2010．

[16] 赵萌．现代物流包装设计．杭州：浙江大学出版社，2006．

[17] 陆雍森．环境评价．2版．上海：同济大学出版社，1999．

[18] 钱易，唐孝炎．环境保护与可持续发展．北京：高等教育出版社，2000．